风度与风骨

魏绍馨的学术人生

张全之　向吉发◎编

河南人民出版社

·郑州·

图书在版编目(CIP)数据

风度与风骨 : 魏绍馨的学术人生 / 张全之, 向吉发编. — 郑州 : 河南人民出版社, 2024. 6
ISBN 978-7-215-13526-0

Ⅰ. ①风… Ⅱ. ①张… ②向… Ⅲ. ①魏绍馨-人物研究 Ⅳ. ①K825.46

中国国家版本馆 CIP 数据核字(2024)第 074647 号

河南人民出版社 出版发行

(地址:郑州市郑东新区祥盛街 27 号 邮政编码:450016 电话:0371-65788053)
新华书店经销　　　　　　　　河南锦华印务有限公司印刷
开本　710 mm×1000 mm　　　　1/16　　　　印张　24.75
字数　380 千
2024 年 6 月第 1 版　　　　　　2024 年 6 月第 1 次印刷

定价：68.00 元

魏绍馨教授讲座照片

魏绍馨教授工作照片

胡适——五四教育改革的足迹

摘要：

　　在中国现代史上，胡适是较早重视教育改革的一位学者。五四时代，为了改变落后的国家状况，他十分注意学习外国、特别是学习美国的教育，推动中国教育改革的发展，并且强调反对学习外国中的教条主义。重视人才、发展个性，培养青年人的负责精神与创造意识，是胡适的一贯教育思想。北京政府中小学语文教学中的改用"国语"、现代汉语中"新式标点符号"的制订和国家"新学制"的建立，都胡适都做出了卓越贡献。五四以后的学生运动中，胡适在肯定五四与五卅运动、反对历届反动政府镇压学生的同时，为了提高学校的教育水平，培养国家需要的人才，坚决反对学生的罢课运动。这一主张虽然当时不为青年人所理解，但是从国家

（20×15＝300）　　14—735·909×22　　曲阜师范大学

魏绍馨教授手稿

2002年，魏绍馨教授摄于泰安普照寺

魏绍馨教授与夫人张志静老师

魏绍馨教授夫妇含饴弄孙

1986年，魏绍馨教授在母校河南大学与师友合影
左起：王文金、魏绍馨、任访秋、赵明、刘增杰

1989 年，魏绍馨教授与硕士论文答辩专家、学生合影

前排左起：谷辅林、袁忠岳、韩之友、孔范今、朱德发、聂建军、蒋心焕、徐文斗、朱光灿、魏绍馨

后排左起：刘金东、王少元、李惠彬、江荣生、刘密、曾激波、聂国心、李小玲

1999 年，魏绍馨教授与硕士论文答辩专家、学生合影

前排左起：魏建、谷辅林、魏绍馨、朱德发、牛云清、康长福

后排左起：范伟、邓智柏、金婷、杨金芳、刘聪

魏绍馨教授夫妇与现代文学教研室部分教师合影
后排左起：赵歌东、张全之、周海波、李新宇、刘新生、卜召林

魏绍馨教授夫妇与刘光宇教授及学生们合影
前排左起：刘光宇、魏绍馨、张志静
后排左起：康长福、朱献贞、赵焕祯、杨新刚

1999 年，魏绍馨教授、卜召林教授与毕业生合影
前排左起：孔令云、杨金芳、卜召林、魏绍馨、王玲玲、金婷
后排左起：张文娟、邓智柏、闫允栋、范伟

魏绍馨教授与李新宇教授

2005 年，魏绍馨教授在曲阜师范大学参加校友返校聚会
左起：郭术敏、魏绍馨、宋法棠、王化岱、朱德发、王培礼

1994 年，魏绍馨教授六十大寿与家人合影
左起：魏晓军、魏晓耘、魏星、魏绍馨、张志静

魏绍馨教授夫人张志静老师寿宴

左起：黄发有、郭锐、李新宇、魏绍馨、张志静、张葆莲、付道磊、赵焕祯

2013 年，魏绍馨教授八十大寿在北京泰山饭店合影

前排左起：张瑞英、曹振华、聂国心、赵歌东、范伟、张志静、魏绍馨、李新宇、张全之、程亚丽、樊祥磊、徐钟荣

后排左起：李建伟、朱献贞、徐白云、杨金芳、张文娟、李美皆、陈平、康长福、郭锐、付道磊、倪占贤、徐国俊、闫允栋、马卫华

张志静老师寿宴

左起：郭锐、张全之、蔡世连、魏绍馨、张志静、赵歌东、张根柱、付道磊

山东学者讨论文学史编写的"孔府会议"与会人员合影。时间：1984年1月4日至7日；地点：当时孔府内部招待所（周海波教授文章《论魏绍馨先生的文学史研究与著述》中有专门论述）

前排左起：韩丽梅、王长水、孙慎之、孙昌熙、田仲济、魏绍馨、韩立群、周海波

后排左起：冯光廉、蒋心焕、朱光灿、孙保林、朱德发、卜召林

2023 年夏，学生们为魏绍馨教授祝寿现场

2023 年夏，李新宇教授夫妇与魏绍馨教授夫妇在祝寿现场

上方为李新宇教授为魏绍馨教授九秩寿庆写的"寿"字和寿联；下方为祝寿学生为魏绍馨教授敬献的寿礼"天宝九如"楷木雕刻

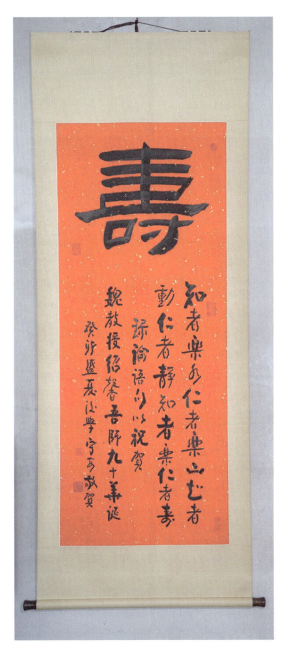

刘守安教授为魏绍馨教授九秩寿庆撰写
的"寿"字中堂

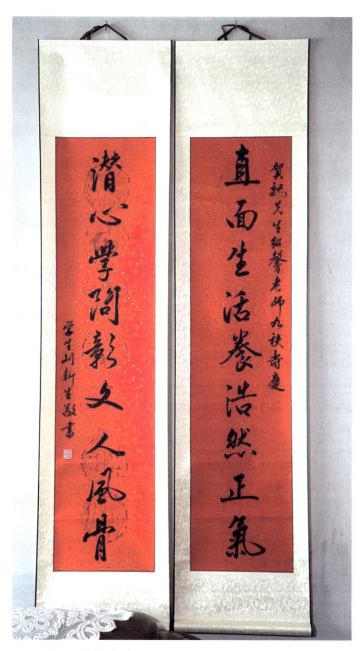

潜心学问彰文人风骨

直面生活养浩然正气

刘新生教授为魏绍馨教授九秩寿庆撰写的寿联

钟海波为魏绍馨教授九秩寿庆作画

学术・思想・风骨
——曲阜师范大学魏绍馨教授九秩寿庆座谈会

"学术・思想・风骨——曲阜师范大学魏绍馨教授九秩寿庆座谈会"现场会标

"学术・思想・风骨——曲阜师范大学魏绍馨教授九秩寿庆座谈会"现场（一）

前排左起：聂国心、邓智柏、张志静、刘光宇、蔡世连、李新宇、杨金芳、赵歌东、付道磊

后排左起：张凡、程亚丽、魏晓耘、魏晓军、孙雁丽、孙伟、杨新刚、李杰俊、赵华、张梅、李玉辉、徐璐

“学术·思想·风骨——曲阜师范大学魏绍馨教授九秩寿庆座谈会”
现场（二）

正面前排左起：王文君、倪占贤、郭锐、范伟、钟海波、张全之、
纪洪涛、左兴才、康长福、张厚刚

后排左起：葛福庆、刘进、朱献贞、刘聪、田广文

2009年曲阜师范大学现当代文学教研室部分教师合影

左起：赵华、张瑞英、刘聪、张文娟、康长福、朱献贞、张全之、
杨新刚、蔡世连、翟文铖、卜召林、赵歌东、李钧、田广文

学术·思想·风骨（代序）

——论魏绍馨教授的中国现当代文学研究

张全之　向吉发

　　魏绍馨教授是河南遂平人，1934年出生，1953年考入河南大学，毕业后被分配至曲阜师范学院任教，1958年至1960年在南京大学学习，师从陈瘦竹、方光焘先生，1987年晋升为教授，1993年被评为"全国优秀教师"，享受国务院政府特殊津贴。魏绍馨教授是"第二代中国现代文学学者"代表人物之一①，曾任中国现代文学研究会理事、鲁迅研究会理事，发表论文60余篇，出版《中国现代文学思潮史》《当代中国文学思潮四十年》等学术专著，主编《现代中国文学发展史》、《中国现代文学作品选评》（上、下），参与编撰《中国现代文学专题史》《鲁迅名作鉴赏辞典》等。魏绍馨教授的学术活动集中在20世纪八九十年代，与"解放思想"的时代风潮同频，在中国现当代文学研究领域"重新估定一切价值"维度发挥过开拓、先锋性作用，对之后的鲁迅、胡适、胡风、五四新文学等研究领域产生过重大影响。魏绍馨教授不回避历史、不回避问题、不迷信权威、实事求是，具有鲜明的学术个性和崇高的学人风骨，其历史贡献和学人事迹被写入《中华兴国人物辞典》《河南作家辞典》《河南大学百年人物志》《山东省有重要贡献专家名录》，其中《山东省有重要贡献专家名录》写道："魏绍馨

---

① 冯济平编：《第二代中国现代文学学者自述》，文化艺术出版社2011年版，第241页。

同志长期从事中国现代文学的教学、研究工作,取得了突出成绩。"①

一、"破旧而立新":魏绍馨教授的学术研究史

魏绍馨教授读大学时就显露出学者的睿智和功力,其时写作的《鲁迅与五四新文学运动》一文不仅得到任访秋先生的认同和指导,还入选学校科学报告会。在南京大学学习期间,魏绍馨教授被选入《左联时期无产阶级革命文学》写作班子,与杨崇礼先生合写了《发扬"左联"革命精神 学习毛泽东文艺思想》一文。该文于 1994 年被收入姚辛编著的《左联词典》。1970 年代末,在"解放思想,实事求是,团结一致向前看"方针指引下,各行各业开始反思、纠正既往的"左"倾思想。与时代共振,魏绍馨教授围绕鲁迅、1928 年文艺论战等论题,写作了《鲁迅研究也应该发扬实事求是的优良学风》《鲁迅诗歌研究中的几点异议》《用实践的观点来看一九二八年的"中国文艺论战"》等文章,疾呼让学术回归本位,"重新估定一切价值"。按照魏绍馨教授自己的说法,这些文章是他学术研究的真正开端。② 1980 年代,魏绍馨教授在鲁迅研究领域继续写作了《鲁迅的"自题小像"浅议》《〈伤逝〉——悲壮动人的诗篇》《"鲁迅与新文化运动"新议》《我观鲁迅与辛亥革命》《鲁迅与西方现代主义思潮——从一个侧面对鲁迅及其文学创作的再认识》等文章,又在五四新文学、胡适、新月派、胡风等研究领域写作了《对五四新文学的几点理解——〈五四新文学运动〉绪论》《"整理国故"的再评价》《新月社及其新格律诗主张——〈五四新文学运动〉之一节》《人本主义的现实主义文学创作论——胡风文学思想评析》等文章,一方面批评、反思既往"左"倾思想、宗派主义之于学术研究的伤害,另一方面则重新评议历史,所以这些文章既是"解放思想"的时代之音,又是历史问题再认识的奠基之作。比如关于鲁迅的诸篇文章,魏绍馨教授将鲁迅重新放回多向历史维度中,考察鲁迅与辛亥革命、新文化运动、西方现代主义思潮

---

① 中共山东省委组织部、山东省人事厅编:《山东省有重要贡献专家名录》,山东科学技术出版社 1999 年版,第 771 页。

② 魏绍馨:《学术浅尝记》,《东方论坛》2008 年第 5 期。

的关系,纠正了被政治论、阶级论歪曲的鲁迅形象,还原了鲁迅本来面目。之后的鲁迅研究,基本上延承了魏绍馨教授的基本观点和研究路径。

1986 年,浙江文艺出版社出版了魏绍馨教授参与编撰的《中国现代文学专题史》,"本书采用专题的形式撰写,力求系统深入,有所开拓创新"①。1988 年,浙江大学出版社出版了魏绍馨教授的学术著作《中国现代文学思潮史》。该著作分为五编:第一编叙述晚清思想启蒙运动和文学革新运动;第二编叙述文学革命和五四文学主潮,包括五四文学伊始的"人的文学"、稍后的以文学研究会为代表的现实主义和以创造社为代表的浪漫主义文学思潮;第三编叙述20 世纪 20 年代后期兴起的革命文学思潮,以及鲁迅、茅盾等人的现实主义文学创作与批评;第四编叙述与革命文学思潮并行但又相异的新月派古典主义,语丝派、论语派个性表现主义,现代派、象征派现代主义,以及巴金、老舍独具个性的文学创作和文学道路;第五编叙述 20 世纪三四十年代五四文学思潮的深化,包括胡风、京派作家的文学思想,最后定格在毛泽东文艺思想的形成和文学思潮一元化的趋势上。

《中国现代文学思潮史》出版之前,学界已有各类中国现代文学史百余部,其中思潮史有李何林的《近二十年中国文艺思潮论》、复旦大学 1957 级学生集体编撰的《中国现代文艺思想斗争史》、于蕾的《中国新文学思潮》、温儒敏的《新文学现实主义的流变》等。② 相比于其他类型的文学史,思潮史的出版情状有些单薄。这大概因为写作思潮史的难度甚于一般文学史。同为思潮史,李何林的著作只涉及三四十年代,复旦大学的版本偏重斗争史,温儒敏的著作倾向于现实主义文学,总之都不足以表现现代文学思潮的全貌。魏绍馨教授的《中国现代文学思潮史》从晚清开始叙述,下迄 40 年代,以时间先后为经,以不同类型的文学思潮为纬,系统论述了中国现代文学思潮的变迁,既充实了思潮史写作薄弱的局面,又全面、系统地呈现了中国现代文学思潮的全貌。如《中国文学史著版本概览》的评价:

---

① 吉平平、黄晓静编著:《中国文学史著版本概览》,辽宁大学出版社 1992 年版,第 286 页。
② 洪亮:《中国现代文学史编纂的历史与现状》,《中国现代文学研究丛刊》2012 年第 7 期。

这是第一部全面系统的中国现代文学思潮史专著。本书以其全新的理论角度,系统深刻地论述了现代文学思潮的演变,填补了这方面的研究空白。①

《中国现代文学思潮史》的断代体例也与一般文学史不同。一般文学史断代时遵循近代、现代的体例,将五四新文化运动看作中国现代文学的起点。魏绍馨教授认为,如果从五四新文化运动开始叙述,则斩断了中国现代文学的历史根源,使之沦为"无源之水,无本之木",中国现代文学并不是凭空出现的,而是上承晚清启蒙思潮,所以《中国现代文学思潮史》第一编从晚清开始叙述。②这一断代方式,很好地解决了中国现代文学发生学问题,也极大地影响了之后的学术研究,并在发展中成为与中国现代文学"1917 年开端说""1919 年开端说""二十世纪中国文学说"等学说并列的一种史说。

《中国现代文学思潮史》在体例上独具特色,内容上广泛吸收各类研究成果,客观公正地评价过去不被重视或被歪曲的作家作品,语言通俗易懂,叙事论理深入浅出。③ 出版之后,荣获国家教委优秀成果二等奖、山东省教委优秀成果一等奖、山东省社会科学优秀成果二等奖,被多所高校指定为中国现代文学专业研究生必读书目,并被翻译、介绍到日本、新加坡等国。学界同仁也从开创性、历史性、主体性、启示性等多个角度肯定这部思潮史的学术价值。詹昌娥在文章中就说,"首创性、系统性是魏先生的著作给予我的第一印象","作为第一部全面系统的中国现代文学思潮史专著,它的扎扎实实的开拓精神、它的新颖深刻的思想含义和它在新时期文学研究领域的理论成就,毫无疑问地将会影响一代学人,并以此载入新文学的史册"。④ 王卫东也说:"此书在缺少同类著作作为借鉴的情况下,客观全面地评述了自十九世纪末戊戌文学改良运动起,至一九四九年新中国成立止约半个世纪纷纭复杂的文学思潮现

---

① 吉平平、黄晓静编著:《中国文学史著版本概览》,辽宁大学出版社 1992 年版,第 18 页。
② 魏绍馨:《学术浅尝记》,《东方论坛》2008 年第 5 期。
③ 吉平平、黄晓静编著:《中国文学史著版本概览》,辽宁大学出版社 1992 年版,第 18 页。
④ 詹昌娥:《扎扎实实的开拓与探索——评介我国第一部〈中国现代文学思潮史〉》,《山东师大学报》(社会科学版)1989 年第 2 期。

象,而且无论在宏观把握上,还是在具体评价上,都显示出作者勇于开拓的精神和独到新颖的见解,是这方面一部锐意探索的力作。"①范钦林说,判断一部文学史的价值,不仅要看它给我们提供了什么,还要看它比同类著作多向我们提供了什么,"如果我们把《思潮史》对于有关问题的论述与新中国成立以后出版的一些'中国现代文学史'对于同样问题的论述相比较,就可以发现,《思潮史》更为尊重历史事实,更为接近历史的本来面目"②。魏建反复阅读后评价:"《中国现代文学思潮史》不仅揭示了中国现代文学思潮所固有的多元性和复杂性,而且在揭示中以一系列独到而深刻的创见,显现了一个知识分子对历史和科学的忠实。书中没有多少作者的主观感情色彩,处处体现了一个社会科学家的冷静。"③王晓昀则称赞该著作处理历史主义和当代意识的关系极为恰当,"大量占有了第一手资料,然后在丰赡翔实的史料基础之上开展论述,而不是先验地演绎式地为观点找材料,便使得本书的论析显得客观、公允、全面,使批评达到了较为充分的历史化、社会化",当代意识的科学性与合理性又引导作者发掘新史料和对史料进行新阐释,"在翔实丰厚的史料基础之上,以体现当代意识的审美价值标准为准绳,展开精辟的阐述,在理解古人的前提下批评古人",要言之,"《思潮史》在中国新文学研究上是开拓了一条新路的"。④张俊才在其《〈中国现代文学主潮论〉后记》中也特别提及,"魏先生对文学思潮与文学思想家并重的研究思路",在"我"的著作中"留有明显的印记"。⑤

进入 1990 年代,魏绍馨教授的学术活力仍旧十分健旺,写作了一批影响大、分量重的文章,其中,《我国现当代文学思潮中的普列特涅夫网结》《雾幕沉沉开子夜　精魂缕缕吐春蚕——茅盾对卅年代左倾文学思潮的超越》《历史

①　王卫东:《一部锐意探索的力作——读魏绍馨〈中国现代文学思潮史〉》,《中国现代文学研究丛刊》1989 年第 4 期。

②　范钦林:《拭去历史尘迹的可贵探索——读魏绍馨〈中国现代文学思潮史〉》,《扬州师院学报》(社会科学版)1990 年第 2 期。

③　魏建:《洪流里飞出朴实的歌——读魏绍馨著〈中国现代文学思潮史〉》,《山东社会科学》1991 年第 5 期。

④　王晓昀:《辩证处理历史主义与当代意识关系的成功尝试——评〈中国现代文学思潮史〉》,《阜阳师范学院学报》(社会科学版)1990 年第 2 期。

⑤　张俊才:《〈中国现代文学主潮论〉后记》,人民文学出版社 2007 年版,第 264 页。

的重估——胡适与五四新文学运动》被中国人民大学复印报刊资料《中国现代、当代文学研究》复印;《关于"问题与主义"之争及其评价的历史反思》被中国人民大学复印报刊资料《中国现代史》复印。其时写作的《庚午深秋怀念瘦竹师》一文,收录于《陈瘦竹纪念集》,在文类上是魏绍馨教授较 1980 年代写作多出的一种文类,表达了魏绍馨教授对上一代学者的辞别、怀念和感恩。著作方面,1990 年,延边大学出版社出版了魏绍馨教授主编的《现代中国文学发展史》,全书上自 1917 年起,下迄 1949 年,共分三编十八章。作为教材,该著作清晰地勾画出中国现代文学的发展线索,兼具科学性和实用性。[①] 1991 年,中国和平出版社出版了魏绍馨教授参与编撰的《鲁迅名作鉴赏辞典》。1993 年,华龄出版社出版了魏绍馨教授在中国当代文学领域的研究专著《当代中国文学思潮四十年》。该专著分上、中、下三编。上编叙述解放区文学传统在全国范围内的推行和"双百方针"带给文艺界的"早春";中编叙述六七十年代"左"倾教条主义的强化和政治文学形态;下编叙述新时期现实主义的复苏和发展,现代主义思潮的兴起和演进,人道主义思潮的澎湃和文学主体意识的觉醒。魏绍馨教授说,与《中国现代文学思潮史》相比,他写《当代中国文学思潮四十年》时"更富有写作的激情,或者说是更具有'创作的冲动'",因此"它带有某种'创作型'的因子,而研究型的因子相对要少一些"。[②] "发愤而作"所携带的学术意气和锐气构成《当代中国文学思潮四十年》的独特内质。同时,它从"发扬解放区文学传统"开始叙述,接续了《中国现代文学思潮史》末尾"毛泽东文艺思想的形成",与《中国现代文学思潮史》一脉相通,共同构成 20 世纪中国文学思潮史。如黄健总结的那样,将当代文学思潮看作现代文学思潮的接续,进而将其镶嵌进 20 世纪中国文学思潮整体框架中,这种整体性学术建构是该著作的特点之一;特点之二是该著作对当代文学思潮四十年的规律的探寻;特点三是魏绍馨教授显示出的卓越的、个性化的史识。[③] 对于修史,史识至关重要,关乎着著作的优劣成败。《当代中国文学思潮四十年》显示出的史识

---

① 吉平平、黄晓静编著:《中国文学史著版本概览》,辽宁大学出版社 1992 年版,第 329 页。
② 魏绍馨:《学术浅尝记》,《东方论坛》2008 年第 5 期。
③ 黄健:《面对当代文学思潮演变的沉思——读魏绍馨教授的〈当代中国文艺思潮四十年〉》,《山东社会科学》1994 年第 4 期。

富有真知灼见,其判断不再就表象而言,而是直逼特定逻辑下的历史规律,恰如朱寿桐的评价,这是一部"有胆有识的史论"①。

21世纪之后,魏绍馨教授一则继续"破旧立新",在《东岳论丛》《齐鲁学刊》《东方论坛》等刊物上发表了《五四"反传统"文化思想的历史评价》《胡适与五四戏剧改革》《总结历史,与时俱进——20世纪五六十年代中国"反修斗争"的回顾与反思》《个人崇拜:不应忘记的历史教训》《新月社作家与民国时期的人权与法治运动》等文章。以今观史,魏绍馨教授努力给予历史以客观、公正的评议;又以史观今,魏绍馨教授总结历史的经验教训,警惕历史悲剧的重演。二则写作了多篇纪念性文章,表达对恩师、前辈的敬重和怀念,其中,怀念田仲济先生的文章《深切的怀念与无尽的哀思》收于《田仲济纪念文集》,怀念任访秋先生的文章《人去风范在,不忘恩师情——缅怀任访秋先生》收于《任访秋先生纪念集》。三则总结自我学术生涯。2004年,《东方论坛》设置"学者自述"栏目,刊发了魏绍馨教授的自述文章《学术浅尝记》。该文又被收入冯济平主编的《第二代中国现代文学学者自述》一书。学者的代际划分有多种版本,这一收录意味着魏绍馨教授被学术界划入第二代中国现代文学学者群体,与邵伯周、孙中田、彭定安、许志英等先生共享"第二代中国现代文学学者"的称号。

二、实事求是:魏绍馨教授的学术个性和文学史观

魏绍馨教授自述"创作冲动"时说:"现在回想起来,催促书稿成型的因素还有一个:照直说就是我对当时'文坛'上的某些剑拔弩张、气势逼人、'阶级斗争'的火药味十足的'文学批评'颇不以为然,认为这些批评家很有照一照镜子的必要。《当代中国文学思潮四十年》就是为他们提供的一面镜子。"②这一自述与沈从文的"为你们高等人造一面镜子"的自述同构③,似有借鉴沈从

---

① 朱寿桐:《有胆有识的史论——关于〈当代中国文学思潮四十年〉的通信》,《阜阳师范学院学报》(社会科学版)1995年第1期。
② 魏绍馨:《当代中国文学思潮四十年》,华龄出版社1993年版,第381页。
③ 沈从文:《绅士的太太》,《沈从文全集》第6卷,北岳文艺出版社2002年版,第213页。

文的痕迹。魏绍馨教授确实也是沈从文的读者和研究者,他在专著《中国现代文学思潮史》中就专节讨论了沈从文的"生命重造"说,认为沈从文对文学与政治关系的认识与唯美派有本质区别,属于独具个性的文学工具主义;认为"生命重造"是沈从文文学创作的内在驱力和理解沈从文文学思想的关键所在。① 这些观点,切中了沈从文文学思想的内核。通过"生命重造"进而实现民族国家的重造,正是 1940 年代沈从文文学活动的逻辑主线。沈从文为了给高等人造一面镜子,将自我从都市中放逐,退居于"乡下人"立场,他的文学世界因此形成独特的城乡二元结构;魏绍馨教授为那些以"阶级斗争"为武器、气势逼人的批评家造镜子时,也将自我放逐于这些批评家之外,他的学术研究因此也获得独特的价值立场,形成个性化面貌。

纵览魏绍馨教授的所有学术成果,个性一是富有对话性。《〈伤逝〉——悲壮动人的诗篇》与那些"单凭哲学与智力去认识和分析鲁迅那些饱含诗情的小说"的研究者对话②;《"鲁迅与新文化运动"新议》与那些将鲁迅看作"五四新文化运动的主将与旗手"的观点对话③;《"整理国故"的再评价》与那些将"整理国故"记在胡适一个人账上而批判胡适的观点对话;《人本主义的现实主义文学创作论——胡风文学思想评析》与那些将胡风文学思想当作异端邪说的观点对话;《论赵惠明》则与那些简单地视赵惠明为反动派走卒的观点对话。类似的对话,近乎存于魏绍馨教授的全部文章中。因为魏绍馨教授写作带有为特定类型批评家"造镜子"的冲动,文章势必会与那些批评家的文章、观点商榷、对话。这便是其对话性生成的内在逻辑。

个性二是时代性。魏绍馨教授的《鲁迅研究也应该发扬实事求是的优良学风》发于《山东师院学报》(社会科学版)1978 年第 1 期,《鲁迅诗歌研究中的几点异议》发表于《破与立》1978 年第 3 期。其时正值党的十一届三中全会召开前夕,魏绍馨教授在文章中倡导实事求是的学风,与"解放思想、实事求是"的时代风潮相呼应。在 1980 年代"寻根"热中,有学者批评五四新文化运

---

① 魏绍馨:《中国现代文学思潮史》,浙江大学出版社 1988 年版,第 388—396 页。
② 魏绍馨:《〈伤逝〉——悲壮动人的诗篇》,《齐鲁学刊》1984 年第 5 期。
③ 魏绍馨:《"鲁迅与新文化运动"新议》,《齐鲁学刊》1985 年第 5 期。

动造成了中国文化的断裂;1990年代,五四新文化运动再次因批评传统文化而遭到责难。《五四新文化运动探源》《"为公众的福利自由发展个人"——对五四"个性解放"思潮的再认识》《五四"反传统"文化思想的历史评价》等文章便是魏绍馨教授对这些批判和责难的回应。其他如《"鲁迅与新文化运动"新议》《鲁迅与西方现代主义思潮——从一个侧面对鲁迅及其文学创作的再认识》《关于"问题与主义"之争及其评价的历史反思》也都应拨乱反正、"重新估定一切价值"的时代需求而写。文章合为时而作,魏绍馨教授的学术研究总是与时代、社会呼应着。

个性三是论辩性。恰如魏绍馨教授的自述,"研究者应当有自己的感受、自己的理解、自己的'史识',但却不可以只取一点因由,'随意点染',不可以一味地借历史的材料'表现自我'……过去有所谓'以论带史'和'论从史出'的争论,我愿意把二者结合起来,以当代的理论、观念为指导去反思和描述四十年中国文学思潮的发展和演变"①。魏绍馨教授的学术研究不因人废言,也不取一点因由随意点染,而是将"以论带史"和"论从史出"结合起来,表现出强烈的论辩性。对于胡适,魏绍馨教授没有像某些研究者一样一概否定,而是说:"胡适其人在政治上是反动的,在学术上要具体分析,区别对待。胡适的后期是人民的敌人,但对他早期的思想、言论与著述不应一概否定,特别是他在五四新文学运动中的贡献应当肯定。"胡适倡导的"整理国故""不仅撕破了守旧派的'保存国粹'的旗子,而且也在一定程度上纠正了许多否定一切民族文化遗产的虚无主义倾向","因而我们决不可将'整理国故'看成是新文化运动中的一股逆流"。但胡适也过分夸大了"国故学"的社会意义,"这一方面使一些无知青年脱离现实斗争,拼命向故纸堆进军,不知不觉向着复古主义道路走去;另一方面也助长了封建复古派的反动气焰,使他们的复古倒退活动获得了某种'理论的根据'"。尤其是在1920年代中期,胡适号召青年离开现实斗争,进入实验室埋头研究,"这当然是有消极作用的"②。在《关于"问题与主义"之争及其评价的历史反思》一文中,魏绍馨教授也说:"胡适后来在政治上依附了

---

① 魏绍馨:《当代中国文学思潮四十年》,华龄出版社1993年版,第382页。
② 魏绍馨:《"整理国故"的再评价》,《文学评论》1983年第3期。

国民党反动派,但我们决不可因此而否定他在中国新文化运动中的突出贡献,尤其不能因人废言地抹杀他在五四新文化运动中的丰功伟绩。"①确乎可说,魏绍馨教授的所有学术研究都具有很强的论辩性。

个性四是实事求是、客观公正。魏绍馨教授在《〈当代中国文学思潮四十年〉后记》中说:"我希望能够通过真正马克思主义指导下的全面扫描、客观研究和忠实叙述,准确地反映四十年来中国文学思潮发展与演变的历史面貌,通过全面的历史反思,总结有益的经验教训。"②这一自述可以扩展至魏绍馨教授的全部学术活动。他之所以要与其他研究者进行学术对话,要对历史问题进行再评议,内在动机都源于此,即公正地评议历史,客观地总结经验。《我观鲁迅与辛亥革命》一文便是很好的例子。文章先考证出光复会东京分会的成立时间是 1904 年 11 月,又考证出鲁迅从东京转去仙台医专的时间是 1904 年 9 月,进而指出鲁迅在辛亥革命之前,只与革命者有往来,不曾加入光复会③,以纠正鲁迅参加光复会的观点,驳斥将"革命"鲁迅提前的做法,实事求是地评议鲁迅。茅盾小说《腐蚀》的主人公赵惠明一直被当作虚荣、利己、软弱的代表而被学界批判。大概有感于这种批判曲解了赵惠明,以及出于"客观研究和忠实叙述"的冲动,魏绍馨教授写作了《论赵惠明》一文,开篇就说"赵惠明一直是被误解的一个艺术形象",接着又抓住小说"前记"中的作者自述,指出茅盾对女主角赵惠明的不幸遭遇和精神痛苦怀有极大的同情,赵惠明应该被看作章秋柳的"精神姐妹",赵惠明在最后一篇日记中发出了"救救青年"的人道主义控诉与呐喊的最强音。④ 五四以后,许多爱国的科学家、教育家、文学艺术家都为民族国家的发展和进步贡献了自己的力量,由于"左"倾教条主义和宗派主义的影响,他们有了赵惠明一样的历史遭遇,不但历史功绩不被认同,自身还被当作"反革命"批判,沈从文就是其中之一,他们等待着一个客观公正的历史评价。

对话性、时代性、论辩性、实事求是的学术个性,归根到底来自魏绍馨教授

① 魏绍馨:《关于"问题与主义"之争及其评价的历史反思》,《齐鲁学刊》1994 年第 1 期。
② 魏绍馨:《当代中国文学思潮四十年》,华龄出版社 1993 年版,第 382 页。
③ 魏绍馨:《我观鲁迅与辛亥革命》,《齐鲁学刊》1986 年第 5 期。
④ 魏绍馨:《论赵惠明》,《齐鲁学刊》1991 年第 4 期。

实事求是的文学史观,以及不阿世、敢说话的学者正气,而实事求是的文学史观说到底又来自实事求是的价值观,不阿世、敢说话的学者正气则来自对该价值观的坚守。不因人废言、不循教条权威,奉持实事求是的价值观,既是对历史的尊重,也是对当下社会的尊重。

三、冷峻处有温情:魏绍馨教授的学人品格

沈从文阅读《史记》时,根据作家投入"生命情感"之多少,总结出"有情"和"事功"两类文字:"有情"之文字浸润着作者的情感,"我们说得粗些,即必由痛苦方能成熟积聚的情——这个情即深入的体会,深至的爱,以及透过事功以上的理解与认识";"事功"之文字则"因掌握材料而完成"。① 魏绍馨教授的文字属于沈从文所说的"有情"之文字。因为面对某些"定论",能涌起再说的冲动,需要对学术研究有"至深的爱";在"定论"之外再辟一种说法,需要对研究对象有"深入的体会""以及透过事功以上的理解与认识"。所以魏绍馨教授除了"客观研究和忠实叙述"的解析者形象外,在很大程度上又是一个"有情"的诗人。这里诗人的"情",不单体现为弥散在文字间的郁结或快意,也体现为努力与研究对象情感同频的研究方法,还体现为不吐不快的炽热的研究冲动,和不阿世、不媚俗、实事求是的精神人格。受契诃夫的影响,鲁迅早期小说的风格偏向客观冷峻。魏绍馨教授则说:鲁迅的文学作品,不论是小说还是散文,都包含诗的成分——诗的感情、诗的想象、诗的语言;涓生虽然不是鲁迅的化身,但涓生的愤世嫉俗、进取、空虚、苦痛、苦闷,都属于鲁迅;《伤逝》开头、结尾的抒情性议论,是感人的点睛之笔。② 这样的"发现",不是来自哲学分析,而是来自研究者与研究对象的情感重合。某些研究者从鲁迅作品中寻章摘句,说鲁迅在 1930 年代批判过"民主派"和"同路人",是"尊法反儒"的专家。魏绍馨写作《鲁迅研究也应该发扬实事求是的优良学风》一文,一一驳斥

---

① 沈从文:《致张兆和、沈龙朱、沈虎雏》(1952 年 1 月 25 日左右),《沈从文全集》第 19 卷,北岳文艺出版社 2002 年版,第 319 页。
② 魏绍馨:《〈伤逝〉——悲壮动人的诗篇》,《齐鲁学刊》1984 年第 5 期。

了这种做法和观点,愤而呼吁鲁迅研究应该发扬实事求是的学风。有感于"庆'七一'毛泽东像章展",魏绍馨教授写作《个人崇拜:不应忘记的历史教训》一文,呼吁警惕任何形式的个人崇拜,避免历史悲剧的再次发生。魏绍馨教授的其他文章,大多也是"发愤而作"。这里的"愤",包含魏绍馨教授求真求实、不吐不快的"情"。沈从文总结《史记》,源于他对民族过去和未来的"情",魏绍馨教授总结"不应忘记的历史教训",也源于这样的"情"。

反复引入沈从文,意图不在于比照和攀附,而在于说明知识分子彼此相通的情怀和风骨。沈从文说他不懂城里人的"思想",因此感到异常的孤独,但他相信:"你们少数的少数,会越过那条间隔城乡的深沟,从一个乡下人的作品中,发现一种燃烧的感情,对于人类智慧与美丽永远的倾心,健康诚实的赞颂,以及对愚蠢自私极端憎恶的感情。"[①]魏绍馨教授在《中国现代文学思潮史》中对沈从文有精辟的论述,属于沈从文所说的"少数的少数",他"越过那条间隔城乡的深沟",从沈从文的作品中发现了那种"燃烧的感情",并且沿袭了过来。

魏绍馨教授的学人品格也属于"第二代中国现代文学学者"整体。参照温儒敏在《〈第二代中国现代文学学者自述〉序言》中的描述,这一代学者大多出生于1920年代,1950年代上大学,少数在1960年代成名,大多数在1980年代才大展宏图,成为杰出的专家。这一代学者经历了频繁的政治运动,生活艰辛而动荡,身上少有"学院气"和"贵族气",使命感强,是富于理想的一代,又是贴近现实、关注社会的一代。相比于李何林先生、王瑶先生、唐弢先生等第一代学者,以及之后的第三、四代学者,这一代学者有属于他们的相通又独特的品质:一是文风明快、大气、贴近现实,"他们的文章一般不拘泥,较大气,善于从复杂的社会历史现象提炼问题,把握文学的精神现象与时代内涵,给予明快的论说";二是对学科研究有别样的执着与专注,"和第一代学者比,第二代是很'专'的,和后两代比,这个'专'也很突出,而且普遍都很执著与认真:他们都非常自信地以现代文学作为自己的整个学术生活的依托,他们的生活与学术往往是融为一体";三是学风扎实严谨,"这一代学者大都注重史料和作品,

---

① 沈从文:《习作选集代序》,《沈从文全集》第9卷,北岳文艺出版社2002年版,第6页。

不尚空谈,学风严谨扎实","他们中不少人都倾心于鲁迅式的研究方法,即从丰富复杂的文学历史中找出最能反映时代特征和本质意义的典型现象,然后从文学现象的具体评述中来体现文学的发展规律"。① 这些从第二代学者集体中提取出的学人品质,都鲜明地体现在魏绍馨教授身上,反之也可以说,魏绍馨教授的学术个性和学人品格,诠释了这一代学者的集体品质。1980 年代,现代文学研究重新焕发生机,第二代学者活跃起来,扮演学科复苏与发展生力军的角色;1990 年代,第二代学者大多担任高校和科研单位的学术领军人物,所以又如温儒敏的评价:"这是承上启下的重要的一代。"②关于魏绍馨教授的历史评价,也当如是观。

结　语

魏绍馨教授作为研究五四新文化的学者,不仅将"五四"当成一个学术课题,也将"五四"高扬的科学与民主精神作为自己的人生准则。其学术研究体现了摆脱既有研究框架、锐意求实求新的学术勇气,也体现了 1980 年代学术与思想交融的时代风尚;其学术观点周密而公正,在中国现当代文学研究领域发挥过补正、先锋、开拓性作用;其不阿世、不媚俗的学人风骨,演绎了一代学人研究"五四"与传承"五四"的精神自觉。魏绍馨教授作为"第二代中国现代文学学者"代表人物之一,在中国现代文学研究发展史上和曲阜师范大学中文系学科建设方面,扮演了"承上启下的重要的"角色。

---

① 温儒敏:《〈第二代中国现代文学学者自述〉序言》,见冯济平编《第二代中国现代文学学者自述》,文化艺术出版社 2011 年版,第 2—4 页。
② 温儒敏:《〈第二代中国现代文学学者自述〉序言》,见冯济平编《第二代中国现代文学学者自述》,文化艺术出版社 2011 年版,第 1 页。

目　录

上编　魏绍馨教授论文选

下编　评论与回忆

上编　魏绍馨教授论文选

五四新文化运动探源

　　早在二三十年代,许多人就结合自己的亲身经历与感受,对五四白话文运动及整个新文化运动进行初步的反思与总结,他们见仁见智各抒己见,虽没有形成共识,但有一点看法是比较一致的:具有伟大历史意义的五四新文化运动决不只是几个人闹起来的,它有着极为深刻的社会及历史的原因,从左的或右的方面否定五四的错误思潮受到了应有的批评。三十年代末与四十年代初毛泽东的《新民主主义论》等有关著作就反映了这一反思与总结的积极成果。可惜的是四十年代以后这一意义重大的学术讨论基本上停止了。在八十年代后期的文学"寻根"热中,又有人批评五四造成了中国文化发展史上的"断裂"层。九十年代以来,随着对传统文化的再认识,五四白话文运动及整个五四新文化运动不断受到来自各方面的责难与非议。这当中有的是在肯定其划时代意义的前提下指出和批评了它的历史局限和遗留问题,有的则是对它的根本性的否定,甚至把五四新文化运动描绘成由胡适、陈独秀等少数人仅凭一时的心血来潮而鼓动起来的"一场灾难性的语言破坏",也是一场"整个精神、文化、思维的破坏"。[①] 并且由此而引起了关于文学的"传统与现代化"问题以及如何评价五四白话文及整个新文化运动的讨论。于是重新探讨形成这一运动的社会与历史原因就显得十分必要而迫切了。本文仅就此问题发表一点意见,也许还会有助于上述那两个问题的讨论。

---

　　① 参看郑敏《世纪末的回顾:汉语语言变革与中国新诗创作》,《文学评论》1993 年第 3 期;郑敏《关于〈如何评价"五四"白话文运动〉商榷之商榷》,《文学评论》1994 年第 2 期。

一

中国是世界上农业社会的文明古国之一,特别是先秦两汉和唐宋等几个历史时期,炎黄子孙们创造了光辉灿烂的古代文化。但是这辉煌的古代文化和比较稳固的农业文明也给唐宋以后的许多中国人带来了沉重的历史包袱,那就是坐井观天、自尊自大、固步自封、不思进取。总是以世界之中心、文化之本源自居,拒绝一切外来的新事物。如鲁迅所说的"宝自有而傲睨万物"。明末来中国传教的意大利人利玛窦在他的日记中曾经作过如下的一段描述:"因为他们不知道地球的大小而又夜郎自大,所以中国人认为所有各国中只有中国值得称羡,就国家的伟大、政治制度和学术的名气而论,他们不仅把所有别的民族都看作是野蛮人,而且看作是没有理性的动物。"①长期以来,许多中国人特别是历代封建统治者总是称一切外国人为"蛮夷",而自称"上国""天朝",视中外关系为君臣关系,甚至是主奴关系。外国人来中国都需向"天朝"称臣、进贡,甚而要向中国皇帝行三跪九叩礼,绝对不能与中国人平起平坐。鸦片战争以前,英国、荷兰等西方资本主义国家每次派使节来华,要求与中国进行贸易、互通商务,都被清朝政府以轻蔑的态度拒之门外。后来鲁迅在小说《阿Q正传》中描写阿Q总是以未庄文明高于一切的态度"很鄙视城里人",这种阿Q精神实际上也是对许多中国人盲目地自大、鄙薄一切外来文化的艺术概括。

然而从鸦片战争开始,一向被视为"蛮夷"的西方国家却用武力打开了闭关自守的中国大门,并且一次次向中国发动侵略战争,而具有数千年文化传统的中华帝国竟然屡战屡败,这是怎么回事呢?"现在的世界真不像样""儿子打老子",愚昧落后的阿Q只能作出这样的回答,而且继续以光辉传统骄傲于人:"我们先前——比你阔的多啦!你算是什么东西!"只有那些敢于正视现实而又勇于思考的人才逐渐醒悟到:在西方国家的坚船利炮及其先进的科学技

---

① 利玛窦、金尼阁:《利玛窦与中国札记》,何高济等译,中华书局1983年版,第181页。

术面前,中国的"先王之道"是无能为力的,在日新月异的世界历史进程中,僵化了的中国传统文化已经陷入了困境与危机,极需注入新鲜血液,实行全面的改造与整合。于是便在"师夷长技以制夷"的口号下,开始面向国外,学习西方。不料却遭到封建顽固派的强烈反对,他们视西方的近代科学技术为扰乱人心、败坏风气的"奇技淫巧"。经过无数次的失败,长时间的争论,在强敌压境、走投无路的形势下,终于达成妥协,形成共识,这就是所谓"以中学为体,以西学为用","中学治身心,西学应世事"。更具体地说就是"以中国之论常名教为原本,辅以诸国富强之术"。在这一思想原则指导之下的洋务运动对于中国近代工商业经济的发展和中国人的开放意识的形成都作出了不可磨灭的贡献,但它还是以失败告终。洋务运动的失败进一步证明那被视为永远不可改变的传统文化之"体"已无法充分发挥西学之"用"。换句话说是,西方近代的有用之学根本不可能在中国传统的纲常名教及其封建制度的体系内发挥作用,传统文化的"用"与"体"都应当放入改革之列。于是便出现了维新变法思潮与维新变法运动。不幸的是这次维新变法运动也被封建顽固势力残酷镇压下去了。而血的教训再次告诉人们:仅仅依靠少数人自上而下的改革,这在中国是一条行不通的道路,"欲新吾国,当新吾民","欲救今日之中国,莫急于以新学说变其思想"。所以随之而来的便是梁启超、严复等人发动的文化思想启蒙与语言文学的革新运动。孙中山先生领导的政治斗争与武装起义即辛亥革命的夭折,进一步证明了在中国开展文化思想领域的革命新运动的必要性与迫切性。

　　洋务运动以后,随着资本主义工商业与市场经济在中国的初步发展,由于西方近代科学技术与民主思想的传播,逐渐形成了和传统的封建文人截然不同的新型知识分子阶层,秦汉以后的中国历代文人学士,无不以传统旧文化的保存与传播者自居、自安;而新型的知识分子则开始叛离旧文化、旧思想,自觉地向世界各国寻求救国救民的真理,研究与创造新的学术与文化。他们当中有不少人在出国留学或出国考察中逐步接受或形成了新的世界观与方法论。即使那位久久不肯剪掉辫子的近代学者王国维,也已认识到"今日之时代已进入研究自由之时代,而非教权专制之时代也",研究各种学问都必须有"兼通世界学术之人",而不能依赖于"一孔之陋儒"。① 为了兼通世界之学术,自然应当掌握新的研究方法,懂得外国的语言文字,引进外国的"新学语"。更不必说当时那些先进的启蒙主义者和思想家如梁启超、严复等人了。梁启超后来在《清代学术概论》中叙述了他在中西文化的比较中"对外求索之欲日炽,对内厌弃之情日烈",终于"别树一帜",向正统文化举起"叛旗",利用他主编的《新民丛报》等刊物"将世界学说为无限量的尽量输入"的情况,并自比为当时"新思想界之陈涉"。这决不是用"改良主义"几个字可以概括得了的,被鲁迅称之为"一个十九世纪末年中国感觉锐敏的人"的严复,是被当时的清朝政府派往英国学习海军的,但他却完全违背了统治者的意愿,在学习期间认真阅读与研究了西方近代的进化论、逻辑学、法学、经济学、社会学等,回国后公然把它们当作传统旧文化旧思想的对立物、救国救民的新理论新学说向国人作了介绍。

如果说梁、严之辈终归还是在传统旧文化的母体中孕育与培养出来的从传统走向现代的过渡型人物的话,那么继他们之后的新一代人物陈独秀、胡适、鲁迅、李大钊等,虽然也接受了封建文化的启蒙教育,但他们的世界观、人生观基本上是在近代科学精神与人文主义思想的启迪下形成的,他们的全球意识与开放改革的观念是上一代知识分子所不及的。他们是中国人,同时也是"世界人"。陈独秀告诉当时的中国青年们说:"居今日而言锁国闭关之策,匪独力所不能,亦且势所不利。万邦并立,动辄相关,无论其国若何富强,亦不可漠视外情,自为风气。各国之制度文物,形式虽不尽同,但不思驱其国于危亡者,其遵循共同原则之精神,渐趋一致,潮流所及,莫之能违。于此而执特别历史国情之说,以冀抗此潮流,是犹有锁国之精神而无世界之知识。而无世界知识,其国将何以图存于世界之中?"②这可以说是那时先进知识分子的共识,即使在九十年代的今天,这一认识也不算落后吧!

一代新型知识分子与旧式文人的区别还在于:后者在政治上、思想上、人格上都依附于封建统治者;而前者是独立自主的、自由平等的。封建时代文人学士的人生道路都是统治者为他们安排好的:读书应试,依照儒家的道德规范

---

① 王国维:《王国维文学美学论著集》,北岳文艺出版社 1988 年版,第 56 页。
② 陈独秀:《敬告青年》,《青年杂志》1915 年第 1 卷第 1 号。

和封建等级制度的要求,一级一级向上爬,爱国就必须忠君……稍有出格就会被打入另册,甚至不能在社会上生存。梁启超、严复等一代人公然违背封建统治者的意愿与传统旧道德的规范,独立自主地从事西学的引进与新思想的启蒙,甚至成为公开的叛逆者。王国维是一位不大关心政治的学者,但他宣称自己所从事的哲学与文学研究是世界上"最神圣、最尊贵"的事业,它所追求的是"天下万世之真理",而不能尽与一时一国之利益合,有时候还彼此"不能相容"。青年时代的鲁迅曾经提出:"人各有己,不随风波"是新一代知识分子应有的品格。也就是陈独秀在发动五四新文化运动时所号召青年的要"脱离夫奴隶之羁绊,以完其自主自由之人格"和李大钊所说的要争取真正的"精神解放"。若没有鲁迅、陈独秀、李大钊、胡适等新一代知识分子的出现,也就不会有五四新文化运动。

辛亥革命的失败,使新一代知识分子陷入了新的苦闷,李大钊由"隐忧"到"大哀",鲁迅以十分痛苦的心情在绍兴会馆抄写古碑,郭沫若更是在"死的诱惑"中挣扎。"相逢莫问人间事,故国伤心只泪流"是曾经参加过革命文学团体南社的作家苏曼殊的诗句。即使陈独秀那样的民主主义革命战士也感到无限的悲观与失望,甚至发出了如此黑暗的国家"存之无所荣,亡之无所惜"的悲鸣。几年之内知识分子的自杀成了一大社会问题,李大钊、陈独秀、蒋梦麟、罗家伦等都发表过分析这一社会问题的文章。李大钊的《原杀》一文指出:在辛亥革命之前虽然社会黑暗,政治腐败,但是青年知识分子还能看到光复、共和的希望,辛亥革命失败后连这一线的希望也没有了。鲁迅后来总结说:人生最大的痛苦是觉醒了无路可走。罗家伦文章的题目就是"是青年自杀还是社会杀青年?"。总之,自杀是由于"厌世心"而产生的极端的痛苦所致,是一种绝望的反抗。而"厌世心"也包含着"自觉心",在一定的条件下这"自觉心"就会转化为积极的行动。

"自觉者何? 觉其国家之目的与情势也",这是李大钊在《厌世心与自觉心》一文中的结论。现代国家的目的在于保障人民的权利,谋求人民的幸福,可是辛亥革命之后的国家情势却是广大人民被置于水深火热之中,其所遭受的灾难比革命之前有过之无不及。为什么会这样? 因为辛亥革命虽然推翻了延续数千年的封建帝制,却并没有使多数国民从封建专制主义的旧思想、旧礼教中解放出来,以主人公的姿态参与国家与社会的政治生活。这不仅便于某些人以民主共和制的形式继续推行封建专制主义,而且还可以诱使袁世凯之流完全复辟封建君主制的统治。陈独秀的《吾人最后之觉悟》《文学革命论》等文集中概括了当时许多觉醒者的认识。五四新文学与新文化运动就是由这种认识转化成的实践活动。

早在清末的维新变法运动中就提出了"废文言、兴白话"的问题,好多地方已出现了白话报。辛亥革命之后已布不成阵的桐城古文派与选学骈文派又重整旗鼓,加入了封建顽固势力尊孔复古主义的大合唱。这当然使革新派人物"大受刺激"(钱玄同语)。所以胡适的中国文学"应以白话为正宗"的口号提出后立即得到广泛的支持与拥护,形成了轰轰烈烈的白话文运动。

二

十九世纪是一个自然科学获得巨大发展的时代,是人类对自然界和自身有了崭新认识的时代。比如细胞学、能量守恒定律及生物进化论这三项伟大的发现,X射线、放射性元素以及电子的发现,天文观测技术的发展,天体物理学的问世,蒸汽技术的出现与广泛应用,等等。这些科学技术的重大发展不仅推动了人类物质文明的进步,而且也促进了人类思想观念的巨大变革。十九世纪末到二十世纪初,对于科学的思想、观念与方法的信仰与崇拜,成为一种突出的时代思潮,差不多形成了一种"科学万能主义"。由科学万能主义的观念进而形成了科学主义的哲学思想与实证主义的逻辑学、方法论。所有这些又都为中国先进的知识分子所关注。早在1902年,梁启超就发表了《论学术之势力左右世界》,极言十九世纪以来自然科学的飞速发展在人类社会生活中所发挥的巨大作用。诸如富兰克林的电学、瓦特的汽机学、达尔文的进化论集等,"凡此数者,能使全世界之政治、商务、军事乃至学问、道德,全然一新其面目"[1]。尤其

---

[1] 夏晓虹编:《梁启超文选》下集,中国广播电视出版社1992年版,第210页。

是达尔文的进化论,更是使人类之思想观念焕然一新。

最早将西方科学的思想与方法介绍到中国来的是清末著名启蒙主义思想家严复。中日战争(甲午)之后他就以悲愤交加的心情在《救亡决论》《原强》等文中指出:中国救亡之道在于学习西方,而学习西方的关键又是引进其民主与科学的精神与方法。不久他就全力以赴地翻译与介绍了赫胥黎的《天演论》和穆勒的《名学》等,并联系中国的实际批判儒学的"天不变道亦不变"的思想观念与处处"写信古人之说"的思维方法,陈述进化论与实证主义逻辑学在救亡图存中的重要意义。1907 年,鲁迅在《人之历史》《科学史教篇》这两篇论文中,不仅充分肯定了十九世纪西方自然科学的发展对人类社会进步的巨大贡献,而且着重介绍了"仅以知真理为唯一之仪"的科学精神和归纳、演绎"二术俱用"的科学方法。鲁迅认为这种科学的精神与方法,比具体的自然科学本身对人们有更重大的启示。二十年代初期回归传统之后的梁启超在其《欧游心影录》中曾经从批判"科学万能之梦"的角度作了这样的描述:"自科学渐昌,这派唯心论的哲学(按:这里指康德、黑格尔哲学)便四分五裂。后来冈秋(孔德)的《实证哲学》和达尔文的《种源论》(即《物种起源》)同年出版,旧哲学更是根本动摇……宗教和旧哲学,既已被科学打得个旗靡辙乱,这位科学先生便当仁不让起来,要凭他的试验发明个宇宙新大原理。"①从中也可以看出十九世纪末及二十世纪初科学主义思潮之巨大影响。

五四新文化运动高举科学与民主的大旗,决非偶然。鲁迅肯定地说:只有科学才能"救治这几至国亡种灭的中国",所指的就是这种科学的精神与方法,或总称之为科学主义,而并非某种具体的科学知识。当时许多先进的中国知识分子都在为科学而奋斗,为科学而献身,科学主义成为封建主义的强有力的敌人。陈独秀所说的为拥护那德先生与赛先生"就是断头流血,都不推辞"的话,的确是他们的誓言。

十九世纪下半期,西方资本主义社会的矛盾日益尖锐与复杂,诸如劳动与资本的矛盾,物质与精神的矛盾,各资本集团的矛盾,宗主国与殖民地附属国

---

① 陈崧编:《五四前后东西文化问题论战文选》,中国社会科学出版社 1985 年版,第 344—345 页。

的矛盾等。二十世纪初爆发的第一次世界大战与俄国十月革命,就是这些矛盾的集中表现。伴随着这些社会矛盾出现的是社会生活的腐败,人伦道德的堕落,精神世界的空虚,犯罪率的急剧上升。鲁迅曾对此作过概括性的描述:"递夫十九世纪后叶,而其弊果益昭,诸凡事物,无不质化,灵明日以亏蚀,旨趣流于平庸,人惟客观之物质世界是趋,而主观之内面精神,乃舍置不之一省……林林众生,物欲来蔽,社会憔悴,进步以停,于是一切诈伪罪恶,蔑弗乘之而萌……"①面对上述的社会矛盾与社会问题,形成了两种互相对立又互相联系的社会思潮:人本主义和社会主义。而这两种社会思潮都在十九世纪末与二十世纪初传入中国。所谓人本主义,主要是想通过人的精神解放与精神超越,为人类寻找一条新的出路;所谓社会主义,主要是想通过人的社会斗争与社会解放,建立新的社会生活。这二者当时又都是作为现实社会和历史传统的对立面出现的。

德国的叔本华与尼采,是现代人本主义思想的最早的表现者。如郭沫若所说,二十世纪初,"尼采思想乃至德意志哲学,在日本学术界是磅礴着的"②。而当时的日本又正是中国留学生和广大进步知识分子的社会及文化思想活动的中心。从王国维、鲁迅、周作人到陈独秀、郭沫若、郁达夫等,几乎没有不受叔本华、尼采思想的深刻影响的。最早站出来向中国人介绍叔本华和尼采的就是王国维,1903—1904 年,他就发表了《叔本华与尼采》《叔本华之哲学及其教育学说》等,并把叔本华的人生观及美学思想运用于《红楼梦》研究,发表了著名的《红楼梦评论》。继王国维之后鲁迅在《文化偏至论》中围绕着中国人生与中国社会的改造而介绍了叔本华、尼采、施蒂纳的个性解放主义与反传统精神,并称赞它们是二十世纪的时代新思潮。和王国维相比,鲁迅更加发挥了尼采等人的人本主义思想的积极的、革命的战斗精神。十年之后的五四新文化运动中,鲁迅、陈独秀甚至胡适都是把这种战斗精神"拿来"作为推动这场新文化运动的思想力量的。

其他如柏格森的生命哲学也在五四前就传入中国并为先进的知识分子所

---

① 鲁迅:《鲁迅全集》第 1 卷,人民文学出版社 1981 年版,第 53 页。
② 郭沫若:《沫若文集》第 12 卷,人民文学出版社 1959 年版,第 535 页。

熟知。高唱生命进化论的鲁迅自不必说,郭沫若也熟读过柏格森的《创造进化论》。1915年,陈独秀创办著名刊物《青年杂志》(后改为《新青年》)时,就同时引用尼采与柏格森的话激励中国青年为争取个人的解放与民族的新生而斗争。

　　社会主义思想之传入中国也在二十世纪初。1903年,梁启超在《新民丛报》上发表了《中国之社会主义》,把社会主义说成是"吾中国固凤有之",实为对近代社会主义的曲解。所以不久就有人在《大陆报》上给以批驳,指出他虽知社会主义之名并不知社会主义之实。1905年同盟会成立后,资产阶级革命家为了宣传孙中山提出的三民主义的革命学说,曾主动介绍过近代西方的社会主义思想。尤其是朱执信发表于《民报》的《德意志革命家小传》,系统介绍了马克思的生平传略及其革命思想。不久,张继、刘师培在日本东京创办《天义报》,吴稚晖、李石岑在法国巴黎创办《新世纪》,都把社会主义当作二十世纪的新思潮介绍给中国人。自然他们当时还分不清马克思主义的社会主义与无政府主义的社会主义之间的原则区别。辛亥革命时期,以江亢虎为首的中国社会党又在绍兴创办了《新世界》半月刊,倡导社会主义思想,介绍马克思主义学说。针对《东方杂志》上的反对社会主义言论,王缁尘在《社会主义与社会政策》一文中强调社会主义已成为二十世纪的世界潮流,"中国同处此潮流之中,势不能独异,且欲救民生之疾苦者,舍此又更无它道也"①。用后来的话说就是:只有社会主义才能救中国,才是中国人民的光明大道。

　　正如当时世界的社会主义思潮呈现出极为复杂的情况一样,二十世纪初中国知识分子对社会主义思潮的介绍也是十分肤浅的、朦胧的,主要是以一种美好的社会与人生理想同黑暗的现实社会相对抗。上述的《社会主义与社会政策》所宣传的观点是很有代表性的:"总之,社会主义以人性为本,以人情为用,期于人人相助,人人相保,各知其性分之所固有,职分之所当为。其殖产也聚而多,其分产也平而允。合乎人生之至情,适于社会之原理"。以普遍人性论为指导的人道主义、民主主义是当时的社会主义思潮的主要内容。这一基

────────────

　　① 王缁尘:《社会主义与社会政策》,《新世界》(绍兴)1912年8月第7期。

本内容是符合中国社会反封建斗争的需要的，五四新文化运动之初所传播的社会主义思想仍然是这些内容。陈独秀创办《新青年》的时候，明确地把法兰西的人权说、进化论与社会主义看作是"近代文明特征"，即使李大钊最初所讲的社会主义，也是以人道主义为思想基础的。直到俄国十月社会主义革命胜利之后，马克思列宁主义才逐渐成为社会主义思潮的主流。

三

五四新文化运动也是一次中国传统文化的复兴运动。当时的新文化刊物《新潮》的英文名字就是"The Renaissance"，即复兴、再生的意思，也即欧洲"文艺复兴"的名字。1936年蔡元培先生在为《中国新文学大系》撰写总序言的时候，就直接将五四新文学运动比作欧洲的文艺复兴。他说，"欧洲近代文化，都从复兴时代演出，而这时代所复兴的，为希腊罗马的文化，是人人所公认的。我国周季文化，可与希腊罗马比拟，也经过一种烦琐哲学时期，与欧洲中古时代相埒，非有一种复兴运动，不能振发起衰，五四运动的新文学运动，就是复兴的开始"。后来胡适更是直接把五四新文学运动称为"中国的文艺复兴运动"。

二十年代初期俄国"无产阶级文化派"的理论传入中国之后，才逐渐形成了以建设特殊的、纯粹的"无产阶级文化"为目标而否定一切古代文化遗产的极左思潮。可是，长期以来人们总是习惯于把在反封建斗争中带有某种片面性与偏激情绪的五四新文化运动称为"全盘反传统主义"。其实当时的先驱者们都没有全盘否定传统文化。陈独秀在反孔斗争中并不否定古代孔子及其思想之伟大，鲁迅所痛加批判的主要是历代封建统治者以孔子为"敲门砖"，是"现代中国的孔夫子"。首倡文学改良的胡适，同时也是"整理国故"、研究国学的带头人，他对庄周之文、渊明老杜之诗、稼轩之词、施耐庵曹雪芹之小说，都给予了很高的评价。高举文学革命大旗，要一举"推倒"一切"古典文学"、彻底以白话代替文言"为文学之正宗"的陈独秀，也充分肯定了自《诗经》《楚辞》以下到元明剧本、明清小说的文学价值，尤其赞扬马致远、施耐庵、曹雪芹为"盖代文豪"。鲁迅的前无古人后启来者的学术著作《中国小说史略》，正是在五四新文化运动的大背景下完成的。历史的事实是:投身于五四新文化运动的先驱者们,都在以近现代的思想观念为指导对我国的传统文化进行审视和重新估价,并且以这种审视与估价中得出的与封建复古派完全不同的结论参加了五四新文化的创造。当然他们的某些论点已为历史证明是不科学的。

在我国的传统文化中,直接或间接推动或影响着五四新文化运动即文艺复兴运动的主要因素有:春秋战国时代的"人"的解放与文体改革;博采异域文化的"汉唐气魄";明末的思想解放与文学革新。至于清末的思想启蒙与"小说界革命",那更是五四新文化运动的序幕了。

早在五四以前,春秋战国时代的思想与文学对鲁迅、郭沫若等都有很深的影响。而且他们都能以现代人的思想观念对它们进行新的解读。留学日本时期的鲁迅,就十分喜爱庄子和屈原,并因在思想上"中些庄子、韩非的毒,时而很随便,时而很峻急"①。他对屈原的评价是:"茫洋在前,顾虑皆去,怼世俗之浑浊,颂己身之修能,怀疑自遂古之初,直至万物之琐末,放言无惮,为前人所不敢言。"②这实际上也正是五四精神之所在。郭沫若认为早在春秋战国时代的中国,已经出现过一次五四运动。当时正是由奴隶制向封建制大转变的时代,奴隶的解放带来了"人"的第一次觉醒,文化思想上的大改革,因而产生了古代的民主主义与人道主义思想。墨家所倡导的"兼爱",儒家的"仁者爱人",都是主张尊重人、爱护人,把人当成人。道家提倡的那种鄙视权贵、精神自由、人格独立,也表现了"人"的意识的觉醒。对于人性及其善恶的关注与讨论,成为各派学者的热门话题,更体现了对于人的价值的重视。所以在《女神》中郭沫若就借屈原之口控诉那是非不分、黑白莫辨的"混浊世界",发出了"自由创造,自由地表现"的呼唤,直至要"同江河一样自由流泻","同火山一样任意飞腾"。他爱庄子,他赞扬庄子,就因为他心目中的庄子已是具有近代人的意识的泛神论者,是一位具有独立自主人格的知识分子,是一个"靠打草鞋吃饭的人"。

五四新文化运动虽然高举"反孔批儒"的大旗,但对春秋战国时代的文化

① 鲁迅:《鲁迅全集》第 1 卷,人民文学出版社 1981 年版,第 285 页。
② 鲁迅:《鲁迅全集》第 1 卷,人民文学出版社 1981 年版,第 69 页。

思想却给予了很高的评价。1916—1917 年,陈独秀就赞扬《国风》"多里巷猥辞",《楚辞》"盛用土语方物",皆"斐然可观"①,胡适称颂庄周、墨翟、孟轲、荀卿以及韩非的作品都是"不朽之文"②。即使在批孔高潮中,郭沫若也在其给友人的通信中评论孔子是当时身兼教育家、文学家、哲学家和科学家的"大天才",是一位主张自由恋爱、自由离婚的民主主义者、人本主义者,是"人中的至人"。③ 不久,他又在给宗白华的信即《论中德文化书》及《中国文化之传统精神》中称赞老子为当时的"革命思想家",他把三代的迷信思想全盘破坏,开创了"自由思想"的新时代,肯定孔子是一位"以个人为本位"的人道主义者、进化论者和泛神论者,他认为春秋战国时代最真切、最纯粹地表现出我国固有的文化精神,即以儒、道两家为代表的、积极的、进取的文化精神,而这一点却被秦以后的学者们所误解。五四新文化运动的任务就是把这种固有文化之传统精神"恢复转来"。郭沫若的《女神》所表现的正是这种精神。在他以后的许多著作中,特别是其反映周秦时代的历史剧、历史与文学研究的论著,都表现出他以二十世纪的现代意识与时代精神为指导对春秋战国时代中国文化之传统精神的阐释与发挥。

对于一个民族、一个国家来说,如何看待异域文化:是放眼四方、博采众长、勇于吸取,还是闭关自守、拒绝一切外来文化,是能否不断创造、不断前进的重要条件之一。多次派官员出使西域(即今之中亚各国)进行经济与文化交流的汉、唐两代的历史为后人提供了十分宝贵的经验。五四时代的先驱者们是深知这两段历史的,并且对之都有着很大的兴趣。他们一方面以新时代的思想观念去解释汉、唐两代勇于吸收西域文化的经验,一方面又从历史的经验中汲取精神力量,服务于五四时代的文化运动。

两汉是我国绘画与雕刻艺术相当发达的时代。而这些至今仍具有感人力量的艺术作品,正是得力于西域文化的吸收与借鉴。比如鲁迅在《看镜有感》中提到的汉人墓前常见的石羊、石虎、石狮、石马、天禄、辟邪等各种各样的镇

---

① 陈独秀:《文学革命论》,《新青年》1917 年第 2 卷第 6 号。
② 姜义华主编:《胡适学术文集·新文学运动》,中华书局 1993 年版,第 2 页。
③ 黄淳浩编:《郭沫若书信集》上,中国社会科学出版社 1992 年版,第 89 页。

墓兽,还有些带有神奇色彩的鸟首人身或兽首人身像、神羽人像。它们不仅在创作的题材与内容上,而且在艺术的构思和表现方法上,都具有明显的"西化"倾向,甚至与希腊罗马神话中的有翼天使、蛇形怪人有微妙的联系。特别值得注意的是:早在两汉时期,希腊罗马的裸体艺术已经传入我国,并为我国的艺术家所吸收与融化,从而创作出许多裸体人物画像。这在许多汉墓的出土文物中都有所表现。汉代的美术工艺品也因为西域的珍禽异兽的传入而在艺术的构思与艺术表现上绚丽多姿。鲁迅在其《看镜有感》中所说的"海马葡萄镜"就是其中的一种。所以他由此大发感慨:"遥想汉人多少闳放,新来的动植物,即毫不拘忌,来充装饰的花纹",决没有封建社会末期那种熏人的"国粹味"。①

中国历史上的盛唐时代,比起汉代更加开放,更加多方面地吸收与融化异域文化,包括饮食文化、服饰文化、宗教文化、歌舞戏剧等。唐玄奘克服重重困难西行取经求法的活动,最能代表一个时代的文化精神。唐代佛教的中国化更是直接促进了中国文化艺术,特别是诗歌小说的发展。鲁迅不仅对于唐代的诗歌与小说评价极高,认为中国"小说亦如诗,至唐代而一变",其叙述之宛转,文辞之华艳,都是前所未有的,而且也十分称赞唐代的雕刻艺术。他以长安昭陵(唐太宗墓)上那匹带箭的骏马和另一只鸵鸟的雕像为例,说明其雕刻艺术的手法"简直前无古人"。追索其原因,就在于大胆借鉴西域文化之长。

西域的歌舞、音乐从汉代就进入中国,像琵琶、竖琴、笳、笛、角等,都在那时加入我国古乐器的行列。与此同时那种豪放、雄壮的西域乐曲与乐调,也直接影响着我国西部音乐的艺术风格。歌与舞是不分家的,以大幅度的跳跃、翻腾为特征的矫健、刚劲的西域舞蹈,也为我国传统的轻歌曼舞注入了新的血液。到了唐朝,以歌舞形式出现的"代面戏""拨头戏""参军戏",都来自西域,王国维在他的《宋元戏曲考》中就指出了这一点。西域各国能歌善舞,音乐水平也相当高。西域音乐的引进,推动中国的传统音乐发生了重大变化,由原来的五音节增加到七音节。唐代诗人白居易与元稹都曾在自己的诗作中热情赞

---

① 鲁迅:《鲁迅全集》第 1 卷,人民文学出版社 1981 年版,第 197 页。

扬过来自西域的胡旋舞那种充满异国情调的舞姿和劲健有力的旋律。

过去的历史学家们也曾极力称赞过汉唐文化，但那只不过是"中落之胄"的国粹派们的自我炫耀，即所谓"故家荒矣，则喋喋语人，谓厥祖在时，其为智慧武怒者何似，尝有闳宇崇楼，珠玉犬马……"，也就是阿Q常常讲的"先前阔"。而五四时代的先驱者们之所以称赞汉唐文化，恰恰是为了批判国粹主义，是为了推动现实的改革开放。鲁迅说："汉唐虽然也有边患，但魄力究竟雄大，人民具有不至于为异族奴隶的自信心……凡取用外来事物的时候，就如将彼俘来一样，自由驱使，绝不介怀……一到衰弊陵夷之际，神经就衰弱过敏了，每遇外国东西，便觉得仿佛彼来俘我一样，推拒、惶恐、退缩、逃避，抖成一团，又必想一篇道理来掩饰，而国粹遂成为屠王和屠奴的宝贝。"①五四新文化运动中，鲁迅及其战友们对待外来文化那种积极、主动地吸收、消化，并作为创造中国新文化的参考的态度，无疑正是对这种"汉唐气魄"的继承与发扬。

所谓"汉唐气魄"，决不只是当时少数统治者如汉武帝、唐太宗等人的思想与性格的表现，而是一个时代的开放意识与创新精神的体现，是处于发展期的中国封建社会的精神产物，也可以说是一种文化的青春期的重要标志。到了封建社会的后期，这种气魄便愈来愈小，并逐渐为封闭、守旧的以宋明理学为代表的封建专制主义的儒家文化所代替。随着市民社会的兴起，资本主义经济的萌芽，离经叛道的民主主义意识在中下层知识分子中产生，形成了和欧洲文艺复兴遥相呼应的明末思想解放与文学革新运动。李卓吾和以袁氏三兄弟为代表的公安派文学家对抗官方的尊孔复古主义和所谓"存天理、灭人欲"的宋明理学，提出的自然人性论、朴素的进化观，及其接近生活、独抒性灵、以文代口舌的文学思想，都向人们传达出了近代文明的信息。但是由于封建旧势力的顽固阻挠与镇压，使当时的思想与文学运动没有得到充分发展，而且他们的著作差不多都成了禁书，李卓吾本人还为此牺牲了自己的生命。直到五四运动前后，其思想解放与文学革新的影响才在知识分子中扩展开来。林纾指控新文化运动"覆孔孟、铲伦常"的时候，曾经追根求源到李卓吾②，已经从反

① 鲁迅：《鲁迅全集》第1卷，人民文学出版社1981年版，第198页。
② 参看《林琴南致蔡子民书》，《时报》1919年3月2日。

面证明了这一点。周作人、郁达夫、林语堂等五四时代的新文学家对以袁氏三兄弟为代表的明末公安派文学的赞扬,甚至视之为五四新文学的"流源",更进一步显示了明末思想解放与文学革新运动泽及后世的精神力量。

四

依照历史唯物主义的观点去认识问题,五四新文化运动所以会出现和所以会有如此的规模与性质,"归根到底"是当时中国的资本主义经济已有了初步发展的结果,诚如前人已指出的:若没有洋务运动以来,特别是甲午战争以来的资本主义经济的发展,具有现代意义的新文化运动是无从发生的,但正像恩格斯强调的那样:如果把经济的发展说成是唯一的直接的决定因素,那就是十分荒诞的了。"经济状况是基础,但是对历史斗争的进程发生影响并且在许多情况下主要是决定着这一斗争的形式的,还有上层建筑的各种因素"①。自然也包括国内的与国外的因素。

综上所述,我们可以看到形成五四新文化运动的主要的和直接的原因是:十九世纪后半期到二十世纪初世界资本帝国主义冲击下中国传统文化的危机与知识界的逐渐觉醒;科学技术的高度发展与社会矛盾的日益加剧带来的世界新思潮的启迪;在近、现代意识导引下新一代知识分子对中国古代文化优秀传统的重新解读。《共产党宣言》早已指出:随着资本主义大生产的发展和世界市场的形成,过去那种地方的与民族的自给自足和闭关自守状态,被各民族的各方面的互相往来和互相依赖所代替,"物质的生产是如此,精神的生产也是如此"。从此以后各民族的精神产品成了"公共的财产",再想保持民族的片面性和局限性日益成为不可能,"于是由许多种民族的和地方的文学形成了一种世界的文学"②。五四新文化运动正是中国文化发展到二十世纪初期的历史的必然产物与伟大转折,即从闭关自守走向改革开放与世界各民族文化相汇合、从没落到新生、从传统走向现代化的必然产物与伟大转折。没有五四新

---

① 《马克思恩格斯全集》第 37 卷,人民出版社 1971 年版,第 460 页。
② 《马克思恩格斯全集》第 4 卷,人民出版社 1958 年版,第 470 页。

文化运动,就没有和世界各民族互相往来、互相交流的中国的现代文化、现代社会、现代人。走在五四运动前列的先驱者们,尽管表现出种种历史的局限与个人的缺点,但他们是认清和顺应了历史潮流的时代弄潮儿,是前无古人后启来者、推动了历史前进的创造者、革新家。他们那种生气勃勃、勇往直前的青春精神,他们光辉灿烂的历史业绩,将永远铭刻于中国和世界文化发展的史册!有的学者把形成五四新文化运动的主要原因归结为陈独秀、胡适、鲁迅等一代知识分子在根深蒂固的中国传统的思维模式——借思想文化以解决社会问题——的影响下的"全盘性反传统主义"。这恐怕是对于近现代中国历史的一种根本性误解吧!

(原文载于《齐鲁学刊》1995 年第 3 期)

正确认识五四文学的历史传统

——和谢冕、童庆炳二同志商榷

《文艺报》在 1983 年曾就如何看待五四文学的历史传统问题进行了讨论，谢冕与童庆炳两位同志提出了截然不同的两种意见①，我以为这两种意见都有很大的片面性。

早在三十年代的左翼革命文学运动中就有不少革命的评论家把五四文学说成是简单地从外国"移植"过来的资产阶级文学，因而要给以全盘否定。到了四十年代，毛泽东同志才给它以充分的肯定和正确的评价，并把当时的新民主主义革命的文学运动看作是五四文学优秀传统的继承与发展。同时也指出了五四文学的明显缺点，以及革命文艺运动应该从中认真总结的历史教训。正是沿着五四文学开辟的正确道路，革命文学运动在短短的几十年内有了很大的发展。从五十年代开始，文学评论界又出现了另一种倾向：不顾历史事实地过分强调五四文学中的社会主义思想，甚至把它说成是无产阶级社会主义文学的开端。其结果是除鲁迅、郭沫若等少数作家之外，大多数作家及其作品受到批判与否定。到了"史无前例的文化大革命"，连郭沫若也遭受指责，甚至被否定，整个五四文化界只剩下了一个鲁迅。为了按照无产阶级的社会主义文学的标准去肯定鲁迅，只好人为地把他的作品加以拔高，使之无产阶级化，

---

① 谢冕文：《通往成熟的道路》，《文艺报》1983 年第 5 期。童庆炳：《传统、生活和文学的创新——兼评谢冕同志的〈通往成熟的道路〉》，《文艺报》1983 年第 12 期。本文凡引用谢、童两位同志的言论均出于此，不再另注出处。

鲁迅自然也就提前成为共产主义的知识分子。

今天出现的关于如何看待五四文学的历史传统的不同意见，与过去的争论已大不相同，但是我们也不能说它们之间是毫无历史联系的。这里，我愿提出个人的一孔之见，就教于谢冕、童庆炳两位同志及广大读者。

一

五四运动是在十月革命胜利的影响下发生，并逐渐沿着新民主主义革命的道路前进的。即使这样，也不能以无产阶级的社会主义的文学去概括五四文学的全部内容，因为当时的绝大多数文学家（包括鲁迅、郭沫若在内）都还是小资产阶级知识分子，反帝反封建的民主主义思想仍然是他们创作的主导倾向。当时的文艺思想更是各种各样。不过就整个文学运动的发展来看，却又明显地受到了无产阶级思想的影响，在以鲁迅、郭沫若为代表的杰出作家的作品中，也明显地表现出新的时代和新的思想影响下的革命的、战斗的基本主题。正确认识五四文学的这一历史传统，无疑是有益于社会主义文学的发展的。

谢冕同志虽然在文章中也偶尔提到了五四文学是"革命的战斗的"，但是全文反复强调的却只是五四文学的丰富性与多样性，以及所谓"多元化"，根本不谈它的革命的、战斗的主题歌。而且他所说的"多元化"，指的不是其他，正是郭沫若、闻一多、徐志摩、戴望舒，乃至李金发等各派作家及其作品的同时"并立"的局面。他们中间没有什么主次之分，在政治上也没有什么左中右之别。谢冕同志把这种现象归之于"五四时代开放与宽宏的精神"，并以为这是我们今天应该继承和发扬的精神。童庆炳同志则完全相反，他避而不谈五四文学的丰富性和多样性，而用一个政治上的概念笼而统之地说："反帝、反封建、反官僚资本主义是五四以来中国现代历史跃动的主线，任何一位中国现代作家都不能不跟这条主线发生这样的或那样的联系。"这实际上只是以政治代替艺术，用政治观点对整个中国现代文学的概括代替对五四文学传统的解释。就五四文学本身来说，他只承认主线而不承认支流，只承认鲁迅、郭沫若、茅盾等革命作家及其作品才是五四文学的传统,而否认五四文学中丰富多彩的形式与方法、流派与风格的存在。

我们应该看到,作为中国新文学运动的开端的五四文学,有其质的规定性,有自己的崭新特点,那就是以白话文这种比较接近人民群众的文学语言和文学形式表现反帝反封建的思想内容。而这个特点与质的规定性,又主要由以鲁迅、郭沫若、茅盾等为代表的作家的活动与文学作品体现出来。并不是所有五四时期出现的文学作品都可以称为五四新文学。如复古派的旧诗词、鸳鸯蝴蝶派的言情小说等,都不属于五四文学传统的范畴。即使属于五四新文学的徐志摩、张资平、李金发的一部分作品,也不能和鲁迅、郭沫若、茅盾的作品平分秋色。谢冕同志以朱自清编辑《中国新文学大系·诗集》时收入李金发的许多作品来说明李金发在五四文学中和郭沫若等"并立"的历史地位,赞扬朱自清的"开阔的胸襟"和"很少艺术上的偏狭心理"。这是值得商榷的。第一,因为朱自清从英国留学归国后,面对现实产生了一种"以后当埋头治学,不讲时髦问题,亦不谈大问题"的思想倾向,想用鲁迅在散文诗《立论》中以反话提出的"立论"的办法待人处世①,所以他在序言中对所选入的诗缺乏尖锐、深刻的评论。这种"开阔的胸襟"是不足为训的。第二,即使这样,在朱自清的序言中仍然表现出一定的倾向性。他虽将五四新诗分为自由诗派、格律诗派和象征诗派,但全文还是以大半的篇幅谈论了作为五四新诗主流的自由诗派,以不到一半的篇幅谈论格律诗与象征诗。对于"诗怪"李金发的诗,他虽然也收录了十九首之多,但对他还是有所指责的,如说"他的诗没有寻常的章法,一部分一部分可以懂,合起来都没有意思","句法过分欧化,教人象读着翻译,又夹杂着些文言里的叹词语助词",等等。② 很明显,朱自清也没有将五四文学中的郭沫若、徐志摩、李金发等平分秋色地"并立"起来。

五四文学在那五四运动的大时代里发生和发展起来,具有极其丰富的内容,以鲁迅为代表的以"社会批评和文明批评"为主要特点的小说、杂文,显示了文学革命的巨大威力,以郭沫若为首的创造社浪漫主义的诗歌与小说,被称

---

① 朱自清:《朱自清日记》,《新文学史料》1981年第4期。
② 朱自清编选:《中国新文学大系·诗集》,上海文艺出版社1981年影印版,第7—8页。

为新文学运动中的"异军突起",不论在反帝反封建的政治斗争或是新文学的建设上都做出了杰出的贡献;以茅盾、叶绍钧为首的文学研究会的现实主义文学理论与创作,不仅反映了社会斗争的实际需要,也拥有更多的作家群与读者群;瞿秋白、蒋光慈及其他早期的共产党人首先提出了"革命文学"的理论,创作了革命文学的作品,实为三十年代左翼革命文学运动的先声;闻一多、徐志摩等以精益求精的精神努力探讨与创造新的格律诗,对于新诗的建设也是有贡献的……在以上的各个文学社团与文学流派中,各个成员又有自己鲜明的艺术个性和独特贡献。整个的五四文学,各个社团与流派之间,公式化、概念化的作品不多,互相雷同的艺术风格极少,真可以说是一个群芳四起、百花争艳的时代。而童庆炳同志对此却没有给以足够的重视。

世界上许多事物的丰富性与多样性往往是和复杂性联系在一起的,五四文学也不例外。它既有"大江东去",也有"小桥流水";既有主线,也有支流;既有精华,也有糟粕。甚至在同一个文学团体或文学流派之内,在同一个作家的作品之中,都包含着许多复杂的因素。周扬同志曾经深有所感地说过:"'五四'新文化运动给我们带来了科学和民主,也带来了社会主义的新思潮。那时我们急切地吸取一切从外国来的新知识,一时分不清无政府主义和社会主义、个人主义和集体主义的界线。尼采、克鲁泡特金和马克思在当时几乎是同样吸引我们的。"①这种复杂的情况即使在鲁迅、郭沫若的思想与作品中也不例外,更不必说徐志摩、李金发等人了。谢冕同志用"多元化"这概念完全肯定了这种复杂的情况,既不能科学地反映当时的文坛状况,也无益于今天的社会主义文学艺术的发展。然而我们又不可不加分析地把这种复杂情况完全弃之于五四文学之外。

五四文学是多样的、复杂的,但这并没有影响其作为我国新民主主义文学的发端的统一性。看不到其多样性或看不见其统一性,都不足以认识其全貌及历史传统,也无益于总结五四文学的丰富的经验教训。这多样的统一,并不是"溯源"于什么"开放与宽宏的精神",更不是遵照某个人的指示,而是由思

---

① 周扬:《文艺战线上的一场大辩论》,《文艺报》1958 年第 5 期。

想大解放开始的彻底反帝反封建的革命时代决定的。列宁就曾经指出:无产阶级革命时代的文学应该是无产阶级社会主义事业中的"一个组成部分",但是,"文学事业最不能作机械的平均、划一、少数服从多数。无可争论,在这个事业中,绝对必须保证有个人创造性和个人爱好的广阔天地,有思想和幻想、形式和内容的广阔天地"。①列宁的话无疑是概括了革命时代文学艺术走向繁荣的客观规律——多样化的统一。我国五四文学的发展与繁荣正是体现了这一规律。

二

五四文学是五四时期的社会生活在当时的作家头脑中反映的产物。凡是有较大成就的作家,都是以现实生活作为自己创作的源泉的,离开了五四时期的现实生活,"问题小说"、社会杂感等等都是不可能产生的。不过在以不同的创作方法与艺术风格反映现实生活的时候,作家也十分重视借鉴先进的文学经验,创造新鲜活泼的艺术形式。他们的创新,既注意思想内容,也不忽视艺术形式。茅盾当时就指出:"在中国新文坛上,鲁迅君常常是创造新形式的先锋;《呐喊》里的十多篇小说几乎一篇有一篇新形式,而这些新形式又莫不给青年作者以极大的影响,欣然有多数人跟上去试验。"②郭沫若《女神》中的新诗也同样有各种各样的形式。童庆炳同志的文章正确地指出:"谢冕同志的文章的最薄弱的一环,在于他脱离开生活是文学的源泉的基本观点来谈向西方文学流派学习……"这的确指出了谢文的要害。所谓文学创新,不论就思想内容或艺术形式来说,离开现实生活都是不可能的。不过,童庆炳同志却走上另一个极端,在他看来,只要忠于生活,如实地描写生活,文学创新的一切问题都迎刃而解了。因为"生活不但是文学创作内容的源泉,而且也是创作技巧的源泉",只有"写实之路才是出新之路"。这显然是对于人民生活是一切文学创作的"唯一源泉"这一正确原则的误解。毛泽东同志关于必须继承和借鉴一切

---

① 列宁:《列宁选集》第1卷,人民出版社1972年版,第648页。
② 茅盾:《茅盾论中国现代作家作品》,北京大学出版社1980年版,第149页。

优秀的文学艺术遗产,提高创作的艺术水平的名言①,早为大家所熟知。邓小平同志也指出:为了不断丰富和提高自己的艺术表现能力,"所有文艺工作者,都应当认真钻研、吸收、融化和发展古今中外艺术技巧中一切好的东西,创造出具有民族风格和时代特色的完美的艺术形式"②。而童庆炳同志对于这一点是比较忽视的,他甚至根本不承认文学技巧和艺术形式美的相对独立性,以及钻研、吸收、融化和发展中外文学遗产中的文学技巧与艺术形式美的意义。至于他认为艺术形式美就是指"艺术形式表现特定内容的美",就更显得绝对化了。

就以谢、童二位提到的五四新诗来说吧,创造社的浪漫主义诗人郭沫若的许多作品,值得我们认真钻研、吸收、融化和发展的不仅是其爱国主义的思想,创造的革新的精神,也包括其丰富的艺术想象,汪洋浩瀚的诗思,磅礴激荡的感情,雄浑的气魄,壮丽的吐词,等等。新月社的诗人闻一多的许多作品,也有不少供我们学习与借鉴的地方。诚然,他的国家主义的政治观点与唯美主义的文艺思想,都是不足取的,但他的爱国主义(虽然与郭沫若的爱国主义有所不同),以及由爱国主义出发而提出来的学习古代文化遗产使新诗中国化的主张,至今仍然值得我们重视。即使他那关于新诗的音乐美、绘画美、建筑美的理论与实践,也有其合理的成分,值得我们借鉴,决不可全归之于"形式主义"而加以抛弃。把一切审美艺术形式的追求轻率地当作"形式主义"加以反对,那是一种有害的偏见,这早已为实践所证明。关于象征派的诗,其中所包含的资产阶级消极没落的思想如个人主义、非理性主义等,自然是必须排斥的,然而它们的某些较好的作品,也是不能完全否定的,它们某些艺术方法如比喻和象征等,也是不宜采取排斥态度的。当然如果是"象征"得使人看不懂,像李金发的许多作品那样,决不应去加以效法。这一点恐怕是谢冕同志和某热衷于"朦胧诗"的作者经过深思之后也会同意的吧!

五四时期虽然提出过"写实主义"的口号,但是单依靠"写实"而创新的作者并不多。鲁迅是一贯反对瞒和骗的文学,主张"真诚地,深入地,大胆地看取

① 毛泽东:《毛泽东论文艺》,人民文学出版社 1966 年版,第 65 页。
② 邓小平:《邓小平文选》第 2 卷,人民出版社 1994 年版,第 212 页。

人生并且写出他的血和肉来"的作家。但他不仅在小说的新形式上,而且也在散文和散文诗的艺术技巧和艺术形式上都有自己的创造。以"写实主义"著称的文学研究会诸作家,多数是非常注意文学的艺术技巧与艺术形式的创新的。茅盾作为文学研究会的理论家说得很明确:"欲创造新文学,思想固然要紧,艺术更不容忽视。"①如果没有思想内容和艺术形式上的同时创新,就不可能形成一个独立的文学流派,也不可能表现出自己的艺术个性。而要想真正提高文学创作的艺术水平,创造崭新的艺术形式,就如毛泽东同志和邓小平同志指出的那样,非学习和借鉴一切优秀的中外文学遗产不可。

<h2 style="text-align:center">三</h2>

在谈到五四文学与中外文学遗产的关系时,谢冕同志强调外国文学"直接地促成了中国新文学的迅速成长";童庆炳同志则特别指出了中国古典文学对五四文学的影响。我认为对此也要作实事求是的分析。

应该看到,五四时期几乎所有的新文学家都是在十八世纪以来外国文学的影响下走上文学道路开始从事文学创作与文学批评的。而中国的古代文学多数是五四文学革命中的批判对象。当时的许多先进人物引进外国新文学,批判中国旧文学,是具有重大革命意义的。但是他们对待中国古代文学与外国近代文学的态度与方法"一般地还是资产阶级的",即形式主义的,"所谓坏就是绝对的坏,一切皆坏;所谓好就是绝对的好,一切皆好"。② 对于外国文学的毫无分析批判的介绍,既促进了五四新文学的成长,也对五四新文学的发展带来了某些消极的影响。五四时期的文学青年们,不仅从外国文学中吸取了民主主义的丰富营养,也饮进了王尔德、尼采、波特莱尔、安特莱夫们所安排的"世纪末的果汁"。看不见外国文学对五四文学的积极的促进作用和消极的不良影响,都不能正确认识五四文学的历史传统和深刻总结五四文学的经验教训。

---

① 茅盾:《茅盾文艺杂论集》,上海文艺出版社 1981 年版,第 6 页。
② 毛泽东:《毛泽东论文艺》,人民文学出版社 1966 年版,第 37 页。

正如马克思早就指出的:"人们自己创造自己的历史,但是他们并不是随心所欲地创造。……而是在直接碰到的、既定的、从过去承继下来的条件下创造。"①由于五四文学的巨匠们对于我国的古典文学都有比较深厚的修养,所以在实际的文学创造中,他们都自觉或不自觉地继承和借鉴了我国古典文学的优秀传统,鲁迅就是一个杰出的代表。然而就整个五四文学来说,对于我国古典文学的优秀传统与丰富经验的认识、继承、钻研、吸收都是很不够的。在五四运动的高潮中,和《新青年》提倡科学与民主相呼应,《新潮》杂志曾经提出了要以科学的精神和方法"整理国故"的问题,并且很快得到了进步文化界的支持。文学研究会还把整理与研究中国旧文学作为自己的重要任务,鲁迅不仅支持了胡适等人的"整理国故"的实际工作,而且亲自从事中国古典小说的整理与研究,结束了"中国之小说自来无史"的局面。不久,由于复古派的利用"整理国故"这一口号反对新文化,胡适的过分强调"整理国故"的重要意义,使用科学的精神与方法"整理国故"的问题尚未很好实践就被否定了。后来在一个相当长的时期内,对于古典文学的整理与研究同新文学运动差不多完全脱了节:研究古典文学的不关心新文学,许多新文学家不重视古典文学的学习与借鉴,直到三十年代的左翼革命文学运动中,不少作家们一提起继承和学习文学遗产,总是指的"世界文学名著"。这一片面的认识,体现于五四以后的新文学运动与创作实践中,也有极为深刻的经验教训值得我们认真总结和吸取。

附记

六十多年前的五四文学,是社会大转变、大开放中的文学,也是思想解放、创作自由中的文学。是我国文学史上一个百花盛开、人才出众的新时代的开始。为了发展社会主义新时期的文学创作,五四文学中有许多问题值得我们进一步研究与借鉴,决不应成为文学研究中的一个禁区。本文只是对于谢、童两位同志已陈意见的商兑,并非对所提问题的全面研究。草成后寄《文艺报》,

---

① 《马克思恩格斯全集》第 8 卷,人民出版社 1961 年版,第 121 页。

该刊原拟在 1984 年第 5 期发表，并已发排。中间因该刊临时调整发稿计划而拖了下来，直到今年春天才由作者索回。虽然时过一年余，但文章中提出的问题仍然存在，作者的意见亦无什么变化，所以不再修改。

1985.8.8

（原文载于《齐鲁学刊》1985 年第 6 期）

"为公众的福利自由发展个人"

——对五四"个性解放"思潮的再认识

一

在中国文化思想史上,五四是一个"人的发现"和"人的自觉"的时代,人的思想感情大解放的时代。陈独秀创办《新青年》(第一卷名《青年杂志》)之初就大声疾呼,号召中国青年以新的自觉迎接新的时代。这新的自觉之中,首先的一条就是抛弃奴隶依附的旧思想,树立独立自主的新意识,即每一个人都应当是一个"以自身为本位"的独立自主的存在,而绝无"以奴隶自处之义务",其一切言行皆听命于"各自固有之智能",断无盲从隶属他人之理。① 继《新青年》之后创刊的《新潮》,也强调近现代生物学、社会学和心理学的发展,使人们对于自身有了"透彻的觉悟",因而意识到"发展个性"的极端重要性。② 而且认识到如果要阻碍个性之发展,破坏个性之存在,那就是"万恶之原"③。更进一步说就是每一个人都要"做大群里独立健全"的一分子,"为要独立,所以要使本能充分发展;为要健全,所以不肯盲从,爱好真理",这就是"完成人格"的必要条件。④ 同是创刊于 1919 年的《新社会》,用以下的诗句表达了这种个性解放的思想:"我是少年! 我是少年! 我有如炬的眼,我有思想如泉。

---

① 陈独秀:《敬告青年》,《青年杂志》1915 年第 1 卷第 1 号。
② 傅斯年:《人生问题发端》,《新潮》1919 年第 1 卷第 1 号。
③ 孟真:《万恶之原》,《新潮》1919 年第 1 卷第 1 号。
④ 叶绍钧:《女子人格问题》,《新潮》1919 年第 1 卷第 2 号。

我有牺牲的精神,我有自由不可捐。我过不惯偶像似的流年,我看不惯奴隶似的苟安。我起!我起,我欲打破一切的威权。"(郑振铎:《我是少年》)所有这些,都是后人所概括的五四时代的"个人主义",或叫"个性解放"的社会思潮。

19世纪末和20世纪初是一个科学技术与工业文明飞速发展的时代,随着商业生产的发展与世界市场的出现,过去那种在物质生产与精神生产上的地方与民族的自给自足和闭关自守状态,已被彼此之间的互相往来、互相补充所代替,各民族的物质与精神产品都成了世界人民的公共财产。人类文化的发展逐渐向着互相吸收、互相融合的方向前进。五四前夕开始的中西文化撞击与交流在五四时期发展到一个新阶段。所谓"个人主义""个性解放",正是以西方文艺复兴时期的"人"的发现,18世纪的"天赋人权"和19世纪末、20世纪初以现代哲学思想为理论参考的时代新思潮。鲁迅与胡适等共同用易卜生的名言去鼓舞五四青年的反封建斗争:"世界上最强壮有力的人,就是那最孤立的人!"①

"个人主义""个性解放"所以会成为五四新文化、新思潮运动的"中心点",那决非偶然。其最根本的原因就在于五四前长期的封建制度与封建思想的统治,戕害了中国人民的个性与智能,严重地阻碍了中国社会的发展,使具有悠久历史的中华民族大大落后于西方。当时的"个人主义"与"个性解放",正是批判封建旧制度、旧礼教、旧文化思想,推动中国社会向现代化转型的强大动力。鲁迅以他的影响深远的小说与杂文十分深刻地反映了时代生活,号召新一代的中国青年,起来创造中国历史上未曾有过的新时代,即真正把人当成人的时代,使一切的个性与聪明才智都得到充分发展,因而成为"完全的人"的时代。这当然是以文艺复兴以来直到20世纪初的现代哲学思想中所体现的人的"自我意识"的觉醒去观察中国历史与现状所得出的必然结论。然而,五四时代的"个性解放"并不完全是西方文化思想的影响与移植。鲁迅当时就指出:我们中国人,决不会被什么洋货的"主义"所引动,凡能引动我们者,必然是中国社会发展所需要,因而才能在中国人的精神上产生"共鸣"。

---

① 此为鲁迅引用易卜生的话,见《鲁迅全集》第1卷,人民文学出版社1981年版,第333页。

　　和传统的封建主义的思想统治相对立,五四时期的"个人主义"与"个性解放"主要表现于以下几方面的内容:(一)人格上的独立自主;(二)思想言论上的自由解放;(三)政治上的民主主义;(四)法律上的人权平等。五四时代的先驱者们认为:实现了上述几点,每个人的个性与智能就会获得真正的解放,因而就能释放出巨大的生产力与创造性。五四时代的文化精英们和封建时代的旧式文人不同,都具有强烈的忧国忧民的忧患意识和献身民族解放事业的社会责任感。他们提倡"个人主义"和"个性解放",正是这种忧患意识与社会责任感的具体表现。"没有茁壮的树木哪里会有茂盛的森林",是当时倡导者提出的响亮口号。鲁迅在五四前夕就发出了"人各有己,而群之大觉近矣","人各有己,不随风波,而中国亦以立"的呼唤![1]

　　五四时期的"个人主义"与"个性解放"思想,总是包含着两个方面的内容:充分认识个人的价值与认真体现个人的责任。陈独秀在《敬告青年》中号召中国青年都走向"自觉而奋斗"的道路:"自觉者何?自觉其新鲜活泼之价值与责任,而自视不可卑也。奋斗者何?奋其智能,力排陈腐朽败者以去……"[2]就是说,一个人在社会上的价值与责任是密切相连的,认识到自己的价值,就要充分发展自己,以便更好地实现自己的价值;认识到自己的责任,就要充分发挥自己的智能,无保留地将其贡献给社会。发展自己是为了更好地担负起社会的责任,要很好担负社会责任,就需要充分发展自己。一年之后,陈独秀又在《新青年》上的《人生真义》一文中将上述的意思概括归纳为"内图个性之发展,外图贡献于其群"[3]。基于当时的时代特点是封建旧社会对个性的压抑与戕害,学生领袖傅斯年又将上述的意思更换一种说法是"为公众的福利自由发展个人"[4]。这都是对五四"个人主义"或"个性解放"的最好的解释。

　　过去许多人都批判胡适在五四时期"极力宣扬资产阶级个人主义","毒害广大青年学生"。的确,他不止一次地特别是借易卜生之口大讲"个人主义"与"个性解放",但是如果我们认真读一下他的著作就会明白,他在提出

---

①　鲁迅:《破恶声论》,《鲁迅全集》第 8 卷,人民文学出版社 1981 年版,第 24—25 页。
②　陈独秀:《敬告青年》,《青年杂志》1915 年第 1 卷第 1 号。
③　陈独秀:《人生真义》,《新青年》1918 年第 4 卷第 2 号。
④　傅斯年:《人生问题发端》,《新潮》1919 年第 1 卷第 1 号。

"个性解放"的时候,总是要讲到两个方面的问题:"发展个人的个性,须要有两个条件:第一,须使个人有自由的意志;第二,须使个人担干系,负责任"。前者指的是个人要有充分的自由选择的权利,后者指的是个人对自己的一切选择、一切行为都要负完全的责任。但是当时的社会条件是缺乏起码的个人自由,个人没有自由选择的权利,一切都是由封建统治者安排好的,所以他在论述"易卜生主义"的时候,就强调其与整个旧社会、旧制度的对立:"社会最爱专制,往往用强力摧折个人的个性,压制个人自由独立的精神"。而对于那服从社会旧习惯,维持陈旧迷信和传播腐败思想的人,则特别优惠,甚至是"一个一个的都有重赏",但是易卜生却不承认这"服从多数的迷信",他认为一切维新革命,一切有意义的改革,都是少数人发起的,因而必然为大多数人起来反对。正是在这时,和社会的守旧势力相对立的少数人才显得最为可贵。胡适曾借易卜生的口说:被孤立的少数,"要想有益于社会,最好的法子莫如把自己这块材料铸成器"。他决不应害怕孤立,要勇于起来捍卫真理。①

在《新生活——为〈新生活〉杂志第一期做的》一文中,胡适指出:新的时代应当有新的生活,而所谓"新生活",就是"有意思的生活","人的生活"。它与畜生的胡混的生活不同,应当件件事都能回答得出"为什么"来。在《非个人主义的新生活》中,他首先借杜威博士的话,将"个人主义"分为真、假两种。否定了"假的个人主义",即"为我主义"——不管群众利益,只顾自己利益的"自私自利";肯定"真的个人主义",就是"个性主义"。它的主要特征是独立思想,不肯盲从,对自己的思想负完全的责任,"不怕权威,不怕监禁杀身,只认得真理,不认得个人的利害"。在杜威的论述之外,胡适在本文中着重批判了一种"独善的个人主义",即不满意于现实社会,却又无可奈何,于是就只想逃避,跳出这个社会去寻找一种超出社会现实的"理想生活"。② 胡适认为,周作人多次介绍的"新村生活",就是这种想逃避社会的纯属个人主义的生活。这种完全离开现实社会的"独善的个人主义",实属一种主观的有害的幻想。

---

① 胡适:《易卜生主义》,见胡适编选《中国新文学大系·建设理论集》,上海良友图书印刷公司1935年版,第185—190页。

② 胡适:《非个人主义的新生活》,见何乃舒编《胡适随想录·实用人生》,花城出版社1991年版,第22页。

　　鲁迅早于 1907 年就在《文化偏至论》中指出，"个人一语，入中国未三四年，号称识时之士，多引以为大诟，苟被其谥，与民贼同。意者未遑深知明察，而迷误为害人利己主义也"。事实确是如此。但当时及后来的鲁迅，以及五四前后的胡适，对于"个人主义"都是有分析的。有"为我主义"的假个人主义，有"独善其身主义"，也有坚持真理、不怕权威的真的个人主义，即个性主义。鲁迅和胡适当时所坚持的都是后者，都是一种出于独立思考，并且对自己的思想与言行负完全责任的个性解放主义，都是推动当时历史发展的先进的社会新思想。

二

　　五四"个人主义"与"个性解放"思潮首先是有力地推动了文学革命与新文学的发展。

　　郁达夫在《中国新文学大系·散文二集》的导言中说："五四运动的最大的成功，第一要算'个人'的发见。从前的人，是为君而存在，为道而存在，为父母而存在的，现在的人才晓得为自我而存在了……以这一种觉醒的思想为中心，更以打破了械梏之后的文学为体用，现代的散文，就滋长起来了。"①这不仅适用于对五四散文的概括，整个五四时期的文学，不仅是散文，也包括诗歌、小说、戏剧等各种文体，比过去任何时代的作品都具有更加强烈与明显的"个性"意识。甚至可以说，若没有五四时期的"个人主义"与"个性解放"，也就不会有五四文学——不会有五四的文学理论，也不会有五四的文学作品。

　　1918 年春，鲁迅的《狂人日记》揭示了封建旧社会"吃人"的过去与现在，呼唤那既不被吃也不吃人的"真的人"的出现。而对旧社会"吃人"的批判可以说是五四时代鲁迅的文学创作的基本主题。这年年底，周作人发表了《人的文学》，是继《狂人日记》之后在文学思想与文学理论上对于五四文学革命的一个很好的概括，所以它被胡适称为"当时关于改革文学内容的一篇最重要的

---

　　① 郁达夫编选：《中国新文学大系·散文二集》，"导言"，上海良友图书印刷公司 1935 年版，第 5 页。

宣言"。周作人在文章中特别指出：所谓"人的文学"，就是以"个人主义的人间本位主义"为本去描写和反映人生的文学，实际也就是《狂人日记》所开辟的社会新文学。周作人当时就曾经夸大其辞地说，"中国文学中人的文学本来极少"，甚至连《水浒传》《西游记》和《聊斋志异》等较好的古代文学作品都被列入"非人的文学"加以否定，众多的传统戏曲就更不符合其"人的文学"的标准，其目的当然是为了强调"人的文学"是一种全新的，为过去所没有的文学。不久，周作人发表了《思想革命》，主张"文学革命上，文学改革是第一步，思想改革是第二步，却比第一步更为重要"①。可见他把"人的文学"的标准放得很高，认为是和古典时代的文学完全不同的一种文学。几年之后，鲁迅在《论睁了眼看》中更进一步要求新文学作家一定是"冲破一切传统思想和手法的闯将"，而且要取下假面，"真诚地，深入地，大胆地看取人生并且写出他的血和肉来"。

　　1918 年 6 月，《新青年》出版了《易卜生号》，第一篇文章是胡适的《易卜生主义》，接着是胡适、罗家伦等翻译的易卜生的戏剧如《娜拉》《国民之敌》等。这是五四时期文化界对易卜生和易卜生主义的集中介绍。日本学者青木正儿在《支那文艺论丛》的《将胡适漩在中心的文学革命》一文中，称这是"文学革命军进攻旧剧的城的鸣镝"。然而正如胡适本人所指出的，当时他们注意的并不是艺术家的易卜生，乃是社会改革家的易卜生，其基本宗旨是在"借戏剧输入这些戏剧的思想"，而不是戏剧的艺术。② 所谓"易卜生主义"，首先是与旧社会相对立的个性解放和个人主义，是表现了这种个性解放与个人主义的戏剧作品的思想内容。后来胡适在《介绍我自己的思想》一文中说："易卜生最可代表 19 世纪欧洲的个人主义的精华，故我这篇文章只写得一种健全的个人主义的人生观……把自己铸造成器，方才可以希望有益于社会。真实的为我，便是最有益的为人，把自己铸造成了自由独立的人格，你自然不知足，不满意于现状，敢说老实话，敢攻击社会上的腐败情形，做一个'贫贱不能移，富贵不

---

① 周作人：《思想革命》，见胡适编选《中国新文学大系·建设理论集》，上海良友图书印刷公司 1935 年版，第 201 页。

② 胡适：《答 T. F. C〈论译戏剧〉》，《新青年》1919 年第 6 卷第 3 号。

能淫,威武不能屈'的斯铎曼医生……"①《易卜生号》推出之后,中国文坛上顿时出现了一股易卜生热,不仅易卜生的作品与思想广泛地被译介到中国来,而且易卜生式的戏剧与小说纷纷出现于各个新式报刊。这些作品的主人公,都在为争取个性的解放,争取个人的恋爱与婚姻的自由自主而冲破家庭与社会的种种压力,"敢于攻击社会,敢于独战多数"。其中最具有代表性的如胡适的《终身大事》、田汉的《获虎之夜》、欧阳予倩的《泼妇》、郭沫若的《卓文君》等,其主人公多数是娜拉式的个性解放主义者。与此同时,五四时期的许多青年作家,特别是女性作家如冯沅君、凌淑华、庐隐等走上文学道路及其创作成就都与易卜生的个性解放思想的启迪有极密切的关系,甚至可以说,她们都是在易卜生主义的鼓舞下冲出家庭走向社会的中国文学界的娜拉。

就文学上来说,五四初期的许多作家都经过一段浪漫主义的时代,包括鲁迅与文学研究会的诸作家。五四以前的鲁迅是倡导过浪漫主义的,直到《狂人日记》,仍然带有浪漫主义的气势。而且当时的所谓"新浪漫主义",即原来被称为现代主义的许多精神与方法也都包含其中,最突出的就是个人主义与个性解放的精神表现。早期创造社诸作家要算是最典型的代表。当时对他们来说,文学创作只不过是其"内心要求"的自我表现,所以他们提倡一种"生命的文学""创作的冲动"。其中郭沫若的诗集《女神》与郁达夫的小说集《沉沦》最有代表性。郭沫若在《女神》中所歌颂的那种吞食日月星辰乃至"全宇宙"的天狗,从事种种革命事业的"匪徒",以及那要"自由地创造"一切、"自由地表现"自我的屈原,都是五四时代的解放了的个性的象征。从《沉沦》开始,郁达夫开辟了五四时期"自叙传"小说的先河,也是以具体的艺术形象把"个性解放"与"自我表现"带进文学创作的重要作家。从"自我表现"开始,创造社的作家们确是把新的文气与文化,甚至把新的社会与新的国家的创造作为自己的神圣使命。

如果说在五四运动之初,多数的作家对待生活与文学是采取了一种浪漫主义的态度的话,那么五四运动高潮过后,当黑暗的社会重新出现在人们的面

---

① 胡适:《胡适论学近著》,山东人民出版社1998年版,第499页。

前时,更多的作家对之采取了较为现实的态度。朱自清的长诗《毁灭》向读者透露了这个消息:"从此我不再仰眼看青天,不再低头看白水,只谨慎着我双双的脚步,我要一步步踏在泥土上,打上深深的脚印!"①这就是五四之后文学研究会的现实主义主张为大多数作者与读者接受的原因。过去我们总是用沈雁冰的创作理论去概括文学研究会的创作观,而实际上五四时期的沈雁冰并不从事文学创作,他的创作理论并不能代表初期文学研究会诸作家的思想,尤其是他们对于文学创作的态度。比如谢冰心就认为"能表现自己的文学,就是真的文学","文学家,你要创造真的文学么,请努力发挥个性,表现自己"。② 文学研究会的另一位代表作家叶绍钧说,"文艺家除了创作的冲动而外,更没有其它容心","这个创作的冲动真是文艺上最可宝贵的生命……单有材料,没有文艺家深深地感受,便摄取其要点,加上思想,便没有文艺作品"。③ 从这里出发,他完全赞同郭沫若的论点:"诗不应是做出来的而应是写出来的"。文学研究会与创造社的作家之间的最大不同,是他们的经历、他们的气质的不同,在文艺要表现作家的"个性"这一点上他们基本上是一致的。也就是说,他们是在五四时期的"个性解放"的思潮推动下形成的两个不同的文学社团与流派,虽然他们对于"个性解放"的具体理解又不完全相同。

三

"个性解放"的思想,还促进了五四时期中国教育思想的伟大变革。

辛亥革命胜利之后,担任国民政府教育总长的蔡元培就明确提出了加强体育、智育、德育、美育的新的教育方针。然而不久就因为袁世凯篡权复辟而未能付诸实践。五四运动中他主持北京大学,强调批判封建主义的教育制度,树立新的教育思想的重要性。而新教育与旧教育的主要分歧点就在于"与其守成法,毋宁尚自然,与其求划一,毋宁展个性"④。适应受教育者的身心发展,

---

① 朱自清编选:《中国新文学大系·诗集》,上海良友图书印刷公司 1935 年版,第 61 页。
② 冰心:《文艺丛谈》,《小说月报》1921 年第 12 卷第 4 号。
③ 叶圣陶:《文艺谈》,《晨报》副刊 1921 年 3 月 5 日。
④ 蔡元培:《新教育与旧教育之歧点》,《新青年》1918 年第 5 卷第 1 号。

培养学生的个性一直是蔡元培注意的中心。同时,他还主张"以美育代宗教","文化运动不要忘记美育"。在他的领导下,北京大学进行了一系列的改革,为中国教育事业的现代化奠定了坚实的基础。在教育家蔡元培的带领下,《新青年》的主编陈独秀也在北京大学文科学长的岗位上为教育革命做出了很大的贡献。特别是在打破传统教育的桎梏,学习与借鉴西方教育的经验方面,取得了突出的成绩。比如1917年7月他在一篇关于教育改革的演讲中,就从下面三个问题上强调中国教育学习西洋近代教育的重要性:一是改变传统教育的"灌输式"为"启发式",目的是启发受教育者个人的心灵,养成学生的自动性,使其"固有的智能得以自由发展";二是"弃神重人",即改变传统的神圣教育为世俗教育,变幻想教育为直观教育;三是以"全面发展"取代传统教育的片面发展,尤其强调通过体育培养学生健全的体格的重要性。① 他认为:只有如此才能培养出独立自主的有用人才。

1917年初,蔡元培在《就任北京大学校长之演说》和《在清华学校高等科演说词》中就认为:作为全国高等学府,其学生的学习不应再是为了"做官发财",而应该是"为研究高深的学问",即"为求学而来"。因此"发展个性""信仰自由"和"服役社会"应是学校教育的基本原则。在和林琴南的辩论中,他又明确地提出了"思想自由,兼容并包"的原则,即在北京大学这所高等学府中"无论何种学派,苟其言之成理,持之有故,尚不达自然淘汰之运命者,虽彼此相反,而悉听其自由发展"②。事实证明,蔡元培提出的上述基本原则,的确有利于发展学术,培养人才,有利于新时代的新思想新观念在斗争中战胜旧文化、旧意识。五四时期以北京大学为核心的学术思想的发展证明了这一点。十分可贵的还有,早在五四运动中,蔡元培就提出了"教育之对待的发展"这一重要问题:正如电学之中有阳极则必有阴极一样,在教育中则有"群性与个性"的同时发展,相反而适以相成,"是今日完全之人格,亦即新教育之标准也"。然而在事实上"持个人的无政府主义者,不顾群性;持极端社会主义者,不顾个

---

① 陈独秀:《近代西洋教育》,《新青年》1917年第3卷第5号。
② 蔡元培:《答林琴南》,见胡适编选《中国新文学大系·建设理论集》,上海良友图书印刷公司1935年版,第168页。

性",正是五四时期出现的两种"偏畸之说",是教育者所应同时注意的不良倾向。从以后的实际发展看,其不顾个性的极端社会主义对中国教育的危害更大。正如作者在文章中引用黄郛的《欧战之教训及中国之将来》一文中所说的那样,"今次欧战教训,无论其国民对于国家如何忠实,若仅能待命而动,无独立独行之能力者,终不足以担负国家之大事"①。这对以后几十年的中国教育无疑是一种预言。

胡适是一位十分关心中国教育发展的学者。他在 1916 年留学美国时就认为要改造中国,"首在树人,树人之道,端赖教育",并从此决定归国后以一张苦口、一支秃笔,从事社会教育以为百年树人之计。回国以后,他即以很大的精力协助蔡元培从事北京大学的改革,而且得到蔡元培的高度重视与无比信任,可以说他是当时蔡元培改革北京大学的一位有力的助手。鉴于中国教育水平的落后,北京大学又是中国学校教育之最高学府,所以胡适的基本指导思想是在"提高"上下功夫,在如何培养高层次人才上下功夫。他的一切活动都围绕着提高学校的整体学术水平,而强调学术思想的自由和个性的独立发展又是他一切活动的中心。1920 年 5 月 4 日,胡适与蒋梦麟联合发表了《我们对于学生的希望》,一方面肯定了五四以来的学生运动出现了许多"好效果",比如引起学生们关心国家大事的自动精神,培养学生的演说、作文的能力,组织办事的能力,等等。但是另一方面他又尖锐地对五四以来不间断的学生罢课风潮提出批评:他认为这种风潮养成了依赖群众的恶心理,自己不敢做事,也不肯牺牲,只是躲在大众群里呐喊,结果是培养了逃学的恶习惯与无意识的行为。他觉得这种所谓的"群众运动"不仅不利于独立自主的学生个性的培养,反而助长了盲目的群众心理,助长了不负责任的呐喊助威。当然也就不利于学术水平的提高与高层次人才的培养,这"实在是眼前与将来最可悲观的现象"。此文实际上反映了胡适个人的看法。次年 10 月他在北大演说中再次劝告学生努力求学,停止罢课,特别强调北京大学在提高学术水平上的责任,甚至主张不要怕有人骂北京大学在培养"学阀"。1922 年 12 月,胡适在北大纪

---

① 　蔡元培:《教育之对待的发展》,《新教育》1919 年第 1 卷第 1 期。

念建校 24 周年大会上的演讲《回顾与反省》中,一方面肯定了北大在新文化运动中的成绩,特别是在学校领导与学生风气的民主化、容纳个性等方面的成绩;另一方面还大声疾呼要北京大学"自由空气与自给能力"同程并进,尽快"脱离裨贩学术时代而早早进入创造学术的时代"。① 直到 1925 年的五卅运动中,胡适仍然发表了遭到许多革命者严厉批评的文章《爱国运动与求学》。在该文中,胡适一方面肯定了青年学生为爱国而牺牲自己的精神十分可贵;另一方面主张为了救国应停止这种群众运动,主张"真正的救国"在于"把自己造成一个有用的人才"②。1929 年至 1932 年胡适又多次在学生中讲演,反复论述这个意思。这一思想不断受到革命青年的批评,但却受到教育专家蔡元培的热情支持。蔡元培在 1927 年 3 月在杭州之江大学关于《读书与救国》的演说中明确指出:"自五四以后,学潮澎湃,日胜一日,罢课游行,成为司空见惯,不以为异……"认为这实在是令人痛心的事。他明白指出,"我并不是说学生应完全不参加爱国运动,总要能爱国不忘读书,读书不忘爱国"③。1931 年 12 月,他的一篇公开发表的文章题目就是《牺牲学业损失与失土相等》。其中说:"学生爱国,是我们所最欢迎的,学生因爱国而肯为千辛万苦的运动,尤其是我们所佩服的。但是,因爱国运动而牺牲学业,则损失重大,几乎与丧失国土相等。"④他们比较一致的意见是:青年学生的历史重任是为国家而学习,把自己培养成具有真才实学的人。实践证明,胡适、蔡元培的上述意见虽不利于当时的青年学生的革命运动,但从长远利益看还是有道理的、正确的。

四

五四新文化运动也存在着消极的一面。当时的许多进步人物,其思想方法都表现着明显的"左"倾形式主义的倾向,对一切事物的评价都是好的绝对好,坏的绝对坏。其中最为突出的是:凡是传统文化差不多全被当作封建糟粕

① 转引自胡明:《胡适传论》,人民文学出版社 1996 年版,第 536 页。
② 胡适:《救出你自己》,见何乃舒编《胡适随想录·实用人生》,花城出版社 1991 年版,第 90 页。
③ 桂勤编:《蔡元培学术文化随笔》,中国青年出版社 1996 年版,第 264 页。
④ 桂勤编:《蔡元培学术文化随笔》,中国青年出版社 1996 年版,第 272 页。

被批判与否定,凡是西方文化又几乎全被当作民主主义的精华加以赞扬与肯定。有不同意上述观点或对上述文化现象加以具体分析的,就会被视为反对新文化运动的反动派,即使鲁迅当时也难以克服这种时代的局限。

五四运动过后,这种"左"的形式主义在一些革命的知识分子当中又有了新的发展,五四新思潮中出现的"内图个性之发展,外图贡献于其群"的个性解放受到愈来愈多的批判。批判者在俄国十月革命的启发下,仅凭质朴的革命热情,简单地把中国传统文化等同于封建主义的旧思想,把西方文化等同于资产阶级反动的旧意识,更简单地把十月革命以后的苏俄文化看作正统的无产阶级的新观念,并且以此作为建设中国无产阶级新文化的唯一依据——甚至也包括曾经受到列宁批评过的"无产阶级文化派"的极左思想。革命者甚至把五四新文化运动中的民主自由与个性解放等等都作为"资产阶级的反动思想"加以无情批判。瞿秋白 1923 年在《东方文化与世界革命》中就指出:"以宗法社会的伦理"为代表的所谓"东方文化"已成为我们"民族进步的障碍",曾经起过进步作用的"西方资产阶级文化",现在也成了人类"进步的巨魔",只有十月革命所开创的"世界革命",才是走向"新文化的路"。[①] 同一年,他又在《赤俄新文艺时代的第一燕》中强调,"真正的文化只是无产阶级文化","无产阶级要有自己的文化,自己的科学,自己的艺术,自己的道德习俗……方足以抵抗资本主义文化的恶影响",这就是无产阶级要"创造独立的文化之必要"。[②] 1924 年初,印度主张"东方文化"的诗人泰戈尔来华,于是,在当时的许多革命的文化人中,又出现一个批判"东方文化"与泰戈尔的热潮。

20 年代中期,思想转变之后的郭沫若在《文艺论集序》中说,五四前后他是一个极端"尊重个性,景仰自由的人",其新诗、戏剧与小说都是"其内心要求"的自由表现。可是当他回国与实际社会生活接触,又读了一些马克思主义理论之后,便觉得在大多数人完全失掉了自由与个性的时代,少数人主张发展个性、提倡民主,"总不免有几分僭妄",因而愿意放弃自己的主张。但郭沫若

---

① 陈崧编选:《五四前后东西文化问题论战文选》,中国社会科学出版社 1985 年版,第 562—563 页。

② 瞿秋白:《瞿秋白文集》第 2 册,人民文学出版社 1953 年版,第 550、556 页。

毕竟是五四新文学运动中涌现出来的作家,和早期共产党人把个性解放、自由民主一股脑儿视为资产阶级的专利品不同,他只是认为当时就倡导自由民主、个性解放不合中国国情,因而认为"在大众未得发展其个性,未得生活于自由之时,少数先觉者无宁牺牲自己的个性,牺牲自己的自由,以为大众请命,以争回大众的个性与自由"。就是说,作为诗人、文学家,他与当时革命的政治家不同,从根本上说是能够深刻认识到发展个性与自由民主在文化事业及整个社会发展中的重要意义,因而他不会同意以任何形式的专制主义取而代之。他所说的无宁牺牲自己的个性自由,以争回大众的个性与自由,不仅是暂时的,而且也是以"我不入地狱谁入地狱"的心情痛苦地做出的决定。① 进入 20 年代末期,随着革命者内部的"左"倾思潮的膨胀,一些革命文学家更高举起"无产阶级革命文学"的旗帜,在所谓"中国革命的潮流已经到了极高涨的时代"等"左"倾口号的影响下,形成了轰动一时的文学运动。太阳社和转换方向以后的创造社,响亮地提出要"打倒非革命的文学势力""反对个人主义的文学"等口号;强调革命文学作品的主人们一定是群众而不是个人,革命文学作品的思想一定是集体主义而不是个人主义,革命文学的任务就是在斗争的生活中表现群众的力量、显示集团主义的倾向。革命文学运动的兴起,立即引起新月派的不满,于是形成了激烈的论争,论争的焦点是文学的阶级性与人性的问题,双方各执一端、互不相让,几乎吸引了五四以后的所有文学家参加。

进入 30 年代,在如何对待五四、如何对待五四时期提出的发展个性与民主自由的问题上,各派力量又展开一次次激烈的争论。国民党政府以及它所领导的文学工作者,高举民族至上、国家至上的旗帜,要求一切个人利益都要无条件地服从民族与国家的利益,实际上也就是服从国民党一党专制的利益。因此而极力批判革命文艺,也批判"以个人为中心的文艺作品",要在全国范围内开展"以民族主义为中心思想的文艺运动",创作民族主义的文艺作品。革命的文艺家们,则把无产阶级的政治要求视为一切文艺活动与文艺作品的最高准则,个人的一切,各种文艺活动与文艺创作,都必须服从与服务于无产阶

---

① 郭沫若:《文艺论集序》,《洪水》1925 年第 1 卷第 7 号。

级的政治利益,个人的文艺与民族主义的文艺,都是反动的"为统治阶级服务"的文艺。在此情况下,那些坚持五四精神,发扬五四传统的理论家与文艺家,不但不为时代的弄潮儿所支持,反而受到两方面——在朝的国民党文人和在野的革命文艺工作者——的批评与谴责。当时刚从人权运动中撤退下来的胡适,在《介绍我自己的思想》中说:"现代有人对你们说,'牺牲你们个人的自由,去求国家的自由'! 我对你们说,争你们个人的自由,便是为国家争自由! 争你们自己的人格,便是为国家争人格! 自由平等的国家不是一群奴才建造得起来的!"①他告诉当时的中国青年们,不能放弃自己身上的担子与责任,盲目与迷信是当时思想界的大敌。从当时的形势看,胡适主要是对当权的国民党讲的,同时也表现出他对共产党的政策的不满。不久,文艺理论家胡秋原与作家苏汶大讲文艺的民主、自由,以及文艺与文艺家的不受政治与党派的束缚,应当在自由的、民主的空气中从事文艺创作;作家林语堂也强调文学的个性化与"无拘无碍"的自由表现是文学的生命;等等。这都是对国民党政府的文艺政策以及偏激的革命文艺思想而发的,是对五四文艺思想的捍卫和继承。作家老舍、巴金与曹禺等在文学创作上同样继承与发扬了五四文学个性解放的思想传统,为 30 年代的中国文学创作作出了重要贡献。

　　鲁迅、茅盾与胡风,是在 20 年代末与 30 年代初加入无产阶级革命文学运动的,他们在对待五四个性解放的传统上不仅与许多革命的文学理论家不同,而且也不同于郭沫若的"牺牲自己"去"为大众"的立场。这就是当时他们与一些革命文学家发生一系列论争的重要原因。鲁迅虽然也发表过某些"左"的言论,但他在主张"为大众服务"的同时,还反对那种"迎合大众","取悦大众",把自己当作"大众的戏子"的做法,主张最早觉醒的"知识者"应当充分发挥自己的智能,去"利导"大众,"做大众的事业"。他从来不主张知识者为了大众而无条件地牺牲自己的个性与自由,即使为了革命的名义也不行,因此,鲁迅去世之前又与革命的文艺家发生了尖锐的矛盾。成功地创作了《蚀》与《子夜》等小说的茅盾,始终坚持"创作自由与尊重个性",因而在当时与"自由

---

　　① 　胡适:《胡适论学近著》,山东人民出版社 1998 年版,第 500 页。

人""第三种人"的论争中,在对"小品文"格调的批判中,都表现出如后来周扬所说的那种"卓然不群"的态度。

40年代以来,抽象的"五四"虽然被肯定了,但是除鲁迅之外的五四作家与知识分子,以及肯定五四的胡风等作家却一直受批判。直到70年代末人们才逐步冲破"左"倾思想的牢笼,而对五四时期的"个性解放"的认识,至今也不能说已经很充分了。

（原文载于《齐鲁学刊》1999年第3期）

五四"反传统"文化思想的历史评价

一、"反传统"——中西文化撞击下的历史选择

十九世纪中期,西方的资本帝国主义在掠夺中国的同时,也送来了异质的精神文明。于是,在中国便形成了长时期的中西文化的猛烈撞击。先进的中国知识分子,一方面在中西社会与文化的鲜明对比下,出于不甘落后、急起直追的强烈愿望,自觉地学习与引进西方文化,不得不忍痛批判传统的封建伦理道德,另一方面出于民族自尊与习惯,又自发地起来维护传统的封建旧文化,使之免遭破坏。或者青年时代是学习西方新文化的先锋,中年以后,就变成了维护封建旧文化的遗老。清末民初的许多中国知识分子,具体情况虽不相同,但几乎都走了大体相近的道路。那时的中国,传统旧文化居于统治地位,先进的知识分子要想另走新路,引进异质的西方文化,向落后的正统派文化思想举起叛旗,那决不是一件容易的事。他们不仅要冲破社会上的特别是上层统治阶级的重重阻力与压制,而且还必须要冲破自己头脑中的正统观念与思维惯性向传统的特别是封建的文化旧势力发起挑战。

鸦片战争之后,先进的知识分子,包括一部分爱国的清朝官吏,就提出了向外国学习的问题,但当时主要是强调学习西方的声、光、化、电及其有关的工艺技术,目的在于"师夷长技以制夷",传统文化的根本体系是不能变动的。这就是所谓"以中学为体,以西学为用"。轰动一时的"洋务运动",就是在这一思想指导下形成的。1894 年中日甲午战争的失败,宣告了洋务运动的破产和

"中体西用"幻想破灭。资产阶级改良派的代表人物康有为、梁启超、严复、谭嗣同等异军崛起,以西方民主主义和进化论为主要参照,冲破了"中体西用"的桎梏,对两千多年来的封建专制主义的旧制度与旧礼教及其"天不变道亦不变"的哲学理论进行了勇敢的批判,成为中国近代史上第一次影响深远的改革运动——变法维新运动的重要组成部分,也是中国近现代史上具有重要进步意义的反传统主义的先声。短命的戊戌变法失败之后,亡命日本的梁启超等在对此次失败的反思中进一步意识到传统旧文化的最大载体是几万万愚昧落后的国民,或者说长期封建统治形成的愚昧落后的传统心理结构与思维惯性是传统旧文化积淀于民族灵魂的深层内容。因而他们响亮地提出了"新民"即改革国民性"为今日中国第一急务"口号。他所倡导的"诗界革命""文界革命"与"小说界革命",都是为"新民"服务的。

十九世纪末和二十世纪初的中国先进知识分子,在中西文化的尖锐冲突中,理智上选择了民主主义、进化论等西方文化思想,以"冲决网罗"的精神向传统文化发起攻击,但是从感情上,在其较深层次的意识上仍然倾向于传统旧文化。因而其中的大多数人虽反对封建专制主义却拥护皇帝、不赞成革命;虽反对封建旧礼教却又歌颂孔孟与孔教;虽主张"新民"却反对立即给人民以民主、高唱什么"开明专制"论。而且一旦他们发现政治上与文化上的真正的革命思想,就会毫不犹豫地站在传统文化方面,成为封建旧势力的维护者。从中可以看出传统旧文化的无形而强大的势力,以及在当时的历史条件下反传统与反封建的密切关系。尤其值得注意的是,有些政治上的革命家如章太炎等,却不重视文化思想上的反封建斗争,甚至固守着传统旧文化的堡垒,幻想什么"用国粹激动种性,增进爱国热肠"。最后终于如鲁迅所批评那样,"身衣学术的华衮,粹然成为儒宗","用自己所手造的和别人所帮造的墙,和时代隔绝了"。① 于是文化思想上的反封建与反传统的繁重而艰巨的任务,不能不让位于更年轻一代的知识分子了。

辛亥革命的失败,袁世凯篡权复辟之后所推行的一整套尊孔读经、复古倒

---

① 鲁迅:《关于太炎先生二三事》,《鲁迅全集》第6卷,人民文学出版社1981年版,第545页。

退政策，又从反面教育了新的一代知识分子，使他们在传统与革新、政治革命与文化思想革命、反封建与反传统等一系列问题上开始了进一步的反思。经过认真地反思，深化了认识，提高了觉悟，并且在新的历史条件下投入了反传统、反封建的伟大斗争。这就是中国历史上影响深远的五四新文化运动。

五四新文化运动是在总结辛亥革命以后的经验教训中开始的。陈独秀在《文学革命论》中旗帜鲜明地提出：中国虽然经过辛亥以来的革命而黑暗未尝稍减，其大部分原因"则为盘踞吾人精神界根深蒂固之伦理道德文学艺术诸端，莫不黑幕层张，垢污深积……"，这就使得"单独政治革命所以于吾之社会、不生若何之变化，不收若何效果也"。[①] 这可以说是五四先进知识分子对于辛亥革命所作反思的共同结论。单独的政治革命只能对社会结构进行某种外在的形式方面的改革，却不能带来社会深层次的即文化心理结构的真正变化。而社会表层结构的某些改革，很快就会为根深蒂固的封建旧道德、旧文化、旧的社会心理与习惯势力所淹没。也就是鲁迅所说的，若没有以传统文化为根基的国民性的改革，"无论是专制，是共和，是什么什么，招牌虽换，货色照旧，全不行的"[②]。基于这一共同的认识，便掀起了反对文言文提倡白话文、反对旧文学提倡新文学、反对旧道德提倡新道德为中心任务的五四文化革命运动。这场文化革命是清朝末年那个反对传统文化、引进西方思想的继续，但是不论就其态度之坚决与声势之浩大，都是以前的任何文化运动不能与之相比的。

五四时期的先进知识分子所提出的十分尖锐的问题是：要么死抱住传统文化即所谓"国粹"不放，使我们的民族与国家继续在封建落后的闭关自守之中，成为帝国主义掠夺瓜分的对象；要么就必须甩开一切陈旧的精神枷锁，用世界上最新的思想和科学知识武装起来，跻身于先进民族之林。所以尼采的"重新估定一切价值"的口号，立即成为时代新潮，前进者的共识。面对封建顽固派打出的"保存国粹"的旗号，坚持传统旧文化、拒绝一切外来新思想新事物的现实，新文化的倡导者强调必须用西方的科学、民主与社会主义的新思想改造中国的旧文化与旧社会。和封建顽固派的夸大"特别国情"，号称"中国精

---

① 转引自胡适：《胡适文存》第 1 卷，上海亚东图书馆 1921 年版，第 24 页。
② 鲁迅：《19250331 致许广平》，《鲁迅全集》第 11 卷，人民文学出版社 1981 年版，第 31 页。

神文明天下第一"的论调针锋相对,新文化倡导者历数传统旧文化的种种弊端,以及在此熏陶下形成的卑怯、苟安的国民劣根性。因而形成了一场新文化对旧思想的激烈战斗!

二、五四新文化运动"全盘反传统"辩

八十年代,我们听到一些人对五四新文化运动的非难,说它的"反传统主义"造成了中国文化发展中的"断裂带"。还把五四时期的彻底不妥协的反封建斗争与六七十年代的"文化大革命"联系起来,通称之为"二十世纪中国的全盘反传统主义的历史潮流",并由此形成了"中国意识的危机"。或者说:"这个对中国文化传统的反叛运动反映着二十世纪中国知识界所呈现的文化认同方面的深刻的危机。"①

不必讳言,五四时代的先进知识分子在反封建的文化斗争中,由于面对顽固的封建主义旧文化的传统势力,及其所依附的反动旧政权的统治,的确发表过情绪过激的言语,表现出某种绝对化的、形而上学的思想方法。某些人在行文中甚至把传统旧文化与封建主义的反动文化视为同义语,因而出现了"废除汉字"的呼声,对于旧戏曲与传统医学采取了完全否定的虚无主义态度,等等。当时站在反封建斗争第一线的先进人物,为了矫枉,不惜过正,也许有它一时的战斗作用,可是从历史发展的长河看去,又的确有不可忽视的消极影响。到了今天,我们便应当站在时代的高度,给以正确而恰当的历史的批判。然而我们若由此而判定其为"全盘反传统主义",根本否定了当时"反传统"的进步意义,并把它和二三十年代的以革命的名义出现的极左思潮混淆起来,那又是极不公正的。历史人物的不足与局限应当指出,可是他们在一定时期的伟大历史功绩决不应否定。

五四新文化运动中的批孔反儒斗争,除继清朝末年先驱者们的未竟之业外,主要是辛亥革命失败之后以袁世凯为首的封建军阀们的尊孔复古活动引

---

① [美]林毓生:《中国意识的危机》,穆善培译,贵州人民出版社 1986 年版,第 5 页。

发起来的。而曾经是清末维新护法运动的带头人康有为转而加入这一复古活动，就更加激起了新文化倡导者的愤怒。在封建统治者与康有为的复古倒退活动中，封建旧传统是其得力的工具，复辟旧统治的法宝。孔教被视为"国教"，要正式被写进宪法，成为其治国平天下与风化教育之本。所以陈独秀相继发表论文《宪法与孔教》《孔子之道与现代生活》《再论孔教问题》《复辟与尊孔》等，李大钊也发表了《孔子与宪法》《自然的伦理观与孔子》，吴虞则有《儒家主张阶级制度之害》与《家族制度与专制主义之根据论》。他们批判的重点都不是两千多年的孔子及其学说，而是后来的封建统治者利用和发挥孔子及儒家思想使之变成僵死不变的、扼杀人民精神的封建教条，特别是现实生活中的反动政客、军阀们的尊孔复古活动。鲁迅的《狂人日记》《我之节烈观》等文就是在这一历史背景下发表的。当时出现在中国文化界的是一场十分激烈的新旧思潮的战斗，封建复古主义与反封建两大势力的思想与政治大斗争。大多数批判文章，都是立足于揭露和批判封建旧礼教的反动统治，而少有从学术上对孔子及儒家学说进行全面评价与科学认识。但是这决不意味着对孔子及其学说的全盘否定，简单化的"打倒"。所谓"打倒孔家店"，是胡适在为《吴虞文录》作序时的偶尔用语，并未成为指导全局的战斗口号。即使被胡适称为"只手打倒孔家店的老英雄"的吴虞，在给陈独秀的信件中认为孔子自是"当时之伟人"。所以要批判孔子，那是因为当时守旧派利用孔子作为工具，阻碍文化之发展。李大钊在《自然的伦理观与孔子》中说，他所批判的并不是作为古代"圣哲"的孔子，而是后来的尊孔派雕塑之偶像——专制政治之灵魂。陈独秀在《答吴又陵》中也肯定"儒术孔道非无优点"，但却反对将它定为一尊，阻碍思想文化之发展；儒家一贯的"纲常阶级说"，更是与近世文明社会不相容，因而必须加以批判。看来他与吴虞的观点是一致的。当时的新文化运动的倡导者们，并不是一些浅薄、狭隘、只重视急功近利的"轻才小慧之徒"，而是中国文化界的精英，学贯中西、视野广阔、高瞻远瞩的学者。他们深知学术之重要，并不忽视学术之独立的价值。陈独秀在其给常燕生的复信中，再次陈述了他对"孔学"的看法："孔学优点，仆未尝不服膺，惟自汉武以来，学尚一尊，百家废黜，吾族聪明，因之锢蔽，流毒至今，未之能解；又孔子祖述儒说阶级纲常之伦理,封锁神州:斯二者,于近世自由平等之新思潮,显相背驰,不于报章上词而辟之,则人智不张,国力浸削,吾恐其敝将只有孔子而无中国也。即以国粹论,旧说九流并美,倘尚一尊,不独神州学术,不放光辉,即孔学亦以独尊之故,而日形衰落也。"①这也就是说,超越孔子既是为了人民的思想解放,民族、国家的进步,也是为了包括孔学在内的学术的发展。

以反对旧文学提倡新文学为主要内容的五四文学革命,是整个五四文化革命的重要组成部分,可是它并没有全盘否定中国的古代文学。相反,对于历史上的优秀文学遗产,倡导文学革命的人是充分给以肯定的。胡适在《文学改良刍议》中通篇以"历史的文学观念论"即文学进化论肯定了周秦以来的中国"一时代有一时代的文学",自不必说;就是高举文学革命三大主义的陈独秀的《文学革命论》,对于许多优秀的古代文学作家及其作品,也是极为推崇的,诸如《诗经》《楚辞》,诸如唐代的韩、柳、元、白及宋元明清的通俗文学等,尤其戏剧家马致远,小说家施耐庵、曹雪芹,更是被他称为"盖代文豪"。对于有些作家作品的不同评价,还在胡、陈、钱、刘之间展开了认真的讨论。陈独秀主持下的北京大学文科,还开设有周秦诸子、汉唐诗文乃至元曲的研究科目。作为一个并非专门文学家的文化理论工作者,陈独秀多次强调文学艺术的"独立"的审美价值,这在当时是十分可贵的,也是他高唱文学革命的同时高度评价许多古代优秀文学作品的主要依据。

封建旧文化的维护者们,为了反对新思想、新文化的输入,竭力宣扬"保存国粹""研究国故"的重要。《国故》月刊的创办就是其上述文化复古主义的实践活动。新文化的倡导者并没有简单地把"国教"当成敝屣,将"国粹"视为国渣。他们将"赛先生"与"德先生"引入传统文化研究的领域,提出了以科学的精神和方法"整理国故"的口号。胡适、郭沫若等都是这一口号的支持者与实践者,特别是胡适在中国哲学史的研究与古代学说考证方面都作出了影响深远的成就。鲁迅虽然在理论上不赞同这一口号,甚至劝青年们要少读或不读中国书,但他在中国小说史的整理与研究中的杰出成绩,得到学术界的一致赞

---

① 陈独秀:《陈独秀著作选》,上海人民出版社 1993 年版,第 265 页。

扬。文学研究会曾经在《小说月报》上组织了"整理国故与新文学运动"的专题讨论,郑振铎等一致认为:整理与重新研究旧文学是新文学运动的重要内容之一。文学理论家茅盾在此以前就说过,"我们对于旧文学并不歧视,我们相信现在创造中国新文学时,西洋文学和中国旧文学都有几分帮助"①。创造社的作家们郭沫若、郁达夫等,常常以浪漫主义的审美观去审视古代文学艺术,并从中发现其积极的文化价值与社会意义。特别是郭沫若,他于二十年代初期在《中国文化之传统精神》等文中就充分肯定我国先秦文化思想中的积极进取的"传统精神",并号召国人把这种"动的文化精神恢复转来,以谋积极的人生之圆满"②。其中不仅有以孔子为代表的儒家精神,也包括以老、庄为代表的道家思想,郭沫若都以近现代的人本主义思想为指导,对之进行了肯定的、积极的评价。就鲁迅、胡适、郭沫若等对于传统文化特别是先秦文化研究所取得的成果看,也是当时所有守旧派知识分子无法与之相比的。因此,和所谓"全盘反传统"的思想绝不相干。

三、"全盘反传统主义":俄国"无产阶级文化派"
极左思潮的消极影响

所谓"全盘反传统主义",是二十年代初期由俄国传入中国的,而且很快扩大开来。它的主要特点是:从极左的方面批判五四新文化运动开始的,所谓"从文学革命到革命文学"就是这一极左思潮的极好概括。当时,"全盘反传统主义"者认为五四新文化运动"对于旧思想的否定不完全",不彻底,所以批判的主要矛头一开始就指向五四新文化,首先是胡适。随后则是五四新文化运动中涌现出来的新的诗人小说家与文学团体。其中特别是新的诗人和诗歌社团。

五四以后,由于胡适等人过分强调"整理国故"与"研究国学"的重要而引出的文化界的"反动",由于印度诗人泰戈尔来华讲演,高度赞扬"东方精神文

---

① 茅盾:《茅盾文艺杂论集》,上海文艺出版社1981年版,第7页。
② 郭沫若著,黄淳浩校:《〈文艺论集〉汇校本》,湖南人民出版社1984年版,第26页。

明",客观上也助长了封建复古主义的势力。革命的知识分子奋起抵制胡适的言论与泰戈尔关于"东方精神文明"的宣传。但是他们当时还不善于进行具体分析,成仿吾笼统地把上述倾向都视为封建复古主义者"利用盲目的爱国心理实行他们倒行逆施的狂妄",甚至说他们是"要在死灰中寻出火烬来满足他们那美好的昔日的情绪"。① 吴稚晖则更是把一切"国故""国学"都称为"同小老婆吸鸦片相依为命"的"臭东西"。即使这样,他们也并没有全盘否定传统文化,也不是对整个传统文化进行全面评价。他们从革命的立场出发,认为在二十年代就提出整理与研究传统文化实在是"为时过早":一方面那时的主要任务是政治和军事方面的反封建斗争,客观上不允许人们去平心静气整理与研究国学;另一方面当时的许多知识分子还不懂得什么科学的态度与方法,主观上尚不具备整理与研究传统文化的条件。这在当时来说也并非全无道理。

真正是对传统文化进行全盘否定,或者说是在文化理论与实践上的"全盘反传统主义"的形成,那是十月革命以后俄国"无产阶级文化派"的文化思想影响到中国之后的事。

十月革命之后,俄国文化思想与文学艺术界的情况十分复杂。以极左的面目出现的俄国"无产阶级文化协会",在俄国各大中城市都有分部,从理论主张到实践活动都否定一切文化遗产,排斥革命的"同路人",要依靠"自己的力量"去凭空创造全新的"无产阶级文化"。俄国的"无产阶级文化派"当时在政治上有较强的革命精神,但在文化上有很大的破坏性,而这种倾向很快影响到中国一部分革命的知识分子。五四刚过,1919 年 11 月创刊的由瞿秋白、郑振铎等人任编辑的刊物《新社会》就宣称"知识是赃物,财产私有制下所产生出来的罪恶",因此,"废止知识私有制就是废止财产私有制的第一步"。② 次年10 月,俄国无产阶级革命的领袖列宁在《青年团的任务》的讲演中,曾经对于"无产阶级文化派"的错误观点进行了尖锐的批评,强调所谓无产阶级文化并不是天上掉下的,也不是那些自命为无产阶级文化专家杜撰出来的,而是人类

---

① 北京师范大学中文系现代文学教学改革小组编:《中国现代文学史参考资料》第 1 卷上册,高等教育出版社 1959 年版,第 84 页。
② 瞿秋白:《知识是赃物》,《新社会》1919 年第 6 号。

社会全部知识合乎规律的发展。但是,在当时无产阶级革命与无产阶级专政的形势下,"无产阶级文化派"的极左思潮并没有中止,更没有消失。而且随着革命形势发展而不断扩大,并直接影响到五四以后的中国。

1921—1922 年,中国革命青年留居俄国,因为精通俄文,对俄国革命有较多了解,回国之后成为宣传和学习俄国无产阶级革命的重要理论家。但是由于当时俄国革命及其思想、文化方面的复杂情况,由于当时中国革命还处于思想理论上的极端幼稚阶段,年青的革命理论工作者,出于革命的热情,在学习与宣传俄国革命的时候,不自觉地也学习和宣传了俄国"无产阶级文化派"的观点,甚至是受到列宁批判过的观点。像瞿秋白二十年代初发表的《赤俄新文艺时的第一燕》和《东方文化与世界革命》等文就是明显的例证。他认为:二十世纪二十年代的中国,还停滞于封建制度的宗法社会,它所形成的文化思想当然不能适应于社会的发展;而西方的资产阶级文化,也成为人类社会进步的"巨魔",这时"只有世界革命",才能开辟建设人类新文化——无产阶级文化的"伟业"。这样,他就把西方文化等同于资产阶级反动文化,把东方文化等同于封建地主阶级的没落文化,而世界无产阶级要摒弃一切东西方文化传统,仅凭自己的力量,通过世界革命去"创造"自己的新文化——包括"自己的文化,自己的科学,自己的艺术,自己的道德习俗……"①,并且要以此去抵抗"资本主义的恶影响"。正是在这一思想的指导下,同时留学俄国归来的蒋光慈,也在《新青年》(季刊)上号召中国无产阶级要努力"创造出自己特殊的文化——无产阶级的文化"②。当时有一些革命青年还以《中国青年》杂志为阵地,大声疾呼,批评五四之后许多新文学家"不革命",号召真正革命的文学家,都投身于正在兴起的中国革命斗争中去,呼吸革命的新鲜空气,创造出真正的革命文学。1928 年,创造社与太阳社的革命作家们,面对国民党反动派的反革命大屠杀,由革命文学进而倡导"无产阶级革命文学运动",高举革命大批判的旗子,对中国过去的文学与文化进行"全部批判"。不仅旧的文化传统全盘被否定,

① 瞿秋白:《瞿秋白文集》第 2 册,人民文学出版社 1953 年版,第 556 页。
② 北京师范大学中文系现代文学教学改革小组编:《中国现代文学史参考资料》第 1 卷上册,高等教育出版社 1959 年版,第 204 页。

连五四新文化运动也成为他们批判的重点,五四时期的中国作家都成为他们批判的对象,作为五四文化先锋的鲁迅竟成了"封建余孽""双重的反革命"。"左联"成立后批判了创造社、太阳社倡导无产阶级革命文学中的"左"倾思潮,改正了对待鲁迅的错误态度。但是在"向苏联学习"的时代环境中,"左联"也接受了"无产阶级文化派"思想观点,抛弃一切文化传统,要依靠自己的力量,去"创造工农文化"。在整个左翼文化运动中,领导五四新文化运动的蔡元培、胡适、陈独秀被批判、被否定,原因就在于五四新文学与新文化运动的"反传统"不彻底,在于五四的"资产阶级的妥协性与改良主义",并因此而产生了一种"非驴非马的骡子文学"。①

和五四文学相比,三十年代初期的革命文学运动更具有"彻底革命"的精神,这一方面是当时反革命势力对革命文学的残酷迫害所形成的革命反抗精神,另一方面仍然是那时来自苏联文学中的极左思潮的影响。

五四文学运动中曾经提出过反对文言文的口号,但是尚未否定一切用文言写的旧文学,也有人提出过要"废除汉字",但当时的主要成员中并未否定一切用汉字写成的文学作品。到了三十年代初,有些革命者竟然把"一切文言文学"都称为"贵族文学",并把这些文学的载体——汉字,斥为"世界上一切混蛋文字中最混蛋的文字"。② 难怪当时的作家兼编辑施蛰存有感于文学青年的文章粗直、字汇贫乏,因而建议他们读一读《庄子》与《文选》时,竟被看作是"封建复古主义"的代表受到批判。这时,革命的作家兼理论批评家的茅盾,也一改五四时期的观点,完全否定祖国的文学遗产,对于中国古代的语言文字和文学作品大加奚落与嘲笑,甚至认为古人所写的词、曲、骈体文等,都是"盖世无双的文字游戏"。还说如果这些也算"文学遗产"的话,"这份'宝贵'的遗产实在一钱不值"。在谈到《水浒传》《红楼梦》时,也承认它们的确不是"文字游戏",是文学作品。可是,第一,这些遗产"数量之少,直等于零";第二,他们的写作"技巧"都是"手工业式的",远远落后于机器工业时代,所以说就整体看

---

① 瞿秋白:《瞿秋白文集》第 2 册,人民文学出版社 1953 年版,第 596 页。
② 瞿秋白:《瞿秋白文集》第 2 册,人民文学出版社 1953 年版,第 973 页。

"我们简直没有遗产"。① 这在当时并不是茅盾一个人孤立的看法,而是一种颇具代表性的"革命文学论"。后来曾批判胡风在对待文学遗产问题上的"民族虚无主义",其实胡风的看法正是三十年代初期左翼文学运动中的历史产物。当时的左联文件及一些革命作家的文章中,也提到学习并继承"文学遗产"的问题,但总是强调要"朝外看",所谓文学遗产主要指的是"世界的文学名著"。

在二三十年代之交的中国革命文学运动中,"反传统主义"的影响是颇大的,而且它常常是以"最革命"的形式表现出来。五四也成了革命大批判的对象,那当然不能算到五四"反传统"的账上。直到三十年代中期,日本帝国主义的侵华战争步步逼近,国内抗日民族解放运动日益高涨,这股极左思潮才逐步中止,五四新文化运动才得到应有的肯定。

四、五四并没有使中国文化"经历一场灾难性的语言破坏",而是开辟了中国新文化的历史航程

到九十年代,继承遗产问题的讨论成为文化界的热门话题,批判五四在某些领域也被视为时髦! 通过继承遗产问题的讨论,的确进一步发掘出我国古代文化中某些极有价值的东西,但在这讨论中也有许多封建迷信的东西,鱼目混珠地来到社会主义的文化市场。反映到文化学术研究中,就是某些人一味地颂古非今,扬外压中,否定五四以来新文化运动的历史成就。

几年以前,在《文学评论》杂志上曾经出现了关于如何评价五四白话文运动的讨论。发难者也承认"五四新文化运动者打开全新的文化局面是值得敬佩的"(当然他所"敬佩"的也只是其"勇气和热情"),但是他所不以为然的,也就是所批评的则是那时一般新人物反对文言文、提倡白话文,反对旧八股旧教条、提倡科学与民主,使我们整个文化"经历了一场灾难性的语言破坏",即"整个精神、思维、文化的破坏"。作者强调:"语言的失落也是人格的失落,文

---

① 茅盾:《话匣子》,上海良友图书印刷公司 1934 年版,第 184 页。

化的失落",结果使我们的文学及文化运动"在几十年内都找不到一座载重的桥",于是就"不得不向西方语言借词藻,借句法,借语法"。在作者看来,如果没有五四新文化运动的语言"破坏",我们就用不着向西方学习语言,可以固守着古典的词藻、句法和语法不作任何变化。我们认为五四时期反对文言文的一统天下,提倡以新的白话代替文言作为人们交际与文学创作的工具,是社会的开放与时代进步的表现,是当时社会的思维方式向前发展的一种重要标志;但是在批判五四的人看来,情况就不是这样,他们对五四前中国社会的落后,政治的腐败,五四时期新生的社会力量的成长,以及新旧势力之间的大论战、大斗争,包括白话与文言之争,好像是一无所知。因而大谈当时"汉语文言文在语法之灵活,信息量之超常,文本内容的异常丰富,隐喻与感情形象的突出诸方面,都证明其是一种十分优越的语言形式",任何改革都是多余的!这样,五四时期反对文言文倡导白话文当然就是"唾弃自己几千年汉语文化的精华",就是一种不可饶恕的"破坏"!就是"忘祖"!因此,他要求我们在理论上要"重新认识五四白话文运动对我们的文化观的影响";在实践上要让广大青少年认真阅读"北京图书馆中大量非简写的汉语书籍"。同时还"应当将对古文的理解、阐释、发挥……作为我们教育的一个重点,应当从小学开始,列为普及教育的课程"。[①]

如上所述,胡适、陈独秀等在五四时期大声疾呼地提倡白话文、反对文言文,反对"模古""师古"及一切复古倒退的不良倾向,力主革新,力主创造,不少社团把"新潮""创造"之类的名字作为自己一切文化活动的总称,这恰恰表现了当时的时代精神。但是他们并非因此而否定一切古代文学,更不是否定古代语言。在实际的活动中,五四白话文运动不仅没有使中国文学遭到一场"灾难性的语言破坏",反而是在批判封建旧文学,特别是旧的文字语言的桎梏的基础上创造出了具有划时代意义的中国白话新文学——这就是五四以后新的白话诗歌、散文、戏剧,特别是现代小说的潮水般的文学创作的大量涌现。这种思想与语言文学大解放的五四新文学,当然有许多幼稚的东西,也有不少

---

① 以上均引自郑敏《关于〈如何评价"五四"白话文运动〉商榷之商榷》,《文学评论》1994 年第 2 期。

错误,但它的主流是积极的,因此产生出一批经受着历史考验的优秀之作。像鲁迅的小说与杂文,以及稍后的老舍、巴金、茅盾、沈从文的小说,曹禺的剧本,闻一多、徐志摩的新诗等。毫无疑问,这些都是中国文学史上五四以前半个世纪所未有过的,是五四以后中国文学走向世界文学之林的重要标志。

从五十年代末开始,中国新文化运动又背离了五四开辟的道路,特别是十年"文革"时期,一切中外文化遗产几乎全在批判、打倒之列。对于五四新文化运动及其成果,也是抽象地肯定,具体地否定。当时的代表人物,除鲁迅之外,差不多全成了批判对象。这种极左思潮正是二十年代后期从俄国传入的"全盘反传统主义"的发展,不能算在五四的账上。七十年代末与八十年代初的拨乱反正已纠正了这个错误,恢复了历史的本来面目。但是从九十年代起,一股把五四也放在极左路线上进行批判的社会思潮又逐渐膨胀起来。在此同时,背离五四新文化运动的正确方向,学术语言的晦涩已经到了"让人忍无可忍"的地步,以致使学术交流日益困难。种种迹象表明:正确认识五四"反传统"的必要性,区分五四的"反传统"与五四以后输入的"全盘反传统主义"的不同,深入批判极左思潮,继续发扬五四新文化运动的光荣传统,仍是今天文化界的重要任务!

（原文载于《东方论坛》2000 年第 1 期）

我观鲁迅与辛亥革命

辛亥革命是我国近代史上一次伟大的民主主义革命运动,也是鲁迅青年时代目睹和经历的错综复杂的人生之一幕。从革命的舆论准备到实际的武装斗争,从胜利到失败,都在他心中打上了深深的烙印。在这个过程中,他有过不满与悲哀,也有过烦恼与欢乐,有过激昂慷慨的议论与批评,也在沉默中进行过长期的思考与探索。直到五四以后,辛亥革命前后的社会生活仍然是他从事文学创作的题材。因此,准确理解鲁迅与辛亥革命的关系,理解他对这场革命的态度和认识,对于深入研究鲁迅的思想与著作,都具有重要意义。

一

这里我们首先从多年来一直有争议的鲁迅是否参加过光复会的问题谈起。

光复会成立于 1904 年,其主要成员蔡元培、陶焕卿、龚未生、秋瑾等都是浙东一带的革命家,1905 年又加入同盟会。在辛亥革命的思想准备与组织发动中,在浙江及东南沿海的"光复"中,光复会的成员都发挥了重要作用。周作人在 1936 年曾经明确地说:鲁迅在日本留学时,虽然常出入于民报社,常和同盟会及光复会的人来往,而当时他们又正在连络浙江会党,计划武装起义,可是鲁迅"始终不曾参加同盟会","也没有加入光复会"。① 至于为什么既和这

---

① 张菊香编:《周作人代表作》,河南人民出版社 1989 年版,第 325 页。

两个革命团体的人常来往而竟不参加呢？周作人说他只能提供这样的历史事实，却不知道其缘故。甚至说陶焕卿等还曾请鲁迅为他们保存过机密文件，并有动员他参加团体的意思，而鲁迅仍无表示。当时周作人和鲁迅关系很好，他们共同在东京计划办《新生》杂志，共同翻译《域外小说集》，因此他的说法是可信的，而且直到他晚年写的《知堂回想录》仍然是这样说的。可是1937年鲁迅的好友许寿裳却以光复会会员的身份证明鲁迅1908年"为光复会会员"。虽然许寿裳只有这一句话，并未提出任何证据来，但他与鲁迅的关系非同一般，所以从此相信鲁迅参加过光复会者大有人在。后来又由于周作人当了汉奸，他的说法就更令人怀疑。由于许寿裳的说法证据不足，因而就有人写信进一步寻问，许当时的回答只是"确知其为会员"。但所谓"确知"者又只是"一九〇九年春，弟先返国，是年夏，鲁迅亦返国，同在杭州教书，始知其亦进了会"①。这样的依据似乎仍然不能算"确"。六十年代初，和鲁迅一起留学日本的沈迪民又提出"一九〇四年，鲁迅正式参加浙江革命同志的'光复会'，从事革命工作"②。表面看来，这的确是许说的一个佐证。可是细细推敲起来问题颇多。第一，入会的时间从1908年提前到1904年，与许说差距较大；又查鲁迅于这年9月就从东京到仙台医专学医，而光复会于同年10月才在上海成立，光复会的东京分部最早也要在11月才能出现，鲁迅此时已离开东京两个月，究竟他是在什么地方、什么具体时间、什么情况下参加的？第二，鲁迅参加光复会后"从事革命工作"的具体内容是什么？沈文都没有告诉我们。而且其中的一些说法明显与事实不符，如肯定鲁迅在弘文学院学习时就"写稿在《河南》杂志发表"，并且"站在革命方面，自始至终口诛笔伐"，和改良派"展开斗争"等。后来的一些研究者，往往按照许寿裳和沈迪民提供的线索，确认鲁迅参加光复会并从事革命工作，但这是不能令人信服的。

　　如果我们尊重历史事实而不因人废言的话，就应承认周作人的说法是可靠的；在辛亥革命之前鲁迅虽然与革命者有来往，却并未参加他们的革命组织

---

① 此处引文出自1944年许寿裳致林辰的信，今见鲁迅博物馆编《林辰纪念集》，人民文学出版社2005年版，第325页。——本书编者补注。

② 薛绥之主编，韩立群副主编：《鲁迅生平史料汇编》第2辑，天津人民出版社1982年版，第42—43页。

与革命活动。许寿裳还以光复会成员对外"严守秘密",甚至"虽父子兄弟也闭口不谈",来说明鲁迅虽参加光复会的革命组织与革命活动而不为外人所知,这也未免过分夸大了这个资产阶级革命团体(还不是政党)的纪律性,而且几十年之后还有什么必要"保密"呢?

1931 年,日本友人增田涉将他写的一本《鲁迅传》交鲁迅过目。其中曾转述了鲁迅对他谈过的这样一段话:"我从事反清的革命运动时,曾担当过鼓动强盗暴动的工作,与强盗伙伴颇有往来。"鲁迅对此用铅笔订正为"反清革命运动鼎盛时,同革命的强盗颇有往来"①。这就和周作人的上述回忆一致了。鲁迅自己说得很明白,当时他只是"同革命的强盗颇有往来",并未"担当过鼓动强盗暴动的工作"。增田涉认为鲁迅这样修改"是一种不表现出自己的说法",事实上这正是鲁迅不随意夸张自己的"革命历史"的科学态度。

二

为什么鲁迅在辛亥革命之前虽和同盟会、光复会的成员有往来而没有参加他们的革命团体与革命工作呢? 1934 年,鲁迅在给友人的信中说,"记得清朝末年……那时的讲革命,简直像儿戏一样"②。这说明直到几十年以后,他对当时的革命和革命者仍然有不同看法。可见当时他所以没有置身其中,其原因就是不赞成革命者的主张及其斗争。光复会成立时并无发表明确的纲领。次年同盟会成立,向全世界公布了"驱除鞑虏,恢复中华,建立民国,平均地权"的十六字政纲,而且以革命的武装斗争为其国民革命的主要斗争形式。光复会的主要成员都参加了同盟会,他们都力主以武力推翻清王朝的反动统治。像秋瑾、徐锡麟、熊成基等都在当时的武装起义和刺杀清朝官吏的活动中壮烈牺牲。光复会的实际领导人陶焕卿(成章),更是各地许多秘密会党和地下武装的联络人和组织者,辛亥革命后出任绍兴军政分府都督的绿林英雄王金发,就是光复会属下的会党首领之一。在反帝反封建的大目标上,鲁迅和他们是

---

① 北京鲁迅博物馆鲁迅研究室编:《鲁迅研究资料》第 2 辑,文物出版社 1977 年版,第 337 页。

② 鲁迅:《鲁迅全集》第 12 卷,人民文学出版社 1981 年版,第 446 页。——本书编者补注

一致的,这也可以说是鲁迅和他们多有来往的思想基础,但是在改造中国社会的具体方法与步骤问题上,鲁迅又和他们存在着重大分歧。鲁迅认为,"中国在今,内密既发,四邻竞集而迫拶,情状自不能无所变迁。夫安弱守雌,笃于旧习,固无以争存于天下。第所以匡救之者,缪而失正,则虽日易故常,哭泣叫号之不已,于忧患又何补矣?"①这里所说的"缪而失正"的"匡救之者",决不单是指清朝政府的洋务派、资产阶级的改良主义者,更主要的是指以孙中山为代表的包括同盟会、光复会主要成员在内的资产阶级革命家。鲁迅认为其政治主张所以谬误,主要表现在:一、"竞言武事"而"以习兵事为生";二、大唱"制造商估立宪国会之说"。总起来说就是以武装斗争为手段、以建立资本主义的政治经济制度为目的。而这种错误,又都是搬运西方"至偏至伪"的物质文明与民主主义(或叫"多数主义")的结果。鲁迅当时在达尔文的进化论与尼采的个性主义思想指导下,针锋相对地提出:"诚若为今立计,所当稽求既往,相度方来,掊物质而张灵明,任个人而排众数。人既发扬踔厉矣,则邦国亦以兴起。奚事抱枝拾叶,徒金铁国会立宪之云乎?"②鲁迅还明确指出,"是故将生存两间,角逐列国是务,其首在立人,人立而后凡事举,若其道术,乃必尊个性而张精神"③。

显然,在当时的鲁迅看来,通过武装斗争,建立民主共和国与发展资本主义工商业等"物质"方面的改革运动,都是抱枝拾叶之举,不能解决中国的社会问题,因为中国国民的愚弱与落后不可能实行这种改革,"举国犹孱,授之巨兵,奚能胜任! 仍有僵死而已矣"④。而且这种改革会使国家的实权落入"假改革公名而阴以遂其私欲者"之手,使他们"托言众治,压制尤烈于暴君"。⑤他认为最根本的办法是由精神启蒙入手,使国民的个性得到解放。有了新的国民,才能有新的国家和社会,即首先从精神上"立人",然后才可能从物质上"兴国":"则国人之自觉至,个性张,沙聚之邦,由是转为人国。人国既建,乃

---

① 鲁迅:《鲁迅全集》第 1 卷,人民文学出版社 1981 年版,第 56 页。
② 鲁迅:《鲁迅全集》第 1 卷,人民文学出版社 1981 年版,第 46 页。
③ 鲁迅:《鲁迅全集》第 1 卷,人民文学出版社 1981 年版,第 57 页。
④ 鲁迅:《鲁迅全集》第 1 卷,人民文学出版社 1981 年版,第 45 页。
⑤ 鲁迅:《鲁迅全集》第 1 卷,人民文学出版社 1981 年版,第 56 页。

始雄厉无前,屹然独见于天下"①。鲁迅的主张和以孙中山为首的包括同盟会、光复会在内的资产阶级革命派的思想与政治纲领是根本不同的,并且当时的鲁迅也明确看到了它们的对立。

依靠什么去"启人智而开发其性灵"呢?当然不能依靠武装斗争、国民革命,而只能依靠最能改变人们的精神状态、"启人生之闷机"的文艺。因此在鲁迅看来,当时中国最需要的并不是革命的政治家和军事家,而是"精神界之战士",是杰出的诗人与文学家。鲁迅早期的启蒙主义的文艺观,正是在上述思想基础上形成的。这样,我们就明白为什么当同盟会、光复会的革命家们在全国各地发动国民革命、组织武装起义的时候,鲁迅却全力以赴地集合几个志同道合者在东京筹办《新生》杂志,从事文艺运动了。由此可见,硬是说鲁迅"在辛亥革命准备时期便坚决站在以孙中山先生为代表的中国革命民主派一边,坚决拥护用革命行动来推翻中国封建专制制度"②是毫无根据的。

然而鲁迅当时的主张毕竟是脱离实际的幻想,所以在社会上没有引起反响,倒是资产阶级革命家的国民革命论得到愈来愈多的支持者,并且很快由革命的理论变成了革命的行动。1907 年之后,潮州黄冈起义、钦州起义、惠州起义、河口起义、镇南关起义等相继出现。当然它们都因缺乏充分准备和周密计划而失败了。面对这种现实,鲁迅担心"本根剥蚀,神气旁皇,华国将自槁于子孩之攻伐",他感到无限寂寞与悲哀,甚至"坠心陨涕"。③

三

1909 年夏,鲁迅回到了祖国。当时立宪派正在全国发动请愿,要求清政府迅速召开国会,制订宪法;革命派却在各地准备新的武装起义。鲁迅没有参加任何一方的活动,却走进了自己并不感兴趣的教师行列。在有关的鲁迅传记

① 鲁迅:《鲁迅全集》第 1 卷,人民文学出版社 1981 年版,第 56 页。
② 陈涌:《鲁迅的思想和文学活动的开端》,见《文艺论丛》第 14 辑,上海文艺出版社 1982 年版,第 68 页。
③ 鲁迅:《鲁迅全集》第 8 卷,人民文学出版社 1981 年版,第 23 页。

中,有的说"因为他知道教师的职业是神圣的,是可以同医治国民精神这一伟大目标结合起来的"①,有的说是为了"积极进行革命的准备工作"②。实际上都毫不相干。在回国之前,他就认为当时的中国学校教育极端腐败,教师常寡学而肤浅,"徒作新态,用惑乱人";学生更是不学无术,盲目自大。"赖以立将来之中国,岌岌哉!"回国后两年多的时间就先后离别了两个学校:杭州的浙江两级师范学堂和绍兴府中学堂。在学校中除了教课和为了教课而外出采集植物标本之外,"又翻类书,荟集古逸书数种",但这既非"积极进行革命的准备工作",亦非"抢救古典文学遗产",而是借此冲淡自己精神上的苦闷,用鲁迅当时的话说就是:"此非求学,以代醇酒妇人者也。"③

在鲁迅回国之后所参与的活动中,被较多地涂上革命色彩的是杭州的"木瓜之役"和绍兴的学生风潮。其实在"木瓜之役"中鲁迅只不过是参加的全校教职员中的一个,并不是领导者。更重要的是这次两级师范学堂教职员的斗争,并不是把矛头指向清朝政府,而只是反对"侮辱教员,斥逐教长"和"蹂躏师校"的夏震武个人。最后又是在地方政府的支持下取得了胜利,所以并不带革命的性质。至于绍兴府中学堂的学生风潮,鲁迅自说是"身为屠伯,为受斥者设身处地思之,不能无恻然"④。可见他作为学校的领导人之一(监学)参加了对学生的处理,同时又对被开除的学生深表同情,思想感情是矛盾而痛苦的。不能认为鲁迅是公开支持学生们的革命斗争,更不能把它列为"鲁迅革命活动"的具体内容之一。

辛亥革命前夕,"闲居越中"颇为苦闷的鲁迅如何看待即将来临的革命呢?读一下他当时写的文言小说《怀旧》就知道了。小说通过革命消息的传来在各个阶级和阶层引起的"怀旧"(想起了太平天国革命)情绪,表达了作者对这场即将来临的革命的看法。在上层社会的人物中,小说主要揭露和批判的是那既以封建教育摧残青少年又对革命极端仇恨的"仰圣先生",而且明白告诉读者,其一切反动而狡猾的伎俩都是"从读书得来"。至于那"拥巨资"的富户金

---

① 林非、刘再复:《鲁迅传》,中国社会科学出版社 1981 年版,第 80 页。

② 张能耿:《鲁迅的青少年时代》,陕西人民出版社 1981 年版,第 275 页。

③ 鲁迅:《鲁迅全集》第 11 卷,人民文学出版社 1981 年版,第 327 页。

④ 鲁迅:《鲁迅全集》第 11 卷,人民文学出版社 1981 年版,第 327 页。

耀宗,倒是一个无能之辈,为了个人利益,革命军一到,他就准备打出"顺民"旗来。在下层人民当中,从小学生的反应看,"长毛盖好人",是拥护革命的,但是从劳动者王翁与李媪的讲述,又可以看出"长毛造反"确实干了许多杀人抢劫的事,给人民带来祸害。作品显示的基本思想是:要改革中国,当务之急在于改造封建旧文化、旧思想,拯救年青的新一代,如果再去发动武装斗争和暴力革命,只能像"长毛造反",给人民带来祸害,以失败告终。这一思想和几年前写的《文化偏至论》《破恶声论》的基本观点是一致的。需要提及的是,《怀旧》中王翁向小学生讲述的"长毛造反"的故事,基本情节就是过去长妈妈向少年鲁迅所讲的。① 后来鲁迅也说过,由于少年时代长妈妈"并无邪正之分"而把"长毛造反"讲述得非常可怕,加上书本上的歪曲记述,就使他在很长一段时间内"确切的认定了长毛之可恶"。②《怀旧》正是反映了这种认识。小说又把即将来到的辛亥革命和"长毛造反"联系起来,自然也反映了作者对这场革命的基本看法。

四

辛亥革命爆发,武昌起义的胜利曾经给苦闷中的鲁迅带来了新的喜悦与兴奋。他积极地迎接了家乡的"光复",革命胜利的现实也使他开始改变原来的某些看法,并准备为新的共和国贡献力量。然而很快他就发现革命队伍中存在的许多矛盾和问题。特别是以王金发为首的绍兴军政分府的腐化与窳败,革命家陶成章为同党所暗杀,使他不能不有所思! 他再次感到中国国民的痼疾太深、积重难返。而且不久就出现了辛亥革命的失败,袁世凯称帝、张勋复辟,使他"看来看去,就看得怀疑起来,于是失望颓唐得很了"。当时的鲁迅除了从国民性上解释这场革命之所以失败之外,不能有更深刻的认识,因而也看不到中国社会改革的光明前景。

在一些鲁迅研究的论著中,似乎是辛亥革命失败之时鲁迅就能以新的观

---

① 鲁迅:《鲁迅全集》第2卷,人民文学出版社1981年版,第243—250页。
② 鲁迅:《鲁迅全集》第6卷,人民文学出版社1981年版,第186页。

点分析它所表现出的中国资产阶级的革命不彻底性与脱离群众等弱点，因而对中国资产阶级能否领导革命产生了怀疑，这是不符合实际的。不必说那时，就是在五四新文化运动当中，包括鲁迅在内的不少先进知识分子仍然只能从文化思想上、从国民性上去总结辛亥革命的教训。就连当时的陈独秀、李大钊也不例外。"五四"以后，鲁迅反映辛亥革命前后中国社会生活的小说，如《药》《阿 Q 正传》等，决不是纯客观的"写实"之作，更不是以马克思主义理论为指导给辛亥革命所作的科学结论，而是作者长期以来观察和思考中国社会改革问题的艺术结晶，也可以说是从鲁迅的视角中对于辛亥革命及其失败的艺术反映。而且在我看来它们的"写意"成分要比"写实"成分更多。生动的艺术形象告诉我们：辛亥革命之所以失败，最根本的原因是愚弱的国民性仍然桎梏着广大人民群众，使他们缺乏起码的革命觉悟。或者说这些小说描写的正是中国二十世纪初期出现的一场没有改革国民性、没有思想革命的革命悲剧。像华老栓夫妇那样的下层人民，不但不同情与支持革命，反而把革命者的鲜血当作治病的"药"；能够起来造反的只有阿 Q 那样的人，而"阿 Q 似的革命党"是决不会给人民带来福音，将中国革命引向胜利的！所以鲁迅在给许广平的通信中直率地说，"此后最要紧的是改革国民性"[1]。

李希凡同志认为鲁迅在《怀旧》中就表现出"对农民问题的特别关注"，由此出发，到了《阿 Q 正传》中就写出了"农民的自发反抗意识和革命热情"。[2]殊不知在辛亥革命前后，甚至是五四运动前后，鲁迅也并不认为包括农民在内的中国国民中蕴藏着极大的革命积极性，而是认为中国国民的"劣根"正是使许多造反者成为"寇盗式的破坏"者或"奴才式的破坏"者，而这两类的破坏者给社会"只能留下一片瓦砾，与建设无关"，他们与那"内心有理想的光"的"革新的破坏者"，即真正的革命者是完全不同的。[3] 从这一认识出发，鲁迅对许多农民造反，包括张献忠、李自成、义和团、太平天国等都有自己的不无偏颇的看法。对此，我不拟详述，只是从这里进一步认识鲁迅对"阿 Q 似的"革命的描

---

① 鲁迅：《鲁迅全集》第 11 卷，人民文学出版社 1981 年版，第 31 页。
② 李希凡：《一个伟大寻求者的心声》，上海文艺出版社 1982 年版，第 290、292 页。
③ 鲁迅：《鲁迅全集》第 1 卷，人民文学出版社 1981 年版，第 194 页。

写。作者对阿 Q 的不幸命运自然是十分同情的,但对他的阿 Q 精神和以此精神为指导的阿 Q 革命,却给以辛辣而又沉痛的讽刺。而且作者还担心多少年以后在中国的革命事业中"还会有阿 Q 似的革命党出现",因为"阿 Q 精神"的改造决非短时间可以完成的。

五

茅盾的意见是对的:"毋庸讳言,《阿 Q 正传》的画面是相当阴暗的,而且鲁迅所强调的国民的痼疾,也不无偏颇之处,这就是忽视了中国人民品性上的优点。这虽然可以用'良药苦口利于病'来解释,但也和鲁迅当时对于历史的认识有关系。"①其实鲁迅所有描写辛亥革命前后中国社会生活的小说,其画面都是相当阴暗的。《药》的结尾虽然在夏瑜的坟上"平空添上一个花环",但仍然表现出"安特莱夫式的阴冷"。这反映了鲁迅早期的历史观,特别是对中国国民性及辛亥革命看法上的偏颇。被列宁称为"中国的更生"和"亚洲的觉醒"的辛亥革命,作为中国反帝反封建的资产阶级民主革命的开端,并标志着中华民族在本世纪第一次腾飞的辛亥革命,并没有在鲁迅小说中得到正面反映,所以,我们不能说《药》《阿 Q 正传》等作品就是辛亥革命的"历史总结",更不能说它们是"形象化的中华民国解",而且也不应该要求当时的鲁迅在小说创作中去完成这个任务。

随着革命形势及鲁迅思想的发展,鲁迅观察辛亥革命的视角也有了变化。这首先表现于他对孙中山的评价上。孙中山是辛亥革命时期的伟大民主主义革命家、领导人,早在 1912 年列宁就对他的思想与行动作了很高的评价。然而在鲁迅早期的言论中从未肯定过他。而且从别人的回忆文章看,鲁迅还对他有诸多不满(鲁迅早期的文言著述也有所透露)。但是在第一次大革命高潮中,鲁迅却对已去世的孙中山及其领导的"驱除鞑虏,建立民国"的辛亥革命给予了热情的赞扬:"凡是自承为民国的国民,谁有不记得创造民国的战士,而且

---

① 查国华、杨美兰编:《茅盾论鲁迅》,山东人民出版社 1982 年版,第 123—138 页。

是第一人的?"并且说:"只要这先前未曾有的中华民国存在,就是他的丰碑,就是他的纪念。"过去认为群众早已忘却了辛亥革命的烈士们,说明这场革命并未给人民带来福音,只是使他们"枉然失去了一条辫子";现在他说大多数国民的特别沉静,"更可见那时革命有怎样的艰难,更足以加增这纪念的意义"。以往每谈到辛亥革命的失败,常常会给鲁迅增加几分悲哀失望的情绪;现在他特别指出了孙中山那种"失败了还是革命"的不屈不挠的精神。① 当然这时和以后鲁迅对辛亥革命仍有尖锐的批评,但是批评的角度已大为不同了,如认为它缺乏足够的实力,对敌人过于宽大,受了袁世凯的骗,等等。我想此后他若能继续写反映辛亥革命时期社会生活的小说的话,一定大不同于《阿Q正传》。

六

瞿秋白早在三十年代就指出过:鲁迅"是经历了辛亥革命以前直到现在四分之一世纪的战斗,从痛苦的经验和深刻的观察之中,带着宝贵的革命传统到新的阵营里来的"②。然而在此后的很长时期内,人们往往忽视了鲁迅在辛亥革命前后所走过的曲折道路及其"痛苦的经验",把这位伟大文学家和思想家的成长过程简单化了。

有的研究者常常谈论鲁迅在辛亥革命以前受孙中山的影响,或支持孙中山的革命理论与实践。这都是没有根据的。鲁迅自己就讲过,他并没有读过孙中山的《三民主义》,虽参加过欢迎孙中山的集会,但对他毫无敬佩之感。③而我们认真阅读一下鲁迅的《文化偏至论》与《破恶声论》,就会发现,有许多地方是对以孙中山为首的资产阶级革命家的不指名的批评,这一点上面已有论述。有的研究者根据某些不可靠的回忆材料,认为鲁迅在日本参加了革命派对康、梁改良派的批判斗争,这也是找不到证据的。相反,我们却是清楚地看到梁启超的"新民说"以及"诗界革命""小说界革命"的理论对于鲁迅思想

---

① 鲁迅:《鲁迅全集》第7卷,人民文学出版社1981年版,第293页。
② 瞿秋白:《瞿秋白文集·文学编》第3卷,人民文学出版社1985年版,第115页。
③ [日]增田涉:《鲁迅的印象》,钟敬文译,湖南人民出版社1980年版,第79—80页。

的重要影响。特别是鲁迅当时提出的由文艺入手从"立人"到"兴国"的主张，更是深深地打上了梁启超思想的烙印。不过鲁迅在政治上并不赞成梁启超那一套"君主立宪""开明专制"的改良主义路线。所以他在《文化偏至论》与《破恶声论》中对革命派与改良派都持批判的态度，把二者关于革命还是改良的辩论，比作"为匠者乃颂斧斤而谓国弱于农人之有莠稂，事猎者则扬剑铳而曰民困于渔父之宝网罟"，认为他们都是从欧美搬运来"至偏至伪"的文化思想，硬要运用于中国，正如"游行欧土，偏学制女子束腰道具之术以归，则再拜贞虫而谓之文明，且昌言不纤腰者为野蛮矣"。① 还有更多的研究者仅仅根据鲁迅晚年写的回忆章太炎的文章，认定鲁迅在日本深受"有学问的革命家"章太炎的革命思想影响。实际情况并非如此。当章太炎作为一个革命家主持《民报》和改良派进行大辩论的时候，鲁迅恰在仙台医专学医，不但没有参加过章太炎的革命活动，而且和他没有任何接触。从鲁迅的著作与活动中也看不到任何反清革命的影响。鲁迅开始接近章太炎是 1908 年去听讲《说文解字》，学习"国学"。而当时的章太炎在政治上已和孙中山发生分裂，思想上日益增长着宗教唯心主义，文化上走上复古的国粹主义。所以这时鲁迅受章太炎的影响是很复杂的。李泽厚指出，这时"除了进化论大不相同以外，在憎恶和抨击上流社会，反对资本主义经济、政治，提倡宗教、道德、国粹和个性主义等问题上，鲁迅基本上站在章太炎一边"②。在《破恶声论》(未完稿)中这种影响非常明显。

既然鲁迅不赞成以孙中山为首的资产阶级革命派的理论主张与革命路线，为什么辛亥革命爆发后他又积极迎接和热情歌颂绍兴的"光复"呢？因为他毕竟是一个爱国主义者，而且已经看到二十世纪的中国若继续"安弱守雌，笃于旧习"而"无所变迁"，就"无以争存于天下"。当他看到他不赞成的革命在社会实践中取得良好的效果时，他也会由衷地高兴并真心实意地拥护。他不会固守成见而对革命已取得胜利的现实视而不见，听而不闻。不过因为他对辛亥革命的支持缺乏坚实的思想基础，所以一旦发现革命中的问题，就会立即感到这

---

① 鲁迅:《鲁迅全集》第 8 卷，人民文学出版社 1981 年版，第 25 页。
② 李泽厚:《中国近代思想史论》，天津社会科学院出版社 2003 年版，第 369 页。——本书编者补注

样的革命究竟不行,当革命中途夭折的时候,就陷入了更大的悲观失望。

多年来研究者们总是把鲁迅后来对于辛亥革命的认识当作他当时的认识,这是很不科学的。必须看到,即使鲁迅后来对辛亥革命前后的生活与经历的回忆性叙述,也常常体现了叙述时的新的认识与新的视角,因而只能作为研究的参考,而不能作为理解他当时的思想的重要依据。他三十年代关于辛亥革命前和章太炎的关系的回忆与叙述就是一例。再如他后来对于王金发释放杀害秋瑾的主谋章介眉的批评,也和当时的认识与态度大不相同。从当时发表于《越铎日报》上署名"独"的《民国之征何在》一文(多数研究者认为"独"就是鲁迅或鲁迅与周作人的联名,我同意此说)看,作者对以王金发为首的军政分府以"种种嫌疑"而"久经拘讯"章介眉,并且还"罪无定讞而议籍其家",是不以为然的,认为是"以暴易暴"。① 从鲁迅的日记看,直到1916年10月,鲁迅还和章介眉有来往,至少说明他当时并没有把章介眉看作是应该"先行打它落水,又从而痛打之"的反革命分子。

综括起来说,从辛亥革命的舆论准备时期到辛亥革命失败以后,鲁迅都是从文化思想的改革上立论,从改革国民性、"立人"的角度,即从"非物质、重个人"的角度去批评这场革命的(只有绍兴光复之初支持与赞扬了它),五四时期的小说如《药》《阿Q正传》等仍然表现了这一点。到第一次大革命的高潮中,鲁迅才转换了视角,开始从武装斗争和社会革命的角度去认识辛亥革命的贡献与不足,经验与教训。这时他并不是完全放弃了改革国民性与"立人"的思想,而是把它置于整个社会改革之中,从而注意到辛亥革命所以失败,不仅是因为没有改造国民性,更主要的是缺乏一场摧枯拉朽的社会大革命。尽管如此,辛亥革命及其领导者的历史功绩也是应该充分肯定的。这一新的认识,正是促使鲁迅旗帜鲜明地支持中国共产党领导的新民主主义革命的重要思想因素之一。

(原文载于《齐鲁学刊》1986年第5期)

---

① 倪墨炎:《鲁迅革命活动考述》,上海文艺出版社1984年版,第111页。

在"新世纪曙光"照耀下对"人"的呼唤

——鲁迅早期思想研究之一

　　真正的文学家大都具有异常敏锐的感觉,他们在现实生活中的感受力常常是超众的、超前的,他们对许多问题的感知总要早于常人数年或数十年。所以伟大的诗人往往被誉为预言家、人类的先知。但是他们这种感知并不一定都表现为明晰的理性认识与逻辑判断。鲁迅无疑就是这样的一位思想家与文学家。早在"五四"的前十年他就发出了"五四"的先声,二十年代中期他就预感到文艺与政治的"歧途"。刚刚进入廿世纪的1903年,鲁迅就在《说钼》一文中敏锐地感到:放射性元素——镭的发现,必将"辉新世纪之曙光,破旧学者之迷梦",甚至于会引发出"思想界大革命之风潮"。1918年,他又十分肯定地说:"时候已是二十世纪了,人类眼前,早已闪出曙光。"然而这廿世纪的曙光究竟是指什么? 人们不得而知。次年,他在《"圣武"》一文中才作了略为具体的描述:

　　　　看看别国,抗拒这"来了"的便是有主义的人民。他们因为所信的主义,牺牲了别的一切,用骨肉碰钝了锋刃,血液浇灭了烟焰。在刀光火色衰微中,看出一种薄明的天色,便是新世纪的曙光。①

---

① 鲁迅:《鲁迅全集》第1卷,人民文学出版社1981年版,第356页。

　　许多学者常常把这段话与俄国人民在 1917 年的十月社会主义革命联系起来进行解释与论证,并从中看到了鲁迅思想发展中的重大转折。有的还明确地指出:鲁迅在这里所歌颂的就是十月社会主义革命那样的"武装斗争或暴力主义",所赞扬的就是指导十月革命取得胜利的"过激主义——列宁主义"。笔者对上述说法颇不以为然,因此很想在此加以辩证。

　　读《科学史教篇》与《文化偏至论》我们就可以知道,青年时代的鲁迅,对于十九世纪的社会发展与人类进步就有自己的看法。他充分肯定资本主义社会上升时期利用新的科学技术所创造的物质文明及其给人类所带来的巨大进步,也尖锐地批评了十九世纪末与二十世纪初资本主义社会中的种种腐败与堕落。鲁迅认为后者的主要问题在于整个社会的物质利益的追求与精神文明建设的严重失调与畸形发展:由于"诸凡事物,无不质化,灵明日以亏蚀,旨趣流于平庸,人惟客观之物质世界是趋,而主观之内面精神,乃舍置不之一省",其结果则是"林林众生,物欲来蔽,社会憔悴,进步以停"。而且各种腐败由此而生,"一切诈伪罪恶,蔑弗乘之而萌"。这种观察与分析虽然还不是以马克思主义的科学思想对资本主义社会自身矛盾的深刻揭露,但它和当时许多浪漫主义与现实主义作家的描写基本上是一致的。出路何在呢?当时的鲁迅自然还不可能从中得出无产阶级社会主义革命的结论,他认为整个欧洲乃至于全人类的唯一希望就是产生于上述腐败社会并足以纠正与治疗其腐败堕落的"西方最近思想",即十九世纪末出现的尼采、施蒂纳、克尔凯郭尔等人为代表的现代派思想与哲学。鲁迅称之为"神思新宗"或"神思宗之至新者",译成现代汉语就是新理想主义。其主要特征与主要内容是:"尊个性,张精神",充分启动人的自我意识,发挥人的主观能动性与战斗力,"以反动破坏充其精神,以获新生为其希望,专向旧有之文明,而加之捣击扫荡焉"。从人类历史的进化与发展看,鲁迅预感到廿世纪将是一个与十九世纪迥异的更加进步更加文明的时代,而上述的新理想主义,则就是这"二十世纪之新精神",即照耀廿世纪的新时代、新生活的新思想,也即"新世纪的曙光"。所以他说:总结现在、展望未来,"以是为二十世纪文化始基,虽云早计,然其为将来新思想之朕兆,亦新生活之先驱,则按诸史实所昭垂,可不俟繁言而解者已"。

如此说来，鲁迅在五四高潮期心向往之的"新世纪之曙光"，竟与十月革命毫无关系了吗？当然不是。1917 年俄国十月革命的胜利对于中国的知识界无疑是一次极大的震动。尤其那些有志于改革中国社会的知识分子，无不对之寄予极大的同情与希望，鲁迅也不例外。不过在一定的时间内，多数人对于这场革命并没有理论上的深刻理解，而只限于某种现象上的感知。从现有的材料看，十月革命胜利的消息来到中国之初，许多人并不把它看成是马克思列宁主义在俄国的胜利，而只是把它理解为俄罗斯人道主义的胜利，关于"人"的新思想对"非人"的旧制度的胜利。李大钊就在他的《法俄革命之比较观》中明确指出："法人当时，固有法兰西爱国的精神，足以维持其全国之人心，俄人今日，又何尝无俄罗斯人道的精神，内足以唤起全国之自觉，外足以适应世界之潮流。倘无是者，则赤旗飘飘举国一致之革命不起。"而且他还认为这种人道主义的精神，正是长期以来俄罗斯文学"入人之深"所播下的种子的开花结果。所以随即他又有《俄罗斯文学与革命》一文的写作。诗人郭沫若在他的《女神》中，让领导十月革命的列宁发出了"为自由而战，为人道而战，为正义而战"的呼叫。沈雁冰的长篇论文《托尔斯泰与今日之俄罗斯》，更是直接把托尔斯泰的人道主义看成是"俄国革命之动力"，而且将是"风靡全球"的世界新潮流。正是在这一形势下，鲁迅也大谈人道与人道主义。他在给友人许寿裳的信中充满信心地说，"大约将来人道主义终当胜利"，而中国和中国人民也将会由于人道主义的胜利而摆脱奴隶的地位，"欲为奴隶，而他人更不欲用奴隶"。这恐怕也同样是同他对十月革命的观察与感知相联系的。五四以前，鲁迅在热情赞扬尼采的同时，对托尔斯泰的学说曾经有过批判，认为它只不过是一种不可能实现的幻想。到五四高潮中，他开始把托尔斯泰与尼采并提，同称之为"偶像破坏的大人物"，人道主义与个人主义同时被作为观察社会生活、进行反封建斗争的基本指导思想。而人的自觉与解放，人格的独立与尊严，就是二者的结合点，也是所谓"新世纪曙光"的主要精神。

十九世纪末与二十世纪初，爱国的中国知识分子们曾经提出过各种各样的救国方案,其中也包括科学与实业救国的主张。青年时代的鲁迅,一度也是这一主张的积极拥护者与实践者。可是当他发现了尼采等人的新理想主义,并且在中西文化对比中观察与剖析了中国国民性之后,就对中国的问题作了重新的思考,得出了完全不同的结论。"弃医学文"就是在这新思考与新结论指导下的具体行动(所谓"电影事件"只不过是这一转变的触发剂)。计划创办的《新生》杂志,就是实践其以"二十世纪之新精神"为指导的由"立人"而"兴国"的救国主张的第一步,最终的目标是"国人之自觉至,个性张,沙聚之邦,由是转为人国。人国既建,乃始雄厉无前,屹然独见于天下"。但是,在当时的中国,多数有志之士都投身于以孙中山为领导的"驱除鞑虏,建立民国"的国民革命运动,鲁迅关于"廿世纪新精神"的介绍及其由"立人"而"兴国"的主张却无人理解,无人同应。这使他如置身于茫茫无边的荒原,感到无限的寂寞与悲哀,真如同"于浩歌狂热之际中寒,于天上看见深渊",美好的理想变成了一场梦幻。然而这理想他又始终不能完全忘却,即使在无际的黑暗中,他也在苦苦地思索着、探求着。五四新文化运动之初,鲁迅仍然"没有怎样的热情"。可是随着运动的深入发展和国际形势的飞速变化,特别是十月革命的胜利,他感到一股个性解放和人道主义的思潮以排山倒海之势从西到东滚滚而来,"新世纪之曙光"越来越近,越来越亮,"曙光就在头上"。于是他从无边的寂寞与悲哀中奋起,开始了新的呐喊!

　　早在《文化偏至论》中,鲁迅就以"非物质重个人"的观点总结中国历史,得出了如下的教训:"夫中国在昔,本尚物质而疾天才,先王之泽,日以殄绝,逮蒙外力,乃退然不可自存。"十年之后,他在《"来了"》与《"圣武"》两篇"随感录"中又进一步发挥了这一思想:"中国历史的整数里面,实在没有什么思想主义",有的"只是两种物质——是刀与火",奉献一个谥法就是"圣武"。所以至今一切外来的先进思想与主义很难接受,总会遇到一种顽强的抗拒力。鲁迅所说的"刀与火"这两种物质的力量,既指秦始皇以来历代封建统治者的暴力统治与镇压,也包括刘邦、项羽及历代农民起义的"以暴易暴"的破坏行动。因为他们并没有什么先进的思想主义作为前导,其最终的目的是建立另一个封建王朝的暴力统治,正如项羽和刘邦面对秦始皇的暴力统治所说的:"彼可取而代也"，"大丈夫当如此也"。甚至说他们也"只是纯粹兽性方面的欲望的满足——威福，子女，玉帛——罢了"。即使对于近代中国最大的一次农民革命——太平军起义，在鲁迅当时的笔下也不过是一群乌合之众起而杀人，放火，抢东西而已。毫无疑问，鲁迅当时对历代农民起义的评价是片面的，他只看见其落后、野蛮与破坏性的一面，而忽略了其在一定范围内的革命性。而且他还常常与这种消极的、野蛮的"刀与火"的破坏相比，称赞卢梭、施蒂纳、尼采、托尔斯泰、易卜生等人为"先觉的破坏者""革新的破坏者""心中有理想之光"的破坏者。也就是说这时他所重视的还是思想革命，而不是武装斗争、暴力革命，不是"物质的闪光"。

"中国人向来就没有争到过'人'的价格，至多不过是奴隶"——这的确概括了鲁迅前后二十年间在"新世纪曙光"照耀下对于中国长期封建专制主义统治下的社会人生的观察、感受与思考。早在留学日本的后期，他就把人的解放视为我们的民族解放与国家兴旺发达的关键。用鲁迅自己的话说就是："人各有己，而群之大觉近矣"，"人各有己，不随风波，而中国亦以立"，"人立而后凡事举"。所谓"人各有己"，即指每个人都从牛马与奴隶的社会地位和精神状态中解放出来，在思想感情上、语言行动上，都获得真正的独立自主，不依赖和从属于任何人。二十世纪初，在如何改革社会与振兴国家的问题上，以孙中山为首的革命派与以康有为、梁启超为代表的改良派之间展开了一场激烈的辩论，鲁迅则力排众议，独倡新说。他认为二者的争论恰如"为匠者乃颂斧斤而谓国弱于农人之有耒耜，事猎者则扬剑铳而曰民国于渔父之宝网罟"，实际上都是在枝节问题上宣传自己而攻击对方，都没有抓住"人"的解放这个核心问题。鲁迅提出的反诘也是很尖锐的："举国犹孱，授之巨兵，奚能胜任？"这时在鲁迅的脑膜上会很自然地出现了一个中国人被日本人杀头而众多的中国人麻木不仁地围观的场面，出现了甲午中日战争中国海军的全军覆没的惨状，出现了太平军与义和团起义的彻底失败……而辛亥革命的失败，无疑是进一步证实了鲁迅的上述观点。这只要认真读一读他写的《药》《阿Q正传》也就明白了。

鲁迅所以积极投身于五四新文化运动，决不会单单因为钱玄同的动员，更重要的是他看到这个运动和自己十年前的想法是一致的。所以他的小说与散文所发出的都是关于人和人的觉醒、人的解放的呐喊。第一篇小说《狂人日记》大声疾呼旧礼教"吃人",第一篇论文《我之节烈观》尖锐地批判了不把妇女当人看的节烈旧观念,第一篇"随感录"又指出"中国的孩子",小的时候就"不把他当人",长大之后"也就做不了人"。鲁迅从青年时代就接受了进化论,并且把它作为观察问题的重要的思想武器。事实告诉我们,他所接受的不仅仅是达尔文的关于大自然的优胜劣汰说,也包括尼采的超人说,即由"末人"到"超人"的人的进化论。也就是他后来所说的将来必胜于现在,青年必胜于老人的人类社会的进化发展观。达尔文提出大自然的进化是物竞天择、适者生存;尼采则说是人类的生存竞争、强者致胜。在五四新文化运动中,鲁迅仍然确信:"尼采式的超人,虽然太觉渺茫,但就世界现有人种的事实看来","将来总有尤为高尚尤近圆满的人类出现"。这和他相信"人道主义终当胜利"是一致的。从上述的观点出发,鲁迅一直认为人类社会由野蛮到文明的进步与发展,其主要标志并不是物质财富的增多,战争工具的精良,而是人的彻底解放,人的高度自觉。二十世纪是人类进化中的新阶段、黎明期:曙光高照、东方发白,"人类向各民族要的是'人'"。《"圣武"》中所谓有主义的人民"用骨肉碰钝了锋刃,血液浇灭了烟焰",都是指觉醒了的人性战胜了野蛮的暴力,因而才能在"刀光火色衰微中,看出薄明的天色"。

作为新时代的人,具有二十世纪新精神的人,应当具备什么样的素质呢?鲁迅认为:

第一是独立自主的意识,甚至是有点"个人的自大"的狂气。和封建专制主义统治下那种奴性意识成为鲜明的对照。鲁迅发现,一切的新思想,许多的改革与创造,往往发源于这种具有独立自主意识的"个人的自大"。当然这"个人的自大"主要是对那种愚昧落后、"宁蜷伏堕落而恶进取"、甚而还仇视天才的"庸众"而说的,并非唯我独尊、蔑视一切,更非"以自己的丑恶骄人"。他在黑暗中有一分热发一分光。"此后如竟没有炬火,我便是唯一的光,倘若有了炬火,出了太阳,我自然心悦诚服的消失。"

第二是对弱者与幼者的仁爱的精神,必要时还需做出自我的牺牲。与旧礼教的"吃人"形成鲜明的对照。《我之节烈观》与《我们现在怎样做父亲》等文中都作了详细的分析与论证。他说:"觉醒的人,此后应将这天性的爱,更加扩张,更加醇化;用无我的爱,自己牺牲于后起的新人。"正如他早就指出的那样,二十世纪觉醒者的"个人主义",决不同于那种损人利己的自私自利主义。为了幼者与弱者,常常要"自己背着因袭的重担,肩住黑暗的闸门,放他们到宽阔光明的地方去,此后幸福的度日,合理的做人"。这也是真正的人道主义。

第三是"世界人"的观念。和狭隘的地方观念、民族主义、国粹主义形成对比。自己时时不要忘记是中国人,同时又要成为具有二十世纪世界新思想新品格的现代人。只有这样他才能真正"洞达世纪之大势",永远"不后于世界之思潮"。

五四时代是一个人的自我意识大觉醒和思想感情大解放的时代,中国人开始打破封闭已久的"铁屋子"与世界交往的时代。所谓彻底地不妥协地反封建,也主要应该从这个意义上去理解。但是这又主要是对只占人口中极少数的知识分子来说的;对于占人口绝大多数的劳苦大众来说,这种觉醒与解放又极其有限,所谓反封建的彻底性与不妥协性还根本谈不上。对此鲁迅的观察与感受比任何人都深刻,所以在他的小说与散文中,更多地还是以悲愤交加的心情写他们因得不到"人"的价格而特有的奴隶般或"想做奴隶而不得"的命运,以哀其不幸、怒其不争的复杂感情写他们的尚不觉醒。从表面上看,这些作品的确只不过是描写了"老中国的儿女们的灰色人生",而且似乎是"只能代表了现代中国人生的一角",而从深层的意义上审视之,它们是更为深沉地表现了作者在"新世纪曙光"照耀下对于现代人的句句血、声声泪的呼唤!仅仅把鲁迅的小说解释成现实生活的如实描写,而忽略了其强烈的充满五四精神的主体意识,那实在是一种极大的误解。在这一点上胡风似乎早有较深刻的把握。他在谈到"文学上的五四"时说,"觉醒的'人'把他的眼睛投向了社会,想从现实底认识里面寻求改革底道路",这是现实主义文学的产生;"觉醒了的'人'用他的热情膨胀了自己,想从自我底扩张里面叫出改革底愿望",这就产生了浪漫主义文学。而鲁迅在自己的作品中把这两方面有机地统一了起来。

从二十年代后期开始,鲁迅的思想逐渐发生着由量到质的变化,终于接受了马克思列宁主义,批判了尼采、托尔斯泰,相信"改革最快的还是火与剑",等等。那已经不属于本文研究的范畴,似乎也不应当把它"前置"之后用以解释五四前后的鲁迅著作。

1990 年 7 月 12 日于曲阜

（原文载于《鲁迅研究月刊》1991 年第 9 期）

鲁迅与西方现代主义思潮

——从一个侧面对鲁迅及其文学创作的再认识

鲁迅不仅是西方现代主义思潮与文艺的最早的认同者与引进者,而且离开这个大参照系,几乎不可能深刻准确地认识鲁迅的思想与文学。

一、"西方最近思想"的认同与引进

应该看到,和各种各样的社会主义思想一样,西方现代主义思潮中的各个流派,也是作为当时资本主义社会的对立物而出现的,也是对同时代文学艺术发生了深刻影响的二十世纪世界文化思想的重要内容。这种思潮不仅和同时代的社会主义思潮隔岸对峙,而且它们内部的各个流派之间也互不相容,如同各种各样的社会主义思想之间相互驳难一样。正是这种错综复杂的矛盾,演出了二十世纪前半期世界文化思想史舞台上波澜壮阔的一幕。

本世纪初,在中国人民向西方学习的热潮中,鲁迅也抱着为国为民而"别求新声于异邦"的壮志赴日本留学。在近十年的留学生活中,他如饥似渴地阅读着西方各个思想流派的著作,其中既有资本主义创建时期的科学与民主主义的文化,也有十九世纪后期兴起的社会主义与人本主义思想。他当时对于科学与民主主义在西方社会发展中所发挥的重要作用有着清醒的认识,对于日本的社会主义者及其译著也有过接触,可是他最终还是选择了以尼采为代表的人本主义的现代派。其中包括德国的施蒂纳、叔本华,丹麦的克尔凯郭尔,挪威的易卜生等。他认为他们所代表的西方最近思想,不仅是时代的产物,而且又都是当时的"先觉善斗之士"在"力抗时俗"中,即在为了"匡纠"十九世纪后期资本主义社会的种种腐败与黑暗的斗争中形成的。它们要通过研究人的内心世界,"张大个人之人格",提高人的素质,开发人的智慧与精神,充分发挥人的主观能动性与巨大创造力。从人类社会的发展看,它们无疑是"作旧弊之药石,造新生之津梁",因此是"二十世纪之新精神"。

八十年前的鲁迅,对于尼采等人的思想与著作的复杂而深刻的内容当然不可能有全面而系统的研究,他只能从当时的现实生活出发,根据自己的理解去发挥其积极因素。

首先,鲁迅阐述了西方现代主义思潮中那种"以获新生为其希望,专向旧有之文明,而加之掊击扫荡"的反抗现实、否定传统的精神,即为了人类的进化和发展而"重新估定一切价值"的精神。他认为这种精神并非从天而降,而是十九世纪以来人类科学技术的进步、聪明智慧的发展、思想观念的变化,同现实社会的极端黑暗之间的尖锐矛盾的产物:"盖五十年来,人智弥进,渐乃返视前此,得其通弊,察其黯暗,于是勃焉兴作,会为大潮。"

其次,鲁迅还把西方现代主义思潮中的"个人主义"看作是这一思潮的基本动力。早在文艺复兴时期,西方资产阶级思想家们在反对教会及封建旧制度的斗争中就提出了"个性解放"的口号,要人的自然属性及聪明才智、思想情感,都得到充分发展。可是"十九世纪末之重个人,则吊诡殊恒,尤不能与往者比论",它是一种"入于自识,趣于我执"的"人"的自我意识的高度觉醒,和一般的损人利己的"利己主义"决然不同。其主要特点是"刚愎主己,于庸俗无所顾忌"。即以高度的自我意识去对抗当时的混浊污秽的世俗与庸众。

再次,由于"近世人心,日进于自觉",就使人类的主观精神在社会生活中日益显示出重要的作用。尤其在那林林众生都为物欲所蔽的社会里,现代派的"主观与意力主义"的出现,就更有其非凡的意义。人类社会与动物世界的最大不同就在于其精神生活的高尚与丰富,人类社会的发展不仅表现于物质生活上,尤其表现于精神生活和人格的渐趋完善上。所以人们也逐渐能"去现实物质与自然之樊,以就其本有心灵之域,知精神现象实人类生活之极颠,非发挥其辉光,于人生为无当"①。现代派思潮正是反映了这一点。

鲁迅认为人类社会进入二十世纪之后,必定与十九世纪的精神文明具有截然不同的特点,而西方现代派思潮必将在人类走向二十世纪的进程中发挥开路先锋的作用。所以他急切希望这种思潮能够在中国开花结果,引导中国人民进入世界现代文明的行列。

据郭沫若说,"在本世纪初期,尼采思想乃至德意志哲学,在日本学术界是磅礴着的"②,许多中国留学生都深受其影响。鲁迅自然也不例外。鲁迅当时对尼采等人的德国唯心主义与个人主义哲学尚不能进行深刻分析与批判,而是一味地加以颂扬。特别是对于主观意志论与"超人哲学"的倡导者施蒂纳与尼采,鲁迅给以极高的评价与热情的赞扬。正是借鉴他们的德意志现代哲学,鲁迅对中国的思想界明确提出了"非物质,重个人"③的口号。

青年时代的鲁迅是进化论者,他的进化论思想不仅来源于达尔文与赫胥黎,也和施蒂纳、尼采等人的现代哲学有密切联系。尼采本人就是一个进化论者。达尔文论证了从动物到人的进化,尼采提出了从人到"超人"的进化。后者当然主要是指人性的进化、人的精神与智慧的进化。鲁迅早在南京求学时代就阅读过严复翻译的《天演论》,可是那时他只不过从书中知道了许多新的人物、新的术语,知道了西方人那种新的思维方法。真正接受与运用进化论还是他在日本接近了施蒂纳与尼采等人的思想之后,或者说他所接受与运用的是打上了施蒂纳与尼采思想烙印的进化论。所以他后来在和冯雪峰的谈话中说,"那时候(指1907年前后),相信精神革命,主张个性解放,简直是浪漫主义,也还是进化论的思想"④。除去强调精神革命与个性解放之外,在对进化的解释上,达尔文讲的是物竞天择、适者生存,尼采等人讲的是物竞天择、强者生存。胡适对前者有深刻理解,其名字就是具体的标示;鲁迅则接受了后者。前者只是指出从生物界到人类的发展,都必须能适应环境,是被动的、消极的;后者则强调要通过斗争去战胜和克服环境,是主动的、积极的。鲁迅在讲到进化

---

① 鲁迅:《鲁迅全集》第1卷,人民文学出版社1981年版,第54页。
② 李宗英、张梦阳编:《六十年来鲁迅研究论文选》,知识产权出版社2010年版,第511页。
③ 鲁迅:《鲁迅全集》第1卷,人民文学出版社1981年版,第50页。
④ 冯雪峰:《回忆鲁迅》,人民文学出版社1952年版,第32页。

的时候,正是突出了斗争方面:"特生民之始,既以武健勇烈,抗拒战斗,渐进于文明矣","平和为物,不见于人间"。就个人说,"二士室处,亦有吸呼,于是生颢气之争,强肺者致胜";就国家与民族说,"不争之民,其遭遇战事,常较好争之民多,而畏死之民,其苓落殇亡,亦视强项敢死之民众"。① 都是突出一个"强"字。

本世纪初,对许多中国知识分子来说,只要是来自西方的思想、学说,都是好的,都要吸取与介绍。如梁启超在几年之内引进许多新的学说,这些被引进者又常常是互相矛盾的。但是鲁迅却不然,他力排众议,唯以"西方最近思想",即如上所述的西方现代派思潮为是,他热情地称赞叔本华等人是世界文化发展史上的"神思新宗"。在当时中西文化的大撞击、大交会中,鲁迅这种独特的选择本身就表现了他的与众不同的现代意识。

二、"人立而后凡事举"

众所周知,鲁迅是由医学转向文学的。是什么力量推动他毅然地"弃医从文"的呢?

鲁迅在留学日本之初,就提出过由发展科学、兴办实业而富国强民,在中国建立现代化工业文明的设想:"况工业繁兴,机械为用,文明之影,日印于脑,尘尘相续,逐孕良果"②。但当他认同与引进了尼采等人的"西方最近思想"之后,开始以尼采等人的人本主义为指导,否定旧我,异常自信地向国人提出了一条改造中国社会的思想与政治路线。

鲁迅认为,当时的中国如果继续"安弱守雌,笃于旧习",肯定无法在二十世纪的世界上争得一席生存的地位,改革是中国唯一的出路,但是假若改革的道路与办法是错误的,外不能适应世界新潮流,内不能解决中国的实际问题,即使天天为改革而"哭泣叫号",也毫无用处。而当时孙中山等人的国民革命论,也和梁启超等人的改良主义、官僚们的洋务运动一样,都没有抓住兴邦治

---

① 鲁迅:《鲁迅全集》第 1 卷,人民文学出版社 1981 年版,第 69 页。
② 鲁迅:《鲁迅全集》第 8 卷,人民文学出版社 1981 年版,第 17 页。

国的根本,而只是从欧美各国照搬了资产阶级早已过时的革命与建立民主共和国的方案。

按照西方现代派的观点,鲁迅认为欧美资产阶级的民主共和制度是一种"至偏至伪"的文化与社会形态,是一种欺骗。在这种制度下,少数资产阶级的代表人物,假借群众的名义代替原来的封建统治者统治人民,而且很多社会罪恶都由此而产生。"掩自利之恶名,以福群之令誉"成为普遍的社会现象。在当时,由于西方资本主义的弊端已充分暴露出来,所以在中国的知识界与改革者当中,有许多人都以批判的眼光看待它,有站在农民立场上的批判者,也有站在无政府主义立场上的批判者,也有以传统旧文化为依据的批判者。鲁迅则与他们迥异,西方现代主义思潮是其主要的精神支柱。他在著作中明确地提出反对中国走资本主义道路,反对以欧美资本主义国家为参照系进行国民革命、建立资产阶级民主共和国,而主张进行精神上、文化思想上的革新,主张个性上的自由与自主,以便促成新人的诞生。这"新人"纵然不是"超人",至少也是具有"自我"意识的人、个性解放与精神独立的人。有了这样新型的人,才可能而且一定会有新的社会、新的国家、新的一切。

和尼采一样,那时的鲁迅常常把精神与物质对立起来,主张"掊物质而张灵明",把个人与群众对立起来,强调"任个性而排众数"。而他所以提出"非物质,重个人"的口号的中心意图,就是要以由精神革命而"立人""兴国"的做法代替以孙中山为首的资产阶级革命派提出的通过武装斗争建立资产阶级民主共和国的理论。鲁迅当时提出,"将生存两间,角逐列国是务,其首在立人,人立而后凡事举;若其道术,乃必尊个性而张精神"①。

不可否认,鲁迅提出的上述主张,也和他对于中国国民性的解剖与认识有直接联系。但鲁迅所以能意识到中国国民精神上的严重缺点又和西方现代主义思潮的启发分不开。留学日本之初,因受梁启超"新民说"的影响,鲁迅曾经提出过"怎样才是最理想的人性?""中国国民性中最缺乏的是什么?"等问题与别人讨论,但没有得出什么结论。只有当他接受了尼采等人的人本主义思

---

① 鲁迅:《鲁迅全集》第 1 卷,人民文学出版社 1981 年版,第 57 页。

想之后,在中西文化及国民心态的比较之中,他才发现了中国国民性中的自私、保守、盲目自大、"宁蜷伏堕落而恶进取"的精神状态。这个发现又反转过来促进了他对人本主义思想的信任,使他坚信只有以这种"西方最近思想"去"启人智而开发其性灵",才能真正解决中国的忧患,才能从根本上改变中国的落后面貌。国人之内曜发,个性张,"人各有己,不随风波,而中国亦以立"。①

鲁迅与尼采之不同在于:尼采只强调"个人",即个体意识的充分发展。鲁迅在强调个人的同时,也看到"群",而且把二者联系在一起:只有个人的个性得到充分发展,才是"群"的巨大力量,"人各有己,而群之大觉近矣"。也就是说,"非物质而重个人",是当务之急,而"群之大觉"则是最终的目的。只是在当时决不能把希望寄托于大众,而只能让大众跟随少数"精神界之战士"走。但这并非一件容易的事,在大众未觉悟之前,他们与少数先进者之间往往是有矛盾的,他们决不会自觉地追随先进者。落后群众为了眼前的安生,常常会参加对少数觉醒者的迫害和虐杀,这就要求少数"精神之战士"具有坚强的改革意志,不屈的斗争精神。他不仅能够"不和众嚣,独具我见,洞瞩幽隐,评骘文明",而且能坚持真理,敢于抗俗,"弗与妄惑者同是非,唯向所信是诣,举世誉之而不加劝,举世毁之而不加沮,有从者则任其来,假其投以笑骂,使之孤立于世,亦无慑也"。②

在当时的中国留学生和知识界,凡属欧美派,多数是资产阶级民主共和制的拥护者,而鲁迅则是其批判者。他在批判民主共和制及其"国会立宪之说"的同时,也常常批判那些在民族危亡面前"相率赴欧墨,欲采掇其文化,而纳之宗邦"③的人为生搬硬套的教条主义者,既不了解中国也不了解欧美,更不能"洞达世界之大势",根本不懂得西方现代派已经为人类社会的发展指出了新的道路。

在鲁迅研究中,一直存在着这样一种似是而非的说法:鲁迅从留学日本开始就是以孙中山为首的资产阶级革命派及其领导的革命运动的支持者,他的

---

① 鲁迅:《鲁迅全集》第8卷,人民文学出版社1981年版,第25页。
② 鲁迅:《鲁迅全集》第8卷,人民文学出版社1981年版,第25页。
③ 鲁迅:《鲁迅全集》第8卷,人民文学出版社1981年版,第24页。

高明之处在于支持资产阶级国民革命与民主共和制的同时,又强调必须重视思想文化领域的革命,人民群众的个性解放。研究者们似乎没有注意鲁迅在这两者之中进行了明确的选择:"诚若为今立计,所当稽求既往,相度方来,掊物质而张灵明,任个人而排众数。人既发扬踔厉矣,则邦国亦以兴起。奚事抱枝拾叶,徒金铁国会立宪之云乎!"话说得十分明白,何须为了硬把当时的鲁迅与革命派拉在一起而对之进行种种牵强附会的解释呢!

通过什么途径才能更好地从精神上"立人"、由"立人"而"兴国",即后来他所说的"转移性情,改造社会"呢? 当时鲁迅的回答是:文艺。可见鲁迅在日本的弃医从文,决不单单是一次"电影事件"的刺激,而是以西方现代派思潮为指导解剖中国国民性所得出的重要结论。所以他的第一篇文艺论文《摩罗诗力说》是以尼采的一段话作为导语的。当时西方现代派文艺尚在萌芽时期,论文中所介绍的主要是西方浪漫主义的诗人与诗作,多少都有点尼采味。而后来的现代派文艺实际上也正是浪漫主义文艺的一个发展与变异。尼采本身是一个浪漫主义者,也可以说是现代派文艺的先驱之一。五四时期称现代派文艺为"新浪漫主义"是不无道理的。鲁迅弃医从文后办的第一个文艺刊物是《新生》,据说是"新的生命"的意思,它无非是现代主义思潮"以获新生为其希望"的象征,或作为"造新生之津梁"的象征。

三、"醒过来的人的真声音"

把鲁迅在五四新文化运动中的许多言论与文学创作都与发生于俄国的十月革命联系起来,是一种典型的教条主义研究方法。

从 1918 年开始,鲁迅经过将近十年的沉默之后又重新振作起来,"一发而不可收"地发表了一系列小说与杂文,成为五四新文化运动中冲锋陷阵的战士,表现出一种大无畏的革命精神。是什么力量推动他从五四前夕的悲观失望中重新投入文化战线上的斗争呢? 新文化运动发动起来之后势如破竹,很快从北京推向全国,老同学钱玄同的劝驾,都是不容忽视的因素,但还有一个更为根本的原因却是常常被人忽视的。这一年 7 月,鲁迅在《我之节烈观》中说,"时候已是二十世纪了;人类眼前早已闪出曙光"。这里所说的人类眼前早已闪出的二十世纪的曙光不是别的,正是十几年前他曾热情欢呼过的"二十世纪之新精神"——以尼采等人的人本主义为代表的现代主义思潮。那时他就想在这个曙光的照耀下从事"新生"的文艺运动,以实现移人性情、改造社会的愿望。然而由于得不到社会的支持而使美好的希望化为一场梦幻。现在,新的文化运动又使他萌生了新的希望,于是他"仍抱着十多年前的启蒙主义",又以一个"精神界之战士"的姿态,走在这个运动的最前列。

在五四新文化运动中,鲁迅常常引用来作为指导思想的仍然是达尔文、尼采、易卜生等人的言论。过去研究者们比较重视《狂人日记》和俄国作家果戈理的同名小说的联系,其实就其基本思想看,与尼采更为接近。狂人在日记中所说的"这吃人的人比不吃人的人,何等惭愧。怕比虫子的惭愧猴子,还差得很远很远"就是尼采在《苏鲁支语录》中所说的话。在《随感录》中,鲁迅还引用尼采的话鼓励青年们勇猛向前,不必理会社会上的冷笑与暗箭;借尼采的口提醒青年们保持清醒的头脑,更不必理会"偶像保护者的恭维"。正像郭沫若在他的新诗中称赞尼采、达尔文为"学说革命的匪徒"那样,鲁迅在他的杂文中也称他们为"近来偶像破坏的大人物"。可见这时鲁迅对他们的尊敬并不次于"十多年前",而且在新的时代里从他们身上吸取了更多的精神力量。

五四新文化运动是一次彻底的、不妥协的反封建运动,同时也是一个空前的个性解放与"人"的觉醒的运动。作为革命的政治家,首先注意的是前者;作为思想家、人本主义者,鲁迅则更重视后者。他从一首普通的追求爱情的诗中就发现了"醒过来的人的真声音"。在这觉醒者的真声音中,不单单是对于某些具体问题的不满与反抗,而是对于那冷酷的、无爱的人间的彻底失望,对一切旧传统的整体性否定。《狂人日记》就是这"醒过来的人"的第一声响亮的呐喊。"狂人"破天荒地用"吃人"二字概括了写满"仁义道德"的旧礼教与家族制度,以及整个中国旧社会,包括几千年的历史在内。并且还向旧传统的维护者发出了"从来如此,便对么?"的反叛性抗议。这可以说是鲁迅在五四新文化运动中一切著作、一切言行的基本纲领。十九世纪末的尼采,就是由于"见近世文明之伪与偏,又无望于今之人,不得已而念来叶者也"。二十世纪初的

"狂人",也由于对一切旧传统的否定,对现实人生的失望,而在日记的末尾发出了"救救孩子……"的呼叫!

留学日本初期的鲁迅,就曾经是一个热烈的爱国主义者;自从接近了西方现代主义思潮之后,他对于许多问题有了深一层的认识,也就不再停留于爱国主义的呼唤。五四运动是一次反封建的文化运动,也是一次爱国主义的政治运动。许多青年人高呼爱国的口号投身于反帝反封建的斗争。但鲁迅却从不谈"爱国"二字,而且还尖锐地批评了那种"爱国的自大"及其种种论调,认为这些论调阻碍着个性的解放、人民的觉醒与社会的改革。

由"任个人而排众数"的思想到提倡"个人的自大",批判"合群的自大",也是鲁迅在五四新文化运动中对尼采等现代主义思潮的进一步发挥。什么是"个人的自大"?就是"独异""高傲""有几分狂气"。可是他们又常常成为"国民公敌",为"庸众"所不解,所不容,所以只好向"庸众"宣战,只好成为愤世嫉俗的厌世者。鲁迅认为只有他们才是社会的精华,人类的希望,"一切新思想,多从他们出来,政治上宗教上道德上的改革,也多从他们发端"。所谓"合群的自大",即庸众的自大。他们愚昧无知,人云亦云,崇拜偶像,党同伐异,单会对少数天才宣战,而且常常是"见胜兆则纷纷聚集,见败兆则纷纷逃亡"。他们自知毫无才能,只好以合群的"伟大"来表示自己的"伟大",依靠这些"合群的自大"者不可能有任何的革新与创造。

辛亥革命失败后,鲁迅对进化本身也产生了怀疑,因为中国人人生中的一切简直没有什么进化与发展可言。五四文化运动的高潮中,又恢复了他对人类生命进化的信仰。他在《随感录四十一》中说:"尼采式的超人,虽然太觉渺茫,但就世界现有人种的事实看来,却可以确信将来总有尤为高尚尤近圆满的人类出现。到那时候,类人猿上面,怕要添出'类猿人'这一个名词。"许多研究者认为这是鲁迅对尼采超人哲学的批判,是和尼采分手的第一步。这是一种很大的误解,或者说是一种主观愿望,是在完全否定尼采思想的前提下有意让鲁迅和它划清界限。其实上边一段话正是鲁迅对尼采的由"末人"到"超人"的生命进化论的再一次肯定:虽然太觉渺茫,却符合人类发展的事实。而这也就是他投入文化运动的精神动力,由此出发,他深信"生命的路是进步的,总是沿着无限的精神三角形的斜面向上走,什么都阻止他不得……人类的渴仰完全的潜力,总是踏了这些铁蒺藜向前进"①。

在反对封建旧文化的战斗中,鲁迅和他的许多战友在同一条战线上协同作战,共同对敌,取得了一次次的胜利。可是他们的世界观,他们的指导思想与文化心态,则是各不相同的。陈独秀在运动初期就高举科学与民主的大旗,相信法兰西的人权说、生物进化论与社会主义是"近世文明"的核心,后来又逐渐转向马克思主义。胡适则始终信守着实用主义与以渐变为主要内容的进化论。李大钊比较早地接受了马克思主义的历史唯物主义。只有鲁迅,更加接近以尼采的人本主义为核心的现代派。

四、"还是思想革命"

五四以后,文化革命的统一战线解体了,战友们发生了日益明显的分化,甚至形成了尖锐的对立。过去我们只是从政治上、阶级地位上去认识这种分化与对立,那是很不够的;还应看到他们之间所继承的各不相同的文化系统。李大钊、陈独秀很快接受了俄国式的马克思列宁主义,由文化革命走上政治斗争。胡适则主张继承西方十八至十九世纪上半期的"近代文明",以实用主义为方法建设美国式的"科学化与民治化"社会,由文化革命的战士一变而为致力于"研究问题,输入学理,整理国故,再造文明"的学者。只有鲁迅继续以尼采的哲学、摩罗派的精神为指导,深入进行文明批评与社会批评,开展彻底的思想革命。"寂寞新文苑,平安旧战场,两间余一卒,荷戟独彷徨"就是他这时的真实感受。

直到1925年春,当以中国共产党人为核心领导的革命运动在南方蓬勃兴起的时候,鲁迅还在《通讯》中说:"我想,现在的办法,首先还得用那几年以前《新青年》上已经说过的'思想革命'。……而且还是准备'思想革命'的战士,和目下的社会无关。"这种"和目下的社会无关"的"思想革命"论与当时大革

---

① 鲁迅:《鲁迅全集》第1卷,人民文学出版社1981年版,第368页。——本书编者补注

命即将来临的社会气氛显然是不和谐的,所以连他自己也觉得"迂远而且渺茫","是可叹的"。不过他根据以现代主义思潮为指导对于中国社会的解剖与分析,又只能这样讲。所谓"思想革命",无非是要彻底革掉思想上的愚昧、落后,成为真正意义上的"人",现代化的"人",从而创造中国历史上从未有过的"第三样时代"。在《娜拉走后怎样》中,鲁迅例外地讲到了争得经济权在妇女解放斗争中是"最要紧"的。这的确反映了当时"唯物史观"的宣传对鲁迅的某些影响。可是连他自己也感到这在其整个思想中是一个不和谐的音符,于是随后便又作了自我否定:"在经济方面得到自由就不是傀儡了么?……这决不是几个女人取得经济权所能救的。"

认真研究一下鲁迅五四以后的著作,就会看到,这时他对于中国革命,特别是群众运动式的革命,仍然持有不同的看法。这种看法不仅表现于阿Q"革命"的描写中,也表现于其他杂文的直接评论中。既然最重要的是思想革命,那当然应该从"知识阶级"一方面"先行设想",即只能依靠知识者,而不是发动广大群众,"群众——尤其是中国的,——永远是戏剧的看客"。中国的那种愚昧落后的国民也能起来革命吗?只要看看阿Q的"革命"便会知道了。如果说小说的思想意义是象征性的、暗示性的,那么在他的许多杂文中就表述得十分明白了:李自成、张献忠等人所领导的农民革命军,只不过是一些"狂暴的强盗",一些"寇盗式的破坏"者。他们的许多"凶酷残虐"的造反行动在社会上"只能留下一片瓦砾",不可能有什么积极的建设,因为他们内心中没有"理想的光"。鲁迅认为这是非常值得中国有志于改革的人们引以为戒的。与此相反,他仍然把卢梭、施蒂纳、尼采、托尔斯泰和易卜生等人作为"先觉的破坏者"①,"革新的破坏者"②,破坏了旧秩序,建设了新思想。他在中国所要从事的正是他们那样的思想革命,"革新的破坏"。可以肯定地说,即使在五四以后,过早地把鲁迅描绘成中国共产党人的革命同志是不符合实际的。

在二十年代上半期,鲁迅与胡适、陈西滢等人的冲突,也主要是文化型的,不能认为都是你死我活的阶级矛盾与政治斗争。胡适、陈西滢,还有梁实秋,

① 鲁迅:《鲁迅全集》第1卷,人民文学出版社1981年版,第192页。
② 鲁迅:《鲁迅全集》第1卷,人民文学出版社1981年版,第194页。

都是在欧美各国的民主、自由、博爱、平等的文化气氛中成长起来的,在和中国的封建旧文化斗争中,他们都是"稳健派",既站在新文化一边展开对旧文化的批评,又不赞成"过激主义"。在文艺上,他们强调新文学的理性因素,反对浪漫主义与现代主义。梁实秋甚至公开打出了"古典主义"的旗帜,主张文艺的美在于不多不少、不偏不激的"适当"。这些都是和鲁迅所崇敬的尼采哲学与摩罗精神不相容的。所以鲁迅批评他们的中庸之道。胡适本人在二十年代对于传统旧文化的批判,对于所谓"东方文化派"的驳斥,其力量并不次于鲁迅,他对所谓"固有精神文明"中的乐天、安命、知足、安贫的解剖,和鲁迅对国民性的批判也基本上是一致的。但是两个人的思想主张却大不相同。胡适在批判传统文化心态的同时,又积极主张以科学的精神与方法去"研究国学""整理国故",客观地、冷静地区分开其中的"国粹"与"国渣"。鲁迅也并没有完全否定中国的文学及文化遗产,而且在实践中也在整理与研究中国的古代小说及小说发展史,他在这方面的贡献是很少有人能与之相比的。但是为了"思想革命"的需要,他号召青年少读或不读中国书,批判"整理国故"论。再说陈西滢。在当时尖锐的民族矛盾与复杂的新旧势力斗争中,在中西文化论战和新旧思想的冲突中,他以说"闲话"的形式也曾经旗帜鲜明地批判旧文化、宣传新思想,揭露顽固派打出所谓的"中国精神文明"的旗号"开倒车"的行径,对于帝国主义和封建军阀政府的"惨杀爱国民众",他也提出过强烈抗议。但是按照英美式的精神文明,他只主张"据理力争",主张在文化思想与政治领域中都只可以"理直气壮地与他评一评理",而反对人民群众的实际革命斗争。他对于北京女师大学潮的态度就充分表现出这一点。鲁迅的态度与他完全不同,对于愚弱的国民他早就"哀其不幸,怒其不争",如今在"专向旧有之文明掊击扫荡"的同时,他当然要站出来支持学生们的"欲自强而力抗强者"的正义斗争。

我们完全有理由说:五四以后鲁迅与胡适、陈西滢等人的冲突,是从新文化内部的意见分歧而引发出来的,从一个侧面看,它正是一个深受人本主义的现代派思潮影响下的"精神界之战士"同欧美派的"正统"学者们的矛盾。即使当时鲁迅以"痛打落水狗"的正气对于林语堂的"费厄泼赖"精神的批判,同样也是这个矛盾的反映。

五、"冲破一切传统的思想与手法"

十九世纪末与二十世纪初西方现代主义思潮的形成,直接促进和推动了西方现代主义文学艺术的发展。因而鲁迅从辛亥革命之前到五四运动以后由对现代主义思潮的认同与引进到和现代主义文学的接近就是势所必然的了。

在留学日本的后期,鲁迅就开始对俄罗斯悲观厌世主义作家安特莱夫很感兴趣,成为他的小说创作的最早翻译者与介绍者。鲁迅特别称赞安特莱夫作品的"神秘幽深",并且指出俄国作家中没有第二个人能够像他那样在作品中"消融了内面世界与外面表现之差,而出现灵肉一致的境地"①。鲁迅所重视的另一俄国作家是深受施蒂纳与尼采影响的、"厌世的、主我的"阿尔志跋绥夫,不仅翻译与介绍了他的"一本被绝望所包围的书"——《工人绥惠略夫》,而且多次称颂他是"俄国新兴文学的典型的代表作家"②。这里所谓"新兴文学"就是现代派文学。陀思妥耶夫斯基在十九世纪的俄国作家中是以揭示"人的灵魂的深"而著称的,因而为后来许多现代派作家所钦佩并影响了他们。法国存在主义作家阿塞尔贝·加缪在《西绪福斯神话》中明确指出:陀思妥耶夫斯基小说中许多主人公对于生命的意义发出的疑问,是"现代化的",即现代意识的表现。直到本世纪四十年代,萨特仍然认为他的话应该作为存在主义的"起点"。鲁迅称赞陀思妥耶夫斯基善于"在人中间发现人",敢于揭示人的不安的灵魂,"所以一读那作品,便令人发生精神的变化"。

在五四新文化运动中,鲁迅还接触了弗洛伊德的精神分析学说与柏格森的生命哲学,并且曾经试图将它们运用于文学创作。五四过后,他又以十分兴奋的心情接受了作为现代派文学理论之一的日本厨川白村的"苦闷的象征"论。不仅翻译了他的著作,而且还引进了大学课堂,赞扬它对于文艺"有独到的见地和深切的会心"。从鲁迅为《苦闷的象征》所写的《引言》看,他深知厨

---

① 鲁迅:《鲁迅全集》第 10 卷,人民文学出版社 1981 年版,第 185 页。
② 鲁迅:《鲁迅全集》第 10 卷,人民文学出版社 1981 年版,第 168 页。

川白村如何批判地继承并发挥了柏格森与弗洛伊德的学说而形成了自己的理论。此时鲁迅对厨川白村的理论的态度和他早年对尼采等人的思想的认同与引进，是一脉相承的，尤其是在强调人的主观作用和重视精神力量等方面。

鲁迅对西方现代派思潮与文学的认同与引进，首先是促成了他本身的现代意识的形成和对现代派艺术方法的探求。从留学日本的后期开始，鲁迅的精神生活中就出现了具有鲜明时代特征的寂寞、悲哀与孤独感，而且随着社会生活的变化而与日俱增。辛亥革命失败以后，悲观失望的情绪几乎占据了他整个的心灵。甚至如他自己给别人的信中所说的，"常常想到自杀，也常想杀人"。而所有这些，无不或明或暗、或显或隐地表现于他的著作中，特别是表现于他的小说集《呐喊》《彷徨》及散文诗《野草》中。只有那种教条主义的研究方法才会在鲁迅这些著作中去寻找"革命的乐观主义"。

形成鲁迅那种寂寞、悲哀、孤独、苦闷与彷徨的情绪，除了客观的社会原因，还有一个很重要的主观方面的原因，这就是鲁迅在接触西方现代派思潮与文艺过程中所形成的"现代意识"，即一种更强烈的"人"的意识。尼采早就宣布：上帝死了！所以任何一个人都是自由的、独立自主的。可是随之而来的也就产生了一种无家可归的失落感、孤独感与虚无感。正如后来的存在主义者萨特所说的：随着上帝的消失，任何先天的价值都不存在了，人也就变得"孤苦伶仃"了。不论在自己的内心里或自身之外，"都找不到可以依靠的东西"。而当时整个社会的唯物质利益是求，拜金主义统治一切，人类的哲学、文艺等精神文明被视为敝屣，这就使自视甚高的现代派哲学家、文艺家们更感到万分痛苦、愤懑与绝望，因而更以高傲的态度、卑视的眼光对待社会的一切。鲁迅的常感到寂寞、苦闷与悲愤，也并不是由于现实生活中的某一件或某几件具体的事而引起的，而是由于具有了强烈的"现代人"的意识而对整个人生的不满、绝望与抗争，正如他不止一次述说的，"苦痛是总与人生联带的"，"人生苦痛的事太多了，尤其是在中国"。由此可以透视比《彷徨》所表现出的"两间余一卒，荷戟独彷徨"的更加深远的思想内容。自然，我们不应该忽视鲁迅五四前后所饱尝的"人间苦"与佛教思想的内在联系，因为这时他的确读过许多佛经，不过，与佛教的"人间苦"有所不同，鲁迅的苦闷，甚至虚无，并非消极的、退隐的,而是由于高度觉悟的"人"的意识而产生的对人生的"勇于思索"的产物,因而它是积极的、进取的、反抗的、战斗的。只有那些愚昧无知、浑浑噩噩的人,才习惯于非人的生活,无不满,无痛苦,也无反抗。鲁迅极端蔑视这种人,认为这种"甘心乐意的奴隶是无望的"。

卡夫卡认为人生的"目的虽然有,但无路可走。我们称作路的东西,不过是彷徨而已"①。鲁迅也常常感到"人生最苦痛的是梦醒了无路可以走",他的《呐喊》《彷徨》与《野草》中的许多作品就是从不同的侧面、以不同的方法表现和描写这种梦醒后无路可走的苦痛、挣扎与抗战。在人生的长途中,鲁迅感到"唯黑暗与虚无乃为实有",并没有什么天堂与黄金世界,更没有通往天堂与黄金世界的路。但他又不能确信"唯黑暗与虚无乃为实有",进化论就是他这"不能确信"的论据,所以虽然没有路,他仍是要持续不停地走,持续不停地前行。从这一点上看,他的小说与散文诗所体现的基本精神是完全一致的。

西方现代派文学中所表现出的那种荒诞感与人的"异化"现象,也在鲁迅的作品中有明显的体现。这同样是由于鲁迅意识到二十世纪是"人"的高度自觉的时代,"人类向各民族所要的是'人',自然也是'人之子'"。他站在"真的人"的高度去俯视与观照现实的人生,特别是落后愚昧的中国人生,就感到处处是荒诞的,人的灵魂是被异化或扭曲的。不仅狂人那许多与"吃人"有关的见闻与联想是"荒唐之言",阿 Q 那许多与其精神胜利有关的"行状",也是一般人所不容易理解的。再如华老栓的以人血馒头给儿子治病,孔乙己的虽穷愁潦倒仍不肯脱掉又脏又破的长衫,不肯放弃满口的"之乎者也",闰土见了青年时代的好友竟恭恭敬敬地叫他"老爷",陈士成落榜之后的种种幻觉与行动,等等,都是十分反常的、荒诞的,都是现实社会对于"人"的异化与扭曲。"熟睡"的人们不以为新,而且习以为常,觉醒者就会为此而感到苦痛,悲愤,以至于抗争。"中国人向来就没有争到过'人'的价格"——这就是鲁迅小说创作的一个基本出发点。

不满足于传统的表现方法与形式,致力于艺术的探索与创新,也是鲁迅在

---

① 龚翰熊:《西方现代文学思潮》,四川大学出版社 1987 年版,第 159 页。

西方现代派文艺启发下进行文学创作的突出特点。在《论睁了眼看》中,鲁迅大声疾呼:要"冲破一切传统的思想和手法","真诚地,深入地,大胆地看取人生并且写出他的血和肉来"。许多研究者都把这一点解释为鲁迅对于单纯的现实主义文学的呼唤,那是很肤浅的。实际上这里正是在一种彻底反传统的精神指导下对于文艺创新的要求。当然创新的目的是更深刻地反映人生,写出人生的血与肉,即写出觉醒者对于人生的认识和感受。

五四前后,鲁迅首先对西方现代派文学中的象征主义及精神分析比较重视。所以从《狂人日记》开始,他就将象征与写实的方法糅合起来,同时又以精神分析的方法解剖人物的灵魂,表现其意识与下意识的活动。主人公狂人既是一个现实性的又是一个象征性的人物,作者通过他的意识与下意识流动,充分表现出一个觉醒了的"现代人"和"真的人"的骚动不安的灵魂,以及他对旧社会与旧礼教"吃人"的极为深刻的感受。如果单从现实主义的角度去看,小说中写的"有了四千年吃人履历的我",就无法理解。《补天》则是以上述的表现方法对神话题材的处理。作者的用意是按照弗洛伊德的学说描写"性的发动与创造",而主人公女娲出现在小说中无疑又是具有无限创造力的"现代人"的象征,正和那"古衣冠的小丈夫"及其他各式各样的凡夫俗子形成鲜明的对照。

象征,在鲁迅的文学创作中有特别的意义。除上面提到的《狂人日记》和《补天》外,如《药》《风波》《阿Q正传》《社戏》《长明灯》《孤独者》《铸剑》等,它们的幽深广远的象征意义都大大超出了其所描写的生活画面的本身。《社戏》中一开始就用对北京戏园的描写暗示整个旧中国的社会人生,《风波》中那场发生在鲁镇上的小"风波",也应该视为张勋复辟丑剧在中国所引起的风波的缩影。《铸剑》用三个人头在沸水中大战的荒诞而神秘的场面去表现觉醒者的复仇精神,即作者常提到的在绝望中抗战、与敌人同归于尽的精神。实际上《孤独者》所表现的也是这种精神。若不从象征的意义上去认识阿Q与阿Q"革命",恐怕无法理解小说《阿Q正传》的深层内涵。《野草》的象征手法与象征意义已无人怀疑,可是对于它的"神秘幽深"的哲学底蕴,我们的理解仍较肤浅。

我们无意说鲁迅的小说都是意识流文学，但也确实应该看到他的一部分作品并不注重外部世界的描写，其主要情节常常是依据人物的情绪变化与意识流动组织起来的，如《故乡》《伤逝》《白光》《弟兄》等。它们不仅情节淡化了，还代之以人物内心独白与幻觉的连结。《野草》中有更多的篇章以写梦境与幻觉为主，而且充满着语义的跳跃、时空的错乱、表层意义的荒诞。绝非用一般的现实主义、浪漫主义可以解释得了的。

过去，研究者只承认鲁迅有条件地接受和运用了西方现代派文学的某些艺术方法，使之为其现实主义的文学创作服务。本文意在说明鲁迅在五四前后率先接受并引进了西方现代派思潮、现代派意识和现代派文学。至于现代派艺术方法的运用，那是不言而喻的。

（原文载于《齐鲁学刊》1989 年第 3 期）

"方向转换"之后的人生与文学思考

——"鲁迅与现代主义思潮"探索

　　我在《鲁迅与西方现代主义思潮》一文的结语中说:过去许多研究者只承认鲁迅有条件地接受并运用了西方现代派文学的某些表现方法,使之服务于其现实主义的文学创作,实际上他"在五四前后率先接受并引进了西方现代派思潮、现代派意识和现代派文学。至于现代派艺术方法的运用,那是不言而喻的"①。现在要进一步回答的问题是:"方向转换"以后,即参加了无产阶级革命文学运动以后的鲁迅对于现代主义思潮与文学艺术的态度又怎样呢？是否从此与之一刀两断、彻底决裂?

一

　　十年"文革"及其以前的一段时间,文艺理论上的政治教条主义往往给各种各样的文化思想和文学艺术贴上极为简单的政治和阶级标签,于是现时代的整个文坛,似乎只存在两种文化思想和文学艺术:资产阶级一家与无产阶级一家,非此即彼,不可能有第三者。按照这种理论模式去思考问题,无产阶级的革命文学运动和属于资产阶级的现代主义思潮、文艺之间,自然也就是泾渭分明、针锋相对的了。可是在实际上二十年代末和三十年代初兴起的具有国

──────────

　　① 见《齐鲁学刊》1989 年第 3 期,并收于 1990 年 12 月华龄出版社出版的《鲁迅与中外文化》。

际性的无产阶级革命文学运动,正是由一部分左翼现代派或深受现代派影响的知识分子发动起来的。法国的艾吕雅、阿拉贡,德国的贝希尔、布莱特,俄国的卡明斯基、马雅柯夫斯基等,都是从现代派的起跑线出发,奔向无产阶级革命文学运动的。中国的郭沫若、成仿吾、冯乃超等创造社作家们,在倡导无产阶级革命文学之前,从思想意识到文学创作,也都深受表现主义、象征主义等现代派的影响。

上述的历史事实并不难理解。正如鲁迅所指出的:十九世纪末和二十世纪初的现代主义思潮与文学,就其整体来说,本来就产生于对资本主义危机时期的社会生活的强烈不满,因而才"以反动破坏充其精神,以获新生为其希望,专向旧有之文明,而加之掊击扫荡焉"①。这种建立在个性解放的思想基础上的反抗现实、否定传统、以革旧创新为己任的现代派思想意识,很容易和反封建、反资本主义的革命思想与革命运动产生共鸣,也可以说它本身就具有强烈的革命性。只不过许多现代派的思想家、文学家都是一些桀骜不驯的孤独者,都以个性主义和虚无主义的态度与旧社会、旧势力抗争。甚至与群众为敌,所以常常伴随着极左的复仇主义和悲观绝望的"世纪末"情绪。革命运动的到来,顿时给这些敏感的知识分子增加了反抗斗争的精神力量使他们以高度的政治热情投身其中,因而促进了革命的思想与文艺运动的发展,同时也往往会给革命带来一些消极的后果和复杂的思想与情感因素。从苏联到中国的无产阶级革命文学运动,都说明了这一点。

早在1925年,鲁迅继续称赞尼采、施蒂纳等人的"大呼猛进"的破坏精神与革命精神的时候,就同时注意到俄国和苏联文学运动和文学家们的活动:十月革命以前,印象派和未来派文学家们便以战斗的姿态对旧社会发起猛烈攻击;十月革命之后受到革命精神洗礼的左翼未来派,也包括著名诗人马雅柯夫斯基在内,又组成了革命文学阵线,发动了无产阶级革命文学运动,出版了革命的文学刊物《列夫》。他们以"艺术即生活的创造者"的理论为指导,号召"推倒"旧有的一切文学,"建设起现今新的活艺术来"。随后在这个左翼文学

① 鲁迅:《鲁迅全集》第1卷,人民文学出版社1981年版,第49页。

队伍内部,又出现了不同意见与不同派别的争论,《列夫》以外,又有《在岗位上》和《红色处女地》两个刊物所形成的两派观点。而且这个争论很快就超出了文学艺术的范畴,与革命队伍内部,甚至共产党领导层的不同政见之争紧密联系在一起。鲁迅对于《苏俄文艺的论战》(任国桢译)的介绍和《苏俄的文艺政策》(单行本更名为《文艺政策》)的翻译,充分表现出他对这一问题的关注与重视。

鲁迅当时认为,在苏俄的文艺思想与文艺政策的争论中,虽然意见纷杂,但是"约减起来,不过是两派",即对于"阶级文艺",一派偏重文艺,另一派偏重阶级。① 而实际上是后一派占了上风,前一派受到批判或清洗。他们从强调文艺的阶级性开始,突出文艺的政治内容与政治倾向性,否定和拒绝一切文学遗产与"同路人"作家,主张由无产阶级的文艺专家用革命的政治和哲学理论为指导去创造无产阶级的文学艺术。未来派、象征派等现代主义的文艺与文艺家当然都被视为资产阶级文艺加以批判和清算。属于现代主义各派的作家,除"转向"者外,有的逃走,有的沉默,有的自杀。这既有主观方面的因素,也有上述的客观原因。当时的鲁迅,对于这种复杂的情况,自然还不可能有详细的了解、清醒的认识和科学的分析。他对苏俄的文艺论战和文艺政策,都持一种慎重的、客观介绍的态度。

二十年代初,列宁就严厉地批评了所谓"无产阶级文化派"的错误理论与实践活动。他们片面地强调思想文化战线与意识形态领域的阶级斗争,提出"建设无产阶级文化的任务只有靠无产阶级自己的力量"。上述以《在岗位上》以及《锻冶厂》为中心的一部分文艺家与理论家,正是"无产阶级文化派"的骨干力量。列宁针对他们的错误明确指出:所谓无产阶级文化,并不是从天上掉下来的,也不是那些自命为无产阶级文化专家杜撰出来的,它应当吸收和改造"人类全部发展过程所创造的文化",它是"人类在资本主义社会、地主社会和官僚社会压迫下创造出来的全部知识发展的必然结果"。② 而列宁本人对于别林斯基、车尔尼雪夫斯基等人的高度评价和对俄罗斯古典文学的由衷喜

---

① 鲁迅:《鲁迅全集》第 10 卷,人民文学出版社 1981 年版,第 306 页。
② 列宁:《列宁全集》第 31 卷,人民出版社 1958 年版,第 254 页。

爱,又具体体现了这一点。但是由于当时特殊的社会和时代背景,"无产阶级文化派"的观点并未立即在俄国和苏联文化思想和文学艺术界消失,再加上有人回忆列宁向来不喜爱现代主义各流派的文学艺术,这自然也就使现代主义在二三十年代的苏联文学艺术中一直没有合法存在的权利。日丹诺夫甚至认为:"衰颓与腐朽"是现代资产阶级文化思想、文学艺术的共同特点和特色,单就文学来说,"无论题材与才能,无论作者和主人公,都是普遍地堕落着",因而应当彻底批判。以上这些情况,对于以崇敬的心情注视着苏联及苏联文学的鲁迅,当然会发生越来越大的影响。而由创造社、太阳社发起的,基本上是苏俄文艺论战在中国的重演的 1928 年中国文艺论战,更是有力地推动了鲁迅文艺思想的变化和整个世界观的转换。

鲁迅说过,"我有一件事要感谢创造社的,是他们'挤'我看了几种科学底文艺论……以救正我——还因我而及于别人——的只信进化论的偏颇"[1]。这里所说的"科学的文艺论",主要是经过苏俄文艺论战而筛选出来的文艺理论,特别是普列汉诺夫与卢那卡尔斯基的著作。所谓"只信进化论的偏颇",又不单是只信达尔文主义的偏颇,也包括,或者说更多的是只信尼采哲学的偏颇。因为鲁迅青年时代所接受的主要还不是大自然中的"物竞天择,适者生存"的进化论,而是人类社会中的"将来必胜于过去,青年必胜于老人"的进化论,即"人"的进化论。纠正了这"人"的进化论的偏颇,就是要以阶级与阶级斗争的理论去观察文艺及一切社会问题。比如人与文艺,在阶级斗争存在的时代,便都是阶级的人、阶级的文艺。在这一思想指导下鲁迅告别了现代主义思想与文艺,以苏联的文学运动、文艺思想为主要的参考系和重要的价值标尺,都是完全可以理解的。

二

鲁迅对现代主义思潮与文艺的批评,是从 1928 年的文学论争开始的,更

---

[1] 鲁迅:《鲁迅全集》第 4 卷,人民文学出版社 1981 年版,第 6 页。

确切地说,是从在这次论争中对创造社骨干分子的反批评开始的。在五四时期,郭沫若等人都称赞过尼采等现代派思想家,宣扬过德国的表现主义文艺。在他们的言论中,文艺应当远远超越社会,超越自然,应当成为"自然的老子"。成仿吾还曾以表现主义的理论批评过鲁迅的《呐喊》。当时的鲁迅对此未必全然赞成,但他并未提出批评。这说明在文艺"为人生"还是"为艺术"这个问题上,鲁迅和他们虽然有意见分歧,但在对待现代主义思潮与文艺的看法上他们又有相通之处。1928年,当创造社骨干们由文学革命走向革命文学,并且从自我否定开始对整个中国文坛进行"文化批判"的时候,鲁迅参照苏联文艺界的斗争,才看到了现代主义思潮与文艺的脆弱与中国小资产阶级知识分子的多变。他的批判是颇为尖锐的:"弄文艺的人们大抵敏感,时时地感到,而且防着自己的没落,如漂浮在大海里一般,拼命向各处抓攫。二十世纪以来的表现主义、踏踏主义,什么什么主义的此兴彼衰,便是这透露的消息。现代则是大时代,动摇的时代,转换的时代……工农大众日日显得着重,倘要将自己从没落救出,自然应该向他们去了。"①这批判当然不无偏颇,却真实地反映了他对现代主义思潮与文艺的认识和态度的重大变化。1929年底,鲁迅又在他主编的《奔流》文艺月刊上发表了流亡到苏联的匈牙利学者马察的《现代欧洲艺术及文学的诸流派》(《现代欧洲的艺术》一书中的一篇),并在《编后记》中称其为"以科学底社会主义手法,来解剖西欧现代的艺术"的著作。并且明确表示把它介绍给中国的读者,就是让它起到"预先的消毒"作用。

　　这时鲁迅对于现代主义文艺各流派的批判,一方面固然反映了他根据来自苏联的"科学底文艺论"所形成的新的认识;另一方面也是出于他对当时一部分中国作家打出各种各样新主义"借以藏拙",甚至是借以骗人的反感。当时上海滩上的一些文贩们,根本不知道什么表现主义、象征主义等等究竟是怎么回事,都争先恐后地乱挂招牌。鲁迅对这种现象的深恶痛绝,远远超过对各种新主义本身的不满。他曾引用卢那卡尔斯基的话说,"文艺上的各种古怪主义,是发生于楼顶房上的文艺家,而旺盛于贩卖商人和好奇的富翁的。那些创

---

① 鲁迅:《鲁迅全集》第4卷,人民文学出版社1981年版,第62—63页。

作者,说得好,是自信很强的不遇的才人,说得坏,是骗子"①。用这话去概括欧洲一切现代主义的文艺,显然是片面的、不公正的,至今一些现代派画家的艺术品已成无价之宝。可是若用这话来批判西方某些颓废派,批判中国那些专门以"新主义"欺世谋利的文贩们,那确是十分恰切的。

左联成立之后,作为这个革命文艺团体的重要成员与精神领袖,鲁迅在革命文学的实际活动中也开始了对曾经影响过自己及其他五四作家的尼采、弗洛伊德等人的批评,而且还伴随着真诚的自我解剖。不过这种批判与解剖并不是一百八十度大转弯,不像某些人那样由一个极端走向另一个极端,由完全肯定到彻底否定。而是总结实践经验,对问题进行重新审视与认真反思,正如他接受这些思想的时候并不是全盘吸收一样。这当中,首先引起鲁迅注意的是尼采的"超人"哲学及其在实践中碰壁之后所产生的虚无主义。事实上现实生活中并没有所谓"超人",包括尼采本身在内。鲁迅曾以讽刺的语言写道:"尼采就自诩过他的太阳,光热无穷,只是给与,不想取得。然而尼采究竟不是太阳,他发了疯。"②在《〈中国新文学大系〉小说二集序》中,他又结合对五四以后第一个十年的新文学运动反思说:"尼采教人们准备着'超人'的出现,倘不出现,那准备便是空虚。但尼采却自有其下场之法的:发狂和死。否则,就不免安于空虚,或者反抗这空虚,即使在孤独中毫无'末人'的希求温暖之心,也不过蔑视一切权威,收缩而为虚无主义者。"五四前后,在不同程度上受尼采思想影响的决不只是高长虹和狂飙社,而是包括鲁迅在内的一大批作家与青年知识分子。这种影响在当时是有其反封建的革命意义的,甚至成为一些青年人向旧势力发动攻击时的"进军的鼓角"。同时它也给许多知识者带来了深深的孤独感与虚无感。鲁迅的小说与散文诗,还有一些翻译作品,都充分表现了这一点。正是这种具体的感受与体味,才使他发表了上述那精辟的总结。与此相联系的则是对现代主义思潮与文学中的悲观主义、或叫"世纪末"情绪的总结与批判。早在 1925 年 9 月,他在给许钦文的信中就指出,"作者安特来夫。全然是一个绝望厌世的作家",而且还具体分析了其思想的根柢:人生是

---

① 鲁迅:《鲁迅全集》第 7 卷,人民文学出版社 1981 年版,第 186 页。
② 鲁迅:《鲁迅全集》第 6 卷,人民文学出版社 1981 年版,第 38 页。

可怕的(对于人生的悲观),理性是虚妄的(对于思想的悲观),黑暗是大有威力的(对于道德的悲观)。不过那时他未必意识到这种悲观厌世思想在五四作家中的消极影响,也包括对自己作品的影响。直到三十年代中期,当他总结五四文学的成败得失的时候,才进一步认识到王尔德、尼采、波特莱尔、安特莱夫们所酿造的"世纪末的果汁",是怎样使五四退潮期的许多作家的思想与文学创作更加悲凉,即使他本人的作品中,"也分明的留着安特莱夫式的阴冷"。鲁迅在此并没有把青年作家们的"玄发朱颜,却唱着饱经忧患的不欲明言的断肠之曲"全部归咎于波特莱尔、王尔德、安特莱夫等现代派作家,如果没有社会现实中的"无涯际的黑暗",青年们的热烈昂扬的心情是会成为文学创作的主调的,同时"异域的营养"①无疑也产生了不小的作用。

三十年代的鲁迅,对于历史唯物主义有较为深切的体会,这当然是与他在五四前后曾经以历史唯心主义作为思想启蒙的重要武器有密切联系的。因此他也常常以历史唯物主义的观点去解剖与分析西方现代主义思潮与文学。比如对于弗洛伊德的学说,过去他曾以其"性的冲动"说去解释人与文学的创造,可是在《听说梦》一文中他明确指出:人们在现实生活中的物质的需要远远超过精神的追求,食欲的根柢实在比性欲还要深。"弗洛伊特恐怕有几文钱,吃得饱饱的罢,所以没有感到吃饭之难,只注意于性欲"。这当然还不是科学的论证而只是语言的批判,但他引用婴儿生下来首先要求的不是异性的接吻而是寻找东西吃这个简单明白的事实,却是讲出了极富说服力的唯物主义的基本原则,用"性的冲动"去解释一切创造活动的学说也就不攻自破了。

三

三十年代的鲁迅是中国无产阶级文学运动的主将与旗手,他强调革命的文学运动应该是无产阶级革命斗争的"一翼",革命文学的创作应该在"科学的文艺论"指导下,以"为工农大众"为唯一的目的,以现实主义和革命现实主

----

① 鲁迅:《鲁迅全集》第6卷,人民文学出版社1981年版,第241页。

义的方法去描写各种社会生活和斗争。要做到这一点,革命的作家们就必须
到革命的实际斗争去,深切感受着革命的脉搏。但与此同时他又非常喜爱俄
德各国的现代派艺术。他的《〈新俄画选〉小引》《介绍德国作家版画展》等介
绍的多数是现代派作家和作品。在实际生活中理智与人生体味之间的矛盾,
在文学艺术的创作与欣赏中基本理论与审美情趣之间的差距,三十年代的鲁
迅自己也有所觉察。

1933 年 12 月 27 日,鲁迅在给台静农的信中说,"三十年来,年相若与年
少于我一半者,相识之中,真已所存无几,因悲而愤,还往往自视亦如轻尘"。
这和他同时在战斗的杂文中所表现出的情感大为不同,和二十年前为哀悼范
爱农所写的"故人云散尽,我亦等轻尘"的诗句表达的思绪颇为相近。次年 4
月 12 日,他又在给姚克的信中慨叹道:"向来索居,近来朋友愈少了,真觉得寂
寞。"可见这时他仍是常常感到人生的寂寞,生活的孤苦,独战的悲哀,决绝的
愤激,和五四前后颇多相通之处。这除去连贯性的现实生活方面的原因之外,
不能说与他本人独特的人生体味与生活态度有关。为大家所熟知的七言律诗
《自嘲》就是其最集中的体现,由"运交华盖"处处"碰头",到"横眉冷对",自成
"一统",显然是有几分尼采气的。据冯雪峰的《回忆鲁迅》记述,在鲁迅去世
之前,由于环境恶劣而复杂,常常流露出一种"忧郁"的情绪,发表出颇为愤激
的言词。甚至说,"脾气也确实愈来愈坏,我可真的愈来愈看不起人了"。被他
"看不起"的人们当中,不仅有国民党要员,有文坛小丑,也有某些共产党人,他
在文艺界的"战友"。再看他最后写的几篇杂文中的话语:

> 欧洲人临死时,往往有一种仪式,是请别人宽恕,自己也宽恕别人。
> 我的怨敌可谓多矣,倘有新式的人问起我来,怎么回答呢? 我想了一想,
> 决定的是:让他们怨恨去,我也一个都不宽恕。①

> 假如我的血肉该喂动物,我情愿喂狮虎鹰隼,却一点也不给癞皮狗

---

① 鲁迅:《鲁迅全集》第 6 卷,人民文学出版社 1981 年版,第 612 页。

们吃！①

这里我们不是分明听到了二十世纪三十年代中国尼采的声音吗？其中所谓的"怨敌""癞皮狗"，决不可简单地解释为"阶级敌人"。当然，中国的鲁迅决不同于德国的尼采，尼采蔑视一切，包括人民群众，鲁迅蔑视的则是"一群癞皮狗"，用"最高的轻蔑"——"无言"去对待它们，"而且连眼珠也不转过去"！鲁迅前后期的思想的确有很大不同，但是只有深刻理解前期的散文诗《野草》，才能准确理解上述杂文中表现出的那种具有高度哲理意味的语言。

李泽厚先生在他的《中国现代思想史论》中，将鲁迅"终其一生的孤独和悲凉具有形而上学的哲理意味"的人生感受，同法国现代派作家加缪加以比较，发现他们不乏相通之处。他认为可惜的是加缪晚生，否则他将西西福斯那种不停歇地推石头上山的劳动比作人生的感受一定会得到鲁迅的欣赏与认同。鲁迅当然不可能读到 1942 年才问世的加缪的《西西福斯神话》，不过他早在 1935 年底所写的《陀思妥夫斯基的事》中就表述过这种人生体验："（但丁）那《神曲》的《炼狱》里，就有我所爱的异端在；有些鬼魂还在把很重的石头，推上峻峭的岩壁去。这是极吃力的工作，但一松手，可就立刻压烂了自己。不知怎地，自己也好像很是疲乏了。于是我就在这地方停住，没有能够走到天国去。"反过来我们也可以说：如果加缪读到鲁迅的上述文章的话，那一定会产生精神与情感上的共鸣的。加缪是一位存在主义者，三十年代虽一度加入共产党但不久就向右倾斜。他的思想与鲁迅差别很大，而对人生的体味的确不乏相通处。

三十年代的鲁迅，若是忠实于自己的人生体验，继续从事小说与散文诗的创作，也许会写出超出至少是不次于《呐喊》《彷徨》和《野草》那样的作品。他所以没有这样做，不仅如瞿秋白指出的急遽而激烈的社会斗争需要他写出更多的富于战斗性的杂文，也是因为其指导思想的重要变化而形成了理智上的创作要求与情感上的人生体验的不协调。也就是他 1933 年在《英译本〈短篇

① 鲁迅：《鲁迅全集》第 6 卷，人民文学出版社 1981 年版，第 597 页。

小说选集〉自序》中所说的"现在的人民更加困苦,我的意思也和以前有些不同又看见新的文学的潮流,在这景况中,写新的不能,写旧怕又不愿",于是就出现了传说中的"邯郸学步"的困惑。他一度有过描写五四前后两代中国进步知识者的小说的念头,这是他比较熟悉而且有实际感受的,似乎就是因"不愿"而中止;他也想写中国工农红军的二万五千里长征,却因为缺乏生活实感而"不能"。《故事新编》中写于三十年代的五篇历史小说,就是这两难处境中的产物。对于这些作品,似乎他本人也极不满意,不仅"速写居多",而且还多有"油滑之处",明知油滑是创作的大敌,可终于舍弃不掉这油滑。

四

关于《故事新编》的创作方法及其艺术评价,长期以来一直存在着不同意见的争论。早在四十年代,欧阳凡海就在他的《鲁迅的书》中批评它"因目前的愤懑而捏歪古人的地方差不多每篇都有",从而认为整个《故事新编》中几乎"没有一篇足以作为现实主义小说家处理历史题材的完整的范型"。这个批评的大前提自然是一种现实主义独尊论,实际上是指责鲁迅的历史小说违反了现实主义文学的创作原则。五十年代在关于《故事新编》的思想意义和艺术风格的讨论中,欧阳凡海的意见被视为对鲁迅的"诬妄之辞"而受到批判。可是批判者也认为《故事新编》中那些将现代生活的某些情节与语言插入古代历史及传说故事并借此抨击现实的写法是作品的"客观上确实存在的缺点",因而对于现实主义的文学创作来说,这些穿插是"毫无必要的"。只不过这些在整个《故事新编》中只是"枝节"问题,无损于其现实主义的整体光辉。还有一种为《故事新编》辩诬的意见,认为它原本就不是什么历史小说,而只是一种用杂文的笔法写成的具有强烈战斗性的讽刺性作品,因而也就用不着遵守什么现实主义创作原则了。由此可见,从现实主义的创作原则去衡量这部历史小说,的确是会发生"错位"的。直到现实主义独尊的理论模式被冲破之后,研究者们才开始用浪漫主义的创作原则去概括《故事新编》的八篇小说,并指出了它的主要标志是:题材的非现实性、强烈的主情性、人物的理想化和极度的夸张、瑰丽的想象。然而对照原著人们就会发现,除了"题材的非现实性",其他几个方面并不典型,并不突出。特别是后期写的那五篇。

如果从《故事新编》中的第一篇小说《补天》即《不周山》的创作来看,现实主义和浪漫主义并不占主导地位,现代主义的思想意识与表现方法倒是比较明显的。作者在小说集的序言及《我怎么做起小说来》中都交代过,原意是按照弗洛伊德的学说"描写性的发动和创造,以至衰亡的"。中途又看到了一位道学的批评家攻击情诗的文章,因而感到荒诞与滑稽,于是就"陷入了油滑"。再从主人公女娲在抟土造人与炼石补天过程中的烦闷、无聊及其最后的悲剧,也充分表现出具有现代意识的人生体验。《奔月》中所表现的战士的不幸遭遇及其所带来的孤独、寂寞之感,《铸剑》中所表现出的与敌人战斗到底的复仇精神,不是也都可以在"苦闷的象征"的《野草》中找到它们的来由吗?而且还继续保持着第一篇中的"油滑"。

《故事新编》中属于作者后期作品的五篇小说,即《理水》《非攻》《出关》《起死》《采薇》,已与前三篇在思想意识上大为不同,既没有什么性的发动和创造,也没有什么"苦闷的象征",而是自觉地要通过传说与史实的演义去表现"中国的脊梁",刨掘"坏种的祖坟",但是在具体的表现方法上,它们又不同于当时的现实主义或革命现实主义的小说创作,也不同于同代人郭沫若等人所创作的富于浪漫气息的历史小说,而仍然保留着《补天》《奔月》中的现代主义技巧。那几乎篇篇都有的"油滑之处"就是。

许多现代主义的思想家与文学家,对于世界和人生都有一种荒诞感,都具有从这荒诞感而产生的悲愤交加的反抗精神。加缪的哲学随笔《西西福斯神话》的副标题就是"论荒诞"。在一定意义上说,感悟和体味到现实生活的荒诞性,正是现代人的觉醒的开始,为了真实地表现出现实人生的荒诞性,文学创作就要打破传统,运用各种各样的荒诞、怪异的手法与技巧,或者使生活原型异化,成为变形的、荒唐的人物与情节,或者把生活中的原材料"打碎"、重新组合,形成形象、时空的错位。所谓荒诞小说、荒诞戏剧等,无不如此。卡夫卡的《变形记》写一个推销员一天早上醒来之后忽然发现自己变成了一个甲虫;奥尼尔的《毛猿》写一个钢筋铁骨的工人却碰不过弱不禁风的太太小姐。表面看来都是不合情理、不合逻辑的,但却能更深刻地反映被异化了的现实生活的真实。被称为现实主义大师的鲁迅,文学创作之始就注意这种手法的运用。《狂人日记》中所记述的多半是"迫害狂"者的"荒唐之言",《阿Q正传》所写的更是一个荒唐人物阿Q的荒唐至极的"优胜纪略"。《故事新编》中的"油滑",就是打破了生活的常规,打破了古与今、中与外的时空界限,将现代的人物、语言直接插入古代的故事与传说中去,如《理水》中出现了文化山上的学者、考察水利的大员以及他们的许多奇谈怪论,《起死》中让古代的庄子、现代的巡士、阴间的鬼神同时登台表演,从现实主义的创作原则出发,鲁迅明明知道"油滑"是创作的大敌,是会破坏小说的结构完整性的,可是从表现的需要出发,前后十几年的《故事新编》创作,他又一直保持着这种"油滑"。

捷克学者普实克曾经指出:"鲁迅的作品是一种极为杰出的典范,说明现代美学准则如何丰富了本国文学的传统原则,并产生了一种新的独特的结合体。这种手法在鲁迅以其新的、现代手法处理历史题材的《故事新编》中反映出来……以这种手法写成的历史小说,使鲁迅成为现代世界文学上这种新流派的一位大师。"①这一评价的准确程度如何暂且不说,他能站在世界现代文学发展的制高点上,发现《故事新编》中的现代美学准则与现代表现手法,其观察的确是相当敏锐的。

还有一个事实我们不应当忽视,三十年代鲁迅曾尖锐地批评过戴望舒、施蛰存等人的"第三种人"的文学立场和要青年人到《庄子》《文选》中去寻找词汇、学习语言的文学主张(这两方面的批评恰当与否亦姑且不论),可是对于他们的意象派诗和新感派小说,鲁迅却从来没有任何非议。对于国画家陶元庆认真学习西洋绘画,吸收现代派的技法,"以新的形和新的色来写出自己的世界",鲁迅给以很高的评价,特别称赞的又是他的画"内外两面,都和世界的时代思潮合流,而又并未梏亡中国的民族性"。为此鲁迅多次请陶为自己的著译设计封面,并一直珍藏着陶的绘画集。

---

① 西北大学鲁迅研究室编:《鲁迅研究年刊1979》,陕西人民出版社1979年版,第572页。

　　"没有拿来的,人不能自成为新人,没有拿来的,文艺不能自成为新文艺。"直到晚年的鲁迅,对待现代主义思潮与文艺大概也是这种"拿来主义"的态度吧!

(原文载于《鲁迅研究月刊》1992 年第 1 期)

"鲁迅与五四新文化运动"新议

　　鲁迅的名字和五四新文化运动紧密相连,不可分割。但这究竟是怎样的关系? 应该怎样认识鲁迅在这个运动中的地位与作用? 多年来还少有令人信服的分析与论述。把鲁迅说成"五四新文化运动的主将与旗手",实是一种似是而非之论。本文想就此谈点粗浅意见。

一

　　首先,我们应该科学地、实事求是地确定五四新文化运动的历史范畴。

　　所谓五四新文化运动,并非单指一九一九年五月四日的文化运动,而是概括了五四运动前后发生和发展起来的、彻底反封建的文化革命和思想启蒙、思想解放运动。但是对这个问题存在着完全不同的理解。由唐弢主编的《中国现代文学史》一开始就写道:"早在五四以前几年,中国知识界就出现了一个思想启蒙运动……这个启蒙运动后来在马克思主义思想得到传播的条件下,转化成为具有伟大历史意义的五四新文化运动。"①这就非常明确地把五四新文化运动的时间限定在"五四"以后,即"马克思主义思想得到传播"之后,而将"五四以前几年"的新文化运动与思想启蒙运动排除于五四新文化运动之外。这种理解有一定的代表性,但却是不符合历史事实的。大家都知道,五四新文

---

　　① 唐弢:《中国现代文学史》第 1 册,人民文学出版社 1979 年版,第 24 页。

化运动是从文化革命开始的，"当时以反对旧道德提倡新道德，反对旧文学提倡新文学，为文化革命的两大旗帜，立下了伟大的功劳"①。而这两个方面的斗争都发生在五四运动和马克思主义得到传播之前。俄国十月革命之后，马克思主义在中国得到传播的最早标志，也只能说是一九一九年五月《新青年》杂志马克思主义研究号的出版，和五四运动的爆发是同一个时间。但是作为文化革命的主要阵地的《新青年》却创刊于一九一五年；打倒孔家店、反对封建旧道德旧礼教的斗争起于一九一六年；批判"桐城谬种"和"选学妖孽"、反对旧文学提倡新文学的文学革命运动开始于一九一七年；鲁迅的《狂人日记》及其他白话新文学诞生于一九一八年。如果把这些都排除于五四新文化运动之外，单单截取五四运动和马克思主义传播之后的新文化运动，其重要内容岂非勾销了许多！

当然，我们应该看到马克思主义的传播在五四新文化运动中的重要意义：它使五四新文化运动进一步扩大了思想影响，获得了新的精神力量，找到了正确的政治方向，等等。但并不是先有马克思主义的传播，后有五四新文化运动，而是五四新文化运动为马克思主义的传播提供了良好的环境与条件。马克思主义的传播只是五四新文化运动后期的一项重要内容。我们平常所说的在中国文化思想战线上"五四以前和五四以后，构成了两个不同的历史时期"，是指以五四运动的爆发和马克思主义的传播为界，划分为性质不同的两个阶段，它们都包括在整个五四新文化运动之内，而并不单是一九一九年五月四日之后称五四新文化运动。

整个五四新文化运动都是属于资产阶级性质的民主主义文化运动而不是无产阶级的社会主义文化运动。最初，指导这个文化运动的基本思想是资产阶级的口号：科学与民主。十月革命和五四运动以后，李大钊、陈独秀等共产主义知识分子才给它注入了新的思想内容：马克思主义即无产阶级的世界观和人生观，使这个运动的指导思想迅速发生了变化，而具有了社会主义因素。但是，设若没有五四新文化运动初期对科学与民主的宣传，没有以科学与民主

---

① 毛泽东：《毛泽东选集》第 2 卷，人民出版社 1991 年版，第 700 页。——本书编者补注

为武器对封建旧文化、旧道德的批判,就不可能打破长期以来封建主义旧思想的反动统治,形成思想解放、百家争鸣的新局面,使马克思主义得以畅行无阻地传播。

在文学战线上也是一样,整个五四新文学运动都是民主主义的而不是社会主义的。若没有五四新文学运动初期以科学与民主为思想指导对旧文学的批判和对新文学的提倡,也就不可能在运动后期产生崭新的五四新文学。有些研究者因为五四新文学运动初期"主要停留在理论主张的探讨上,并没有出现真正有力的新作品,也没有形成较为广泛的运动"而将它排除于五四新文学运动之外,这是完全忘记了列宁的名言:没有革命的理论,便没有革命的运动。胡适后来扬言说,五四新文学运动"若没有胡适之、陈独秀一般人,至少也得迟出现二三十年"。那当然是一种唯心主义的自我吹嘘;但是,若根本不承认五四新文学运动初期胡适之、陈独秀一班人反对文言文提倡白话文、反对旧文学提倡新文学的历史功绩,甚至将它排除于五四新文学和新文化运动之外,那也不是历史唯物主义的态度。

二

鲁迅是一向尊重历史事实的。他说得很明白:"凡是关心现代中国文学的人,谁都知道《新青年》是提倡'文学改良',后来更进一步而号召'文学革命'的发难者。"[①]但是,在这个五四新文学运动的发动期,鲁迅自己并没有参加,而且他"那时对于'文学革命',其实并没有怎样的热情"。因为他"见过辛亥革命,见过二次革命,见过袁世凯称帝,张勋复辟,看来看去,就看得怀疑起来,于是失望,颓唐得很了"[②]。

早在鲁迅从日本回国的前后,就因为自己的主张得不到社会的响应,因为理想与现实的矛盾,而陷入寂寞与悲哀之中。辛亥革命的爆发,曾一度振作了鲁迅的革命精神,使他以满腔的热情投入了"光复"故乡的社会斗争,并以慷慨

---

① 鲁迅:《鲁迅全集》第 6 卷,人民文学出版社 1981 年版,第 238 页。
② 鲁迅:《鲁迅全集》第 4 卷,人民文学出版社 1981 年版,第 455 页。

激昂的语言号召人们"智者竭虑,勇者效命"①,为巩固和发展民主革命的成果而奋斗。然而辛亥革命的夭折,封建反动势力的复辟,给他带来了更大的悲哀和更深的痛苦,甚至使他陷入了"人生的歧路"。后来他在给许广平的信中曾经总结自己走过的这一段生活道路说:"走'人生'的长途,最易遇到的有两大难关。其一是'歧路',倘是墨翟先生,相传是恸哭而返的。但我不哭也不返,先在歧路头坐下,歇一会,或者睡一觉,于是选一条似乎可走的路再走,倘遇见老实人,也许夺他食物来充饥,但是不问路,因为我料定他并不知道的。"②

从一九一三年到一九一七年,鲁迅正是苦坐在"歧路头"沉思和寻找着新的道路。他虽然不哭也不返,但其无路可走的痛苦决不次于古代的墨翟先生。这几年当中,他除去应付教育部的公职之外,大部分时间都是苦坐在绍兴会馆中抄古碑、辑古书、读佛经。一九一五年开始兴起新的文化运动和文学运动,但他并不向发动者问路,因为他认为他们也并不知道新的道路在哪里,而且对他们的运动还有许多怀疑。

周作人几次回忆到他一九一七年初到北京时发现鲁迅(还有许寿裳)对《新青年》及其所发动的文化运动和文学运动的冷淡态度。许寿裳也谈到过此时鲁迅苦读佛经的情况。不过许的回忆说"别人读佛经,容易趋于消极",而鲁迅这时读佛经却"始终是积极的"。③ 这是不完全符合实际的。因为它和抄古碑一样,本身就是一种由失望而引起的思想苦闷的表现,而从这些活动中自然又不可能找到新的人生之路,更解决不了中国的社会问题。鲁迅自己在《〈呐喊〉自序》中曾经如实地记述了他当时的心情:"S 会馆里有三间屋,相传是往昔曾在院子里的槐树上缢死过一个女人的,现在槐树已经高不可攀了,而这屋还没有人住;许多年,我便寓在这屋里钞古碑。客中少有人来,古碑中也遇不到什么问题和主义,而我的生命却居然暗暗的消去了,这也就是我惟一的愿望。"④

---

① 鲁迅:《鲁迅全集》第 8 卷,人民文学出版社 1981 年版,第 39 页。
② 鲁迅:《鲁迅全集》第 9 卷,人民文学出版社 1981 年版,第 15 页。
③ 许寿裳:《亡友鲁迅印象记》,峨嵋出版社 1947 年版,第 54 页。
④ 鲁迅:《鲁迅全集》第 1 卷,人民文学出版社 1981 年版,第 418 页。

这无论如何也不能说"始终是积极的"。直到一九一七年夏钱玄同动员他拿起笔来参加文学革命和文化革命运动,他仍然感到中国社会好像一间"绝无窗户而万难破毁的"铁屋子。而至一九一八年初,鲁迅才决定改变前一段的冷淡态度,积极地投入这场斗争中去。这种基本态度的改变,当然并非钱玄同的一席话打动了他,而主要是当时新的形势鼓舞、启发和推动了他。一九一七年下半年开始,文化革命有了新的发展,批判以孔子之道为中心内容的封建旧礼教、旧制度、旧思想的斗争日渐高涨,文学革命的声势也迅速扩大,俄国十月革命的胜利,给全世界人民透露了"新世纪的曙光"……正是从这新的形势中,使鲁迅又产生了新的希望。实际的革命运动是最生动的教科书,它能将每一个真正关心国家和人民命运的人卷进它的旋涡中去,并从中受到深刻教育。一九一八年初,鲁迅在给许寿裳先生的一封信中满有信心地写道,"吾辈诊同胞病颇得七八"。同年八月,他又在信中告诉这位老朋友说:"历观国内无一佳象,而仆思想颇变迁,毫不悲观。"从怀疑、失望、颓唐,到这"毫不悲观",是一个多么巨大的变化啊!

正是由于这种思想情绪的巨大变化,才使鲁迅从多年的苦闷、沉默中走了出来,"一发而不可收"地发表了一系列的小说、随感、论文与白话新诗。在《狂人日记》《孔乙己》《药》等小说中,以生动的艺术形象描绘了黑暗旧社会的生活画面,揭露和控诉了封建旧思想、旧礼教、旧制度的"吃人"罪恶,从国民性的改革上总结了辛亥革命的历史教训。在《我之节烈观》《我们现在怎样做父亲》等论文中,他逐条批判了在妇女和青年问题上的封建旧礼教,论述了民主主义的新的道德观念。在二十多则"随感录"中,通过短小精悍的社会评论与思想评论,对形形色色旧的传统观念以及以"保存国粹"的面目出现的封建顽固派进行了不妥协的批判斗争。所有这些,都是鲁迅对于五四新文化运动的卓越贡献。

三

必须指出,鲁迅当时接受的主要思想影响还不是作为一种新的世界观的马克思主义,而是作为一种伦理原则和道德规范的人道主义。这也并不是鲁迅个人的思想特点,而是当时的一种极普遍的社会思潮。十月革命使许多先进的中国人受到了极大的思想启发与精神鼓舞,从中看到了民主革命与民族解放的新的希望。但是在一定的时间内他们并没有真正懂得指导这个革命取得胜利的根本思想——马克思列宁主义;而只是看见了这场革命对待广大被压迫人民的基本态度——人道主义。因此许多人就以为俄国十月革命的胜利就是人道主义思想的伟大胜利,这也是它与以往革命的最大不同处。当时的李大钊也表明了这样的观点。他曾在《法俄革命之比较观》中写道,“法人当时,固有法兰西爱国的精神,足以维持其全国之人心;俄人今日,又何尝无俄罗斯人道的精神,内足以唤起其全国之自觉,外足以适应世界之潮流。倘无是者,则赤旗飘飘举国一致之革命不起”①。他在文章中还分析了十月革命的远因,认为这个革命所以取得胜利,决非一日之功,而是革命以前俄罗斯文学中的“人道主义之精神,入人之深、世无伦比”的必然结果。他继续写道,“数十年来,文豪辈出,各以其人道的社会的文学,与其专擅之宗教政治制度相搏战。迄今西伯利亚荒寒之域,累累者固皆为人道主义牺牲者之坟墓也……法人当日之精神,为爱国的精神,俄人之今日精神,为爱人的精神”②。同时,他还撰写了《俄罗斯文学与革命》,来论证俄罗斯文学的社会色彩之浓厚与人道主义之发达,以及二者与革命之重要关系。自此之后,俄国文学的介绍、翻译与研究,“极一时之盛”,俄国文学中的人道主义成了大家注意的中心,鲁迅也是其中最有代表性的一个。

鲁迅虽然很早就开始研究和译介俄国文学,然而特别重视其以“为人生”作为主要内容的人道主义思想却是在他投入新文化运动之后。一九一八年鲁迅之所以“毫不悲观”,就是因为他相信“将来人道主义终将胜利”。同一年他在《狂人日记》的结尾中发出的“救救孩子”的呼声,在《我之节烈观》的结尾中所提出的“要人类都受正当的幸福”的号召,都是以人道主义为指导思想的。一九一九年,鲁迅在“随感录”《圣武》中热烈赞扬了俄国“有主义的人民”,说

---

① 李大钊:《李大钊选集》,人民出版社 1962 年版,第 102 页。
② 李大钊:《李大钊选集》,人民出版社 1962 年版,第 56 页。

他们"因为所信的主义,牺牲了别的一切",用战斗迎来了"新世纪的曙光"。这里所说的"主义",指的就是"人道主义",因为他同样认为十月革命的胜利就是人道主义的胜利。而且他深信这是将来人类进化的共同的路:"人类尚未长成,人道也尚未长成,但总在那里发荣滋长。我们如果问问良心,觉得一样滋长,便什么都不必忧愁;将来总要走同一的路。"①在鲁迅五四时期的文学作品中,特别是在他的小说创作中,可以说无处没有人道主义。这些作品是他以人道主义的伦理和道德观念及思想感情为指导对中国社会与人生痼疾的反映。离开人道主义,就无法准确地理解和说明这些作品的思想内容与艺术成就。

在五四时期,鲁迅的人道主义思想的突出特点是对于被压迫者、被残害者,尤其是对于下层劳动人民的深切的关怀,对于吃人的封建旧礼教、旧制度的无比憎恨。他通过对国民性的愚弱表现的解剖与批判,不仅希望中国人民能够争得做人的权利,过上人的生活,而且能逐渐形成新的思想与性格。这后者就是他所强调的改造国民性与思想革命的深刻含义。正是从这个意义上茅盾称之为"古往今来若干伟大的 Humanist 中间的一个"②。鲁迅的人道主义思想在五四前后也是有发展的。在《狂人日记》中,还有劝说吃人者改恶从善的意思:"你们可以改了,从真心改起!要晓得将来容不得吃人的人活在世上。"在《我之节烈观》中,作者也要求所有的人都"发愿"同旧道德决裂,"除去世上害人害己的昏迷和强暴"。不久他就进一步认识到人道不会从空中掉下来,也"不是别人布施,捐助的",而是通过斗争"竭力挣来"的。③ 几年之后他又发出了为扫荡吃人者,即为了争得人民的生存、温饱与发展而斗争的战斗号召。五四时期鲁迅的人道主义思想当然还不属于无产阶级的世界观与人生观,只能说在当时的历史条件下,它具有革命的人道主义或社会主义人道主义的因素,因此在五四时期的反封建斗争中发挥了积极作用,具有重大革命意义。

瞿秋白早就指出过,"鲁迅在五四前的思想,进化论和个性主义还是他的

---

① 鲁迅:《鲁迅全集》第 1 卷,人民文学出版社 1981 年版,第 358—359 页。

② 茅盾:《茅盾文艺杂论集》,上海文艺出版社 1981 年版,第 921 页。

③ 鲁迅:《鲁迅全集》第 1 卷,人民文学出版社 1981 年版,第 358 页。

基本"①。五四时期以人道主义代替个性主义,这无疑是鲁迅思想的一大进步。当然这个进步之中也是有矛盾有斗争的,直到一九二五年,鲁迅还在给许广平的信中说:"其实,我的意见原也一时不容易了然,因为其中本含有许多矛盾,教我自己说,或者是人道主义与个人主义这两种思想的消长起伏罢。"②正是通过这个矛盾斗争,鲁迅终于用人道主义战胜了个性主义,又由革命的人道主义走向马克思主义。茅盾说:"古往今来伟大的文化战士,一定也是伟大的 Humanist……伏尔泰是这样的,罗曼·罗兰是这样的,高尔基是这样的,其他各时代各民族的站在思潮前头的战士莫不是这样的,鲁迅也是这样的。"③事实上,像罗曼·罗兰、高尔基和鲁迅都是通过人道主义走向马克思主义和社会主义的,人道主义是他们走向马克思主义和社会主义的一座共同的桥梁。

四

鲁迅不仅是五四新文化运动中的卓越战士,而且是中国新文学的开创者与奠基者。然而究竟应该如何认识鲁迅在五四新文学中的开创作用呢?

马克思指出:"人们自己创造自己的历史,但是他们并不是随心所欲地创造,并不是在他们自己选定的条件下创造,而是在直接碰到的、既定的、从过去承继下来的条件下创造。"④离开了这些历史条件,任何个人都不能有任何创造活动。我们对于鲁迅在五四新文化运动中的文学创作及其他活动也应作如是观。他不是高居于运动之上,而是置身于运动之中从事各种活动的,他不仅影响别人,也深受别人及整个社会运动的影响。鲁迅从来不把自己看成是独往独来、单凭个人天才创造一切的伟人。他在实践中早已认识到自己"决不是一个振臂一呼应者云集的英雄",因此他在文化革命中的"呐喊",是"听将令"的,是"必须与前驱者取同一的步调的",他的作品只是在整个运动中具体"显

---

① 瞿秋白:《瞿秋白文集》第 2 册,人民文学出版社 1953 年版,第 983 页。
② 鲁迅:《鲁迅全集》第 11 卷,人民文学出版社 1981 年版,第 79 页。
③ 茅盾:《茅盾文艺杂论集》,上海文艺出版社 1981 年版,第 922 页。
④ 《马克思恩格斯选集》第 1 卷,人民出版社 1966 年版,第 603 页。

示了文学革命的实绩"。这不仅表现了鲁迅的谦虚,也反映了历史的真实情况。

"意在暴露家族制度和礼教的弊害"的《狂人日记》发表于一九一八年五月。这时新文化运动已展开两年多,文学革命运动也已进行一年多。在这段时间内,揭露和批判以孔子之道为核心的封建旧礼教及家族制度,已成为文化革命的中心内容。一九一六年初,陈独秀在论文《吾人最后之觉悟》中指出"儒者三纲之说"是封建主义的阶级制度之思想与伦理基础,而"所谓名教,所谓礼教,皆以拥护此别尊卑、明贵贱之制度者也"①。之后他又在《孔子之道与现代生活》《再论孔教问题》等文中进一步揭示了旧礼教与现代政治生活与道德观念之间的不可调和的矛盾。吴虞当时也在《家族制度为专制主义之根据论》与《儒家主张阶级制度之害》等文中从政治与道德两个方面控诉了家族制度与旧礼教的罪恶。鲁迅的《狂人日记》正是在这样的历史条件与社会思潮下产生的。它当然包含着鲁迅对中国社会与历史的深刻观察与分析,有鲁迅的新的发现,因而更生动有力地揭示了封建旧礼教及家族制度的"吃人"本质。正如吴虞在一篇读后感中所指出的:作者"把吃人的内容和仁义道德的表面看得清清楚楚,那些戴着礼教假面具吃人的滑头伎俩,都被他把黑幕揭破了"②。

鲁迅对中国国民性的研究早在日本留学时期就开始了,当时的文章中已经有对国民性弱点的批判。然而以"暴露国民的弱点"为主要意图的《阿Q正传》,却只有在五四前后才能写出来。因为正是在五四文化革命中,许多人都在从国民性的弱点上去探讨中国社会停滞不前及辛亥革命所以失败的原因。陈独秀在《文学革命论》中一开始就指出:"吾苟偷庸懦之国民畏革命如蛇蝎,故政治界虽有三次革命,而黑暗未稍减。"他所以要号召文学革命,就因为中国的封建旧文学"与吾阿谀、夸张、虚伪、迂阔之国民性互为因果"。李大钊在《民彝与政治》中也认为"全国之人,颖智者,有力仅以为恶,有心唯以造劫,余则死灰槁木,奄奄待亡……",因此要想"再造中国",就必须使国民都能"革我

---

① 周均美选编:《世纪先声——五四·新文化运动文选》,华文出版社1999年版,第21页。——本书编者补注
② 吴虞著,赵清、郑城编:《吴虞集》,四川人民出版社1985年版,第167页。

之面，洗我之心"。①《新青年》第二卷第六期在发表陈独秀的《文学革命论》的同时，还发表了署名光升的《中国国民性及其弱点》。这就是鲁迅写作《阿 Q 正传》的思想历史条件。当然小说《阿 Q 正传》不仅在艺术上有作者的创造，而且在思想上也有作者的新的发现：精神胜利法是国民性弱点的核心。

对于鲁迅的其他作品，我们也应这样去理解：《孔乙己》是在批判封建主义旧教育的历史条件下创作的。《一件小事》的创作与当时"劳工神圣"的思想有直接关系。小说《故乡》中表现的鲁迅对农民悲苦命运的关心，这同样是五四过后先进知识分子的注意中心。李大钊曾在《青年与农村》中说："我们中国是一个农国，大多数劳工阶级就是那些农民。他们若是不解放，就是我们国民全体不解放；他们的苦痛，就是我们国民全体的苦痛；他们的愚暗，就是我们国民全体的愚暗……"②鲁迅虽然从小就在农村生活过一段，但是在他五四以前的文章中所以没有这方面的描述，而只有此时才能写出《故乡》那样的作品，同样是由这种新的时代思潮和条件决定的。附带说明，在所有反映农民生活的小说中，鲁迅并没有探索农民革命的意图，这决非他个人的不足，而同样是历史条件限制了他。因为当时的社会还不具备把农民看作革命主力的条件。

再从作品的语言形式上看。五四新文学运动之前，鲁迅的所有作品，包括论文、诗歌、小说等等，都是用深奥难懂的文言文写的，为什么从《狂人日记》开始，全部改用了通俗的白话文呢？这是因为五四新文学运动就是从反对文言文提倡白话文开始的。陈独秀等人不仅向文言文发动了猛烈的攻击，称之为"独夫民贼"和"文妖"们的专利品，而且肯定"改良中国文学，当以白话为文学正宗之说，其是非甚明，必不容反对者有讨论之余地，必以吾辈所主张者为绝对之是……"③。《新青年》从一九一八年初全部改用白话。鲁迅改用白话写作也同样是和大家"取同一的步调"。而且凡是文学革命的倡导者对于白话新文学在语言形式及表现方法方面的要求，都在鲁迅的小说中得到了很好的体现。因此可以说鲁迅的作品不仅具体"显示了文学革命的实绩"，也是五四新

---

① 李大钊：《李大钊全集》，河北教育出版社 1999 年版，第 146—147 页。——本书编者补注
② 李大钊：《李大钊全集》，河北教育出版社 1999 年版，第 146—147 页。——本书编者补注
③ 胡适编选：《中国新文学大系·建设理论集》，上海良友图书印刷公司 1935 年版，第 22—23 页。

文学的典范。

所有这一切都说明,鲁迅之所以伟大,他的创作之所以成为五四新文学的杰出代表,是特定的时代条件同他个人的不懈奋斗、努力创造相结合的结果。这既是历史事实,也是唯物史观在鲁迅成才及贡献问题上唯一正确的解释。那种把《阿Q正传》说成是描写"农民革命"的小说,把《药》解释为对民主革命中资产阶级领导权的彻底批判等观点和说法,所以是主观附会,就在脱离了时代的条件和鲁迅当时思想实际,把鲁迅凭空拔高了。

综上所述可见,并不是鲁迅作为主将和旗手领导了五四新文化运动,而是五四新文化运动鼓舞和推动了鲁迅,使他以新的思想、新的姿态克服和战胜了由于辛亥革命的失败给他带来的悲观失望的情绪,积极投入了彻底反封建的文化斗争,并且在实践中自觉地和革命前驱者取同一的步调,以自己的作品"显示了文学革命的实绩",为整个五四新文化运动作出了杰出的贡献。毛泽东同志曾指出:"在五四以后,中国产生了完全崭新的文化生力军……而鲁迅也就是这个文化新军的最伟大和最英勇的旗手。"[①]需要说明的是,这里所说的"五四以后",是指"五四文化革命"或"五四新文化运动"之后。有些研究者在引用这段论述时,往往把"五四以后"这个重要的时间状语忽略了,因而把时间提前,说鲁迅是领导五四新文化运动的主将和旗手,这个说法并不符合原意和实际。事实上,五四新文化运动是中国历史上空前未有的文化革命运动,它不仅培养和产生了一支崭新的文化生力军,而且也造就了这支文化新军的主将和旗手。然而正如这支文化新军的从无到有、从小到大,需要有一个过程一样,鲁迅从一个文化战士成长为伟大人物,也是经过长期的斗争与考验的。就是在"五四以后",他也走过一段苦闷、彷徨、孤军奋战的道路,直到二十年代末和三十年代初,即当鲁迅由一个小资产阶级知识分子转变为共产主义者的时候,他才充分发挥了新文化运动的主将的作用,成为最伟大最英勇的旗手。

(原文载于《齐鲁学刊》1985年第5期)

---

① 毛泽东:《毛泽东选集》第2卷,人民出版社1991年版,第696页。——本书编者补注

"整理国故"的再评价

　　"整理国故"是五四新文学运动中提出来的口号,近二十多年来,学术界一直把它记在胡适一个人的账上给以完全的否定和批判。我认为这种做法是不公正的,也是不符合历史事实的,而且已为实践证明是非常有害的。因此实有重新认识和重新评价的必要。

一、"整理国故"的由来

　　一九五八年出版的《鲁迅全集》对于"整理国故"作了如下的注释:

　　　　"整理国故",是当时由胡适所提出的一种反动运动。①

　　这之后出现的《中国现代文学史》及有关的批判文章,大都采用了这一说法。所谓"文化大革命"的十年,批判"整理国故"的调子就更高了。在有关鲁迅作品的注释中,在所谓《中国现代文艺思想斗争史》中,差不多都给它戴上了"反马克思主义""反革命"的帽子。这种批判一直保留到粉碎"四人帮"之后出版的几本《中国现代文学史》中。十一届三中全会以后,学术界的思想逐渐从极左思潮中解放出来,实事求是的马克思主义学风逐渐得到恢复和发展。

---

　　① 　鲁迅:《鲁迅全集》第1卷,人民文学出版社1958年版,第535页。

一九八一年出版的《鲁迅全集》，在新的注释中就有了明显的变化，只是说："'整理国故'，当时胡适所提出的一种主张。"所有"反动""反革命"的字样都去掉了。与此有关的学术论著多数也有了相应的改变。不过这个变化只是形式上的而不是实质性的。近几年来，许多著作在对"整理国故"的评价和论述上，仍有两点和以前完全一样：一是肯定"整理国故"是胡适个人的私产；二是肯定"整理国故"是五四新文化运动中出现的一股逆流。而这两点是根本不符合历史事实的。

据我个人所接触的有限的材料看，"整理国故"既不是胡适个人的发明创造，也不是什么五四运动过后革命统一战线日趋分化的产物；而是在五四新文化运动的高潮中，革新派为了反对封建旧文化而首先提出来的一个革命的、战斗的口号。

谁都知道，北京大学是五四新文化运动的大本营。一九一九年初，北大进步学生在陈独秀、李大钊、胡适、鲁迅等人的支持与帮助下成立了新潮社，创办了《新潮》杂志。两个月之后，北大的旧派学生也在封建旧文化的维护者刘师培、黄侃等人的支持下成立了国故社，印行了《国故》杂志。两个社团及其刊物的名称非常清楚地表明了他们针锋相对的政治立场和思想倾向。新潮社及《新潮》月刊，坚定地站在革新派一边，以宣传新文化、新思想为主要任务，积极参加反对封建旧文化的斗争，是《新青年》的热烈响应者。国故社及《国故》月刊固守旧派营垒，以维护旧思想、旧文化为基本宗旨，是《新青年》及其所发动的新文化运动的激烈反对者。《新潮》创办之初就明确了自己的基本方针："批评的精神，科学的主义，革新的文字。"《国故》的第一期也打出了"昌明中国故有之学术"的旗子，表明了他们"慨然于国学沦夷，欲发起学报，以图挽救"的立场。五月初，即五四运动爆发的同时，《新潮》月刊一卷五期上发表了新潮社成员毛准(子水)的《国故和科学的精神》一文。此文虽然没有指名道姓，却正是针对着《国故》而发的。作者在文章中一开头就指出：

　　近来研究国故的人，既不知道国故的性质，亦没有科学的精神，他们的研究国故，就是"抱残守缺"。

在批判了以《国故》为中心的"抱残守缺"者的"国故研究"之后,毛子水认为要真正研究国故,最要紧的是必须用"科学的精神"对国故加以"整理",《新潮》的主编傅斯年在毛文后边所加的《附识》中,表示完全赞同该文的观点,并且着重指出当时的"研究国故"存在着两种完全不同的态度:"一、整理国故";"二、追摹国故"。而要想正确研究国故,就"必须用科学的主义和方法"去"整理国故",而这"决不是抱残守缺的人所能办到的"。如果说毛子水文章的观点与批判对象还不十分明确的话,傅斯年的《附识》正是起了画龙点睛的作用。

这就是"整理国故"的由来。

毛子水上述文章的出现,决非偶然。它一方面是《新潮》创刊时提出的"批评的精神,科学的主义"的具体体现;另一方面也是五四新文化运动进入高潮期的必然产物。一九一九年初,《新青年》正式举起了科学与民主两面大旗,大树赛先生(Science)和德先生(Democracy)的权威。陈独秀执笔撰写的《本志罪案答辩书》公开宣布:为了拥护科学与民主,必须反对国粹和旧文学;反过来说,只有科学与民主才可以"救治中国政治上、道德上、学术上、思想上一切的黑暗"。三个月后《新潮》杂志提倡用科学的精神与方法"整理国故",正是《新青年》所拥护的"赛先生"站出来干预"国故"的开始。

在两军对垒中,一方要以科学的精神"整理国故",另一方要以封建的思想"保存国粹",这样就形成一场激烈的新旧斗争。《国故》创刊的时候,虽然公开表示"既不肆击他人,亦不妄涉诽骂",只是从事于学术的研究,但是毛子水的文章一出,他们便对《新潮》发动了"肆击"和"诽骂"。张煊在《国故》第三期发表的《驳〈新潮〉"国故和科学的精神"篇》,一方面大讲"国故"在四万万中国人心理上的支配作用,在今日世界学术思想中的重要地位,决非科学所能代替;另一方面大骂五四新文化运动是"盲从他人之说,好作偏激之论,蔑视历史上有根据之学说"的不善不义之举。同一期《国故》上发表的薛祥绥的《讲学救国议》中,更是将功利与廉耻相对立,视科学与礼义为水火,说什么"功利倡而廉耻丧,科学尊而礼义亡",极力反对为了革命的利益而以科学的精神去"整理国故"。于是《新潮》不得不在二卷一期上又发表了毛子水的第二篇文章

《〈驳《新潮》"国故与科学的精神"篇〉订误》,逐条驳斥了《国故》的谬论,重申了必须用科学的精神"整理国故"的主张。现在看来,此文对国故派的批驳是无力的,然而要用科学的精神"整理国故"却是坚定不移的。在当时的封建顽固派看来,一切"国故",只能当作"国粹"加以保存和发扬,不允许任何变更,而革新派却坚持要用科学的精神与方法对之进行"整理",这毫无疑问是中国现代学术思想上一次革命。

二、胡适和"整理国故"

如上所述胡适是《新潮》的支持者之一,所以毛子水第二篇文章的末尾便附了胡适关于"整理国故"问题给他的信,即后来收入《胡适文存》的《论国故学》。胡适在这封信中突出强调了两点:一是"现在整理国故的必要,实在很多,我们应该努力指导'国学家'用科学的研究法做国故的研究";二是"整理国故"是一门学问,"不当先存一个'有用无用'的成见",而"当先存一个'为真理而求真理'的态度"。这两点都是毛子水的文章中所没有而为胡适自己发挥的,这一发挥就加强了"整理国故"的社会意义。不过在用科学的精神和方法为指导去"整理国故"这一重要点和基本点上,他们又是共同的,胡适只不过是毛子水和《新潮》的赞同者与支持者而已。不久,胡适又发表了《"新思潮"的意义》,把"整理国故"作为"新思潮"对待旧文化的"积极态度"。所谓"研究问题,输入学理,整理国故,再造文明"就是他理解的"新思潮的意义"的全部内容。胡适的"整理国故"论和他的资产阶级的实验主义的世界观与方法论是紧密联系在一起的,但却是和封建守旧派的"保存国粹"论根本不同的,也可以说是完全对立的。他曾经借用尼采的"重新估定一切价值"的话,要通过整理和研究,"重新估定"一切旧文学和旧文化的价值。对于封建顽固派的"保存国粹"的叫喊,胡适曾经作了如下的回答:"若要知道什么是国粹,什么是国渣,先须用评判的态度,科学的精神,去做一番整理国故的工夫。"一九二三年,胡适在《国学季刊》的《发刊宣言》中,首先批判了守旧派发出的"古学要沦亡了!""古书不久要无人能读了!"等等的"悲观的呼声",批判了由此而形成的"没有气力的反动的运动",如想用复兴孔教抗拒新思想,用维护旧文学来压制白话新文学等等。他说:"如果这些举动可以代表国学,国学还是沦亡了更好!"然后他又重申了所谓"国故"实在包括"国粹"与"国渣"两个部分,不通过"整理",就无法区分开来的观点。他反问道:"不了解'国渣',如何懂得'国粹'?"

毛子水和《新潮》只是提出要以科学的精神"整理国故"这个基本原则,胡适则在这一基本原则指导下还论述过"整理国故"的具体方法。这方法的基本点就是他在《国学季刊》的《发刊宣言》中所说的:首先将历史上各代各家的文学及文化遗产"还他一个本来的面目",这是"整理"工作的第一步,也是非常重要的一步;然后再以历史进化论的观点把它们放在历史进化的一定阶段,去评判其是非、功过和价值。还其本来面目是尊重历史;评判其是非、功过和价值是以利今人。他说:"不还他们的本来面目,则多诬古人,不评判他们的是非,则多误今人。但不先弄明白了他们的本来面目,我们决不配评判他们的是非。"这自然还不是历史唯物主义的观点和方法,但它和封建顽固派的"保存国粹"论相比,不能说不是一个很大的进步。他当时在给钱玄同的信中也说明了这个意思:"我们说整理国故,并不存挤香水之念;挤香水即是保存国粹了。我们整理国故,只是要还他一个本来面目,只是直叙事实而已,粪土与香水皆是事实,皆在被整理之列。如叙述公羊家言,指出他们有何陋处,有何奇特处,有何影响,有何贡献,——如斯而已,更不想求得什么国粹来夸炫于世界也。"①可见他当时也是自觉地和抱残守缺者的"保存国粹"论分道扬镳的。

胡适不仅是"整理国故"的支持者,也是积极的实践者。仅从一九二〇年到一九二三年,他就先后完成了《吴敬梓传》《水浒传考证》《水浒传后考》《红楼梦考证》《西游记序》《三国演义序》《吴敬梓年谱》《五十年来中国之文学》《西游记考证》《镜花缘引论》《水浒续集两种序》等著述。鲁迅的《中国小说史略》多处引用胡适以上著述的材料和观点,胡适的小说考证,在几十年后的今天还能在国内再版,这本身都说明他在"整理国故"中的著述,是具有重要学术价值的。

---

① 北京鲁迅博物馆鲁迅研究室编:《鲁迅研究资料》(9),天津人民出版社1982年版,第85页。

但是胡适作为一个革命统一战线中的右翼知识分子,他一开始就过分夸大了"国故学"的社会意义,说什么"发现一个字的古义,与发现一颗恒星,都是一大功绩"。因此他和梁启超前后呼应向广大社会青年大开"国学书目"。在《中学国文的教授》一文中,胡适甚至要求中学的国文课以四分之三的时间去读古文,要求中学生从一年级开始就去读当时的复古派代表人物章士钊、严复、林琴南等人的古文。这一方面使一些无知青年脱离现实斗争,拼命向故纸堆进军,不知不觉向着复古主义道路走去;另一方面也助长了封建复古派的反动气焰,使他们的复古倒退活动获得了某种"理论的根据"。到一九二五年,当中国人民的反帝反封建的革命斗争日趋高涨的时候,胡适竟退出了革命统一战线,号召青年在国难当头的日子里离开现实斗争,进研究室去埋头读书。这当然是有消极作用的。然而我们不应由此而完全否定"整理国故"的口号提出之初胡适在理论与实践上的贡献。如果因为胡适在"整理国故"中的某些错误言论与行动而根本否定"整理国故"的口号和实践,那更是一种形而上学的做法。

三、"整理国故"的反响

人民大学的《中国现代文学史》在"新文化、新文学统一战线的分化和斗争"一节中写道:(整理国故)"这一反动主张,得到当时军阀政府的大力支持,资产阶级右翼文人也纷纷响应……"这也是不全符合历史事实的。

用科学的精神"整理国故"这一口号提出之后,除胡适之外,最早起而响应的是文学研究会。一九二一年初,文学研究会就把"整理中国旧文学"作为自己的重要任务之一写入了他们的"简章"。次年十月,他们的《文学旬刊》先后发表了郑振铎的《整理中国文学的提议》和汪馥泉的《整理中国古代诗歌的意见及其他》。一九二三年,在《国学季刊》创办的同时,《小说月报》第十四卷第一号又开展了"整理国故与新文学运动"的专题讨论,郑振铎、顾颉刚、王伯祥等人在文章中一致认为"整理国故"是反对旧文学、建设新文学的必要条件。郑振铎在《新文学之建设与国故之新研究》中,一开头就指出:"我主张在新文学运动的热潮里,应有整理国故的一种举动。"后来,《小说月报》还出版过整理和研究中国旧文学的专号。与此同时,创造社的郭沫若也在《创造周报》上表示:"整理中国的古书,如考证真伪,作有系统的研究,加新式标点,作群书索隐,都是必要的事。"他并且提出:"整理国故的最大目标,是在使有用的古书普及,使多数人得以接近。"甚至他主张对于"有用的古书"不仅应该加以整理,还应该将它译成白话文向广大读者普及,使之"永传不朽"①。以上几位都是"整理国故"的支持者与响应者,但无论如何是不能将他们和"军阀政府"及"右翼文人"联系在一起的。

历史上不乏这样的事例:一个口号提出并在社会上产生较大的影响之后,各种各样的人物都要按照自己的观点加以解释和运用。"整理国故"也有同样的遭遇。几年之内,从新文学家到复古派,从名人学者到中学生,都有人以"研究国学"为己任,连文句也写不通的人也要以"国学家"自居而乱改古书,封建旧文化的维护者竟然抢过"整理国故"的旗帜,攻击新文化运动。在同一个口号下,玉石杂糅、珠目混淆,各种人物都想来表演一番。南京的《学衡》一出世,就声称要对于"国学"进行"精确之研究",然后"整理而条析之",而"整理"和"研究"的目的是使人知道"吾国文化有可与日月争光之价值",因而不敢"盲肆攻击、专图毁弃"。②可见"学衡派"的"整理国故""研究国学",都是"保存国粹"的同义语。所以当时曹聚仁就在《为"国故"呼冤》一文中写道:"'国故'一名词,学者各执一端以相訾应,从未有确当的定义,于是那班遗老遗少都想借此为护符,趁国内学者有研究国故倾向的机遇,来干'思想复辟'的事业。"③

从一九二三年底到一九二四年,"整理国故""研究国学"成为众矢之的,反对者的呼声来自四面八方。成仿吾在《国学运动的我见》中指出:"国学,我们当然不能说它没有研究之价值,然而现在便高谈研究……未免为时过早,何况群起而为一种运动?"所谓"为时过早",主要是因为当时的研究者还缺少科学的态度与方法,"他们的方法与态度,不外是承袭清时的考据家"。从这里

---

① 郭沫若:《古书今译的问题》,《创造周报》1924 年第 37 号。
② 《学衡》创刊号 1922 年第 1 期。
③ 曹聚仁:《为"国故"呼冤》,《民国日报·觉悟》1924 年 3 月 26 日。

看,他和毛子水、傅斯年批判《国故》的观点是一致的。同时他还认为当时的许多所谓"国学"研究者,"只不过是要在死灰中寻出火烬来满足他们那'美好的昔日'的情绪,他们是想利用盲目的爱国的心理实行他们倒行逆施的狂妄"①。可见成文批判的主要对象是借"研究国学"之名行"保存国粹"、复古倒退之实的封建顽固派,同时也表明了他对胡适的"高谈"研究"国学"的不满。沈雁冰早就相信"创造中国的新文艺时,西洋文学和中国的旧文学都有几分的帮助"②。不过到了一九二四年,他清楚地看到了在"整理国故"的运动中文化界的封建旧势力借题发挥,形成"文学界的反动运动"的事实,因此他批评胡适等人的"整理国故"论是"做白话的朋友们"向封建旧势力的"让步",并由此而助长了他们的反动运动。③

正如支持和响应"整理国故"者具有不同的立场与观点一样,反对"整理国故"者也各不相同:有进步的文学家,有中国共产党的青年理论工作者,也有以极左的面孔出现的无政府主义分子。共产党人萧楚女、恽代英等,从革命的政治立场出发,愤怒地揭露反动派利用"国学运动"毒害青年的罪行,但有时对"整理国故""研究国学"的本身未免缺乏具体分析。他们当时的马克思主义理论水平还不能正确解决如何对待文化遗产的问题。无政府主义者吴稚晖更是宣称,"这国故的臭东西,他本同小老婆吸鸦片相依为命……国学大盛,政治无不腐败"。

"整理国故"的社会反响是很复杂的,我们不能不加分析地以某一部分人对它的态度去评价其社会性质,也无法以人们对它的褒贬去编织"两条路线斗争"。

在众多的"整理国故"的批评者当中,郭沫若要算是比较公允的一个。如上所述,他首先肯定在新文化运动中以科学的精神"整理国故""研究国学"是完全必要的;同时又指出有些研究者对一切人都大讲"国学"的重要,"好象研究国学是人生中唯一的要事",那就大成问题,因而"国学运动才在抬头,便不

---

① 成仿吾:《国学运动的我见》,《创造周报》1924 年第 28 号。
② 沈雁冰:《小说新潮栏宣言》,《小说月报》1920 年第 11 卷第 1 号。
③ 沈雁冰:《文学界的反动运动》,《文学旬刊》1924 年第 121 期。沈雁冰:《进一步退两步》,《文学旬刊》1924 年第 122 期。

得不招人厌弃,实在是运动者咎由自取"。① 但是他不同意由此而"否定国学研究的全部",不赞成吴稚晖和成仿吾的"偏激"之论。郭沫若认为:"只徒笼统地排斥国学,排斥国学研究者,这与笼统地宣传国学,劝人做国学研究者所犯的弊病是同一的……"②对于"整理国故"的意义,郭沫若也作了恰如其分的评价。他赞同整理和研究国故,认为这是发展新文化所必需的,但却不赞成将这一活动的意义估计过高,他指出:整理和研究国故,只是"旧价值的重新估评,并不是一种新价值的从新创造"③。也就是说研究和整理旧文化是发展新文化的必要条件,但却不能代替新文化的创造。郭沫若上述这些以辩证的观点与方法评价"整理国故"的言论,在当时来说是非常可贵的,今天也仍然有参考意义。

四、鲁迅对"整理国故"的批评

鲁迅是支持《新潮》的,他在给傅斯年的信中曾经对于《新潮》的编辑方针提出过宝贵的意见,然而对于《新潮》和《国故》的争论,他并未表态。对于《国故》的"昌明中国故有之学术"论,鲁迅不屑于和他们辩论,所以对于《新潮》提出的"整理国故"论,也就没有表示什么意见。但在实践上他是赞同用科学的精神和方法去整理和研究中国旧文学和旧文化的。这可以从两个方面得到证实:第一,他对胡适、汪原放等人对中国古典小说的整理与研究是支持和称赞的;第二,他自己从一九二〇年开始花费很大力量整理和研究中国的旧小说,《中国小说史略》就是这个整理和研究的杰出成果。单以他对胡适的支持与肯定来说,就可以从《鲁迅书信集》中找到许多证据:一九二二年他就为胡适的《西游记考证》提供过材料,并称赞胡适的《五十年来中国之文学》"警辟之至,大快人心"。他认为"这种历史的提示,胜于许多空理论"。一九二四年,他对胡适写的《水浒续集两种序》的评价是"序文极好,有益于读者不鲜"。胡适关

① 郭沫若:《整理国故的评价》,《创造周报》1924 年第 36 号。
② 郭沫若:《整理国故的评价》,《创造周报》1924 年第 36 号。
③ 郭沫若:《整理国故的评价》,《创造周报》1924 年第 36 号。

于《红楼梦》的考证与研究,从材料到观点都为鲁迅的《中国小说史略》所采用。

几年之后,"整理国故"和"研究国学"从理论到实践都出现了许多问题,鲁迅对此非常不满。如他在《望勿"纠正"》一文中就尖锐地揭示出了"整理"旧小说中出现的"流弊":

> 汪原放君已经成了古人了,他的标点和校正小说,虽然不免小谬误,但大体是有功于作者和读者的。谁料流弊却无穷,一班效颦的便手拉一部书,你也标点,我也标点,你也作序,我也作序,他(那)也校改,这也校改,又不肯好好的做,结果只是糟蹋了书。

在这之前他写的《所谓"国学"》《以震其艰深》和《不懂的音译》等,都是对那些"对旧学并无门径"而又要以"国学家"自命的文坛小丑的讽刺与嘲笑。在写作《望勿"纠正"》的同时(一九二四年一月),鲁迅在《未有天才之前》的演讲中,又对"整理国故"中的泥沙俱下进行了尖锐的揭露和批判:

> 自从新思潮来到中国以后,其实何尝有力,而一群老头子,还有少年,却已丧魂失魄的来讲国故了,他们说,中国自有许多好东西,都不整理保存,倒去求新,正如放弃祖宗遗产一样不肖。……就现状而言,做事本来还随各人的自便,老先生要整理国故,当然不妨去埋在南窗下读死书,至于青年,却自有他们的活学问和新艺术,各干各事,也还没有大妨害的,但若拿了这面旗子来号召,那就是要中国永远与世界隔绝了。倘以为大家非此不可,那更是荒谬绝伦了!

从这里我们可以看出,鲁迅赞同和支持整理国故的实际活动,却不赞同"整理国故"的口号;而他批判的主要对象又是以"整理国故"之名行"保存国粹"之实、反对"求新"的抱残守缺者,即封建主义的遗老遗少们。这段文字的后半段也暗含着对胡适的不满与批评,但却没有理由说它就是指胡适。胡适曾发出了"整理国故"的号召,然而他并不是只要"整理保存"旧物、反对"求新"的国粹主义者。纵观当时鲁迅的许多杂文和小说,他对以胡适为代表的资产阶级知识分子的批评的确愈来愈多,不过其主要进攻矛头仍然是封建旧势力。只是在与封建旧势力斗争的同时顺手对胡适等人的错误言论展开某种批评。鲁迅当时这样做是完全正确的,因为那时的主要革命任务是反帝反封建,而不是反资产阶级。到了一九二五——一九二六年,围绕着女师大学潮和"三一八"惨案,鲁迅和胡适派的资产阶级知识分子的矛盾才比较尖锐起来。

一九二五年春,即鲁迅和胡适派知识分子的矛盾开始激化的时候,他在《青年必读书》中所说的话"我以为要少——或者竟不——看中国书,多看外国书",倒的确是针对胡适等人向普通青年大开"国学书目"之类的活动而发的。但由于当时的鲁迅还不是一个马克思主义者,还解决不了革命者应该如何对待文化遗产的问题,所以上述言论,仍然带有他前期思想中的某种偏颇。当他成为马克思主义者之后就自觉地用"拿来主义"纠正了这一点。

五、"国故"是否应该"整理"?

毛泽东在《新民主主义论》中说:"中国的长期封建社会中,创造了灿烂的古代文化。清理古代文化的发展过程,剔除其封建性的糟粕,吸收其民主性的精华,是发展民族新文化提高民族自信心的必要条件……"这之前,他还在《中国共产党在民族战争中的地位》一文中说过:"学习我们的历史遗产,用马克思主义的方法给以批判的总结,是我们学习的另一任务。我们这个民族有数千年的历史,有它的特点,有它的许多珍贵品……从孔夫子到孙中山,我们应该给以总结,承继这一份珍贵的遗产。这对于指导当前的伟大的运动,是有重要的帮助的。"而五四时期的许多人,包括那时的许多领导人物,并不懂得这个道理,如毛泽东后来在《反对党八股》中指出的那样:"他们反对旧八股、旧教条,主张科学和民主,是很对的。但是他们对于现状,对于历史,对于外国事物,没有历史唯物主义的批判精神,所谓坏就是绝对的坏,一切皆坏;所谓好就是绝对的好,一切皆好。"五四新文化运动中周作人的全部否定中国旧戏曲、钱玄同的主张封闭古书和废除汉文,就是那时的许多新人物用形式主义的方法看问题、全盘否定中国旧文化的突出代表。这种形式主义的方法一直影响到三十年代。上述毛泽东同志那些关于正确对待民族文化遗产的言论,都是为了纠正由形式主义的方法而导致的民族虚无主义倾向而发的。

五四时期的封建守旧派,正是利用了许多新人物的上述弱点,打出"保存国粹"的旗号,反对和攻击新文化运动。"保存国粹"在清朝末年本来是一部分爱国志士和革命家喊出的口号,他们用这个口号来反对帝国主义侵略和清王朝的反动统治。到了五四新文化运动中却被封建顽固派接过去变成了维护封建旧文化的借口。这样一来,五四新文化运动初期便形成了一个革新派要"新潮",守旧派要"国故"的对峙局面。新文化要不要"国故"?应该如何对待"国故"?这对当时的革新派来说的确是一个迫在眉睫而无法回避的问题。"整理国故"的口号就是在这种情况下提出来的,它要求用科学的精神去整理和研究旧文化,首先分清"国粹"和"国渣",然后再决定取舍。这不仅撕破了守旧派的"保存国粹"的旗子,而且也在一定程度上纠正了许多人否定一切民族文化遗产的虚无主义倾向。

"整理国故"与新文学、新文化运动是一致的而决不是对立的,是有利于新文学、新文化运动而决不是对它的破坏。这一点如果说新潮社最初提出这一口号时还没有明确地认识到的话,文学研究会一成立就是自觉地将整理和研究中国旧文学的活动服务于新文学的建设的。"文学研究会简章"的第二条就是:"本会以研究介绍世界文学、整理中国旧文学、创造新文学为宗旨。"郑振铎在《新文学之建设与国故之新研究》一文中说:"我们所谓新文学运动,并不是要完全推翻一切中国固有的文艺作品。这种运动的真意义,一方面在建设我们的新文学观,创作新的作品,一方面却要重新估定或发现中国(旧)文学的价值,把金石从瓦砾堆中搜找出来,把传统的灰尘,从光润的镜子上拂拭下去。"郭沫若更是多次强调"有用古书"的整理与普及在新文化建设中的重要意义。即使抱着"为真理而求真理"的态度的胡适,也是强调"整理国故,再造文明",和抱残守缺者的态度完全不同的。因而我们决不可将"整理国故"看成是新文化运动中的一股逆流。

从实践活动上看,五四以后以新的观点与方法研究中国古代文化、古代史的工作,正是从"整理国故"开始的。除了我们上面提到的鲁迅、胡适、汪原放在整理和研究中国古典小说中的成绩之外,像郭沫若、郑振铎、顾颉刚、俞平伯等,也都是从这时走进中国古代文学和古代史的研究领域,后来终于作出了卓越贡献的。今天看来他们的研究成果还存在许多问题,但是放在当时的历史条件下去看,放在中国学术史和文化史上看,他们的贡献是不应该抹杀的。以胡适、俞平伯的《红楼梦》研究为例,其中的确有不少唯心论和形而上学的东西,然而他们和五四以前的"旧红学"相比,其进步意义是显而易见的,他们在许多地方的确发现了真理,有些研究成果至今还被红学界公认是正确的。

在五四文学的研究中,乃至整个中国现代文学的研究中,都有一个"因人废言"的问题。"整理国故"的问题所以一直当作"逆流"被批判,除了长时期受"左"的思想影响外,它和胡适发生过"关系"恐怕是一个非常重要的原因。五十年代对胡适的批判是正确的、必要的,不过在许多地方缺乏具体分析。胡适其人在政治上是反动的,在学术上要具体分析,区别对待。胡适的后期是人民的敌人,但对他早期的思想、言论与著述不应一概否定,特别是他在五四新文学运动中的贡献应当肯定。尤其不能因为有胡适这个"社会关系"而不加分析地否定五四新文学运动中这项工作的历史功绩。

长期以来在如何正确对待祖国文化遗产上一直存在着问题,其原因当然是多方面的。而对五四时期提出的用科学的精神"整理国故"这一口号的不公正的评价,不能不说是一个重要的前导!

一九八二年二月初稿
一九八二年十二月修订

（原文载于《文学评论》1983 年第 3 期）

历史的重估

——胡适与五四新文学运动

一

胡适在其《文学改良刍议》中一开头便指出："今之谈文学改良者众矣。"陈独秀也在其《文学革命论》中说："文学革命之气运,酝酿已非一日。"就是那位当时主张保存旧戏曲的张载厚也认为"文学之变迁乃自然的现象,即无文学家倡言改革,而文学自身终觉不能免多少之改革;但倡言改革乃应时代思潮之要求,而益以促进其变化"①。可见到五四前夕,认为中国文学虽然已有数千年的历史,取得了不可否认的成就,但要适应这急速变化的新形势,中国文学就必须有一个较大的变革。胡适就是"自举义旗之急先锋"。

自从康梁变法失败之后,以梁启超为首的革新派知识分子,就格外重视,甚至是特别夸大了文学在推动社会变革中的重大作用。所谓"今日欲改良群治,必自小说界革命始,欲新民,必自新小说始",已成为文坛上的常见语。在这种思想影响下,各种新型的小说刊物如雨后春笋,而且在数年之内,各种各样的短篇、中篇和长篇小说大量涌现,形成了空前的文学新潮。可是,由于过分强调文学的政治作用,即文学在改革社会、改良"群治"中的威力,而忽视文学自身的建设,所以作品的数量虽多而质量粗糙,致使这一文学新潮很快就销声匿迹了。到本世纪初,留日学生鲁迅、周作人等曾经因为深信提高中国人民

---

① 郑振铎编选:《中国新文学大系·文学论争集》,上海良友图书印刷公司 1935 年版,第 404 页。

的精神觉悟,即改造落后的"国民性",是中国的当务之急,而最能改变中国国民精神的首先是文艺,于是决心提倡新的文艺运动。尤其是鲁迅的文章,强调在当时的国际舞台上,"将生存两间,角逐列国是务,其首在立人,人立而后凡事举;若其道术,乃必尊个性而张精神"①。和梁启超相比,鲁迅当时更注意文艺对人们精神上的启蒙,而不只是政治上的鼓舞。但是正如鲁迅自己后来所总结的那样,当时已经处于辛亥革命的前夕,他要提倡文艺、创办《新生》杂志的动机已经是"背时",加上文学语言上的"复古的倾向",就更不能为多数人所接受,所以很快就以失败而告终。

辛亥革命失败之后到五四运动前夕,在留学美国的中国青年学生中,又出现了新的文学潮流,胡适就是其中最具有代表性的一个。这股文学新潮接受了历史的经验教训,不再强调以文学的力量推动政治的革新,而把重点放在文学自身的改革与建设上。当然,他们之所以这样做,还由于胡适等远离祖国,对于我国社会的急需改变尚缺乏深切的认识,而在美国的社会生活与文化思想的影响下,对于传统的祖国文学之急需改革具有直接的、切肤的感受。1915年,胡适、任叔永、梅光迪、杨杏佛、唐钺等留美学生,在美国的绮色佳热烈讨论中国文学的改革问题。胡适在《送梅光迪往哈佛大学》一诗中说:"神州文学久枯馁,百年未有健者起,新潮之来不可止,文学革命其时矣。"②这首诗明确地提出了"文学革命"的口号。然而胡适在诗中表现出的青年人的报国宏志,却受到任叔永在游戏诗中的一番挖苦与奚落。于是他又十分郑重其事地给以回答,从文学革命进而提出"诗国革命何自始? 要须作诗如作文",批判旧派诗人"琢镂粉饰丧元气,貌似未必诗之纯",并且表示"愿共勠力莫相笑,我辈不作腐儒生"。梅光迪对于胡适提出的"作诗如作文"大不以为然,他认为"诗文截然两途",因而"文之文字"决不可能用于"诗之文字"。③ 任叔永也承认"吾国近世萎靡腐朽之文学,吾人正当廓而清之"。但是他认为中国文学长期不振的最大原因乃在于"文人无学",因而解决问题的根本办法当然是"从绩学入

---

①　鲁迅:《鲁迅全集》第 1 卷,人民出版社 1981 年版,第 57 页。
②　胡适:《尝试集》,人民文学出版社 1984 年版,第 116 页。
③　胡适:《尝试集》,人民文学出版社 1984 年版,第 138—139、122 页。

手",不能离开这个根本问题"徒于文字形式上的讨论"。①

传统的文人知识分子,都是轻视白话文的,当时的梅光迪等,认为俗语白话"鄙俚乃不可言",不会有什么价值。南社的诗人们口头上也讲"尤重布衣之诗",实际上复古主义倾向愈来愈重。胡适恰好与之持有不同的看法。他认为在新的时代,文学不应当再为少数人之私产,"而当以能普及最大多数之国人为一大能事",凡有世界文学价值的作品,"皆有大影响于世道人心者也"。②所以在文学的价值观上,胡适恰与旧派文人针锋相对。他的这种思想,是和当时已经形成的"历史的文学进化论"直接联系在一起的。胡适曾经历数我国古代韵文与散文之变化,认为一种新的文体代替旧的文体,都是一种革命的变革。尤其对元朝以来的小说与戏曲,他给以极高的评价,认为它们皆是以白话俚语为之的第一流的文学——"活文学"。如果这种革命的潮流不遭明代八股之劫,不受诸文人复古之劫,则我国文学必已为"俚语的文学",而我国之语言早成为"言文一致的语言"。正是这种"历史的文学进化观念",使胡适坚信白话文必然代替文言文,坚定了文学革命的信心与决心:"为大中华,造新文学,此业吾曹欲让谁?"③正是出于这种信心与决心,才使他在白话新诗上进行大胆"实验",终于产生了他的影响巨大的《尝试集》。

在进行白话诗的"实验"同时,胡适也逐步总结出文学改革的基本内容,即创作新文学的基本要求。1916 年 2 月至 4 月间,他在通信文章的"自跋"中,先后提出了改革中国文学的五条意见,即须言之有物,讲究文法,不避"俗之文字",不摹仿古人,不作无病呻吟。1916 年 8 月,他在给朱经农的信中,又补充了"不用典""不用陈套语"和"不对仗"三条,这就构成了著名的文学革新的八个要点。同年 10 月,他又在给《新青年》的主编陈独秀的信中,重抄了这"文学革命"的"八事"。1917 年初,由于陈独秀的大力支持,他在《新青年》上正式发表了《文学改良刍议》。这就成了震动全国的"文学革命"运动的宣言书。而当时的鲁迅,尚在北京寓所痛苦地抄写古碑。

---

① 胡适编选:《中国新文学大系·建设理论集》,上海良友图书印刷公司 1935 年版,第 9 页。
② 胡适编选:《中国新文学大系·建设理论集》,上海良友图书印刷公司 1935 年版,第 14 页。
③ 胡适编选:《中国新文学大系·建设理论集》,上海良友图书印刷公司 1935 年版,第 12 页。

二

革新中国文学的大旗举起之后,立刻引起了热烈的讨论,按照陈独秀的说法,赞成与反对者"各居其半"。作为文学革新的倡导者,应该如何对待这一问题呢? 胡适公开表示:"吾辈已张革命之旗,虽不容退缩,然亦不敢以吾辈所主张为必是而不容他人匡正也。"①而且他还进一步说明,他所以提出这一问题,就是因为文学革命的具体是非,并不是一两个人一朝一夕所能定的,只有国中人士共同平心静气地讨论、研究、互相切磋,才能逐步取得一致的认识。按照他的解释,中国文学的革新问题,虽然是历史发展的必然趋势,是中国文学的必由之路,但同时又具有一定的学术性而需自由讨论,集思广益,才能最后取得比较一致的认识。陈独秀则与胡适的态度决然不同。他站在文化革命者的立场上,对一切的旧文学与旧文学家,一律采取"推倒"与"排斥"的态度,根本不存在任何学术讨论的问题。正如他在给胡适的信中所说:"鄙意容纳异议,自由讨论,固为学术发达之原则;独至改良中国文学,当以白话为文学正宗之说,其是非甚明,必不容反对者有讨论之余地,必以吾辈所主张者为绝对之是,而不容他人之匡正也。"②因此他对文学革命这件大事,只是坚定而却十分笼统地提出了"吾革命军三大主义",并没有作任何具体说明,亦没有任何具体步骤,更未从事文学革命的具体实践活动。

1918 年 7 月,胡适在回答汪懋祖的信中明确指出,陈独秀认为文学革命是"天经地义"、不容许讨论的,"太偏执"了。他相信"人类的见解有个先后迟早的区别",前进的舆论就是要用"明白的文字,充足的理由,诚恳的精神"去说服对方,让他们相信我们的"天经地义",所以"主张尽管趋于极端,议论定须平心静气"。对于一切"有理由"的反对意见,《新青年》都是欢迎的,决不敢"不容人讨论"③。尤其令人注意的是:这两种态度在五四以后的长时间内一

---

① 胡适:《胡适文存》第 1 卷,上海亚东图书馆 1921 年版,第 39—40 页。
② 胡适:《胡适文存》第 1 卷,上海亚东图书馆 1921 年版,第 43 页。
③ 胡适:《胡适文存》第 1 卷,上海亚东图书馆 1921 年版,第 107—108、46 页。

直影响着历史的进程。事实充分证明:陈独秀快刀斩乱麻的做法,震慑了反改革的守旧势力,鼓舞了改革派的革新锐气。但是从长远看,却会为历史留下更大的后遗症。胡适的自由讨论、自由争辩的主张,似乎是拉长了文学革命的过程,但却符合文学艺术发展的规律。在《历史的文学观念论》中,胡适还具体地论证了批判旧文学与努力创造新文学的关系:一方面若不批判文言旧文学,则白话新文学就不被多数人看作文学的正宗,因而仍将被文人知识分子视为"小道"而鄙薄之,也就不会全力创造之,"此犹不耕而求获,不食而求饱",是永不可得的;另一方面,若不努力创造出一种可以传世之白话文,"则吾辈今日之纷纷议论,皆枉费精力,决无以服古文家心也"。① 这正是当年胡适与陈独秀在文学革新运动中的不同态度的具体表现。这两种不同的态度,不仅表现于文学革命,也表现于语言的改革中。一个强调以实验、实践的成果去说服对方,另一个则重在批判,推倒旧的文学、语言,以革命的声势压倒对方。三十年代以后,胡适的态度一直被当作"改良主义"路线一次次受到批判,陈独秀虽也被打倒了,但他的"革命的大批判"却被肯定下来,直到七十年代末。

如果我们再把五四新文学运动中的钱玄同与胡适加以比较的话,其不同的态度也是十分明显的。钱玄同主张,欲使中国不亡必废孔学灭道教,而欲驱除人们的野蛮顽固之旧思想,"尤不可不先废汉文"。他在《中国今后之文字问题》一文中具体论述这一思想。陈独秀较为慎重地主张"先废汉文,且存汉语,而改用罗马字母书之"。胡适的意见更为慎重,他认为"必须先用白话文字来代文言的文字,然后把白话的文字变成拼音的文字"。关于对旧文学的批判,钱玄同对于"选学妖孽"与"桐城谬种"的概括表现出他对走向下坡路的桐城古文与选学骈文的极为不满。但是细细分析起来,钱玄同对旧文学的指责与批判比较简单粗暴,而缺乏历史的态度与具体的分析。至于说到如何创造新文学和创造什么样的新文学他更加茫然。说到对古代文学的评价与态度,则更可以看出胡适比钱玄同稳妥而较具实事求是的精神。

比如钱玄同认为《聊斋志异》"可谓全篇不通",但胡适觉得"此言似太

---

① 胡适:《胡适文存》第1卷,上海亚东图书馆1921年版,第277页。

过";钱玄同说《西游记》实为"神怪不经之谈",胡适却说它在文学上"自有一种位置",比如能"启发读者的理想",其妙处在于"荒唐而有情思,诙谐而有庄意"。此外,胡适还提出了一个十分重要的问题,即"论文学者固当注重内容,然亦不当忽略其文学的结构。结构不能离内容而存在,然内容的美好的结构乃益可贵"。① 所有这些都可以看出当时的胡适要比钱玄同更具有文学的情趣与历史的眼光。

白话诗的"尝试",是胡适一系列文学革新活动中最早、最重要的实践活动。他在 1919 年 8 月到 1920 年 8 月所写的文章《〈尝试集〉自序》《谈新诗》和《〈尝试集〉再版自序》等文,就是他自留学美国到回国参加五四新文学运动以来的重要文学活动的理论总结,也是五四新文学运动中的重要理论成果。所谓"诗体大解放"就是这成果的主要内容之一。作者在《〈尝试集〉自序》中说,"诗体大解放就是把从前一切束缚自由的枷锁镣铐,一起打破,有什么话,说什么话,话怎么说,就怎么说。这样方可有真正的白话诗,方才可以有表现白话的文学可能性"。胡适认为:"我们也知道新文学必须有新思想做里子,但我们认定文学革命须有先后的程序,先做到文字体裁的大解放,方才可以用来做新思想新精神的运输品。"②在《谈新诗》中,他更加肯定地说:"文学革命的运动不论古今中外,大概都是从'文的形式'一方面下手,大概都是先要求语言文字文体等方面的大解放。"胡适并没有否定"内容决定形式"的原则,但却强调"形式和内容有密切的关系",尤其当形式上的束缚使精神不能自由发展,为要表现一种新的内容和新的精神,则不能不先打破那束缚精神的旧形式,这就是五四时代的"诗体大解放"。有了这诗体解放,才可以让那"丰富的材料、精密的观察、高深的理想、复杂的情感"③进入新诗,进入新文学里去!

五四新文学的创作可以说是从新诗开始的,而新诗运动又是以胡适所倡导的"诗体大解放"开路的。毫无疑问,胡适在五四新诗大解放的理论与创作实践中都是一位开路先锋。朱自清先生在《中国新文学大系·诗集》导言中

---

① 胡适编选:《中国新文学大系·建设理论集》,上海良友图书印刷公司 1935 年版,第 60—61页。

② 胡适:《胡适文存》第 1 卷,上海亚东图书馆 1921 年版,第 299 页。

③ 胡适:《胡适文存》第 1 卷,上海亚东图书馆 1921 年版,第 227—228 页。

说,胡适是五四新诗的倡导者,他的"《谈新诗》差不多成为诗的创造和批评的金科玉律"。

三

在五四新文学运动中,以周作人、钱玄同为代表的新派人物,对于传统旧戏曲所知甚少,用他们自己的话说"全是门外汉",但却采取一种极其粗暴的态度,简单化地否定旧戏曲的价值。钱玄同曾经在《新青年》的《随感录》中极其武断地说:"中国的旧戏,请问在文学上的价值,能值几个铜子?……如其要中国有真戏,这真戏自然是西洋派的戏,决不是那'脸谱'派的戏。要不把那扮不像人的人,说不像话的话全数扫除,尽情推翻,真戏怎样能推行呢?"①周作人则在《新青年》上发表了《论中国旧戏之应废》的文章。在文章中他首先表示对钱玄同的意见"极以为然",接着就十分武断地指出中国旧戏"应废"的两条理由:一是中国戏"野蛮";二是"有害于世道人心"。而且他公开承认:"因为不懂旧戏,举不出详细的例。"钱玄同在该文的后面加上了"句句赞成"的按语,也没有具体的论证。

在当时的文坛上,真正维护旧剧的一统天下,起而反对改革,抵制一切新剧的是极少数顽固分子。宋春舫在《戏剧改良评议》中曾说,当时的"旧剧保守派"以为"一国有一国之戏剧……不能与他国相混合。吾国旧剧,有如吾国数千年之文化,具有特别之精神,断不能任其消灭"。这正好和周作人、钱玄同的主张趋于两个极端。走中间道路的,则是宋春舫、张厚载等戏剧专家。他们对于传统戏剧的腐败有十分具体的感受,对清末以来所谓"新剧界"的每况愈下,也极为不满,因而力主"改弦而更张之"。但是他们对于革新派钱玄同、周作人甚至陈独秀的意见,更觉得过于简单粗暴,既是门外汉,又不作具体研究。宋春舫认为激烈的改革派,即钱玄同、周作人等"大抵对于吾国戏剧毫无门径,又受欧美物质文明之感触,遂致因噎废食,创言破坏";而守旧派又"囿于成见

---

① 钱玄同:《随感录》,《新青年》1918 年第 5 卷第 1 号。

之说,对于世界戏剧之沿革之进化之效果,均属茫然,亦为有识者所不取也"。①
张厚载也在文章中表达了相似的看法。当然他更多的是批评新文学家的"极
端的主张"。其中说:"凡一事物之改革,必以渐,不以骤;改革过于偏激,反失
社会之信仰,所谓'欲速则不达',亦即此意。改良文学,是何等事,决无一走即
到之理。先生等皆为大学教师,实行改革文学之素志,仆佩服已非一日,但仆
怀疑之点亦不能不为胡、沈诸先生一吐……"②今天看来,他们的意见与态度都
是值得肯定的,然而当时却为革命派所无法接受。

　　对于传统旧戏曲的看法,胡适显然和戏剧专家宋春舫、张厚载等人不同。
他认为,当时的中国文学、戏剧,毫无疑问都应当向西方学习,从西方的文学艺
术中吸取丰富的精神营养——这一点是当时所有新派人物的共识。但是也并
不把宋、张看作新文化运动(包括新戏剧)的对立面,而且肯定他们是戏剧界的
内行、专家,"以评戏见称于时",而且还热情肯定张厚载"赞成本社改良文学
的主张",因而鼓励他将不同的意见无保留地发表出来,引起大家的讨论与研
究。1918 年 7 月,胡适曾经写信给钱玄同,要求他不要把宋春舫、张厚载"赶出
去",而要努力争取他们"加入我们的一派"。这当然是和他对传统旧戏剧的
不同看法一致的。在《文学进化观念与戏剧改良》一文中,他认为中国传统
戏曲也是不断进化的,到了元代就出现了"结构大致完整的元杂剧"。后来的
南戏,虽然在体裁方面不如元杂剧谨严,但在写物、言情方面都大有进步。新
的戏剧改良,就是要采用西洋近百年来新的观念、方法、形式,使中国戏剧有更
大的发展。

　　在五四新文学运动中,胡适主要是作为一个新文学的倡导者,新思想、新
文化的启蒙主义者出现的。在他的著作中,除独幕剧《终身大事》外,涉及戏剧
与戏剧改革的作品并不多,主要是《历史的文学观念论》《文学进化观念与戏
剧改良》《建设的文学革命论》和《易卜生主义》等。在这些文章中,他并不是

① 宋春舫:《戏剧改良评议》,转引自洪深编选《中国新文学大系·戏剧集》,"导言",上海良友图
　书印刷公司 1935 年版,第 19 页。
② 郑振铎编选:《中国新文学大系·文学论争集》,上海良友图书印刷公司 1935 年版,第 410—
　411 页。

专论戏剧和戏剧改革,而主要是从思想革命、文学改革与新文学建设的角度谈到戏剧的改革。比如1921年3月他在《新青年》上关于戏剧翻译的通信中就明白地指出,当时《新青年》介绍易卜生的戏剧,并不是想在中国排演《娜拉》一类的新剧,而是"借戏剧输入这些戏剧里的思想",也就是说要借此引进新的思想观念与新的艺术。

早在本世纪初,蒋观云和王国维就借鉴西方戏剧界的经验,批评中国传统戏曲中喜剧多而悲剧少。在五四文学运动中,胡适最早接受了王国维的思想,大力倡导以西方的悲剧观念为指导,创作新的悲剧作品,深刻反映中国现实生活中的社会悲剧。在谈到中国的传统观念与中国的戏剧改革时,胡适着重指出,在中国的传统文学艺术中,"最缺乏是悲剧的观念"。不论小说、戏剧作品,往往是一个美满的喜剧式的团圆,这大团圆正是中国人的"团圆迷信"的绝妙代表,"这便是说谎的文学"。而且从根本上说,这只是脑筋简单、思力薄弱的文学,决不能引人觉醒,使人反省,而只能使人心满意足。相反,从希腊悲剧开始,直到最近百年来,都有极深刻的"悲剧观念"。他归纳这悲剧观念有三点内容:(一)承认人类是最浓挚最深沉的感情不在眉开眼笑之时,乃在悲哀不得意无可奈何的时节;(二)人类亲见别人遭悲惨可怜之境时,都能发生一种至诚的同情,都能暂时把个人小我的悲欢哀乐一齐消纳在这种至诚高尚的同情之中;(三)世上的人事无时无地没有极悲极惨的伤心境地,不是天地不仁,造化弄人,便是社会不良使个人消磨志气,堕落人格,陷入罪恶不能自拔。有了这种悲剧观念,才能产生悲剧的文学。胡适认为,这种悲剧观念是医治中国说谎作伪思想浅薄的文学绝妙圣药。他所以花了很大的气力去考证《红楼梦》,就是因为它是一部打破了传统小说的团圆迷信,而又长期被笼罩在索引派"旧红学"迷雾中的杰出的悲剧文学作品。1918年春,北京剧坛上昆曲颇盛行,昆曲大家韩世昌的名字也广为人知。于是就引出了上文提到的钱玄同在《新青年》上发表的关于中国旧戏"值几个铜子"的评论。同年六月,《新青年》出版了"易卜生专号",第一篇就是胡适的论文《易卜生主义》。当时正是五四新文化运动的高潮期,这期《新青年》与胡适的有分量的论文,其影响之大是不言而喻的。日本的青木正儿曾在《支那文艺论丛》上发表了一篇题为《将胡适漩在中心的文学革命》的文章,称该专号是"以胡适的《易卜生主义》为先锋"的"文学底革命军进攻旧剧的城的鸣镝"①。胡适同当时《新青年》的同志钱玄同甚至陈独秀不同,他不是对旧的戏剧或戏剧家进行无情的批判与攻击,而是借鉴西方,以建设新的话剧。而当时所以要选择易卜生,甚至形成了戏剧界的"易卜生热",显然正是五四时代中国社会需要易卜生那样"敢于攻击社会,敢于独战无数"先进思想、先进人物与先进的戏剧。

在五四时期,向西方学习成为许多先进人物一致的主张,胡适也不例外。在《建设的文学革命论》中他就强调要努力学习莎士比亚以来各种戏剧成果,其中最重要的如专门研究社会的种种问题的"问题剧",专以美术的手段作的"意在言外"的"象征剧",专门描写种种复杂的心境、作极精密的解剖的"心理剧",用嬉笑怒骂的文章、达愤世救世的苦心的"讽刺剧",等等。1921年之后,胡适对于欧洲19世纪戏剧与小说受到"写实主义的洗礼"非常重视。他认为这是戏剧与小说发展过程中的一大进步。以戏剧而论,到了这时虽是象征戏,也不能不受写实主义的影响。因而所谓"新浪漫主义"在中国是不会有市场的。1923年底,鲁迅在北京的讲演《娜拉走后怎样》,也充分说明了当时易卜生在中国的深远影响。所以洪深在《中国新文学大系·戏剧集》的导言中,特别强调"胡适的这样推崇易卜生主义,对于后来中国话剧的发展,影响是非常广大的",不仅易卜生的剧本有许多译成中文,而且在创作方面"易卜生剧中的思想,甚至连故事讲出的形式,一齐都摹仿了"。

四

五四运动后期,所谓"国学"与"国学运动"成为中国文坛的一个重点热点,而胡适又是这个运动的中心人物。

1919年初,北京大学的进步学生在胡适、陈独秀、鲁迅与李大钊等人的支持下成立了新潮社,创办了《新潮》杂志。两个月之后,北大旧派学生也在刘师

---

① 转引自鲁迅:《〈奔流〉编校后记》,《鲁迅全集》第7卷,人民文学出版社1981年版,第163页。

培与黄侃等人的支持下成立了国故社,印行了《国故》杂志。前者积极响应《新青年》的号召,参加了对旧文化的斗争,其基本方针是"批评的精神,科学的主义,革新的文字"。后者一出现就打出了"昌明中国故有之学术"的旗子,表明了"慨然于国学沦夷,欲发起学报,以图挽救"的立场。很快,两个刊物即发生了"整理国故"与"保存国粹"的针锋相对的争论。胡适当然是《新潮》的坚决支持者。他在给毛子水(新潮社的主要成员)的信中指出:"现在整理国故的必要,实在很多,我们应该努力指导'国学家'用科学的研究法做国故的研究。"而且他认为"整理国故"是一门学问,因此"不当先有一个'有用无用的成见'",而"当先有一个'为真理而真理'的态度"去从事这门学问。① 与此同时,他已经完成并出版了受到当时北大校长蔡元培赞扬的《中国哲学史大纲》(上卷)。1919 年 11 月,胡适又在《"新思潮"的意义》这篇文章中明确地把"新思潮"的主要内容与意义概括为以下四句话:"研究问题,输入学理,整理国故,再造文明"。也就是说,"整理国故"已被列入新思潮与新文化运动的重要内容之一。"研究问题"与"输入学理",是新文化运动的重要的条件,"整理国故"与"再造文明"是新文化运动的必然结果。所谓"新思潮",也是一种"新态度",即"评判的态度"。新思潮对于旧文化的态度,在消极方面是反对盲从,反对调和,在积极的方面就是用科学的方法去做整理的工作,简言之谓"整理国故"。即从乱七八糟里面导出一个条理脉络来;从无头无脑里面寻出一个前因后果来;从胡说谬解里面寻出一个真意义来;从武断迷信里面寻出一个真价值来。再后他批评"国粹派"的所谓"保存国粹"的高谈阔论,指出:"若要知道什么是国粹,什么是国渣,先须用评判的态度,科学的精神,去做一番整理国故功夫。"②不久,他又在《研究国故的方法》一文中,从历史的观念、疑古的态度与系统的研究等几个方面对如何整理与研究国故作了扼要的分析。1922 年,他在其《先秦名学史》的"导论"中进一步提出,要把现代世界文化的精华与中国固有文化的精华协调与结合起来。1923 年初,胡适在北京大学的《国学季刊》的"发刊宣言"中,对于明末以来近三百年中国"古学昌明"的成绩作了批

① 俞吾金编选:《疑古与开新——胡适文选》,上海远东出版社 1995 年版,第 238 页。
② 俞吾金编选:《疑古与开新——胡适文选》,上海远东出版社 1995 年版,第 39 页。

判性的总结,然后提出了以后研究国故学的基本方针:(一)用历史的眼光来扩大国学研究的范围;(二)用系统的整理来部勒国学研究的材料;(三)用比较的研究来帮助国学的材料的整理与解释。① 对于中国丰富的古典文学的研究,当然是胡适所倡导的"整理国故"的重要内容,特别是对于宋元以来的中国白话小说的研究,胡适给予更大的重视,并且他个人在这方面的研究取得了卓著的成绩,开辟古典文学研究新时代的《红楼梦》考证就是最好的代表。

在文学界首先起来响应以新的思想与方法"整理中国旧文学"的是文学研究会。除了写在他们的"简章"中,1922 年 10 月在《文学旬刊》先后发表了郑振铎的《整理中国文学的提议》和汪馥泉的《整理中国古代诗歌的意见及其他》,1923 年《小说月报》又展开了"整理国故与新文学运动"的专题讨论。他们一致认为"整理国故"是反对旧文学,建设新文学的必要条件。其中郑振铎在《新文学之建设与国故之新研究》中明确提出:"我主张在新文学运动的热潮里,应有整理国故的一种举动。"②不久,《小说月报》还出版了整理与研究中国旧文学的专号。同时,创造社的刊物《创造周报》上也发表了郭沫若的《古书今译的问题》,表示"整理中国的古书,如考证真伪,作有系统的研究,加新式标点,作群书索隐,都是必要的事"③。甚至他主张有用的古书还应加以整理,译成白话,向广大读者普及,使之"永远不朽"。

然而自"整理国故"的口号提出之后,各种各样的人都按照自己的观点加以解释。几年之后,从新文学家到复古派都有人以"研究国学"为己任,甚至连文字尚且不通的人也成了"整理国故"的专家。随着革命形势的迅速发展,文化运动向着政治革命方面的转换,很快就出现了一个批评"整理国故"的新运动。其中最具有代表性而又有权威性的文章有:

鲁迅:《未有天才之前》,1924 年 1 月。

成仿吾:《国学运动的我见》,1923 年 12 月。

陈独秀:《国学》,1924 年 1 月。

---

① 俞吾金编选:《疑古与开新——胡适文选》,上海远东出版社 1995 年版,第 79 页。
② 郑振铎编选:《中国新文学大系·文学论争集》,上海良友图书印刷公司 1935 年版,第 161 页。
③ 郭沫若:《沫若文集》第 10 卷,人民文学出版社 1959 年版,第 56 页。

曹聚仁:《为"国故"喊冤》,1924年3月。

沈雁冰:《文学界的反动运动》,1924年5月;《进一步退两步》,1924年5月。

郭沫若:《"整理国故"的评价》,1924年1月。

就是曾经热情支持"整理国故""研究国学"的郑振铎,稍后也在《小说月报》上的《且慢谈所谓国学》中高呼:"打倒国学家。""我们的生路是西方科学与文化的输入与追求。"与此同时,学术界还批判了梁漱溟、张君劢等人的"东方文化将要取代西方文化"的理论,而且胡适也是这一批判的积极参加者。上述这些批判,由于是在整个革命形势迅速发展中进行的,除去鲁迅、郭沫若的文章外,都不免存在着一种"左"倾幼稚病的偏向,有些甚至对于"整理国故""研究国学"持完全否定的态度,把它完全看成是封建遗老企图"思想复辟"的逆流。吴稚晖在《箴洋八股化之理学》中把"国故"说成"本同小老婆吸鸦片相依为命"的"臭东西"。胡适在上述文章之后对其"整理国故"论的重新阐述中,自觉或不自觉地对自己的意见进行了某些新的解释。比如陈独秀在文章中批评胡适是"在粪秽中寻找香水",胡适在1925年4月12日给钱玄同的信中说,"我们说整理国故,并不存挤香水之念;挤香水即是保存国粹了。我们整理国故,只是要还他一个本来面目,只是直叙事实而已,粪土与香水皆是事实,皆在被整理之列",决不是"想求得什么国粹来夸炫于世"。他还指出当时的新文化运动"宜补泻兼用","补者何?尽量输入科学的知识、方法、思想。泻者何?整理国故,使人明了古文化不过如此"。① 显然,这里对"整理国故"的评价比过去的提法就降低了许多。而且紧接着又提到他刚发表的《评梁漱溟先生的〈东西文化及其哲学〉》和《科学与人生观序》,以此说明他对待旧文化的态度。1926年6月,胡适又在《我们对于西洋近代文明的态度》中,全面肯定西洋近代文明的同时,对于东方文明做了全面的否定。1927年2月7日,他在给浩徐先生的信中更加明确地说,他的"整理国故"的目的与功用就是"化黑暗为光明,化神奇为腐臭,化玄妙为平常,化神圣为凡庸"。而且说"这

---

① 《胡适致钱玄同》,见北京鲁迅博物馆鲁迅研究室编《鲁迅研究资料》(9),天津人民出版社 1982年版,第85页。

才是'重新估定一切价值',他的功用可以解放人心,可以保护人们不受鬼怪迷惑"①。用一种十分通俗的说法就是"捉妖打鬼"。经过他的这一番新的解释,所谓"整理国故",完全是一种阻止"烂纸堆"里的无数的老鬼去害人、吃人,而并没有什么积极的建设方面的意义。1928 年 9 月,他在《治学的方法与材料》一文中,肯定只有多学点自然科学对青年人来说才是一条"活路";从事"整理国故",钻故纸堆,则是一条最可悲叹的"死路"。如果我们把胡适将近十年来对"整理国故"的主张加以比较的话,应当说是有明显的不同之处的,这就是"捉妖打鬼"说与原来的"为真理而求真理"的不同,也就是后来所说的为政治服务和"为学术而学术"的不同。但在实际活动中,胡适对中国哲学与文学的研究,仍然本着他最初的"整理国故"的主张,即"为真理而求真理"的态度,所谓"捉妖打鬼"并未体现在他的具体学术活动之中。还是以其《红楼梦》研究为例,它以"自叙传"为中心的考证,一扫笼罩了《红楼梦》一百多年的迷雾,为"红学"开辟了一个崭新的天地,在中国学术论坛上受到了极大的重视与广泛的钦佩。虽经五十年代极左思潮的"大批判",仍然不失其光辉!

我们可以肯定地说:五四新文学运动正是在历史条件成熟的情况下,由"胡适、陈独秀一班人闹出来的",而胡适在其中又起了更大的历史作用。

(原文载于《中州学刊》1999 年第 1 期)

---

①　转引自陈源著、吴福辉编:《西滢闲话》,海天出版社 1992 年版,第 33 页。

胡适与五四戏剧改革

　　胡适并不是一位戏剧专家,但他从思想与文学革命的时代需要出发,对五四时期的戏剧改革做出过不应被忽视的成绩。正如他并不是位诗人,但却对五四新诗运动与新诗创造做出过杰出贡献一样。我们每当谈到中国的五四文学时,首先忘不了胡适的白话诗及其在中国新诗成长中的功绩,其次也不应忽视他结合实际的社会运动,正确评价传统旧戏剧,介绍易卜生主义,努力发展时代新戏剧的意见。

一

　　一提到五四戏剧改革,我们首先就会想到钱玄同、周作人、傅斯年等。他们都是五四时代的风云人物而且都是以"门外汉"自居,用摧枯拉朽的精神,彻底否定传统旧戏曲,号召大家努力创造属于新时代的新戏剧,作为五四新文化的重要组成部分。钱玄同曾在《新青年》的《随感录》中说,"中国的旧戏,请问在文学上的价值,能值几个铜子? ……吾友某君常说道,'要中国的真戏,非把中国现在的戏馆全数封闭不可'。我说这话真是不错"。他还以政权的变革为例,简单化地认为正像要建设新政权,就不能不推翻君主旧政府一样,要想中国有真正的戏剧,便不能不将那"脸谱派"的旧戏剧"全数扫除,尽情推翻"。周作人则直接撰写了《论中国旧戏之应废》的文章,声言一切旧戏都是"野蛮",而且"有害于世道人心",所以根本"没有存在的价值"。傅斯年虽然也对传统旧戏进行过一番"研究"，但他的结论却是：自宋朝到民国初年，虽经过七八百年的进化，却并没有"真正的戏剧"产生。所以新一代戏剧工作者的重要任务就是"推翻旧剧，创造新剧"。所谓"改良旧剧"，只不过是过渡时期的权宜之计，等待创造新剧的条件成熟之后，"过渡戏"就应当"彻底废除"。就是后来成了戏剧专家的欧阳予倩，当时也曾武断地说"吾敢言中国无戏剧"，因为凡所谓"旧戏者，一种之技艺"而已，根本谈不上"剧本文学"。总之，以上各人在五四新文化运动的高潮中，根本不承认中国旧戏剧的价值，而是主张以西洋戏剧为榜样，创造中国的新戏剧。即使当时中国新文化运动的主将陈独秀也认为我国之旧剧，在文学上、美术上和科学上，都没有丝毫价值可言。

胡适当时在总体上说，与以上各位是站在同一条战线上的战友。特别是对于当时的学生领袖傅斯年，他更是评价很高，认为他的《戏剧改良各面观》"把我想要说的话都说了，而且说得非常明白痛快"。但是在实际上对待旧剧的认识与态度，他与傅斯年等却有很大的差异。他所以要那样说，只不过是为了建立反对封建旧文学与旧文化的统一战线的需要，正如他当时与陈独秀的《文学革命论》持有明显的不同看法，但却表示对它"极赞同"一样。至于钱玄同，当时就认为胡适"对于千年陈腐的旧社会，未免太同他周旋了"。胡适为了维护新文化阵营内部的团结一致，虽有不同的意见，也止于内部讨论，而并未公开辩驳。

张厚载当时是一位熟悉旧的戏剧与诗歌而又表示赞同新诗与戏剧改革的人。他在《新文学及中国旧戏》一文中首先表示支持新文学运动，支持文学与戏剧改革的主张，认为"倡言改革乃应时代思潮之要求，而益以促进其变化"。但是他对钱玄同否定金圣叹很不以为然，认为胡适主张戏剧应"废唱而归于说白"是"绝对不可能"。这些都是很有道理的，连胡适也没有提出什么不同的意见；相反，倒是称赞他"以评戏见称于时，为研究通俗文学之一人，其赞成本社改良文学之主张，固意中事"。另一方面，胡适对于张厚载只许文学改革"自由进化于一定范围之内"，尤其反对学习西洋式的诗，像胡适那样"轻于尝试"，则提出了严肃的批评。在此情况下，胡适又支持他撰写文章，对于中国旧戏的长处，尤其是戏剧"废唱用白不可能"的理由详加论述。于是张厚载就写了《我的中国旧戏观》在《新青年》上发表。其结论是："中国旧戏,是中国历史社会的产物,也是中国文学美术的结晶,可以完全保存。"他也承认中国旧戏发展到当时,存在着种种缺点,但就总的情况看还是好的。"我们只能说中国旧戏用假象的地方太多,却不能说用假象就不好;只能说用规律的地方太多,不能说用规律就不好;只能说它用音乐的地方太多,不能说用音乐唱工就不好。'因噎废食',那是极端的主张,不是公平的论调。"①应当看到,当时的张厚载在否定传统旧戏剧成为时代风潮的时候,敢于独树一帜,大讲传统戏剧的长处与优点,的确是难能可贵的。而且从他发表于《新潮》第四期的《生活独立》一文看,他决非一位完全守旧派的人物。特别是像他那样在当时真正懂得旧戏剧而又具有一定新观念的人,出来谈论旧戏剧的人尤其不可多得。当然,从另一方面看,他毕竟受旧戏的濡染太深,所以不能从转变中的大时代出发去认识和讨论中国旧戏剧的继承、革新与发展,讲起旧戏的长处有许多话说,一说到旧戏的改革也就无话可说了,对于当时旧戏的腐败所讲更少。

在当时的私下通信中,关于如何看待张厚载,胡适与钱玄同二人还有过一场辩论。钱玄同当然视张厚载为戏剧改革的反对派,认为他的维护旧戏,正如林琴南的维护文言文、南社诗人维护旧诗一样,《新青年》同人完全没有必要同他"周旋",更没有必要让他谈论旧戏的文章"污我《新青年》"。他甚至说若让张厚载在该杂志上公开发表文章,他就要脱离《新青年》。胡适则努力给他做解释,说张厚载是可以挽救的,可以争取的,而且因为他熟悉旧戏剧,所以应鼓励他写文章,参加戏剧改革的讨论,并且指出他所写的文章不论如何总要比新文学家们杜撰出来的"王敬轩"的文章要"值得辩论些"。胡适在给钱玄同的信中还指出了他们二人"立异"之不同处:我"立异"的目的在于使人们"同于我的异",正当的"立异"皆所以"求同",即实现的一致;而钱玄同"立异"的目的并不是要使人同于自己的"异",恰是唯恐别人同于他的"异"。因为"老兄"总以为凡赞同我们的都是"假意"而并非"真心"。最后张厚载的文章终于在《新青年》的"戏剧改良专号"的"附录"中刊出,钱玄同也保留了面子,因而并

---

① 张厚载:《我的中国旧戏观》,《新青年》1918 年第 5 卷第 4 号。

未退出《新青年》。这当然也是胡适从中调解的结果。

五四戏剧改革当中，如何对待另一位戏剧家宋春舫，在胡适与钱玄同之间也产生过一定的分歧。宋春舫是当时一位深受西方现代派影响的戏剧理论家，二十年代初期他就出版了第一集《宋春舫论剧》，因此深受蔡元培与胡适的尊重。他对中国传统戏剧和西方戏剧的发展都有一定的了解，因此对于钱玄同等人根本否定中国旧戏的言论有所批评，认为他们"大抵对于吾国戏剧毫无门径，又受欧美物质文明的感触，遂致因噎废食，创言破坏"。在西方现代派戏剧艺术的影响下，形成了他当时的戏剧美学追求：重形式，轻思想，重审美，轻功利。他认为"戏剧是艺术的而非主义的"，和略后几年出现的新月派的美学思想颇多相近。其美学观与五四高潮中多数人的思想不甚相同，这也是其在当时没有造成太大影响的重要原因。当时作为《新青年》的骨干分子钱玄同对他不感兴趣，是可以理解的。但胡适则具有不同的态度，他在给钱玄同的通信中明确表示：宋春舫"总是一个新派人物"，因而《新青年》同人应当团结他，联合他，而"不当把他骂出我们的大门去"。① 对此意见，当时的钱玄同看来还是接受了，所以并没有把宋春舫赶出统一战线。

以上事实充分说明，胡适在五四戏剧改革中也像他在文学革命中的态度一样，主张不同的意见可以展开争论，通过争论明辨是非，发展真理。不久他在《答汪懋祖》一文中说，"那时独秀先生答书说文学革命一事'天经地义'，不容更有异议。我如今想来，这话似乎太偏激了。我主张欢迎反对的言论，并非我不相信文学革命是'天经地义'……主张尽管趋于极端，议论定须平心静气。一切有理由的反对，本报一定欢迎，决不敢'不容人讨论'"。② 这是他不同于钱玄同与陈独秀的态度，也是经受着历史考验的、五四新文学运动中正确的学术态度。

① 胡适：《胡适文集》第 2 卷，北京燕山出版社 1995 年版，第 233—234 页。
② 胡适：《胡适文存》第 1 卷，上海亚东图书馆 1921 年版，第 107 页。

二

1918年6月，《新青年》出版了"易卜生专号"，如日本学者青木正儿先生所说，它是那时文学革命"进攻旧剧的城的鸣镝"，胡适的《易卜生主义》是"专号"上的重要文章。它固然是为了要建设西洋式的新剧，要高扬戏剧到"真的文学"的地位，以白话来兴散文剧；然而最要紧、切近的还是如鲁迅后来指出的，要借易卜生的力量，"敢于攻击社会，敢于独战多数"。也就是说，那时胡适等所以要大力提倡"易卜生主义"，固然也有文学与戏剧本身的需要，但最重要的还是社会新旧势力奋战的需要。据胡适在《易卜生主义》一文的前言中说，他并不是专门研究易卜生的人，严格讲来还不配做这样的文章，但是既然出了"易卜生专号"，他也就只好把心目中的"易卜生主义"大吹大擂地介绍到中国来。《易卜生主义》是五四新文化运动中最早介绍易卜生的思想与创作的一篇文章，也是当时对中国社会生活和文学艺术的发展影响最大的一位外国戏剧作家的较全面的引进。据说自此以后易卜生的许多戏剧作品很快被译成中文，"而在创作方面，有若干的作家不仅把易卜生剧作中的思想，甚至连故事讲出的形式，一齐都摹仿了"。这并不是一句夸张的说法。不必说当时出版的许多反映现实生活的剧作，就是一些描写古代生活的话剧，也常常显示出"易卜生主义"的影子。诸如郭沫若的历史剧《卓文君》与《王昭君》等，就是在"易卜生主义"的影响下写成的女子在家不从父、出嫁不从夫的有代表性的作品。

胡适的《易卜生主义》并不是全面介绍易卜生的一生及其所有作品，主要涉及的是他的中年时期"写实主义"的作品与思想，包括其文学观与人生观。通过易卜生这些作品的介绍与分析，胡适总结出他的"写实主义"："易卜生把家庭、社会的实在情形都写了出来，叫人看了动心，叫人看了觉得我们的家庭社会原来是如此黑暗、腐败，叫人看了觉得家庭社会真正不得不维新革命。"胡适当时就指出：他所以要大张旗鼓地介绍易卜生的"写实主义"，正是针对当时中国社会实际情况。当时的旧中国，正处在一个极端黑暗、极端腐败的时期，

"人生的大病根在于不肯睁开眼睛看世界间的真实情况,明明是男盗女娼的社会,我们偏说是圣贤礼义之邦;明明是赃官污吏的政治,我们偏要歌功颂德……却不知道,若要病好,须先承认有病;若要政治好,须先承认现今的政治实在不好;若要改良社会,须先知道现今的社会实在是男盗女娼的社会"。他总结出易卜生的长处就在于"他肯说老实话",在于"他能把社会中种种腐败龌龊的实在情形写出来叫大家仔细看"。这样做并不是爱说社会的坏话,"他只是不得不说"。胡适在这里通过介绍易卜生的剧作向中国人所说的话,和几年之后鲁迅先生在《论睁了眼看》一文中所讲的简直有惊人的相似。而且他们两人都是把文艺与现实生活联系起来,希望我们的作家、戏剧家们能够取下假面,真诚地、大胆地看取人生,并且写出人生的血和肉来。

《易卜生主义》一文决不只是消极地揭露黑暗,实际上还积极地从正面讲了易卜生的"个性主义"。同时,作者在《非个人主义的新生活》中还批评了周作人在介绍日本的"新村运动"时所宣扬的"个人主义的新生活",认为它完全是一种"假的个人主义"、自私自利的"为我主义"。与此相反,胡适介绍了美国哲学家杜威的积极的"个性主义",其主要特征是:一、独立思想,不肯把别人的耳朵当耳朵,不肯把别人的眼睛当眼睛,不肯把别人的脑力当自己的脑力;二、个人对自己的思想信仰的结果负完全的责任,不怕权威,不怕监禁杀身,只认真理,不认得个人利害。《易卜生主义》所讲的就是这种"个性主义"。它一方面分析了剧本《娜拉》的主人公不肯依附别人,要努力把自己铸造成具有独立思想的个人;另一方面又分析了《国民公敌》中的斯多曼医生那种特立独行,敢说真话,敢向恶势力作战,只认得真理不怕权威的大无畏精神。鲁迅于五四运动的当年在《随感录》中引用易卜生在《国民公敌》中的一段话,所表达的那种不怕孤立,敢于作战的斗争精神,与胡适的文章基本思想是一致的。

同一年,胡适写成了独幕剧《终身大事》,虽然内容较为简单,而且还以"游戏的喜剧"出现,但是从思想内容到表现形式,都是一幕新型的、具有反封建意义的写实主义话剧。其中心思想如剧中的田女士离家之前留给田先生的字条所说的:"这是孩儿的终身大事,孩儿应该自己决断。"从时间上看,南开学校新剧团的《新村正》的出现早于胡适的《终身大事》,但是由于胡适的剧本与他同时发表的《易卜生主义》具有一致的精神,所以其影响远远超过《新村正》,以致成为公认的中国现代话剧的开端,新兴话剧创作中具体体现个性解放与写实主义最早具有较大影响的作品。

在《文学进化观念与戏剧改良》一文中,胡适还明确提出了历来的中国文学中最缺乏"悲剧观念"。当然最早在中国提出这一问题的是王国维。他在本世纪初写的《红楼梦评论》中就指出:中国传统文学中常常表现出一种"乐天之精神",唯有《红楼梦》一书,"与一切喜剧相反,彻头彻尾之悲剧也",因而它在美学上具有极高的价值。1912 年,他在其《宋元戏曲史》中又进一步指出:元杂剧中就有成功的悲剧作品,其中最杰出者如关汉卿的《窦娥冤》,纪君祥的《赵氏孤儿》等,"即列于世界大悲剧中,亦无愧色也"①。但是王国维的提倡悲剧,是和他的悲观主义的人生观相联系的;胡适之提倡悲剧,却使之与其积极、进取的人生观联系在一起。他认为像《红楼梦》那样的悲剧,才能"使人觉悟到家庭专制的罪恶,使人对于人生问题和家庭社会问题发生一种反省"。而只有这种悲剧观念之深入人心,才能产生反映悲剧时代的社会生活的悲剧文学,即"思力深沉、意味深长、感人最烈、发人猛省的文学"。

虽然写作了《终身大事》,可是胡适并非一位剧作家,自然他也没有创作出真正的悲剧文学。其重大意义在于易卜生主义与现代悲剧的倡导,在五四以后的剧作家中产生了积极的影响。中国现代著名的剧作家曹禺,二十年代中期就在天津南开中学参加过易卜生的《玩偶之家》(即《娜拉》)与《国民公敌》的演出并且是易卜生及其剧作的崇拜者。易卜生的社会问题剧对于曹禺的思想与创作产生过极为深刻的影响,三十年代《雷雨》一剧的出现就是这一影响的集中体现,女主人公蘩漪就有"中国的娜拉"之称。这当然与五四时代胡适的大力宣传"易卜生主义"有很大关系。后来洪深在《中国新文学大系·戏剧集》的导言中也认为:胡适当时极力推崇易卜生主义,对于后来中国话剧的发展,影响是非常大的。这自然也包括对剧作家曹禺的影响。对于五四以后的

---

① 王国维:《王国维戏曲论文集》,中国戏剧出版社 1957 年版,第 106 页。

中国现代戏剧创作与批评，胡适很少涉及，这除了他的态度宽厚、容忍异己之学者风度外，恐怕也和他的兴趣与实际活动逐渐远离文学有关。曹禺的剧作《雷雨》与《日出》问世后，立即产生了巨大的社会反响，像郭沫若、周扬等都对之作了极高的评价，然而胡适却对这两个划时代的剧作提出了尖锐的批评。他认为曹禺的处女作完全是受了外国的易卜生、奥尼尔诸人影响的产物，"其中的人物皆是外国人物，没有一个中国人"；《日出》虽然有很大的进步，也只是人物"稍近情理"，但如胡四、顾八奶奶等"不近情理"之处也不少。① 这种批评显然表明胡适当时对这两个剧本并不真正理解，更谈不上研究了。好在这些意见那时只不过在私人日记中流露出来，并未公开发表，这也表明作者当时对此还是十分慎重的。

三

五四新文化运动中胡适关于中国戏剧改革的意见，与钱玄同、周作人等的完全否定传统旧戏剧的观点不同，其重要的原因就在于他的文学观念中的"历史进化论"。他认为一切文学、戏剧都是从古至今不断变迁、进化与发展的。所谓一时代有一时代之文学，一时代有一时代的戏剧，是他起而反对文学复古主义的"今不如昔"的一个重要理论支柱。在这种进化论的指导下，今天的戏剧工作者的重要任务，就是从今天的时代要求出发，促进戏剧的发展，推动戏剧的进步。在《文学改良刍议》中，胡适就明确表示：以历史进化之眼光观之，决不可认为古人之文学皆胜于今人。而且他还引证了古典文学发展的许多事实，来证明文学也是"因时进化，不能自止"。戏剧的发展变化当然也不能例外。在中国的历史发展中，辽、金、元三百年间中国出现了一种可喜的"通俗行远之文学"：小说方面有《水浒传》《西游记》和《三国演义》等，戏剧方面则出现了以关汉卿的作品为代表的元杂剧。这是我国戏剧创作最丰盛的时代。

---

① 胡适：《胡适文集》第 2 卷，北京燕山出版社 1995 年版，第 173 页。

　　在谈到中国戏剧文学的发展时,胡适十分重视学者王国维的学术著作《宋元戏曲史》所阐述的观点。第一,突出元杂剧在中国戏剧发展史上的重要地位,甚至认为如果元代戏剧文学的发展不为明代诱导文人复古的"八股取士"所阻止,世界文艺复兴之伟业必将出现于我国的神州大地!因而今天的任务就是要批判旧八股、旧教条,加快文学与戏剧的发展;第二,强调各个民族之间互相学习的重要,特别是当时的中国要努力向先进国家学习。早期的中国歌舞就深受西域各国的影响,像艺术舞台上的胡琴、琵琶等,最早都来自西域各国。随着人类的进步、社会的发展,尤其到了五四时代,已经落后于形势的中国戏剧要想跟上世界的发展,就必须向外国学习,必须认真研究西方戏剧的长处,真正做到"取人之长,补我之短"。尤其要认真学习西方戏剧中的新观念、新方法、新形式。只有如此,才可以使我国戏剧随着整个社会生活有所发展,有所进步。当然学习西方决不意味着完全离开传统,完全不要遗产。

　　当时由于中国在政治、经济、军事、文化等方面都处于十分落后的地位,因此改革是摆在中国人面前的头等大事,先进的中国人都站在改革的第一线。只有那些顽固分子、守旧派,才极力反对革新,反对学习外国,把自己打扮成传统文化的捍卫者。胡适是新文化运动的开路先锋,同时又是传统旧文化的整理者与革新家。他的《中国哲学史大纲》这部开创性的著作,定稿于1918年7月,和其《建设的文学革命论》《文学进化观念与戏剧改良》等同时出现,可以说是他在五四新文化运动中推陈出新的重要著作。这些著作充分显示出胡适与同时代的钱玄同等人不同,他不是简单地否定旧文化、旧戏剧,而是要以新的观点与方法为指导,改革旧文化、旧戏剧:"中国戏剧的将来,全靠有人知道文学进化的趋势,能用力鼓吹、帮助中国戏剧早日脱离一切阻碍进化的恶习惯,使他渐渐自然,渐渐达到完全发达的地位。"①当然,正如我们已经指出的,胡适并不是一位戏剧专家,所以仍然只是从一般事物的发展、进化的规律上去讨论戏剧的改革与发展。如他自己承认的那样,涉及戏剧发展的内部规律时,自然也就没有多少发言权了。

————————

　　① 胡适:《文学进化观念与戏剧改良》,《新青年》1918年第5卷第4号。

　　五四时期的胡适,在和别人讨论文学与戏剧创作时,非常强调"写实主义"。他认为,在当时的中国,只有"以经验作底子"的"写实主义"作品,才是最有价值的,才能服务于现实的社会改革,只有经过"写实主义"洗礼的作家,才能写出好的作品来。所以他不赞成在五四文坛上提倡浪漫主义或新浪漫主义。他曾经指出,在西方确有成就很大的新浪漫主义作家,但那也是经过严格的现实主义训练的。在这一点上,他与鲁迅和陈独秀等人的看法是一致的,对五四时期的文学与戏剧创作无疑起过积极的作用。不过胡适毕竟不是一位作家,与鲁迅不同,对文学艺术创作中的"写实主义"的理解过于狭窄。尤其是对于异常丰富的古典戏剧,他也是用一个固定的模式去套,合则取,不合则舍,即用"写实主义"去排斥其他的创作方法以及用这些创作方法写成的文学艺术作品。比如对于中国古代戏剧作品中的脸谱、台步、唱功、锣鼓、马鞭子等等,这些常见的方法与技巧,胡适都不加分析把它们当作早已过时的历史"遗形物"加以扬弃。虽然在提到西方近、现代戏剧创作时,他对诸如"象征戏""心理戏"等并非写实主义的作品,也能给予比较公正的评价,甚至认为它们是千变万化,美不胜收。但是一说到内容与表现方法都十分丰富的中国古代戏剧,他立刻就回到"写实主义"的艺术框子,否定非写实主义的一切作品。比如他曾以讽刺的语气说,"再看中国戏台上,跳过桌子便是跳墙;站在桌子上便是登山;四人跑龙套的便是一干人马;转两个湾便是行了几十里路;翻几个跟头,做几件手势,便是一场大战。这种粗笨愚蠢、不真不实、自欺欺人的做作,看了真可使人作呕"。仅就这一点来说,胡适与当时的钱玄同、周作人等具有相同的立场。那时对传统的戏剧墨守成规的维护者们,为了反对改革而把旧戏剧的表现方法不加分析地都当作"中国戏剧的精华"当然是十分片面的,历史已为他们做出公正的结论;但是如果反其道而行之,把传统戏剧中各种非"写实主义"的表现方法都视为"男子的乳房"那样,是毫无用处、毫无价值的"遗形物",也同样是一种简单而且有害的做法。

　　值得注意的是,胡适在五四时期曾在文章中提到中国戏剧表演大师梅兰芳正在演唱新编的《天女散花》,不仅没有批判,字里行间还流露出某种赞美之情。又据《胡适传论》的作者告诉我们:胡适对梅兰芳的京剧艺术十分欣赏,当时梅兰芳受到美国邀请,要赴大洋彼岸演出,出美之前曾经专给胡适演试,为了要胡适帮他选择戏目,并且在内容、旨趣与演出的艺术风格上为他作指导。这再一次表明胡适对待传统戏曲的态度的确与钱玄同等人不同。

(与魏晓耘合著,原文载于《东岳论丛》2001 年第 2 期)

关于"问题与主义"之争
及其评价的历史反思

　　五四以来的新文化运动中,曾经出现过多次有关中国社会问题的严肃而认真的争论,这种争论作为新文化运动的重要组成部分产生了深远的影响,有正面的也有反面的影响。按照"实践是检验真理的唯一标准"这一基本原则对这些争论给以科学的总结,不仅在理论上而且在实践活动中也具有重大意义。然而由于长期形成的"左"倾教条主义与宗派主义的理论与思维模式,人们总是习惯于把这些争论简单地划分为资产阶级与无产阶级、马克思主义与反马克思主义、革命与反革命的两极对立的矛盾和斗争,正反分明,非此即彼,不能有任何的折中调和与具体分析。对于"问题与主义之争"的研究与评价就是突出的一例。实践证明这种研究与评价不仅是极不公正的,而且也是极其有害的。

　　通行全国的《辞海》(上海辞书出版社 1984 年版)是这样解释"问题与主义论战"的:

　　　　五四运动后,马克思列宁主义在中国的影响不断扩大,引起资产阶级右翼的恐慌,1919 年 7 月,胡适在《每周评论》上发表《多研究些问题,少谈些主义》一文,反对用马克思列宁主义指导中国革命,主张对中国社会作一点一滴的改良。同年 8 月,李大钊立即在《每周评论》上发表《再论问题与主义》一文予以驳斥,指出:主义是解决问题的观点、理论和方法,要

解决问题必须谈主义;中国社会问题必须先求根本解决,才有解决其他具
体问题的希望;这个根本解决中国问题的主义就是马克思列宁主义。这
次论战扩大了马克思列宁主义的影响。①

这个解释是完全不符合实际情况的。首先,当时的马克思列宁主义只是
许多外来的新主义中的一种,并没有特别大的影响。胡适的文章是批评这许
多新主义的宣传者偏于纸上空谈而不联系、不解决中国的实际问题、具体问
题。所以他才主张少谈些主义、多研究些问题。其次,这次争论的主要是"问
题与主义"的关系,要不要谈主义? 怎样对待外国引进的各种各样的主义? 要
不要研究中国的实际问题? 怎样研究问题? 其实即使李大钊那篇文章,除去
"根本解决"的一段文字外也并未谈多少马克思列宁主义的思想与理论。因
此,如果说通过这次争论扩大了胡适的影响似乎是更符合实际的。

毛泽东说:"五四运动时期,一班新人物反对文言文,提倡白话文,反对旧
教条,提倡科学和民主,这些都是很对的。在那时,这个运动是生动活泼的,前
进的,革命的。"毫无疑问胡适是当时那"一班新人物"中的杰出代表之一。他
在反对文言文提倡白话文和反对旧教条提倡科学与民主的斗争中,从理论到
实践活动都立下了汗马功劳。胡适后来在政治上依附了国民党反动派,但我
们决不可因此而否定他在中国新文化运动中的突出贡献,尤其不能因人废言
地抹杀他在五四新文化运动中的丰功伟绩。五四新人物们在反对封建旧教
条、提倡科学与民主的大目标上,立场与态度是一致的,但是在如何理解与如
何实现科学与民主,如何建设新文化、新社会等问题上,彼此的意见并不完全
相同。而这种不同以及由此不同而引起的某些争论,是好事决不是坏事。在
此十年以前鲁迅在《破恶声论》中说过:"今之所贵所望,在有不和众嚣、独具
我见之士,洞瞩幽隐,评骘文明,弗与妄惑者同其是非,唯向所信是诣,举世誉
之而不加劝,举世毁之而不加诅,有从者则任其来,假其投以笑冯,使之孤立于
世,亦无慑也。则庶几烛幽暗以天光,发国人之内曜,人各有己,不随风波,而

---

① 《辞海》编辑委员会:《辞海·历史分册·中国现代史》,上海辞书出版社 1984 年版,第 12 页。

中国亦以立。"五四所开创的就是这样一个"人各有己,不随风波"的时代,也就是一个各抒己见、百家争鸣的时代。通过不同意见的争鸣,彻底打破了封建专制主义一家独尊的文化传统,促进了新思想的传播,推动了新文化的发展。关于"问题与主义"之争就是其中较早的一次。

1919 年 4 月底,胡适在《每周评论》第 28 期上发表的《欢迎我们的兄弟——〈星期评论〉》一文中说:"现在舆论界的大危险,就是偏向纸上的学说,不去实地考察中国今日的社会需要究竟是什么东西。那些提倡尊孔祀天的人,固然不懂得现时社会的需要,那些迷信军国主义或无政府主义的人,就可算是懂得现时社会的需要么?"他还说,"要知道舆论家的第一天职,就是细心考察社会的实在情形。一切学理,一切'主义'都是这种考察的工具"。不久,他就将上述意见扩充成一篇独立的文章发表于 7 月出版的《每周评论》第 31 期上,这就是引起争论的《多研究些问题,少谈些主义》。首先对此文提出异议的是知非的《问题与主义》,他并没有联系当时社会的实际需要,只是从理论上笼统地讲:问题需要研究,主义也应当谈,解决具体的局部的问题,只需要通过对该问题的细心研究找出解决的办法;解决广泛的社会问题、革命的问题,一定要有抽象的主义作为理论指导。[①] 随后才是李大钊的《再论问题与主义》。李文的可贵之处在于:有实事求是的、自我批评的科学态度,并无文过饰非、党同伐异的宗派主义作风。他公开承认"我们最近发表的言论,偏于纸上空谈的多,涉及实际问题的少",因而表示"以后誓向实际的方面去作"[②]。而这正是读了胡适的文章之后"发生的觉悟"。在此同时他针对胡适的文章着重论述了"问题与主义不能十分分离",不应因为存在着"假冒牌号的危险"和反动势力的攻击"过激主义"而讳谈主义,以及用马克思列宁主义为指导对社会问题实行"根本解决"的重要性。为了进一步论证自己的观点,胡适又相继发表了《三论问题与主义》和《四论问题与主义》,着重论述了在对待主义与学理的态度上他与知非、李大钊二人不同的意见,而主要批评的又是知非的把问题与主义机械地分开、强调主义的抽象性等观点。所谓"问题与主义之争"也就到此

①　知非:《问题与主义》,《每周评论》1919 年第 33 期。
②　李大钊:《再论问题与主义》《每周评论》1929 年第 35 期。

为止,胡适后两篇文章的发表虽然并不是结论,可是包括李大钊在内没有任何人再提出异议。

同年 11 月,胡适又在《新思潮的意义》一文中,对于"问题与主义"的讨论作了带有总结性的论述。他认为五四新思潮的根本意义就是人们学会了对待各种事物采取一种新的态度,即评判的态度,也就是尼采提出的"重新估定一切价值"的态度。怎样才能实现对一切价值的重新估定呢? 一方面是讨论社会上、政治上、宗教上、文学上的种种问题;另一方面是介绍西洋的新思想、新学术、新文学、新信仰。前者是"研究问题",后者是"输入学理"。二者的关系是:把全副精力贯注到研究问题上去,在研究问题里面做点输入学理的事,或用学理来解释问题的意义,或从学理上寻求解决问题的方法,决不可把一切学理都看作天经地义的东西。他是把以上的态度作为两三年来新文化运动的经验教训进行总结的。

应当看到,胡适在他的文章中提出的是一个具有重大现实意义的问题。五四是一个广泛介绍和输入外国新思潮、新理论的时代,诸如德国的尼采哲学、马克思主义、俄国的无政府主义、布尔什维主义,以及托尔斯泰的人道主义、日本的新村主义等。五四又是一个觉醒了的青年一代认真思考和探求各种社会问题的时代,诸如孔教问题、妇女解放问题、语言文学问题等。冰心在她的小说《一个忧郁的青年》中通过主人公彬君的口说:从前"活着为活着,念书为念书,吃饭为吃饭,不求甚解,浑浑噩噩的过下去";现在看到"眼前的事事物物,都有了问题,满了问题",而且"世界上一切的问题,都是相连的。要解决个人的问题,连带着要研究家庭的问题,社会的问题"。在五四的高潮中,人们多热衷于外来新思想、新主义的介绍与宣传,五四高潮过后,整个社会思潮逐渐从浪漫转向现实,从新思想新主义的介绍与宣传转向社会问题的研究与探求。朱自清的诗句就敏感地表现了这一点:"从此我不再仰眼看青天,/不再低头看白水,/只谨慎着我双双的脚步;/我要一步一步踏在土泥上,/打上深深的脚印!"风行一时的"问题小说""问题剧""乡土小说"等,正是反映了这一普遍的社会动向。在当时的文学界,不仅是那些现实主义的作家们,即使那些以浪漫派著称的诗人与小说家,也开始从不同的角度去透视现实生活中的种种问题。在这种情况下,理论界却仍是"偏于纸上空谈的多,涉及实际问题的少",也可以说的确是一种"危险"。

在一个社会大变革的时代,引进与传播外来的新思想、新理论,是非常重要的,只有这种新思想、新理论的传播才能启发广大群众变革现实的思想觉悟。可是仅仅停留于此又是很不够的,更为重要的是研究中国社会实际,把外来的新思想、新理论与中国社会的实际结合起来。相比较而言,前者容易,后者更为困难。在五四新文化运动中是胡适首先认识和提出了这个问题。他说:"我们不去实地研究我们现在的社会需要,单会高谈某某主义,好比医生单记得许多汤头歌诀,不去研究病人的症候,如何能有用呢?"在此同时鲁迅也从改造国民性的角度提出了类似的问题。他清楚地看到了别国人民因为有了新的主义使革命的形势大为改观,看到了新的主义所显示出来的"新世纪的曙光"。但是这新的主义是否适应于中国的实际情况,是否能为广大的中国人民所接受,甚至说能否为中国人所理解,都是需要认真研究的问题。他说,"新主义宣传者是放火人么,也须别人有精神的燃料,才会着火;是弹琴人么,别人的心上也须有弦索,才会出声;是发声器么,别人也须是发声器,才会共鸣"①。所谓"别人",在这里指的就是"中国人"。也就是说鲁迅认为在宣传外国引进的新主义的时候,是需要研究中国的具体的实际的问题的,不研究这些实际问题就不会有好的效果,其中最为重要的又是国民性问题。

后来的实践证明,在引进外国新主义的时候如何认真研究中国的实际,如何把外国的主义与中国实际结合,的确是大问题。1930 年,毛泽东提出了"反对本本主义",他指出:外国的"本本"我们是要学习的,"但是必须同我国的实际情况相结合",我们需要"本本","但是一定要纠正脱离实际情况的本本主义"。在这里他所批评的实际上也就是革命队伍中那种只会空谈马克思主义而不了解,也不研究中国的实际问题的不良倾向,强调研究中国的实际问题的重要性。然而在十年内战时期革命领导层的上述错误倾向越来越严重,到1942 年的延安整风不得不继续批判"左"的教条主义,进一步提出马克思列宁

---

① 鲁迅:《鲁迅全集》第 1 卷,人民文学出版社 1981 年版,第 354 页。

主义必须与中国的革命实际相结合的问题。但是在实际上这个问题一直未能很好地解决,包括毛泽东本人后来所犯的错误,仍然属于"左"倾教条主义的性质。所以改革开放以来"建设有中国特色的社会主义"就成为一个中心的任务。

胡适所以要发表《多研究些问题,少谈些主义》,还因为他当时已经是一个"实验主义的信徒"。站在实验主义的立场上,他认为人类社会的进步与发展都是通过一个个具体社会问题的改革与解决而实现的,不可能有什么包医百病的主义能够将一切社会问题"根本解决"。在五四运动的高潮期,胡适就邀请他的老师、美国实验主义思想家与教育家杜威来中国讲学。不久又在《新青年》等刊物上发表了系统介绍与论述实验主义的哲学与教育思想的文章。胡适强调实验主义哲学思想的两大支柱是:进化的、历史的观念;科学的试验室的态度与方法。所谓进化的、历史的观念,即以进化与发展的观点去认识一切事物,从来不把一个制度或一个学说看作是孤立的东西,总是把它看作一中段,一头是它所以发生的原因,一头是它自己发生的效果。对于任何的制度与学说,一切的事物,都应把它放在一定的历史背景中,因它本身所产生的效果去评价它的价值。任何制度与学说,一切的事物,都不是一成不变的、永恒的,世界上不存在什么"永久不变的天理"。所谓科学的、试验室的态度与方法,即一切真理都要经过实验去证明其合理性,"一切学说与理论都须用实行来试验;实验是真理的唯一试金石"。杜威在中国的讲演录两年之内再版十次,传播十几个省市。胡适的文章也产生了深远的影响。这本身说明实验主义在当时的提倡科学与民主、反对封建旧教条的斗争中,是具有积极意义的,不应笼统地称之为"反动哲学"。比如胡适在《少年中国之精神》一文中提倡少年中国首先应当具有科学的精神与方法,而这种科学的精神与方法的第一条就是"注重事实"。即不论研究什么问题,"不要问孔子怎么说,柏拉图怎么说,康德怎么说;我们需要先从研究事实下手"。这种科学求实的精神至今也是很可贵的。

如果我们承认所谓"问题与主义"之争是五四"新人物"内部不同意见的讨论,虽然它带有一定的阶级性,但是争论的结果并不是哪个阶级对哪个阶级

的胜利,或哪个主义战胜哪个主义,更不能说是"显示了当时的共产主义知识
分子对整个五四文化运动的领导作用"。而是论争双方取人所长补己所短,使
自己的意见更全面,自然并不是放弃了自己的主张而依附对方。李大钊明确
表示在倡导马克思主义的活动中应注意纠正过去那种"纸上空谈"的毛病,
"以后誓向实际的方面去作",也就是注意以马克思主义为指导去研究与解决
中国的实际问题。胡适在他的答辩文章中也进一步说明只有那种变成了抽象
空洞的名词的主义才应当反对,而具有具体内容的主义是不应反对的,"一切
主义,一切学说,都应该研究",包括研究其产生的社会背景、"论主"的生平事
迹及其所受的影响,每一种学说所发生的社会效果,等等。但是任何主义与学
说的研究与输入都是用来作为启发思考的工具,研究实际问题的参考,决不可
以视为天经地义的信条、金科玉律的宗教,不可以把它作为"蒙蔽聪明、停止思
想的绝对真理"。就李大钊与胡适两人的文章看,他们主要是从正面论证自己
的意见,互相的批评与指责并不多。而且李大钊在文章中强调指出:他的主要
论点有的和胡适的意见"完全相同",有的和胡适的意见"稍相差异",但却可
以"互相发明"。这种以善意的态度交换意见、讨论问题的精神,也就是五四时
代的百花齐放、百家争鸣的精神,至今仍是值得人们学习的。

　　从三十年代开始,彭述之、叶青、李季等人就以极左的面目批判胡适的实
验主义哲学思想,彻底否定他的多研究些问题,少谈些主义的主张,甚至称之
为"商业哲学""拜金主义",是一种"根本否认革命"的反动思想。四十年代初
期解放区的整风运动是以反对和批判"左"的教条主义为目标的,但却并没有
放过对胡适的《多研究些问题,少谈些主义》的批判。艾思奇就认为"问题与
主义"之争是"马克思主义在中国传播时与改良主义的自由资产阶级发生的第
一次的思想斗争"。到了五十年代由批判俞平伯的《红楼梦》研究引出的对胡
适及其思想的全国性批判与讨伐,更是将胡适的《多研究些问题,少谈些主义》
同反马克思主义、反社会主义、反革命直接联系起来。上述《辞海》中关于"问
题与主义"之争的解释,基本上是在几十年批判胡适思想的过程中形成的。这
种批判无形中形成一种思维定势:凡是胡适主张过的都是反动的,只有反其道
而行之才是革命的,胡适主张"多研究些问题,少谈些主义",于是研究实际问

题就常常被视为改良主义、实用主义、机会主义；只有空谈革命的主义，唱高调、喊口号，即使不干任何具体的事情也是革命派、马克思主义者。可是几十年的经验证明，危害革命与现代化建设的并不是多研究问题的务实派，而是空谈主义的极左派。把马克思主义变为僵死的宗教教条，视为比封建时代的孔孟之道更加神圣，使它不能成为启发人们独立思考、独立创造的科学理论，教训极为深刻。在封建势力统治下的旧中国，宣传马克思列宁主义，在马克思列宁主义指导下实行对社会制度的"根本解决"，当然是争取人民解放的首要任务，但这决不意味着对其他社会问题的研究与解决毫无意义。五四以后，许多爱国的科学家、教育家、文学艺术家等等为祖国与人民作出的贡献都应得到充分肯定。然而，实际上几十年来不仅他们的事业不被重视，他们本身也总是被视为"不革命"的二等公民，有的甚至被当作"反革命"给以极不公正的待遇。老科学家周培源早在 1979 年纪念五四运动六十周年的时候就曾为此而鸣不平。旧政权被推翻、新的政权建立之后，本应全力从事新社会、新国家的建设，研究和解决事关国计民生的各种具体问题。可是旧的思维定势仍然使许多人习惯于高谈主义。事无巨细，都要首先划分它们是什么主义，是姓社还是姓资，是马列主义还是反马列主义。只要被划入社会主义和马列主义的范围，一切弊端和问题都可以掩盖起来，反之就要被否定，遭批判。几十年的大好时光都在忙于兴无灭资，批判修正主义等。从 1958 年的向"共产主义"大跃进，到十年"文革"当中所谓攀登马克思主义的"第三个高峰"。如果有谁超越"主义"而研究具体的问题，就立即会遭到残酷斗争、无情打击。梁漱溟因提出农民问题而被批判为"以笔杀人"的反动分子；胡风因研究文艺创作问题而被判为"反革命"；马寅初提出的控制人口问题被批判为反党反社会主义的右派言论；彭德怀因为研究"大跃进"中的许多问题而被定为"反对走社会主义道路"的"右倾机会主义分子""反党小集团"的头目；经济学家孙冶方提出社会主义经济也要讲究价值规律的问题，就被批判为"修正主义分子"入狱八年；就连刘少奇、邓小平，也因正视国家经济与政治生活中的许多问题而屡遭厄难。这些，似乎都与空谈"主义"有关。

在指导思想上，长期以来我们片面地强调"主义"与理论的决定意义，只相信"没有革命的理论便没有革命的运动",因而时时不忘对人民的思想教育与理论"灌输"。却不重视对不断变化中的国内外实际生活的调查与研究,不重视对广大人民的生活问题与思想愿望测验与分析。马克思早就说过:"新思潮的优点就恰恰在于我们不想教条式地预料未来,而只是希望在批判旧世界中发现新世界。"①这所谓的"批判旧世界",并不是过去我们所简单化理解的"把它打翻在地再踏上一只脚,让它永远不得翻身",而首先是对旧世界进行分析、研究,提出问题、解决问题。事实上我们有许多以正统马克思主义者自居的人恰恰是违背马克思主义的基本原则,靠背诵马克思主义的词句来规划未来。恩格斯在《卡尔·马克思的〈政治经济学批判〉》中指出:马克思主义唯物论的世界观要求人们在解决这一切问题的时候"必须从最顽强的事实出发",而不能从纯粹的思维出发。毛泽东在领导中国民主革命的活动中也曾提出,中国革命的胜利要靠中国的革命者对中国问题的调查研究,"你对于某个问题没有调查,就停止你对于某个问题的发言权"。调查研究问题像"十月怀胎",解决问题就像"一朝分娩",调查研究就是解决问题。可惜的是这个原则并没有坚持下来,反对"本本主义"并未真正奏效。

长期以来,在中国的辞书和社会生活中,"革命"是一个光辉灿烂的字眼,"改良"总是一个贬义词,"改良主义"更是罪同"反革命"。其实对于一个国家和社会来说,在不同的历史时期与不同的问题上,革命与改良都是需要的。十九世纪末康有为、梁启超领导的改良主义运动虽然以失败告终,却具有重大的历史意义,可以说是古老的中国社会由封闭走向开放,由传统迈向近现代化的先导。改良主义运动失败以后只有革命才是中国社会发展的唯一出路,再坚持改良主义那就是历史的反动。不过即使在大革命的洪流中,对于许多具体的社会问题也仍然只能一点一滴地改革即改良。实践已证明一切都采取彻底革命的态度是有害无益的。尤其在社会制度的"根本解决"之后,还在反对一切改良,拒绝对许多具体问题的研究与循序渐进的改革,幻想用所谓"无产阶级专政下继续革命"的办法"根本解决"一切社会问题,其结果恰好是事与

---

① 《马克思恩格斯全集》第 1 卷,人民出版社 1956 年版,第 416 页。

愿违。

马克思主义在五四新思潮中占有重要的地位,但是马克思主义并不能代表整个的五四新思潮,比如科学与民主,在五四新思潮中的影响更广泛、更深刻。即便是由胡适介绍和传播开来的实验主义,在文化学术界的影响也不次于马克思主义。因此不能认为一切非马克思主义都是与五四精神背道而驰的"反动思想",不能将它们统统置于五四新思潮的对立面。只承认马克思主义在五四新思潮中的合法地位,那就必然人为地将丰富多彩的五四新文化运动简单化,而且必然导致否定五四的结论,正如二十年代末和三十年代初的无产阶级革命文学运动那样。在关于"问题与主义"之争的评价中,对李大钊的全称肯定与对胡适的完全否定,正是这种将历史简单化的典型事例。马克思主义是人类社会发展到十九世纪后半期的思想智慧的结晶之一,但并非其全部内容。在十九至二十世纪,特别是马克思主义出现之后,世界自然科学、社会科学与人文科学又有了突飞猛进的发展,取得许多新的成果。"指导我们思想的理论基础是马克思列宁主义",同时我们又一定要接受近现代人类社会发展中所取得的一切文化思想与科学理论,借以推动我国的现代化建设。

(原文载于《齐鲁学刊》1994 年第 1 期)

新月社作家与民国前期的
人权与法治运动

一

民国前半期,以独立派知识分子为主体的新月社掀起了几次有较大影响的文艺运动。他们先后形成了以徐志摩、闻一多、陈梦家为代表的新月派诗歌群体,以余上沅、赵太侔、熊佛西为代表的新月派戏剧群体,以沈从文、凌叔华为代表的新月派小说群体,他们的创作在中国现代文艺发展史上具有重要地位。1920 年代末,新月派作家以胡适、罗隆基为代表又掀起了影响更大的人权与法治运动,他们关于人权与法制的理论主张与刚刚建立起来的国民党政权公开冲突,在中国现代思想发展史上写下了十分重要的一页。

新月社最初成立于 1923 年,据徐志摩在他们的《剧刊始业》中介绍,“最初是聚餐会,从聚餐会产生了新月社”。成立之初的新月社,并无什么严密的组织,近于 18 世纪法国巴黎的沙龙,其成员主要是以个人名义在聚餐会上清谈诗歌、戏剧和小说,或者以个人的名义在《现代评论》《晨报副刊》,以及文学研究会与创造社的刊物上发表作品。1925 年 10 月,徐志摩任《晨报副刊》主编后,他们才算有了发表作品的主要阵地。次年 4 月,徐志摩在《晨报副刊》上办了《诗刊》(每周一期),于是他们便在上面有计划地从事新格律诗的写作与讨论。《晨报副刊·诗刊》只出了 11 期就宣布“放假”,之后又创办了《晨报副刊·剧刊》专门从事戏剧的创作与讨论。据新月社成员叶公超回忆,已在文坛与学术界有较大影响的胡适常常作为新月社的重要成员参加聚餐会。他说:"我是1926年回国后在北京才认识胡适之先生的。那时徐志摩住在中街,每星期四中午,《新月》的朋友们到徐志摩家里去聚餐,适之也常来。"①不过当时胡适的主要兴趣已不在文学艺术方面,所以他很少在这方面发表什么意见。北伐战争后胡适出国,新月社成员纷纷南下。1927年,胡适从国外回到上海,于是新月社新老成员又在上海创办了新月书店和《新月》月刊。在胡适的带动下,新月社又开始了新的文学与思想活动,其主要成员除原来的胡适、徐志摩外,还有罗隆基、梁实秋、叶公超、丁西林等。

《新月》月刊一开张,就和当时正在兴起的左翼革命文坛发生了摩擦。徐志摩在创刊号上发表的《新月的态度》和梁实秋在第四期上发表的《文学与革命》等,都有对于左翼革命文学的批评,革命文学的批评家彭康、冯乃超,还有鲁迅,都针锋相对地对《新月》进行了反批评,甚至指出新月社在当时正在执行着为统治者"维持治安"的任务。这时,身居新月社要位的胡适,虽然没有发表过什么关于文艺问题的文章,也不可避免地成为被批评的主要人物。但这时胡适与左翼作家的冲突只是一个方面,另一个更为重要的方面是,胡适和新月社作家在政治思想上首先是和刚刚建立的国民党政权存在着尖锐的矛盾。这主要表现于胡适、罗隆基就人权和法治问题对国民党封建法西斯专政的批评,和国民党反动统治对他们的镇压。

20世纪二三十年代的胡适,在国际上对当时的苏美两国都表示了不同程度的肯定态度。对苏联,1926年7月,他在旅欧途中曾亲自去那里做过考察,亲眼看到那时的俄国人在努力造成"社会主义的新时代"。实验主义的态度不允许他对那里的政治实验视而不见。并且,苏俄的革命变革也使他颇为称赞。1927年初,他又从苏俄路经英法,跨过大西洋到达阔别多年的美国,亲眼看到了美国社会发展远远超过苏俄,因而使他在思想上更倾向于美国。不过,当时他并未把苏美对立起来,并未否定苏俄的道路。直到1935年,他还在说:"难道在社会主义国家就可以不用充分发展个人的才能吗?难道社会主义国家里

---

① 叶公超:《深夜怀友》,《新月怀旧——叶公超文艺杂谈》,学林出版社1997年版,第153页。

就用不着独立自由思想的个人了吗？难道当时辛苦奋斗创立社会主义、共产主义的志士仁人都是资本主义社会的奴才吗？我们试看苏俄现在怎样用种种方法来提倡个人的努力，就可以明白这种人生观不是资本主义社会所独有的了。"而且他还颇有感慨地说："我们到莫斯科去看了那个很感人的'革命博物馆'，尤其是其中展览列宁一生革命历史的部分，我们就不能不深信：一个新社会、新国家，总是一些爱自由爱真理的人造成的，决不是一班奴才造成的。"①

当然，那时的胡适也和罗隆基一样，批评苏俄"独裁"，肯定美国的民主制度，力主中国要认真学习美国。但是他又认为从发展上看，苏俄的各种事业都在改革中前进，他们的"狄克推多"（独裁）也会逐步"过渡到社会主义的民主制度"的，因为苏俄毕竟是一个正在探索前进的国家。上世纪廿年代末和三十年代初，以胡适为首的新月派与国民党政权在人权与法治问题上的公开冲突，就是在上述背景下发生的。

二

邓小平曾经说过："旧中国留给我们的，封建专制传统比较多，民主法制传统很少。"②这是因为旧中国长时期在封建专制主义统治下，和欧美各国相比，中国社会的民主法制意识较为淡薄。五四时期，民主法制的思想开始传入，但是在数十年之内，这种传播主要还是在少数知识分子当中，广大人民群众接受教育的机会并不多，接受民主法制的机会就更少。北洋军阀和国民党政府为了自身的利益，一再限制民主法制思想的传播。革命的无产阶级思想来自俄国，而那里也是缺少民主法制传统的国家。

20世纪二三十年代之交，国共两党分裂，国民党专制政权建立，以胡适为首的独立派知识分子对抗中国的封建旧传统，以欧美先进国家为榜样，竭力将其人权与法治思想介绍到中国来，因而和国民党政权发生了公开的冲突。

1928年7月，胡适在《新月》月刊上发表了《名教》一文，指责上台之后的

---

① 胡适：《个人自由与社会进步——再谈五四运动》，《独立评论》1935年第150号。
② 邓小平：《邓小平文选》第2卷，人民出版社1983年版，第332页。

国民党政府不认真从事社会改革,不做实际的国家建设,却常常把革命的政治口号和标语挂在口头上,"在党国领袖的心目中,口号标语是一种宣传的方法,政治的武器"。联系中国的历史来看,正是"老祖宗几千年相传的'名教'之道大行于今日",而中国遂成了一个"名教"的国家。① 这是胡适回国之后对国民党新政权的第一个印象。1929 年 3 月,在国民党的"三全大会"上,上海市的党代表陈德徵提出一项"严厉处置反革命分子案",认为"凡经省及特别市党部书面证明为反革命分子者,法院或法定之受理机关应以反革命处分之"。按照陈的说法,从拘捕、审问、定罪、处刑到执行,均不必经过任何法治机构,一切"皆归党部,岂不更直接了当吗"。胡适于 3 月 26 日即致信法律专家、国民党司法部部长王宠惠博士,指出读各报专电,看到上述党代表提案真是闻所未闻,而且说,"中国国民党有这样的党员,创此新制,大足以夸耀于全世界了"。在此同时,胡适又将此信寄给国闻通讯社,要求公开发表。结果胡适的信并未刊出,《民国日报》《星期评论》却刊出了陈德徵批判胡适信稿的短文《胡说》。陈批判胡适"不懂得党""不懂得主义""不懂得法律",却冒充学者"称道法治"。

上述矛盾已不是胡适与陈德徵个人之间的摩擦,而是他与国民党统治集团之间的冲突。一个月之后,即 1929 年 4 月 20 日,国民党政府发布了一条"保障人权"的命令,声称世界各国人权均受法律之保障,凡中华民国法权管辖之内,有违反人权者均依法严惩不贷。联系到国民党反动政府无法无天的种种行为,胡适立即撰写了《人权与约法》在《新月》月刊上发表。该文随手举出现实生活中的三件事:一是上述陈德徵提出的那个"严厉处置反革命之案";二是安徽大学校长刘文典因为语言上顶撞了蒋介石,就犯了所谓"藐视领袖"罪,被司法部门拘禁,其家人只得到处求情而不能依法上诉;三是唐山驻军竟随意拘禁与严刑拷打商人,而商人却无处申诉。作者从这三件实例中说明,法治本来是要政府官吏的一切行为都不得逾越法律的权限,可是当时"中国政府的行为根本上没有法律规定的权限,人民的权利自由也从没有法律的保障。在这

---

① 胡适:《名教》,《新月》1928 年第 1 卷第 5 号。

种状态下,说什么保障人权! 说什么确立法治基础"①。《新月》月刊在该期的
"编者的话"中也指出,"在这个人权被剥夺得几乎没有丝毫剩余的时候",胡
适的文章痛论中国人民没有法律保障的苦楚,是大家不可不读的。

胡适的《人权与约法》在《新月》月刊上发表后,立即引起了巨大的反响。
作者那种追求真理、不怕艰险的大无畏精神,受到了社会各界的高度赞扬,而
国民党政府却完全处于被告的地位。

两个月之后,《新月》月刊又发表了胡适的两篇文章:《我们什么时候才可
有宪法》与《知难行亦不易》,对国民党的创始人孙中山先生的建国大纲与哲
学思想提出了疑问与批评。两者可以说是《人权与约法》在理论上的续篇。前
者指出"建国大纲"只讲"训政",不讲约法,表现出孙中山根本不相信中国人
民的参政能力;后者认为中国人"愚笨""落后",必须服从于"先知先觉"者的
"教导",首先是服从领袖人物的"教导"。孙中山先生这时已经去世,可是当
时的国民党还是处处打出他的招牌,进行法西斯独裁统治,不给人民群众任何
民主。在国民党的理论中,领袖人物都是"先知先觉",他们把自己的"知"作
为命令传达给不知不觉的群众,群众只管按照领袖的"知"去行动就可以了。
这当中他们当然只能服从、只能执行,不必有什么独立思考,尤其不能有什么
异议与批评。胡适的文章批评的虽然是孙中山的理论,针对的却是当时国民
党政府的倒行逆施。

胡适对国民党的大无畏的抨击,立即引起了统治集团的一连串的反击。
他们利用自己控制的各种宣传机器,对《新月》和胡适本人进行了全面的围剿。
1929 年 8 月,上海的《民国日报》先后刊出了《胡适所著〈人权与约法〉之荒谬》
(灼华)、《"知难行易"的根本问题》(张振之)、《再论"知难行易"的根本问题》
(张振之)、《胡适之的反动与迷梦》(尚和)等反驳胡适观点的文章。同年 11
月,由上海光明书局印刷出版了《评胡适反党义近著》第一辑,收入的文章除上
述几篇和陶其情的《序》之外还有《"行易知难"的解释》(潘公展)、《"知难行
亦不易"的商榷》(王健民)、《辟胡适博士"知难行亦不易"论》(陶其情)、《"知

---

① 胡适:《人权与约法》,《新月》1929 年第 2 卷第 2 号。

难行易"辨》(虚白)、《有宪法才能训政吗?》(无任)、《宪法与自由》(方岳)等。值得注意的是,无任的文章中还提出了"反对资产阶级"的口号,认为"欧美各国的宪法是保障资本家的利益的",其中所讲的自由也是"虚伪的自由",中国国民党根本不需要这样的宪法;国民党所要的就是"以党治国,以党建国,以党专政"。现在看来,这些言论不但不能驳倒胡适,反而恰恰表现出国民党政权封建法西斯专政的本质。

国民党在舆论上对胡适进行围剿的同时,还组织南北各重要市党部群起而攻之,称胡适为"丧行文人""无聊文人",说他的文章"诋毁本党主义","背叛国民政府","毒害党国人才培养","阻碍三民主义推进"。

就在国民党的"反党"帽子满天飞、胡适的言论被定为"反党分子"的"反动言论"而遭到围剿的时候,《新月》月刊于1929年11月出版的第2卷第6、7号合刊上又刊载了胡适的长篇文章《新文化运动与国民党》,该文对五四新文化运动以后国民党反动派的倒行逆施进行了大胆的揭露和批判,将新月社的人权与法治运动推向了一个新阶段。胡适在文章中指出:五四运动时期,国民党还能跟上时代的发展,《星期评论》与《觉悟》成了南方新文化运动的中心。但是十年以后,"革命的国民党成了专政的国民党,新文学和新思想的假面具都用不着了"。这时如何对待五四新文化、新思想的传统,成为一个重大问题。胡适说:"新文化运动的一件大事业就是思想的解放。我们当日批评孔孟、弹劾程朱,反对孔教,否定上帝,为的是要打倒一尊的门户,解放中国的思想,提倡怀疑的态度和批评的精神而已。"然而国民党掌权以后,却又"造成了一个绝对专制的局面,思想言论完全失去了自由"。这时人们不能不说,"今日的国民政府所代表的国民党是反动的",它已思想僵化、失去人心。这样发展下去,到"前进的思想界的同情完全失掉之日,便是国民党油干灯草尽之时"①。这就是当时胡适的结论。

一个月之后,胡适将《新月》月刊上发表的关于人权的文章集结成了《人权论集》单独出版。他在该书的序言中理直气壮地说:"上帝我们尚且可以批

① 胡适:《新文化运动与国民党》,《新月》1929年第2卷第6、7号合刊。

评,何况国民党与孙中山!"真正表现了一代知识分子那种无私无畏的凛然正气!

胡适的文章触动了国民党的痛处,所以 1930 年 2 月 5 日国民党上海特别市执行委员会宣传部传达中央宣传部密令,查禁《新月》第 2 卷第 6、7 号合刊,罪名是"诋諆本党、肆行反动"。三个月之后,又查禁新月书店出版的《人权论集》。愤怒与失望交杂的胡适,决定退出这场人权与法治的论战,举家迁往北平。在这个过程中他发表了《我们走哪条路?》(载《新月》第 2 卷第 10 号)。该文一改过去的调子,避而不提人权与法治,认为当时我们的真正敌人"是贫穷,是疾病,是愚昧,是贪污,是扰乱",即所谓"五大恶魔"。解决问题的办法是用科学的方法,是一点一滴的改革。"不断改革收功之日,即是我们的目的地达到之时"。胡适退却了!

三

新月社同人中另一位反对国民党一党专政的独裁统治、高唱新时代人权与法治精神的是新月社的青年学者罗隆基。

罗隆基,五四运动中清华大学的学生领袖,曾带领清华学生积极参加爱国运动。后来留学美国,获政治学博士学位,精通国际政治与法律。回国后曾先后任清华、光华、南开和西南联大等校教授。1920 年代后期任《新月》月刊主编、北京《晨报》社社长和天津《益世报》主笔等职。在胡适的影响下先后发表于《新月》的重要论文有《论人权》《告压迫言论自由者》《我对党务上的"尽情批评"》《我们要什么样的政治制度》《汪精卫论思想统一》《约法与宪法》《什么是法制?》等。

胡适发表《人权与约法》两个月后,罗隆基就在《论人权》中明确指出:由胡适带头的中国"人权运动,事实上已经发动",这是由当时的少数"人权蹂躏者"所造成的。紧接着作者就"人权的意义""人权与国家""人权与法律"等问题一一作了论述,最后又在"我们要的人权是什么?"的标题下,以 35 条内容概括了当时中国人民所必须争取的人权。

由于中国长期处在封建统治下,世界现代国家的情况中国人很少知道,特别是西方国家早已熟知的关于人权与法治的基本常识,中国人所知更少,当时的统治者自然不需要中国人知道这些。罗隆基文章所讲的虽然是人权与法制的普通常识,但是对中国人来说无疑还是全新的内容。他还引用胡适的话说,"宪法的大功用不但在于规定人民的权利,更重要的是规定政府各机关的权限……使他们不得侵犯人民的权利"。罗隆基在文章中还指出,在一个法治的国家中,没有任何个人或团体处于超法律的地位,包括政府在内。"政府统治人民,人民统治政府",一切都必须依法办事。如果某个人、家庭或团体霸占了政府,打着政府的招牌,可以不受法律拘束地胡作非为,其危害远远超过"明火打劫的强盗和执枪杀人的绑匪"①。这显然是针对国民党政府说的。

和胡适的《新文化运动和国民党》发表于同一期《新月》杂志的还有罗隆基的《告压迫言论的自由者》。早在五四新文化运动的高潮中,言论与思想自由就是先进的中国知识分子的奋斗誓言,蔡元培、陈独秀、李大钊、鲁迅和胡适等,都曾为中国人民的言论自由与思想自由而奔走呼号过,"不自由毋宁死"是他们共同的战斗口号。李大钊曾先后发表了《宪法与思想自由》《议会之言论》《危险思想与言论自由》和《哪里还有自由?》等为争取思想自由与言论自由而奋斗的文章。十年之后,罗隆基在上述文章中大声疾呼:言论自由是各国民主制度的共识,国民党的创始人孙中山也是言论自由的拥护者,凡是压迫言论自由的人,无不以失败告终,国民党也要认清这一历史规律,不可步袁世凯、张勋、段祺瑞、张作霖等人的后尘,最终被抛进历史的垃圾堆。

当时的国民党政府主席蒋介石也曾经打着自由民主的旗帜在报上公开声明,"凡党务、政治、军事、财政、外交、司法诸端,咸望于十九年一月一日起,以真确之见闻,作翔实之贡献。其弊病所在,能确见事实症结,非攻讦私人者,亦请尽情批评"。罗隆基就此机会于 1929 年 10 月在《新月》月刊第 2 卷第 8 号上以显要的位置发表了《我对党务上的"尽情批评"》。可是此文一出现,立即引起国民党政权的严重不安。北平的"整委会"称《新月》"载有诋毁约法,诟

---

① 罗隆基:《论人权》,《新月》1929 年第 2 卷第 5 号。

辱党国之文字,极应严行取缔"。天津的"整委会"也说:"查《新月》月刊发行
以来,时常披露反对本党之言论。近于第八期中,竟载有诋毁约法,诟辱本党
之文字,迹近反动,亟应严行取缔,以辟邪说,而正听闻……"①于是,《新月》月
刊立即被没收,新月书店遭查封,职员被捕捉(包括罗隆基在内)。国民党政府
对罗隆基的镇压比对胡适更严厉,也更简单,已经用不着再组织反动文人舞文
弄墨地围攻,只需要简单地查禁与捕拿就够了。

　　为了反击国民党政权的种种诋毁,出狱后的罗隆基又在 1931 年出版的第
3 卷第 11 号《新月》月刊上发表了《什么是法治》。什么是法治? 作者肯定地
说:国家即便形式上有了白纸黑字写明的法律条文,并不算法治;国家的老百
姓都守法奉公,也不能算法治。"法治的真精神,是政府守法,是政府的一举一
动,都以法为准,不凭执政者意气上的成见为准则。"法治的根本精神与执政者
的专横独断的权力是不能并立的。北平与天津"整委会"对《新月》的查禁,在
法律上根本站不住脚。不必说是"整委会"的"公函",就是总司令蒋介石的
"公函"亦不能发生任何法律上的效力。强力推行,则"是越职,是侵权,是专
横,是独裁,是违背法律"的行为。什么是法治? "法治的重要原则,是法律站
在最高的地位",政府官员和普通的人民一样,都是站在平等守法的地位,一样
必须按照法律办事,前者不能依权随意给后者加以莫须有的罪名。这就是现
代社会的法治精神。

　　1930 年,罗隆基还在《新月》第 3 卷第 12 号上发表了长文《我们要什么样
的政治制度》。该文较全面地表达了他在当时独立于国共两党之外的政治观
点。文章开篇就把全文的内容提要写在前面:"批评共产派的国家观;反对国
民党的'党在国上';主张召集国民大会,制定宪法;建设'委托治权'与专家行
政的政府。"从这个提要就可以看出他要批评与反对的不同对象及其正面的主
张。在批判对象中,重要的又是国民党的"党在国上",作者当时就概括为"党
天下",实际上就是一党独裁:"无论在开明或黑暗的独裁制度下,他最大的仇
敌是思想自由。独裁制的第一步工作,即在用一个模型,重新铸造国人的头

―――――――――
　　① 　罗隆基:《我对党务上的"尽情批评"》,《新月》1930 年第 3 卷第 11 号。

脑,这就是思想统一运动……经过这种独裁制度的压迫摧残以后,国民的思想一定充满怯懦性、消极性、倚赖性、奴隶性,甚至于国民成为绝无思想的机械。"①在后两条作为正面的主张中,主要是参考西方国家的民主与法制制度,提出了一系列的改革措施。后来写成的《什么是法治》就是其中的一个重要内容。

罗隆基对于人权与法治的解释与阐述,至今仍有一定的参考价值。

（与魏晓耘合著,原文载于《齐鲁学刊》2006 年第 5 期）

---

① 罗隆基:《我们要什么样的政治制度》,《新月》1930 年第 2 卷第 12 号。

新月社及其新格律诗主张

——《五四新文学运动》之一节

一九二三年，北京出现了一个以胡适、徐志摩为首的资产阶级文学团体——新月社。据徐志摩说："最初是聚餐会，从聚餐会产生了新月社。"①新月社成立之后的最初几年，在政治上和现代评论社比较接近，明显地表现出资产阶级两面性，在文学活动上主要是聚餐会上清谈。当时他们的成员都是以个人名义在国内各报刊上发表作品。一九二五年，相继参加的有闻一多、梁实秋、朱湘、刘梦苇、饶孟侃、于赓虞等，多数都是诗人，很自然的聚餐会上清谈的中心就是新诗。一九二五年十月，徐志摩出任《晨报副刊》主编，这样新月社开始有了自己的文学阵地。一九二六年四月，他们在《晨报副刊》上创办了《诗刊》（每周一期），有计划地从事新格律诗的倡导与创作活动。《诗刊》虽然只出版十一期就"放假"了，但由此他们却开创了新文学运动中的新月诗派。

新月社也像其他文学社团一样，并没有发表过什么共同的文学纲领，但是从新月社成立到《晨报副刊·诗刊》的出现，他们却阐述了大体一致的文学主张。

首先，新月社的成员都主张新诗应该克服欧化倾向，走中国化、民族化的道路。他们并不否定新诗的巨大成就，却十分不满意新诗的欧化倾向，也包括他们自己的新诗在内。他们认为新诗所以存在着欧化的缺点，主要是因为许

---

① 徐志摩：《〈剧刊〉始业》，《晨报副刊·剧刊》1926年第1期。

多新诗人只注意学习外国诗,而轻视学习中国旧诗词、旧文化,不懂得新诗必须具有民族特点与地方色彩。早在一九二三年,闻一多就在《〈女神〉的地方色彩》(《创造周报》第五号)中指出:"现在的一般新诗人——新是作为时髦的新——似乎有一种欧化的狂癖,他们的创造中国新诗的底鹄,原来就是要把新诗做成完全的西文诗。"作为爱国诗人的闻一多在文章中说:"现在的新诗中,有的是'德谟克拉西',有的是泰果尔、亚玻罗,有的是'心弦''洗礼'等洋名词。但是我们的中国在哪里?我们四千年的华胄在哪里?哪里是我们的大江、黄河、昆仑、泰山、洞庭、西子?又哪里是我们的《三百篇》、《楚辞》、李、杜、苏、陆?"他认为这是批判旧文化中的一种"矫枉过正"。比如郭沫若的《女神》,闻一多既充分肯定了它的时代精神,又批评了它的欧化倾向,指出它的重要缺点是缺乏地方色彩与民族风格。这一缺点正是诗人"对于中国文化之隔膜"所造成的,"他并不是不爱中国,而他确是不爱中国的文化"。闻一多主张新文学家必须"恢复我们对于旧文化的信仰",继承旧文学的优点和长处,在旧文学的基础上建立新文学、新诗歌,正如"在旧的基础上建设新的房屋"一样,而中国的旧诗词更有许多可供吸取的经验。学习古典诗歌并不是要复古,正如学习外国诗而不能使新诗西洋化一样。既要认真学习古典诗的长处,又要创作出完全不同于旧诗词的现代化新诗,使新诗成为"中西艺术结婚后产生的宁馨儿"。

新月社的成员,大部分是英美留学生,他们所受的完全是英美式的资产阶级教育。不过他们对于中国的文化遗产并不完全否定。在关于"整理国故"的讨论中,反对者吴稚晖极力把"国故"说成是一文不值的"臭东西",梁实秋很不赞成这一点。他认为"没有充分读过这种'臭东西'的,不要说四六电报打不出,即是白话文也必写不明白"①。不久他又发表了《现代中国文学之浪漫趋势》,尖锐地批评了中国新文学创作中的外国浪漫主义文学的影响,以及在这种影响下产生的"外国式的诗"。梁实秋是站在欧洲古典主义立场上批评新文学运动的,自然有许多谬误之处;但在指出中国新文学创作的欧化倾向这一

---

① 梁实秋:《"灰色的书目"》,《晨报副镌》1923 年 10 月 15 日。

点来说却不无道理。同时，刘梦苇在《中国诗底昨今明》中回顾了中国古典诗词的发展，分析了新诗的现状，展望了诗歌创作的未来。他认为通过五四文学革命中国新诗的创作"摆脱了古人的束缚"，这是一大进步，但不久就"重新入了西洋人的圈套"。据此，他提出：中国的新诗创作，不仅应该具有新的个性、新的风格、新的音韵、新的意境和新的形式，而且还应该有新的民族特色。就是说不要写成外国式的新诗，而要"创造中国之新诗"。诗人饶孟侃在《感伤主义与创造社》中，认为中国新诗创作中普遍存在的感伤主义就是过多地受外国文学影响的结果，而创造社诗人中的作品又是最突出的代表。《晨报副刊·诗刊》第二期还发表了署名邓以蛰的文章《诗与历史》，更是强调了诗歌与历史的密切关系。他认为"凡是创格时期的作者和平时出类拔萃的巨子名家，大概都富有历史上的学识"。就是说任何诗人如果离开自己的历史传统是不会有重大的创作成就的。

一九三一年，陈梦家在《〈新月诗选〉序言》中又总结他们的理论与创作说："我们自己相信一点也不曾忘记中国三千年来精神文化的沿流（在东方一条最横蛮最美丽的长河），我们血液中依旧把持住整个中华民族的灵魂；我们并不否认古先多少诗人对于民族贡献的诗篇，到如今还一样感动我们的心。"

其次，新诗应该在语言文字上多下功夫。新月社主要成员的早期作品比较接近于创造社，特别是徐志摩、闻一多等人的诗，多数属于浪漫主义的作品。但不久他们就不满意于创造社的诗，特别是不赞成他们关于诗歌创作中的"自然流露"说。郭沫若认为诗不是"做"出来的而是"写"出来的，也就是凭着诗人诗情诗意的"自然流露"，而无需什么语言的提炼、艺术的加工等等。闻一多认为郭沫若诗歌的过于散文化、欧洲化等缺点从一个方面说也正是他"太不'做'诗的结果"。他认为"选择是创造艺术程序中最紧要的一层手续，自然的不都是美的，美不是现实的"①。他所说的"选择"当然包括思想感情的选择，但更重要的是语言文字的提炼与加工。他说，"其实没有选择便没有艺术，因

---

① 闻一多：《唐诗杂论 诗与批评》，生活·读书·新知三联书店 2012 年版，第 168 页。——本书编者补注

为那样便无以鉴别美丑了"①。后来他又指出:浪漫主义者的诗歌创作的最大缺点就是只注意于思想感情的"自我表现",而忽视语言工具的艺术锤炼,甚至说"他们压根儿就没有注意到文艺的本身"②,他们只是"认识了文艺的原料",却"没有认识那将原料变成文艺所必须的工具"③。闻一多非常强调"做"诗,所以也不满意于文学研究会的"写实主义",他认为"绝对的写实主义"④也同样是忽视语言文字方面的苦功夫。饶孟侃从自己的创作感受出发,指出"决不是所谓的灵感(其实是杂感)一到就能够写出一首好诗出来",好的诗歌总是和作者的反复修饰与推敲分不开的。他也承认"有相当训练或天分很高的作家"偶尔也可以挥笔而成,不加修饰、不费推敲就写出好诗来,"但那是绝对的例外"⑤。早期的梁实秋也是一位新诗的作者,他主张新诗的创作一定要选择和运用诗的语言,而不是散文的语言或政治论文的语言,一定要选择和运用美丽的字句,而不是"丑不堪言的字句"⑥。

徐志摩早期的诗全是任凭"情感的无关拦的泛滥"而写出来的。但不久他也注意在诗的语言上下功夫,并且强调这一点对于诗及一切文学创作的重要。他在题为《话》的一篇讲演中,曾经用法国作家弗洛贝尔的例子来说明文学家的主要任务就是寻找最适于表达自己的意念的语言。后来,他在总结自己写诗过程中的辛酸时说,"从一点意思的晃动到一篇诗的完成,这中间几乎没有一次不经过唐僧取经似的苦难的"⑦。

最后,新诗所追求的重要目标之一就是诗的格律美、形式美。徐志摩认为"宗教家为善的原则牺牲,科学家为真的原则牺牲,艺术家为美的原则牺牲"。因此,一切艺术家都应以"海滩上种花的精神"去追求艺术的美(《海滩上种

---

① 闻一多:《唐诗杂论 诗与批评》,生活·读书·新知三联书店 2012 年版,第 168 页。——本书编者补注

② 闻一多:《诗的格律》,《晨报副刊》1926 年第 7 号。

③ 闻一多:《诗的格律》,《晨报副刊》1926 年第 7 号。

④ 闻一多:《诗的格律》,《晨报副刊》1926 年第 7 号。

⑤ 饶孟侃:《新诗的音节》,《晨报副刊》1926 年第 4 号。

⑥ 梁实秋:《读〈诗底进化的还原论〉》,《晨报副镌》1922 年 5 月 28 日。

⑦ 谢冕总主编,姜涛本卷主编:《中国新诗总论 1 1891—1937》,宁夏人民教育出版社 2019 年版,第 289 页。——本书编者补注

花》，见《落叶》)。而各种各样艺术的美又必须通过一定的形式才能表现出来，诗的艺术不仅要有神韵，而且还要"把神韵化进形式去，象颜色化入水，又得把形式表现出来"①。五四以后印度诗人泰戈尔的诗集《飞鸟集》《园丁集》《新月集》等都被译成中文，在中国有很大影响，文学研究会和创造社的许多诗人都受他的影响，如郭沫若、谢冰心等。但闻一多却认为他只"是个诗人，而不是个艺术家"，主要是因为他的诗缺乏形式的美。② 闻一多深信"美是艺术的核心"③，没有美当然谈不上艺术。

《晨报副刊·诗刊》创办以后，新月社就从理论到实践开始有组织有计划地探求新诗的形式美。《诗刊》的第一期全是格律诗，主编者徐志摩在《诗刊弁言》中明确地宣布："我们的大话是：要把创格的新诗当一件认真事情做。"这是新月社同人从事新诗运动与创作的一个宣言。这个弁言还说："我们信，我们这民族这时期的精神解放或精神革命没有一部象样的诗式的表现是不完全的。我们信，我们自身灵里以及周遭空气里多的是要求投胎的思想的灵魂，我们的责任是替它们构造适当的眼壳，这就是诗文与各种美术的新格式与新音节的发现。我们信，完美的形体是完美的精神唯一的表现。"

新月社认为白话新诗的思想内容已是不成问题了，新诗运动的任务与责任就是如何创造新诗的新形式、新格律。从着眼于诗的语言形式这一点看，新月社和白话新诗的开创者之一的胡适是一致的。胡适的"诗体大解放"是要求新诗从旧的古典诗词的形式中解放出来，成为"不拘格律"的自由体。胡适在《谈新诗》中也讲了新诗的"音节"问题，但他突出强调的是"自然的音节"。新月社所要解决的仍然是新诗的形式问题，不过他们是要为解放了的自由体的新诗寻求和创造新的格律、美的形式。这在白话新诗的发展上是一次否定的否定。而全面论述这一问题的则是诗人闻一多。

闻一多在《诗的格律》中首先论述了格律对于诗歌的重要意义。他认为诗不能废除格律，正如下棋不能废除规矩一样。诗的格律本身是一种艺术美，失

---

① 徐志摩：《一个译诗问题》，《现代评论》1925 年第 2 卷第 38 期。
② 闻一多：《泰果尔批评》，《时事新报·文学》1923 年 12 月 3 日。
③ 闻一多：《闻一多全集·庚集》，开明书店 1948 年版，第 27 页。

去了格律也就失去了美。他认为美主要存在于艺术之中。他说自然界也有格律,但"不圆满的时候多,所以必须艺术来补充它";自然界也有美,"不过那是偶然的事",当自然中有美的时候,那是"自然类似艺术的时候"。人们要想获得美,就必须进行精心的艺术创造,诗所以感人"完全在它的节奏",而"节奏便是格律",便是人为的艺术美。"偶然在言语里发现一点类似诗的音节,便说言语便是诗,要打破诗的音节,要它变得和言语一样——这真是诗的自杀政策了。"闻一多认为诗的格律只有对于不会作诗的人来说,格律才是一种障碍物,而对于真正的诗人,格律则是一种"表现的利器",正如跳舞一样,行家"戴着脚镣跳舞才跳得痛快,跳得好",只有不会跳舞的人"才怪脚镣碍事"。

新诗的格律应该包括哪些方面呢?闻一多是从互相联系的听觉方面和视觉方面加以说明的,他认为诗的艺术"不独包括音乐美(音节),绘画美(词藻),并且还有建筑美(节的匀称和句的均齐)"。当然,属于视觉方面的问题在整个诗的艺术美中"占次要的位置",但却是不可忽视的。因为中国的文字是象形的,它在视觉方面给人的美感是欧洲文字和诗歌所做不到的。所以他认为在中国的新文学中,"增加了一种建筑美的可能性是新诗的特点之一"。新诗的格律与旧诗的格律有什么不同?闻一多指出了以下的三点区别:一、律诗永远只有一个格式,但是新诗的格式是层出不穷的;二、律诗的格式与内容不发生关系,新诗的格律是根据内容的精神制造成的,是"相体裁衣";三、律诗的格式是别人替我们定的,新诗的格式可以由我们自己的意匠来随时构造。这样一比较就可以明白提倡新诗格律化并不是复古而是要创新,不是要倒退而是要前进。

诗人饶孟侃在新格律诗的建设中也发表了很重要的意见。如果说闻一多较少讲到诗的格律与内容的关系的话,那么饶孟侃的《新诗话》便是这方面的一个重要补充。他强调"情绪在诗里是一个先决的问题",格律是为了更好地表现情绪而创造的。作者将一首诗比作一个人,诗的情绪就是人的性格,诗的格律,只是人穿的衣服。"情绪和格律的关系,在诗里就好象是一件衣服的尺寸大小、颜色深浅、花样新旧、材料粗细和一个人的性情有关系一样。"而对于新诗的格律来说,饶孟侃认为最重要的是音节的和谐、动听,所以他曾连续在

《晨报副刊·诗刊》上发表了《新诗的音节》和《再论新诗的音节》。他认为新诗的音节主要表现于一首诗所包含的格调、韵脚、节奏和平仄以及它们之间的相互关系，一首好诗必须做到内容与音节"调和得恰到好处"，使读者从诗的格调、韵脚、节奏和平仄中自然而然地受到诗的思想与情绪的感动。闻一多对于饶孟侃的意见也表示了完全的赞同。

《晨报副刊·诗刊》的主持者是徐志摩，可是以此为阵地而展开的新格律诗运动中起主要作用的却是闻一多。当时他在北京的住所，就是新月社中"一群新诗人的乐窝"。他们在那里经常聚会，"彼此互相批评作品，讨论学理"，而他那布置得十分别致的"三间画室"，也正是《诗刊》的背景。所以徐志摩在《诗刊弁言》中特别提到这一点。又据几年后徐志摩在他的《〈猛虎集〉序》中说："一多不仅是诗人，他也是最有兴味探讨诗的理论和艺术的一个人。我想这五六年来我们几个写诗的朋友，多少都受到《死水》的作者的影响。"当时闻一多曾在编好《诗刊》之后给梁实秋和熊佛西的信中说："北京之为诗者多矣！而余独有取于此数子者，皆以其注意形式，渐纳诗于艺术之轨。余之所谓形式者，form 也，而形式之最重要部分为音节。《诗刊》同人之音节已渐上轨道，实独异于凡子，此不可讳言者也。余预料《诗刊》之刊行已为新诗辟一第二纪元，其重要当与《新青年》《新潮》并视。"这后面的话自然是有点夸张的，不过由此也可以看出他们努力创造新格律诗的雄心壮志。

关于白话新诗在艺术形式方面的建设，过去也有人谈到过，如俞平伯在《白话诗的三大条件》(《新青年》第六卷第三号)中就提到诗是一种"抒发美感的文学"，因此务必"力求其选词命篇之完密优美"，并对于用字、造句、安章等各方面都提出了具体的意见。但当时并没有引起人们的注意，许是因为他的意见并无理论的体系，而且他个人也未能真正实践。这次新月社不仅有理论，而且有实践，"他们真研究，真实验，每周有诗会，或讨论，或诵读"。他们的《晨报副刊·诗刊》"虽然只出了十一号，留下的影响却很大——那时候大家都做格律诗，有些从前极不顾形式的，也上规矩来了。'方块诗''豆腐干块'

等等名字,可看出这时期的风气"①。这种"风气"对于克服新诗创作中忽视形式美和过分自由化、西洋化的倾向来说,当然是一种积极的因素,但也不可否认这"风气"本身已经包含着另一种倾向——形式主义。这就是徐志摩在《诗刊放假》中所承认的:"我们,说也惭愧,已经发现了我们所标榜的'格律'的可怕的流弊!谁都会运用白话,谁都会切豆腐似的切齐字句,谁都能似是而非的安排音节——但是诗,它连影儿都没有和你见面!"总结了这个教训,徐志摩又从诗的内容与形式的统一性出发,强调"内在的音节"对于一首诗的艺术美所具有的重要性。他说:"一首诗应分是一个有生机的整体,部分与部分相连、部分对全体有比例的一种东西;正如一个人身的秘密是他的血脉的流通,一首诗的秘密也就是它的内含的音节的匀整与流动……正如字句的排列有恃于全诗的音节,音节的本身还得起源于纯真的'诗感'。"一首诗的字句好比一个人的外形,诗的音节才是血脉,而诗感又是决定血脉的跳动着的心脏。就是说,不能离开诗的内容而单讲形式方面的美,如一首诗的行数的多少,句子的是否整齐这些形式方面的因素,全决定于诗的音节的波动性,而一首诗的音节的波动又基于内容方面的诗意与诗情。

一九三一年九月《新月诗选》出版的时候,编辑者陈梦家又在序言中说:"主张本质的醇正,技巧的周密和格律的谨严,差不多是我们一致的方向。"这可以说是新月社成立以来的诗歌理论的基本概括。序言在讲到新诗的格律的时候,也把新月社成立以来的理论探讨与实践经验作了如下的总结:"我们不怕格律。格律是圈,它使诗更显明,更美。形式是官感赏乐的外助。格律在不影响于内容的程度上,我们要它,如象画不拒绝合式的金框。金框也有它自己的美,格律便是在形式上给与欣赏者的贡献。但我们决不坚持非格律不可的论调,因为情绪的空气不容许格律来应用时,还是得听诗的意义不受拘束的自由发展。"②这显然比新月社成立之初的理论更接近于真理了。

五四新文学运动初期,刘半农、俞平伯、陆志韦等,都提出过建立白话诗的新格律方面的意见。不过当时这个问题尚没有提到新诗运动的日程上来,他

① 朱自清编选:《中国新文学大系·诗集》,"导言",上海良友图书印刷公司1935年版,第6页。
② 陈梦家编:《新月诗选》,"序言",上海新月书店1931年版,第9页。

们的意见也都比较零碎、片断,影响不大。适应于新诗创作的进一步发展,闻一多、徐志摩等新月社的作家们首次提出了比较完整、系统的建立新格律诗的理论,而且产生了较大的社会影响,形成了一种运动,开创了一个新诗流派,对于五四以后的新文学运动是有一定贡献的。实践已证明,把新月社的诗歌理论说成完全是"形式主义"的,甚至是新运动中的"逆流",那是极不公平的,也是不利于新诗创作与新诗理论的。

（原文载于《齐鲁学刊》1983 年第 1 期）

雾幕沉沉开子夜　精魂缕缕吐春蚕

——茅盾对卅年代左倾文学思潮的超越

二十年代末到三十年代上半期,以上海为中心的左翼文学运动,即震动世界文坛的中国无产阶级革命文学运动,是在当时的国际无产阶级革命与革命文学运动蓬勃兴起的大气候推动下形成的。这个运动在冲破国民党政府的文化专制主义,扩大革命影响和传播马克思主义思想等方面都取得了突出的成绩,同时也深深地打上了具有鲜明时代特征的"左"倾教条主义与宗派主义思潮的烙印。鲁迅当时就尖锐地指出了运动中的"分裂、高谈、故作激烈"等极左的表现。置身其中而能够在许多方面坚持实事求是的科学态度,以自己的独立思考和勤奋工作抵制"左"倾思潮的诱惑与压力,为中国革命和中国新文学事业的发展作出历史性的贡献,这并不是一件容易的事。纵观整个左翼文坛,也只有鲁迅、茅盾等为数不多的人。

茅盾是中国现代文学作家中最早的一位共产党人,1925 年五卅运动前后就发表过介绍无产阶级文学艺术的论文。这正是他 1930 年春由日本回到上海之后立即参加了中国左翼文学运动的重要原因。但是茅盾又和左翼文学运动中许多浪漫缔克的、年轻的文学家不同,他是在反封建的五四文学革命运动中成长起来,而且是高举"为人生"的文学研究会的理论批评家,不仅具有丰富的历史与文学知识,而且对于人生与文学有相当深刻的理解,视文学事业为一种有益于社会人生的,严肃认真的工作。五四新思潮的洗礼使他坚信科学与民主应当成为一切文学活动的基本指导思想和判断各种文坛现象的重要价值尺度。投身于左翼文学运动进一步激发了他的阶级意识,推动了他的由"为人生"到"为无产阶级"的文学思想的变化,但他并不属于鲁迅批评的那种"翻着筋斗的小资产阶级",并不苟同于那曲解人生、违反科学与民主精神和不符合文学创作规律的"左"倾理论与思潮。

一

　　左翼文学运动初期的"左"倾教条主义思潮,首先表现于对中国革命与世界革命形势的基本估价上。从左联成立前革命文学倡导者的言论,到左联成立以后通过的《无产阶级文学运动新的情势及我们的任务》的决议,无不明白无误地表达了如下的观点:第一次大革命运动所以失败,最主要的原因是整个革命过程中从思想到行动的严重"右倾机会主义";因而革命失败后的主要任务是反对右倾思想、鼓动拼命主义在政治、军事、文化等各个领域迎接革命"新高潮",夺取全中国乃至全世界无产阶级革命的"伟大胜利"。总结第一次大革命失败中的"右倾错误",目的是发动新的"左"倾盲动主义的"革命斗争"。然而亲身经历了第一次大革命那"动乱中国的最复杂的人生的一幕"的茅盾,却通过他的文学作品表现了不同的感受与看法。他认为那场革命到来之际的确有排山倒海之势,不仅有革命的武装斗争,而且有轰轰烈烈的工人运动、农民运动、学生运动,其对全社会的震动之大、影响之广,是中国历史上所罕见的;同时其中也包含着极为复杂的内容。许多革命的参加者并没有明确的革命目的,还有些纯属革命的投机分子;不少革命的领导者既没有革命的经验又缺乏革命的思想和理论准备,所以在革命过程当中或左右摇摆、无所适从,或"由'左'倾以至发生左稚病"。而反革命的势力正好利用这种"左稚病",喊出许多比革命还要"革命"的口号,借以蛊惑人心,破坏革命。后来又"由救济左稚病以至右倾思想的渐抬头,终于为大反动"①,导致了革命的败北。生动描写了这一过程的《幻灭》《动摇》《追求》三部曲发表之后,虽然受到一些革命文学

---

　　①　茅盾:《茅盾论创作》,上海文艺出版社1980年版,第34页。

家的批评,但却有更多的读者从中引发出对这场革命的深刻反思。尤其是参加或目睹过这场革命的有头脑的读者,决不会因为作品表现了作者由于大革命失败而形成的某种幻灭情绪而完全否定小说所描写的生活真实性,以及作者那种可贵的现实主义文学家的勇气。几十年之后,亲身经历了这场革命的胡愈之在题为《早年同茅盾在一起的日子里》的悼念文章中写道,当时"除了不明中国国情的共产国际的代表以外,党的领导层真正认识马克思主义的就不多。这样,在革命取得空前胜利的日子里不犯'左'倾幼稚病,几乎是不可能的……正因为这些过左的作风,使党逐渐脱离了广大群众,国民党反动派才有可乘之机"。而茅盾的三部曲就是唯一的一部"写当时武汉情况的小说"①。

如鲁迅所指出的:第一次大革命失败之后,中国革命在反动势力的残酷镇压下暂时进入低谷时期,可是"左"倾教条主义者却不敢正视现实"特别惧怕黑暗",甚至千方百计地把半夜说成是"黎明之前"。他们常常用主观幻想去代替现实,"只检一点吉祥之兆来陶醉自己,于是就算超出了时代"②。上述左联执委会关于《无产阶级文学运动新的情势及我们的任务》的决议,正是强调"整个世界都在革命的前夜,特别是中国革命快要到高潮的时期"。茅盾的长篇小说《子夜》却对当时的中国社会生活作了另一种描述:城乡工农革命运动虽然有了一定的发展,但是群众中的盲动主义、革命领导者的"左"倾空谈,尚不足以动摇当时那帝国主义、官僚资本主义与国民党反动统治三位一体的反革命势力,整个中国仍处于"子夜"——一天之中最黑暗的时期。据唐弢的《书话》记述,《子夜》发行之后,读书界传出消息,说是续集定名《黎明》,不久即可问世,惹得很多人前往书店探问。这当然反映了广大读者那种长夜待旦的急切心情。可是当时的茅盾是绝对不会凭空虚构出一部题名为《黎明》的书去安慰读者的。继《子夜》之后问世的则是短篇小说集《春蚕》。在这些以描写农村生活为主的作品中,"春蚕"虽然丰收了、农民的生活更加贫困了,老一代农民在痛苦中挣扎,新一代农民在绝望中觉醒,但是"黎明"仍是相当遥远。

《子夜》和《春蚕》出版后,都受到某些"左"倾教条主义批评家的批判,说

---

① 胡愈之:《早年同茅盾在一起的日子里》,见本社编《忆茅公》,文化艺术出版社 1982 年版,第 9 页。

② 鲁迅:《鲁迅全集》第 4 卷,人民文学出版社 1981 年版,第 104 页。

作者在小说中"始终不肯从正面把群众真切有力地写出来"①,尤其没有写出农民的普遍觉醒与斗争,因而都是"无时代性的"和"非现实的"②。甚至由此而肯定茅盾只是一个"近于同路人的作家"。然而历史已经证明《子夜》《春蚕》等所以具有强大的艺术生命力,主要是因为它们真实地反映了三十年代初期矛盾纵横的中国社会生活,具有鲜明的时代性与充分的社会性。诚如当时另一位社会分析小说家吴组缃所说的,"中国自新文学运动以来,小说方面有两位杰出的作家:鲁迅在前,茅盾在后。茅盾之所以被人重视,最大原因是他能抓住巨大的题目来反映当时的时代与社会;他能懂得我们这个时代,能懂得我们这个社会"③。也就是说他不会为某种浪漫主义的情绪所迷惑。

二

从走上文坛那一天开始,茅盾就非常重视文学创作,而且以极为严肃认真的态度对待文学创作。他认为一个文学运动、文学社团的首要任务就是文学创作。文学的理论与批评是重要的,外国文学的介绍与翻译也必不可少,"但如没有创作,则我们的目的仍未完成"④。也可以说其他的一切文学活动都是为了推动和繁荣文学创作,都是为了提高文学创作的水平;评价一个作家、一个文学社团与流派、一个文学运动的最主要的依据就是其文学创作。第一次大革命失败之后,茅盾对于创造社、太阳社倡导的无产阶级革命文学运动的主要不满,并不只是其理论上的简单化,而且也是其文学创作中的标语口号化。单就文学本身来说,茅盾对左翼文学运动的最初的也是最宝贵的贡献就是他作为创造社、太阳社的译友,和鲁迅不约而同地尖锐批评了他们在文学创作中的这一致命弱点。而且一针见血地指出了形成标语口号化的主要原因:a. 有革命热情而忽略了文艺的本质特征;b. 把文艺视为狭义的"宣传工具";c. 作

---

① 庄钟庆编:《茅盾研究论集》,天津人民出版社1984年版,第161—162页。
② 庄钟庆编:《茅盾研究论集》,天津人民出版社1984年版,第282页。
③ 庄钟庆编:《茅盾研究论集》,天津人民出版社1984年版,第195页。
④ 茅盾:《茅盾文艺杂论集》,上海文艺出版社1981年版,第30页。

家们缺乏足够的文艺素养;d. 十月革命以后俄国左翼未来派标语口号文学的不良影响也不应忽视。①

左联的成立,就整体上说是对创造社、太阳社倡导无产阶级革命文学时期"左"的教条主义与宗派主义的纠正,但就某个方面说又是其"左"的倾向的进一步发展。为了革命的宣传鼓动,创、太二社毕竟还是重视文学创作的,因而他们在很短的时间内写出许多标语口号式的诗歌与小说。左联成立初期连作为宣传工具的标语口号文学也不要,所要的只是游行示威、飞行集会之类的实际斗争,以及写标语、散传单之类的宣传鼓动活动。左联完全被视为一种半政党式的"斗争机关"。除此之外,就是依照苏联的做法,开展工农通讯员运动、培养工农作家,"创造工农文化"。左翼作家从事文学创作被认为有碍于革命的政治斗争,是一种应当批判的"作品主义""作品万能主义"或"为革命文学而革命文学"的"错误倾向"。早期的革命作家蒋光慈就为此而受到严厉谴责。"自由人"胡秋原批评左联只要行动而"不要文艺","第三种人"苏汶批评左联"左而不作",也并非毫无根据。茅盾参加左联的实际活动与领导工作之后,旗帜鲜明地抵制来自各方面的"左"倾空谈主义,大力提倡革命文学作品的创作。他指出:"现在正需要大批的青年作家努力大批的'生产',从封建思想的白话小说那边夺过读者来。然而竟有人们主张'节制生产'了。这样的'高论',事实上都等于叫人放弃工作。"②这很自然地使人们想起文学研究会成立时视文学为"于人生很切要的一种工作",要求作家把它当成"终身的事业",正像劳农之对待农耕一样,革命作家对于革命文学的创作当然也应作如是观。在这一思想指导下,他先后发表了《关于创作》《我们必须创造的文艺作品》《创作与题材》《创作的准备》等认真探讨革命文学创作的文章。用后来更加发展了的"左"倾"大批判"的术语说,茅盾的上述论著,简直就是革命文学运动中的"唯生产力论"。

主张革命文学作品的"大批的生产",决不意味着可以"粗制滥造"。在文学创作中一贯提倡独创性,提倡精益求精的"严格主义"的茅盾,要求革命文学

① 茅盾:《茅盾论创作》,上海文艺出版社 1980 年版,第 383 页。
② 茅盾:《茅盾文艺杂论集》,上海文艺出版社 1981 年版,第 491—492 页。

的作者们永远是一位"新作家"，即他的每一篇、每一部作品都是经过努力追求、大胆创造和精益求精的结果，因而都是"新作"，在思想内容上不断摄取与描写新的人生，在艺术表现上勇于探索新的方法。他认为：一个从事文艺创作的人，他的主要努力便是怎样消化了旧有的艺术的精髓而创作新的作品，"一个已经发表过若干作品的作家的困难问题也就是怎样使自己不至于粘滞在自己所铸成的既定的模型中"①。当然，文学创作的严肃性的更重要的一方面还是一个作家的强烈的社会责任感，所以他在回顾自己的创作生活时觉得有两点可以自慰的是，"一、未尝敢'粗制滥造'；二、未尝为要创作而创作，——换言之，未尝敢忘记了文学的社会的意义"②。从这一点说，创作中的尚不成熟或作家在探求中一时的失败，与有意的"粗制滥造"，比如老是搔首弄姿地写一些水兵和舞女恋爱的故事、马戏场里姑娘们的罗曼司等低级趣味的东西，是不能相提并论的。决不能借口反对"粗制滥造"而阻止新文学作品的创造，限制新文学的发展。"青年作家前进的大路是一面深入人生，一面不断地创作……成功的伟大的作品是建筑在多次失败的基石上的。"③

三

　　和许多革命文学家的特别重视文学与政治的关系、重视文学的政治性不同，茅盾始终重视文学与社会生活的关系，文学的真实性、社会性。即使同样讲的是革命的现实主义，也有不同的侧重点，甚至是不同的内容。早在二十年代初期，茅盾就将五四的民主与科学的精神运用于文学创作："科学的精神重在求真，故文艺亦以求真为唯一目的"④。在真、善、美的关系上，他强调"真"是基础，是关键，"不真的就不会美，不算善"⑤。什么是文学艺术的真？与浪漫主义者的理解不同，他认为所谓"真"主要指对社会生活的真实描写。在关

---

① 茅盾：《茅盾论创作》，上海文艺出版社 1980 年版，第 53 页。
② 茅盾：《茅盾论创作》，上海文艺出版社 1980 年版，第 7 页。
③ 茅盾：《茅盾文艺杂论集》，上海文艺出版社 1981 年版，第 493 页。
④ 茅盾：《茅盾文艺杂论集》，上海文艺出版社 1981 年版，第 113 页。
⑤ 茅盾：《茅盾文艺杂论集》，上海文艺出版社 1981 年版，第 92 页。

于无产阶级革命文学的论战中,茅盾又进一步发挥了上述的观点,主张"新写实主义文学"应该通过作家对"最熟悉的生活"的描写,表现出强烈的"时代性"。要写"最熟悉的生活",是为了保证文学描写生活的真实性;而表现"时代性"则又是对于文学的真实性,即真实地描写现实生活的具体要求。所谓"时代性",决不仅仅是一种时代精神,它除了要表现一定的时代气氛,还有两点要义:要写出"时代给人们以怎样的影响",以及人们的"集团的活动"又怎样地推动着时代的发展。① 正是依据这一标尺,茅盾高度评价了叶绍钧的长篇《倪焕之》。他本人的处女作《蚀》三部曲也可以说是在这一思想指导下的创作实践。

在《蚂蚁爬石像》一文中,茅盾又以具体的形象化的语言对文学的真与美进行了新的解释:蚂蚁爬石像,因为见不到石像的全体,所以既不能认识客观事物之真,也无法感受石像本身的美;而人站在石像的面前,能够将它作为一个整体进行全面的把握,这才能认识它的真,领略它的美。文艺反映人生也是如此:任何文艺作品都只能描写人生的片段,而好的成功的作品能够以此片段的描写概括整体的人生,是全部社会生活的缩影,这才可以说是"真实人生"的反映,才可以称之为美的艺术。② 可见文学作品反映生活的"真"与"全"是一致的,不全者即不真,也不美。按照这个标准,他认为五四文学中多数作品只是反映了一定历史时期内的"社会生活的一角"。比较成功的作品,从创作思想与艺术构思上看,都是要广阔地反映现实生活,全景式地描写中国社会,希望让读者对当时的复杂多变的人生有一个全面而深刻的认识与感受。虽然常常力不从心,但他还是努力于真与全的追求。

当时的一部分革命文学家为了体现革命文学的革命精神而提出了"力的文艺"的口号,要求各种形式的革命文学创作都要表现出一种战斗的力量来,不仅要有"力的内容",而且还要有"力的技巧"。茅盾并不反对文艺,特别是革命文艺的"力",但他认为真正有力的文艺并不在于表面上的"剑拔弩张",而在于其内容的充实、深厚,不在于以某种外在的力量去刺激读者,而在于以

---

① 茅盾:《茅盾文艺杂论集》,上海文艺出版社 1981 年版,第 288 页。
② 茅盾:《茅盾论创作》,上海文艺出版社 1980 年版,第 448 页。

其含蕴的思想与艺术魅力去感动读者,给读者以深远的启迪。

怎样才能使革命的文学作品全面而深刻地描写和反映出社会生活的真实,而又给读者以深远有力的感染与启迪呢? 茅盾当时总结了正反两方面的经验(包括自己的和别人的经验),提出了互相联系的三个条件:充实的生活,正确的观念,纯熟的技巧,而其中"最最主要的还是充实的生活"。因为其他两条都不能离开充实的生活,只有从生活中把握的"正确观念",从生活中体会出来的"活的技巧",才能对一个作家的文学创作产生积极的作用,单靠从书本上获得某种思想与技巧是不行的。他当时向中国革命文学家们发出的呼吁是:"我们必须以辩证法为武器,走到群众中去,从血淋淋的斗争中充实我们的生活,燃烧我们的情感,从活的动的现实生活中抽出我们的创作的新技术。"①这可以说是以后数十年间我国文坛上经常重复的"作家艺术家应当到群众中去,到火热的斗争中去"的文艺方针的理论先导。与此有关,茅盾强调选择具有重大意义的创作题材是深刻全面地反映生活真实的必要条件,也构成了后来我国文艺方针的基本内容。

四

左翼文坛一开始就重视马克思主义文学批评的建设。1929 年初,《创造月刊》就发表了卢那卡尔斯基的《关于马克思主义文艺批评的任务大纲》(朱镜我译),1930 年左联成立的时候又将"确立马克思主义的艺术理论及批评理论作为其行动纲领"的一部分。不过初期的革命文学批评主要还是由创造社、太阳社的批评家们建立起来的,带有明显的"左"倾幼稚病的色彩,比如颇有影响的钱杏邨的文学批评,较之成仿吾那种"李逵式"的批评已有很大进步,但多数情况仍然是先设一个"阶级性""时代性"之类的框子,再逼各种各样的文学作品前来就范。所以 1932 年冯雪峰在一篇文章中说:钱杏邨的文艺批评,自他一开始一直到现在,都不是马克思主义的文艺批评,因而已引起文坛的普遍

---

① 茅盾:《茅盾文艺杂论集》,上海文艺出版社 1981 年版,第 329 页。

不满。① 鲁迅在左联成立之初就发出了需要"几个坚实的,明白的,真懂得社会科学及其文艺理论的批评家"②的呼吁,也是有针对性的,而茅盾无疑就是这样坚实明白而又懂得社会科学的文学批评家。

从二十年代末到三十年代初,茅盾撰写了一系列内容充实的作家论和更多的作品评析。被列为评论对象的既有无产阶级革命文学运动主将的鲁迅,也有资产阶级"开山"的诗人徐志摩,正如对前者并无"同党"之间的吹捧一样,对后者亦不视为"异类"而一味辱骂。对于徐志摩从"单纯的信仰"出发,在五四以后新旧军阀的黑暗统治下逐渐走向怀疑、颓唐的解剖,对于诗人在上述思想情绪发展过程中艺术技巧上的追求与成熟的分析,至今尚有很高的学术价值。特别值得注意的是,当时的左翼文坛普遍存在着否定五四文学的错误倾向,甚至把它视为左翼文学的对立物,茅盾本人也参加了这一否定与批判五四文学的活动,可是这并没有影响他在严肃的文学批评中对许多五四作家的充分肯定与正确评价。《鲁迅论》自不必说,其他如《冰心论》《王鲁彦论》《落花生论》《庐隐论》等,无不是当时乃至以后研究这些作家的带有很大权威性的论文。茅盾在撰写这些论文时,不是从某种既定的政治口号或理论教条出发对上述作家进行审判;而是把他们的全部——至少是大部分作品放在五四前后那个特定的历史与社会背景上进行科学的分析与评论。它们不乏艺术分析的感染力与逻辑论证的说服力,却没有那咄咄逼人的政治威慑力。

和那些用批判一切、骂倒一切显示自己的高明和表现自己的"革命精神"的批评家不同,茅盾认为"一个真真负责的批评家假使不得不指斥多于赞许的时候,他的心一定是苦的,因为他的愉快乃在得佳作而读之,而推荐之";文学批评的主要任务是通过严肃的评论活动,"一方面指导作家又一方面指导读者"。③ 这一指导思想突出地表现在他对许多青年作家及其作品的评论上。诸如丁玲、田间、臧克家、吴组缃、沙汀等,无不在自己文学创作的起步中受到茅盾的肯定、鼓励、批评与指导。他那热情、诚恳的态度、严肃认真的作风,令被

---

① 冯雪峰:《雪峰文集》第2卷,人民文学出版社1983年版,第341页。
② 鲁迅:《鲁迅全集》第4卷,人民文学出版社1981年版,第241页。
③ 茅盾:《话匣子》,上海良友图书印刷公司1934年版,第161—162、181—184页。

批评者心悦诚服、受益良多。所以当这位批评家与世长辞的时候,臧克家给他的结论是,"茅盾先生的评论,立场鲜明,态度科学,凭作者的作品,定文艺上的地位,不以作者的地位,定他的作品","五四以来的老作家、中年作家、青年作家的作品,他都作过评论,发生了很大的影响,成为定论"。①　陈白尘也充满感情地说:"茅公啊! 作为文学评论家,他是二十年代作家的朋友,三十年代以至七八十年代之间一代又一代作家们的导师。"②这差不多已经是历史的公正评价与结论。在三十年代出现的革命文学批评家当中,除鲁迅之外,又有几个人能够获得如此殊荣呢?

五

在三次"左"倾路线占统治地位的年代,"残酷斗争、无情打击"是处理党内和革命队伍内部各种矛盾的普遍方式。这种斗争方式也很快引进到左翼文坛。1931 年 11 月,左联执委会在《中国无产阶级革命文学的新任务》的决议中就明确提出:"首先必须严厉地检查自己的阵容,无容情地对于右倾机会主义及'左'倾空谈作两条战线上的斗争,特别是对于右倾的斗争。这种斗争虽然早已开始,但今后必须不断地努力加紧,然后可以保证中国无产阶级革命文学向新时期进展的胜利和成功。"③而且这"无容情"的批判斗争又以展开"文学文化上的阶级斗争"的名义扩大到左翼文坛以外,甚至一些中间作家。结果就形成了一种具有时代特征的文坛现象:唯我革命,不辨敌友,只讲斗争,不讲团结。1936 年,郭沫若有一段很有代表性的自我批评:"我们站在社会主义立场的人,每每有极端的洁癖,凡是非同一立场的人,爱施以不容情的打击,在目前我们确应该改换这种态度了。"④回顾左联成立前对鲁迅的围攻,左联成立之后对"自由人""第三种人"的批判,左联解散时关于两个口号的论战,无不表现出这一特征。而茅盾在这当中同样表现了"卓然不群"的姿态。

---

① 臧克家:《往事忆来多》,见本社编《忆茅公》,文化艺术出版社 1982 年版,第 92 页。
② 陈白尘:《中国作家的导师》,见本社编《忆茅公》,文化艺术出版社 1982 年版,第 119 页。
③ 陈早春:《中国左翼作家联盟文件选编》,《新文学史料》1980 年第 1 期。
④ 郭沫若:《沫若文集》第 11 卷,人民文学出版社 1959 年版,第 153 页。

　　众所周知,当国民党反动政府一手策划的所谓"民族主义文学"出笼的时候,作为左翼文学运动的杰出作家和批评家的茅盾,一马当先地相继发表了《"民族主义文艺"的现形》《〈黄人之血〉及其他》等文,通过对其"理论"与"创作"的具体解剖,有力地揭露了"民族主义文学"的反动本质。但是对于随后开始的左翼作家对"自由人""第三种人"的批判斗争,茅盾却没有什么积极的行动。在同"民族主义文学"的斗争中他就注意到:"民族主义文学"家们在极力拉拢那些"中间作家"——他们"在青年学生中间有相当信用",而"中间作家"却对有权有势的"民族主义文学"持"沉默的反对态度"。① 甚至并不惧怕权势者的种种威胁与利诱。而且不久他们就起而批判"民族主义文学",那么左翼作家应当如何对待他们呢? 是批判斗争,还是争取团结? 茅盾当然取后一种态度,况且他又亲眼看到:当时左翼文学的理论及其对"自由人""第三种人"的批判并不如自己所说的"绝对正确"。所以他十分明确地表示:"作家之群和批评家之群"之间,"互相抱怨是无聊的,要互相帮助"。②

　　在关于两个口号的论战中,茅盾自始至终高举团结与联合的旗帜,努力遏制带有鲜明"左"倾宗派主义色彩的争论与内战。围绕着解散左联而暴露的矛盾刚刚出现,即当张春桥以"狄克"的笔名发表《我们要执行自我批判》的时候,茅盾就在大型刊物《文学》的"文学论坛"上发表了《作家们联合起来》的文章。和张春桥的鼓动内战相反,茅盾呼吁前进的作家们联合起来,站在一条战线上一同前进,对于同道者的某些缺点与错误,应当以谅解的态度给以善意的指正,而不宜施以严厉的抨击。在实际行动中他"与双方都保持着良好的关系",尽一切努力消解矛盾,加强团结。关于"国防文学"与"民族革命战争中的大众文学"两个口号,他认为没有什么根本的矛盾,应当化对立为共存,为互补:"民族革命战争的大众文学"是左翼作家的创作口号;"国防文学"则是全国一切作家关系间的标帜。任何一个口号都只能是对作家的号召,而不是对作家创作的限制,作家们"在抗日的共同目标之下联合起来,但创作上需有更

---

① 茅盾:《茅盾全集》第 19 卷,人民文学出版社 1991 年版,第 260 页。
② 茅盾:《茅盾全集》第 19 卷,人民文学出版社 1991 年版,第 425 页。

大的自由"。① 茅盾的意见当时虽然未能统一论战双方的思想认识,甚至还受到某些人的批评,大有"折中调和"之嫌,但它却引起许多有头脑而又关心文坛状况的人们的认真思考。比如冯雪峰在《对于文学运动几个问题的意见》中就表达了和发挥了同茅盾相近的观点,刘少奇在以莫文华的笔名发表的《我观这次文艺论战的意义》中,也肯定"鲁迅先生和茅盾先生的意见是正确的"。而这些几乎都被视为这次论战中的结论性的意见。1936 年秋,宗派主义、关门主义受到愈来愈多的批评,两个口号论战的停止,文艺界抗日民族统一战线的初步形成,都有茅盾的一份功劳。

六

周扬所以深感三十年代的茅盾和许多难免有些教条主义的青年左翼作家相比"卓然不群"②。我想一定包括他本人和茅盾争论"创作自由"的反思在内吧。

文艺上的"创作自由"与"尊重个性",本来是常识范围以内的事,经过五四精神洗礼的作家对此更不会有什么惑疑。可是在二十年代末到三十年代初的左翼文学运动中,这个反映了一切文学艺术创作规律的基本理论却受到了"左"倾思潮的挑战。最初,当有人主张无产阶级文学家应当成为无产阶级革命的政治"留声机"(其重要的条件就是"无我")的时候,还有同道者起而反对,后起的无产阶级革命文学家为了消解同道者的惑疑,批驳"自由主义的文艺创作论",就进一步发挥了这种"留声机"的理论:"文艺——广泛的说起来——都是煽动和宣传,有意的无意的都是宣传。文艺也永远是、到处是政治的留声机。问题是在于做那一个阶级的留声机,并且做得巧妙不巧妙。"③因而也就不可能有什么"自由"。这一理论所以具有较大的权威性,不只是由于作者的不同一般的社会地位,更重要的是它直接以列宁关于"文学的党性"原则

---

① 茅盾:《茅盾文艺杂论集》,上海文艺出版社 1981 年版,第 592、7 页。
② 顾骧选编:《周扬近作》,作家出版社 1985 年版,第 283 页。
③ 瞿秋白:《瞿秋白文集·文学编》第 3 卷,人民文学出版社 1989 年版,第 67 页。

为依据。茅盾对此了如指掌,但他仍然坚持"创作自由与尊重个性"的艺术规律。他不仅如上所述在批判"自由人""第三种人"的创作自由论中袖手旁观,而且还在批评林语堂的小品文格调中主张"小品文应当让它自由发展","小品文的更加丰富、更加发展有赖于大家自由地去写",主张不同内容、不同题材(从宇宙之大到苍蝇之小)和不同体式的小品文的自由竞赛。① 在关于两个口号的争论中,他反复强调:在民族解放的大前提下,创作自由必须受到保护,艺术个性应当得到发展。

从五四时代起,茅盾就十分重视文学的独创性,他认为所谓"创作",就是指作家的独立自主的创造,就是作家的"灵机独运",不受任何干扰。基于这一理解,他否认列宁的"文艺的党派性"是对文艺创作自由的"干涉"与反对,如苏汶理解的那样。他说,把"文艺的党派性"与"创作自由"对立起来,那是"苏汶谬以俗人的直觉去曲解文艺的党派性"②。这是茅盾批判"第三种人"的与众不同的角度:为了维护创作的自由。人们都十分熟悉,列宁曾经讲过无产阶级的文学事业必须是整个无产阶级革命事业中的"齿轮和螺丝钉",即文学的党性原则。可是人们似乎不很熟悉他紧接着讲下去的一段话:在文学事业中"绝对必须保证有个人创造性和个人爱好的广阔天地,有思想、幻想、形式和内容的广阔天地"③,这也就是创作自由与尊重个性的问题。看来茅盾那时对列宁的意思的理解是对的,也同样显示出其"卓然不群"之处。

当然,茅盾所以坚持创作自由与尊重个性,并不是从马克思列宁主义的某种条文出发。除去对于文学艺术的基本认识外,还基于他对五四之后中国新文学发展的经验总结。在和周扬等人的争论中他提醒反对创作自由的理论家们说:历史已经清楚地告诉人们,只有在争取自由、民主的斗争中,在自由竞赛中,新的思想、新的文艺才能够由小到大地发展与繁荣起来。在各种花草同在的园子里,新文艺的花是一向被或大或小的砖石压过无数次,而且现在压着的还仿佛是大磨石之类,但是它的繁殖力依然是可惊的,它横生侧长,和那些"得

① 茅盾:《茅盾全集》第 20 卷,人民文学出版社 1991 年版,第 99 页。
② 茅盾:《茅盾全集》第 19 卷,人民文学出版社 1991 年版,第 247—248 页。
③ 列宁:《列宁选集》第 1 卷,人民出版社 1972 年版,第 648 页。

天独厚"的其他的花草争短长,简直是可敬可佩的,它是那样的元气充足,只要它身上的砖石少些,初不必芟除杂草,它自然会出人头地,发展成极大的花圃的。①

和"第三种人"不同,茅盾主张创作自由,同时也重视正确的文学理论对于文学创作的重要指导意义。正如作家有创作自由那样,文学理论家也有发表意见,甚至为作家"出题目"的自由。作家可以讨论理论家们的意见对不对,却不应以自己的自由而反对理论家们的自由,或者把自己写不出好作品的责任归于理论家的理论。因为理论家的理论本来就是供作家们参考的,并不是要限制作家们的创作自由,"作家若坚持他的创作自由,那自然任何坚实的理论都奈何他不得的"②。

经过一番争论之后,茅盾的意见为多数文艺工作者所接受。在抗日救亡的大目标下联合起来,"各人各派之自由发展,自由创作"的原则写进了《文艺界同人为团结御侮与言论自由宣言》。而且冯雪峰在其带有总结性的《对于文学运动几个问题的意见》中,还进一步指出:"三年前,对第三种人说明了'文学的阶级性、政治性'等等道理,当然是对的,但当时没有积极地联合各派为创作自由而斗争,没有最大限度地在批评上承认'创作自由',当然是错的。"③这也可以说是此次讨论的另一个重要收获——虽然并非所有的人都承认它。直到数十年后又经过许多反复讨论才逐渐就此问题达成了共识。

不必讳言,三十年代左翼文学运动中的茅盾也并未完全超越具有鲜明时代特征的"左"倾思潮的桎梏。这不仅为他本人的思想理论水平所限,还由于当时"左"倾思潮的形成具有多方面的原因,更由于这种思潮是以革命的、无产阶级的和马克思主义的名义出现,因而具有政治上和理论上的"权威性"。由于照搬欧洲及苏联的革命理论,不加分析地肯定中国当时革命的无产阶级与社会主义的性质,因而在茅盾的一些文章中也把批判五四新文化运动作为一项重要任务,甚至也把五四新文化运动说成"完全是资产阶级的",对无产阶级

① 茅盾:《茅盾全集》第 21 卷,人民文学出版社 1991 年版,第 166—167 页。
② 茅盾:《茅盾论创作》,上海文艺出版社 1980 年版,第 433—434 页。
③ 冯雪峰:《雪峰文集》第 2 卷,人民文学出版社 1983 年版,第 24 页。

革命和革命文学运动"只能发生反革命的作用"。在否定传统文化与民族文学遗产方面,左翼文学运动要比五四新文化"彻底"得多,这自然是和俄国"无产阶级文化派"与"拉普派"思想的引进与认同分不开的。茅盾也是这一"左"倾思想的代表者之一。

再就文学创作来说,茅盾在重视它与社会生活的密切联系的同时,过分强调思想与世界观的意义、逻辑思维与理性活动的作用,而轻视情感、想象、灵感与形象思维的地位。参加左翼文学运动以后的茅盾,在文学创作中突出表现出一种理性主义的色彩,这当然是和上述的理论主张密不可分的。其中有的作品也存在着图解政治的痕迹。不过他的优秀之作如《子夜》《春蚕》等,虽然理多于情,但却突破了上述的理论框架,开了革命现实主义社会分析小说的先河。

[原文载于《聊城师范学院学报》(哲学社会科学版)1994 年第 4 期]

论赵惠明

一、一个被误解的文学形象

在中国现代文学的丰富多彩的人物画廊中,赵惠明一直是被误解的一个艺术形象。出版于 1980 年的由唐弢主编的《中国现代文学史》,在讲到茅盾的《腐蚀》时写道:"作品的主人公——女特务赵惠明,出身于封建官僚家庭,曾参加过学生运动和救亡工作。但由于阶级出身和社会生活带来的性格——严重的利己主义、爱好虚荣和不明大义,她无法抵制特务头子的威逼和利诱,堕入了特务组织的罗网,成为替反动统治卖命效劳的走卒。由于她在特务系统中不是嫡系,受到排挤,还遭到高级特务的侮辱和玩弄,她的尚未完全腐蚀的灵魂中,多少保留着一点'人之所以为人'的东西,因此她感到矛盾痛苦而又无处可以申诉。"①这段话不仅把一个复杂的人物简单化了,而且对她的基本面,对作者所以要写这一人物的基本意图,都是一种极大的误解。

出版于 1983 年的《茅盾的创作历程》(庄中庆著),又进一步强调赵惠明"手上沾满了无辜者的血",因而"欠下了人民不少血债"。并且认为《腐蚀》"着重描写了她为了苟且偷生,以色情手段软化并规劝小昭自首以及可耻地告发 K 和萍的活动这两件事,有力地揭露她在严重个人主义支配下,充当了反革命的工具,对人民犯下了不可饶恕的罪行"。这个概括是不符合作品实际的。《腐蚀》自始至终都不是"着重"于揭露女主角赵惠明的"罪行",都不是把主要

① 唐弢、严家炎主编:《中国现代文学史》第 3 卷,人民文学出版社 1980 年版,第 124—125 页。

的批判矛头指向赵惠明;而是通过赵惠明的被"腐蚀",揭露当时国民党反动派特务统治的不可饶恕的罪行。

王晓琴同志在《赵惠明新论》中,第一次提出了对赵惠明这一文学形象评价"不公正"的问题。她认为小说"深刻地显示了一个小资产阶级知识女性复杂而深邃的灵魂",已达到了鲁迅所说的"高的意义上的写实主义"。不过在论述这一形象的社会意义时,论文仍然强调通过赵惠明的"沦落于国民党特务的魔窟,双手血污地干了三四年迫害无辜的罪恶勾当",对中国小资产阶级知识分子个人主义所进行的"形象的批判",甚至说:"赵惠明作为一个中国现代的个人主义知识分子,具有广泛的代表性。"①这一点是很难令人信服的,在实际生活中究竟有多少这样"双手血污地干了三四年迫害无辜的罪恶勾当"的"个人主义知识分子"呢?

在小说的前记中,作者有这么一段饱含愤激之情的话:"呜呼!尘海茫茫,狐鬼满路,青年男女为环境所迫,既未能不淫不屈,遂招致莫大的精神痛苦,然大都默默饮恨,无可伸诉。我现在斗胆披露这一束不知谁氏的日记,无非想借此告诉关心青年幸福的社会人士,今天的青年们在生活压迫与知识饥荒之外,还有如此这般的难言之痛……"可见小说家对于女主角赵惠明的不幸遭遇及其精神痛苦,是怀着极大同情的。她在邪恶势力面前的"未能不淫不屈",当然应该批判,但尤其应该批判的则是那引诱与逼迫她,给她造成莫大的精神痛苦的环境——当时那"狐鬼满路"的环境。就以赵惠明的劝小昭自首与告发 K和萍这两件事来说,它既表现出女主角的"未能不淫不屈",更能反映出国民党特务组织的凶狠、奸险与残忍。作者并没有以主要的笔力去描写她于这两件事的具体过程及其造成的罪恶后果,而是着重描写了她为环境所迫劝小昭自首与告发 K 和萍之后给自己带来的精神痛苦。可是茅盾在 1954 年为《腐蚀》的再版所写的《后记》中,却一再强调赵惠明的"本质"就不好:由于"个人主义,不明大义和缺乏节操",所以才成了"满手血污的特务",她在日记中的许多话是从个人主义出发所作的"自讼、自解嘲、自己辩护等",都不能作正面的

---

① 王晓琴:《赵惠明新论》,《中国现代文学研究丛刊》1988 年第 2 期。

理解。小说所以给赵惠明安排一条自新之路,并不是原定计划,而是在读者的要求下,出于"宣传策略"上的需要:"为了分化、瓦解胁从者(尽管这些胁从者手上也是染了血的)"而在原定结构上的"再生枝节"。这个《后记》和小说的整体内容及其初版的《前记》有明显矛盾,而后来的研究者所以对赵惠明这一文学形象产生上述误解,进行简单化的否定,是和作者的这次再解释有直接关系的。

就说赵惠明的"自新"吧!那显然并非由于读者的要求而外加的"枝节",而是原创作计划的组成部分,也是人物思想性格发展的必然结果。事实上在赵惠明的第一篇日记中,就记述了她对魔窟生活的憎恨,对过去生活的怀念,对打破重重魔障"挽救自己"、走向"新生"的向往。她所谓的"新生",并没有过高的要求,只不过是摆脱魔窟般的特务统治,和过去一样做一个真正的人,过人的生活,"又有知心的朋友了,又可以心口如一,真心的笑了"。这不就是后来走向"自新之路"的因子吗,何需读者的要求?

二、章秋柳的"精神姐妹"

在"五四"到第一次大革命前后的中国现代文学中,出现了许多"时代女性"的艺术形象,大大丰富了中国文学的人物画廊。茅盾小说中所描写的静女士、孙舞阳、章秋柳等,就是她们的突出代表。和上述人物相比,赵惠明生活的历史时代与社会环境不同,可是在她身上人们会很清楚地看到上述人物、特别是章秋柳的影子,也可以说是章的"精神姐妹"。

赵惠明在日记中说:"曾经有过一个时期,我的眼光向着正义和光明。"这的确并不是一种自夸、自诩、自解嘲,而是她在学生时代的真实经历,她曾经带头发动过"择师运动",亲自去"封闭教员预备室",因为主张激烈、行动积极而引起了校方的特别注意。抗日救亡运动起来之后,她又和许多爱国学生一起雪夜里自己开车由上海到南京请愿,要求停止内战一致抗日。抗日战争起来之后,她还积极从事过战地服务的工作。她当时虽然不能称之为革命的女性,却可以说是进步的、爱国的青年,不能被视为"不明大义"的个人主义者,正如慧女士、孙舞阳、章秋柳等不能看成是"浅薄的浪漫的女子"一样。而且即使在被欺骗、被腐蚀而陷入特务组织之后，她仍然不肯与汪记汉奸卖国贼为伍，立志决"不做无耻的汉奸"。当然，赵惠明的参加进步学生运动，也正如周定慧、孙舞阳们参加大革命一样，常常是由于对现实生活的幻灭感而引起的，所以总是伴随着某种浪漫谛克的幻想，甚至是为了"赶时髦"，颇以为不参加进步的、革命的青年运动便是枉读了几年书。但这不也反映了青年女性在时代新潮冲击下对于正义与光明的热烈追求吗？

赵惠明也和周定慧、孙舞阳、章秋柳一样，是一位女强者，男人似的女人。刚强、自信、敢作敢为。章秋柳的朋友都说她的"肉体是女性，而性格是男性"。赵惠明在日记中常常爱说的一句话是："我不是女人似的女人。"她相信"事在人为"，个人奋斗。她要求人格独立，意志自由，个性解放，不为一切传统道德所束缚。即使陷入国民党特务组织之后，她也决"不肯低三下四向狗也不如的人们手里讨一点残羹冷饭"，要和那"不把人当成人"的人作斗争，要向那欺骗自己、陷害自己的人复仇，向黑暗的旧世界复仇。然而她们都是处于一个十分险恶的社会环境中，因此使她们那男人的性格，使她们这些女性中的强者，都显得如此软弱无力，不能有什么作为，而只能是被遗弃者，被欺骗者，被腐蚀者。

自然，赵惠明的思想性格本身是很复杂的。章秋柳的颓废，甚至堕落，有客观的原因，也有主观的原因。为追求光明而奋斗的趣味、意义，她是神往的；但是物质的享乐、肉感的刺激与狂欢，她又不肯舍弃。斗争的结果往往是要"先吃尽了人间的享乐的果子，然后再干悲壮热烈的事"。这也正是赵惠明走上堕落、陷入国民党特务组织的主观原因。五六年前那个特务分子希强，就是利用了她这一点把她拉下了水。身陷重围后，她"一方面极端憎恨自己的环境而一方面又一天天鬼混着"。因为那里有物质上的享受与肉感上的狂欢。"我何必不乐一下呢"，常常是她为自己辩解的遁词。从这方面看，她们的性格并非坚不可破的纯钢，而是"似坚实脆的生铁"。

茅盾小说中出现的许多小资产阶级的知识女性，大都是"既不依恋过去，亦不幻想未来，而只是紧紧抓住现在"的"现在主义者"。这是因为她们多次在生活中碰壁,一次次地追求,又一次次地幻灭。章秋柳认为"理想的社会、理想的人生,甚至理想的恋爱,都是骗人自骗的勾当",只有"现在"是最可靠的,是最真实的。赵惠明也以同样的态度对待一切。所以在她的日记中很少谈自己的过去,更没有将来的理想。当她旧日的同学以愉快的心情同她讲述从前共同参加的学生运动时,她极不感兴趣,认为"那些事,都象一个梦",没有再提它们的必要。瞿秋白曾经称这种"现在主义""实际主义"为市侩哲学,打破一切信仰的利己主义。这在章秋柳和赵惠明身上,都有较充分的表现。在第一次大革命失败后,作者也曾提倡过这种"现在主义",那是主要用来反对"左"倾空谈主义的,同时也多少反映了他对革命的失望情绪。出现在赵惠明身上的"现在主义"就具有更多的批判意义了。

我们把赵惠明与章秋柳放在一起去认识,指出她们在精神上的内在联系,这并不意味着她们的思想性格与人生哲学完全一样。与赵惠明相比,章秋柳具有更强烈的社会参与意识与历史使命感。她的个人享乐主义、颓废思想,既是其个体意识的消极表现,又是革命理想被残酷的大革命失败的现实所击碎,在"大变动的时代"热血沸腾而无所作为的变态心理,是一种精神苦闷的象征。赵惠明已经陷入国民党特务组织的深渊,她的最积极的思想与活动也只是出于个人的挣扎与反抗,只是为了在那鬼怪群居的魔窟中保持着自己作为一个人的尊严,最后逃出魔窟重新回到人间。

三、灵魂的被腐蚀——主人公的遭遇

总起来看,赵惠明陷入国民党特务组织,并不是她的罪过而是她的不幸,不是由于她的"本质"坏所决定的,而是罪恶的国民党特务利用某些弱点对她的腐蚀与摧残。小说的题目用"腐蚀"二字,其主旨正在于"聊以概括日记主人之遭遇"。

赵惠明在长达五六年的时间内"鬼混"于狐鬼成群的国民党特务组织之中,那是一个又脏又臭的积粪坑,藏污纳垢的垃圾堆,灰暗漆黑的大染缸。赵惠明一方面极端憎恶她的生活环境,一方面又日复一日、年复一年地受着那恶劣环境的浸染与腐蚀：既按照特务组织的要求从事种种特务活动，又沾染了放荡淫糜的生活习性。纵情淫乐，对她来说不仅是享受，也往往是发泄憎恶之气的手段，她要"把这些鬼，这些狗，叱咤吆喝，颠倒调侃；把多少日子积压着的恶气，秽气，都付与胡闹宣泄一番"，作为一种个人的复仇。生活上、道德上的被腐蚀，常常是政治上、思想上被腐蚀的先导，赵惠明在政治上、思想上和整个人生道路上，已经走到了危险的悬崖！

"在这圈子里即使血性正直的人，也会销磨成了自私而狡猾"。这是赵惠明在魔窟里五六年来的生活中亲自观察与体验的总结。在那里人与人之间只有互相利用，尔虞我诈，根本没有人类的同情与友爱。她不仅"近墨者黑"，还曾经有意使自己变坏，"变得跟他们一样坏"，目的是要"以毒攻毒"。习惯成自然，事实上这种"自私而狡猾"已成了她的处世哲学，在圈子内外都是如此。为了保全自己，她可以写假报告，为了保全自己，她也可以暗中告发革命者 K 与萍。当然她毕竟与那些自觉自愿为反动派效劳的其他特务不同，在告发 K 与萍之后还能自责，还能感到内疚与痛苦，还要设法保护他们。

赵惠明自视一个女强者，高傲、自信，不肯向任何人示弱。可是在那个特务王国中，特别是在她的上司那里，她又常常是唯命是听，不敢说半个"不"字。不满、憎恶，灵魂中尚保存的某些"人之所以为人"的东西，只能支持她暗中违抗命令。

章秋柳们是解放了的人，虽然身处黑暗的环境中，苦闷到了极点，但仍然在光天化日之下大叫大喊，大哭大笑，以至于拥抱、亲嘴、浪漫、颓废，长篇大论地发泄自己的不满。赵惠明则是被打进地狱的"鬼"，一切都没有自己的自由，一切都在暗中活动。在那个世界里，仅仅是"自私而狡猾"是远远不够的，要想生存还"需要阴险，需要卑鄙，——一句话，愈不象人，愈有办法"。所以赵惠明还不是那个世界里的合格公民，她的四面碰壁，她的处处失败，那又是必然的。

四、走"自新"之路——必然的去向

赵惠明虽然已经在那个罪恶的特务王国里"鬼混"了五六年，可是她一直和那个地狱般的世界存在着尖锐的矛盾,而且愈来愈憎恶自己的生活环境,愈来愈感到痛苦。所以我们说赵惠明的日记一开始就存在着她要自新——重新做人的因子与可能。当然这种可能性要变为现实性尚需要有一个过程,小说的全部内容就是在暴露国民党特务组织的历史罪恶的同时描写了这一过程。

最初,赵惠明是想充分发挥自己那女强人的性格、力量、智慧与手段,在特务组织内部和那些魑魅魍魉们搏斗,和仇人搏斗。而且她相信"事在人为",相信自己的聪明、智慧与手段,决心要"以罪恶者的黑血"洗涤"自己手上的血迹"。早在小昭被害之前,赵惠明就有了洗去"罪恶的血迹",结束"不名誉的过去",重新"走光明的路"的想法,只是尚未下定决心。"救小昭"的失败及小昭的被害,对于赵惠明是一次很大的打击,也是一次很深的教训。使她进一步认识到特务组织的阴险与凶残,自己的脆弱与无力。同时她心里却有一个"理想"在燃烧,设想着"要有一番举动","要到海天空处翱翔"。

小昭、K、萍的出现,对于赵惠明的"自新",都起着极为重要的作用。几年的地狱似的生活中,她所接触到的全是一些卑劣、阴险的动物,人们之间都是你食我、我吃你的关系。小昭、K 和萍的出现,又使她重新看到了另一个精神世界。他们有远大的革命理想、坚强的革命意志,有互相关心与爱护的朋友与同志。而且他们也真诚地关心着她,帮助着她,鼓励她"趁早自拔",弃暗投明,走自新之路。小昭虽然被害了,但他所给予的精神力量却在她身上发挥着作用。K 给她的信给她带来了极大的温暖与力量,让她觉得"还有什么剩下的东西"是属于自己的,"还不是孑然一身"。

N 的出现,也是赵惠明走向自新之路的一个重要因素。在大学区,刚被拉下水的青年学生 N 以极大的痛苦向她述说自己被诱骗与恐吓而进入这个地狱一般的生活圈子,成为一个"跑不掉"的"伥鬼"的时候,使她联想起几年前自己的被骗,因而更加憎恨这特务王国。"同病相怜,同忧相救",她决心救出 N,救出自己,共同向着光明之路进发!

学生时代的赵惠明,因为与继母不和,和唯一的亲人——父亲断绝了关系,孤身落入陷阱。继母去世后寂寞的父亲又思念起自己的爱女。父亲的来信不仅使赵惠明感到了父女之爱、家庭的温暖,而且使她进一步增长了生活的信心,向善的勇气。"人生毕竟还不如我们所想象的那样冷酷",人类的真、善、美普照大地,任何人都有一份,都可以享受,"只要他不自绝于人,只要在他心灵深处有善良的光在闪烁"。从社会到家庭,都给她提供了温暖与力量,使其自新的因子逐渐扩大,终于由愿望变成了现实。

赵惠明走上自新之路,不仅是在具体环境下人物思想与性格发展的必然结果,同时也具体反映了时代的变化与作者思想的发展。1941 年前后,抗战初期的光明景象又被乌云遮盖,国民党反动派的消极抗日与积极反共政策又在举国上下蒙上了一层阴影,许多知识分子与青年学生又陷入了新的苦闷。可是这时已和第一次大革命失败之后的情况迥然不同,代表进步与光明的势力已经壮大,人民群众的觉悟也普遍提高。人们常说的"黎明前的黑暗","光明与黑暗的大决战",正是当时时代特点的恰当概括。同时作者的思想状况也大不同于写《蚀》三部曲的时代,对现实社会中的矛盾与斗争及其发展前景有着清醒的认识与乐观的分析。赵惠明的走上光明之路正是现实生活在当时作家头脑中的反映的产物。

从 30 年代开始,茅盾在理论上与创作实践中都强调对现实生活的"正确而有为的反映",重视在文学创作中作家要以先进的社会科学对现实生活进行正确的分析。《腐蚀》与《蚀》三部曲之所以不同,就在于后者重视的是对于自己的生活感受进行如实的描写,前者则注意用先进的理论认识对具有社会性与时代性的重大问题进行正确而有为的反映。赵惠明之所以走向自新之路而不是在小昭被害后消极起来,继续沉沦于鬼域世界成为那个特务王国的合格公民,正是作者上述创作思想的具体体现。

五、人道主义的控诉与呐喊

五四新文化运动,从某一个方面说也是一个人权与人道主义的思想运动。可是"五四"以后,尤其是 30 年代的革命文学运动中,人道主义差不多完全被视为资产阶级的反动思想而加以批判。直到 40 年代初,面对中国与世界性的封建法西斯主义的违反人权、惨无人道,甚至是灭绝人性的恶德恶行,以及全中国、全世界人民为保卫人权、反对法西斯主义的伟大斗争，许多革命文学家才对五四新文化运动中的人权思想与人道主义有了新的认识。茅盾就是有代表性的一位。他明确指出：人道主义与人权的要求，是人人所共有的，不仅是文化人与知识分子有之。宣传人权与民主，扩大与普及人道主义思想，"不能不是文化人和知识分子的责任"（《人权运动就是加强抗战力量》）。这时，他对于人道主义在人类文化历史发展中的地位与作用也进行了新的审视："人类创造了文化以征服自然，同时亦要征服人的原始性，以及人类在历史过程中所自造的阻碍'人性'向真美善发展的种种人为的桎梏。"机械论者的历史观往往是见物不见人，见林不见树，只研究社会历史的发展，而不重视人的重要因素。而在世界新思潮中，在马克思主义的历史观中，人是社会的灵魂，历史发展的中心。所谓"人类灵魂的工程师"，也就是鲁迅所呼唤的以"立人"为目标的"精神界之战士"。他们担负着互相联系着的两个方面的任务：一是将"怎样才是最理想的人性"作为"最大最终极的目标"；一是将那一切摧残、毒害、窒塞人性、阻碍人性向真美善发展的旧势力、旧制度作为抨击的主要对象。所以说，"古往今来伟大的文化战士，一定也是伟大的人道主义者"（《最理想的人性》）。这是他对鲁迅、高尔基、伏尔泰、罗曼·罗兰等中外杰出文学家的评价，也是他用以指导《腐蚀》创作的基本思想。《腐蚀》是在新的历史条件下继承与发扬了以鲁迅为代表的"五四"文学传统，面对现实，向全社会发出了人道主义的控诉与呼唤！

和"五四"时代的批判封建旧礼教"吃人"的任务不同，40年代初期先进知识分子的主要任务是揭露国民党政府的封建法西斯统治，正如郭沫若在历史剧中所呼吁的那样：要给人民以民主，要"真正把人当成人"。在《狂人日记》中，主人公"狂人"冲破旧礼教的束缚喊出了"醒过来的人的真声音"，在《腐蚀》中，主人公赵惠明也在那惨无人道的政治迫害与思想腐蚀中发出了"人之所以为人"的人性抗争。罪恶的特务统治不仅把她投入魔鬼的世界，让她过着非人的生活，而且要消灭其思想性格中那些走向真美善的基因，让她由人彻底变成鬼。而她的一切矛盾、痛苦、挣扎、反抗，直到最后的出走、自新，都是为了要由"鬼"复归为人，由魔窟重新回到人间。她的第一篇日记就是由对于痛苦的真实描述开始的。赵惠明的最大痛苦是她那尚未死灭的人心、人的灵魂和那非人的生活环境的尖锐矛盾所引起的精神骚动。她的痛苦的呼喊,正如地狱里生长起来的惨白可怜的小花,鬼魂中向着人间发出的反狱的绝叫。在她的日记中,既有一个被迫害者的血泪控诉,也有一个被腐蚀者的自我暴露与自我忏悔。而这后者则是对于黑暗势力的更有力的控诉。其中那些"沾满了纯洁无辜者的血"之类的语言,主要还不是某种行为的纪实性描述,而是一种从灵魂深处发出的自我忏悔的独白。

赵惠明的最后一篇日记是这样开头的:"我不能不有点'行动',我还不能不相信'事在人为'。我犯了什么弥天大罪? 我知道没有。我只要救出一个可爱的可怜的无告者,我只想从老虎的馋吻下抢出一只羔羊,我又打算拔出一个同样的无告者——我自己! 这就是我的罪状! 我愿我这罪状公布出去,告诉普天下的善男信女!"这是她从个人主义、利己主义出发所作的自我辩解吗?不是。要以自己的"行动"逃出鬼窟,重返人间,而且在救出自己之前先要不顾一切地救出已经陷入鬼窟、比自己更弱小的女青年 N,这无论如何不能说是个人主义、利己主义! 这是作者应读者的要求不得不"拖"出的尾巴吗? 不是。只要把它和小说的前言联系起来就会发现:赵惠明这最后的行动正是整个小说的点睛之笔,正是作者以极为愤怒的心情向社会发出的"救救青年"的人道主义的控诉与呐喊的最强音!

(原文载于《齐鲁学刊》1991 年第 4 期)

人本主义的现实主义文学创作论

——胡风文学思想评析

上

从四十年代中期到七十年代中期,在长达三十年的历史中,胡风的文学思想一直被视为"反现实主义"的、"反马克思主义"的和"反社会主义"的异端邪说。其实它倒是在中国的现实生活中,特别是在以马克思主义为号召的三十年代无产阶级革命文学运动中产生的革命的文学思想,社会主义现实主义一直是其最高的理想。

早在学生时代,胡风就迷恋于文学。而当时对他影响最深,差不多是把他"淹没"了的两本书则是俄国作家托尔斯泰的《复活》与日本文艺理论家厨川白村的《苦闷的象征》。前者以人道主义思想启迪了胡风,使他后来总是将生活态度上的人道主义与文学态度上的现实主义联系起来,要求现实主义作家必须具有"仁爱的胸怀","人格的力量"。后者用"人的生命力受到压抑而产生的苦闷与懊恼"去解释文艺的"根柢",也对胡风重视"主观精神"在文学创作中的作用有一定影响。在文学中,胡风始终更接近着诗,他写诗,评论诗,一直是一位具有诗人气质的文学批评家与理论家。他认为"诗是文学里面历史最久的最重要的体裁,美学上的重要原则许多是从这体裁的实践中提出来的"

(《〈胡风评论集〉后记》)①。所以他的关于现实主义的文学思想与理论与同时代其他现实主义理论家的主张不同,始终和诗有着更为密切的联系,始终包含着他本人对于诗或其他抒情性文学的实际感受与体验。

当然,胡风的文学思想主要还是在他所亲身参加的具有鲜明时代特征的新文学运动中形成和发展起来的。

二十年代末和三十年代初,当具有国际性的无产阶级革命文学运动蓬勃发展的时候,胡风也在日本参加了这一运动。一九三三年回国后又相继担任了中国左翼作家联盟的宣传部长和执行书记。一九三四年秋,才辞去左联的领导职务,以主要精力从事文学批评。其早期的文学评论集《文学笔谈》《密云期风习小记》和作为青年自学丛书之一出版的《文学与生活》,都写作于抗战爆发之前,可以说是左联革命文学运动后期在文学理论与批评方面具有代表性的著作之一。所以当时鲁迅就认为胡风是一位"有为的青年"。

在国际性的无产阶级革命文学运动初期,从理论到实践活动,都存在着许多"左"倾教条主义的错误。自日本回国前后的胡风,也深受这种错误的影响。因此当苏联发表了恩格斯关于文学的现实主义问题的通信,以社会主义现实主义为理论指导批判以"拉普"为代表的"左"倾教条主义、机械论与庸俗社会学的时候,胡风"感到有一种切肤之痛"。然而他还是竭力摆脱了这些错误,步履维艰地向着社会主义现实主义迈进!

在前进中,作为一位青年文学理论与批评家的胡风,他所重视的不是现成的理论,不是理论的推演与归纳,而是对于文艺实践、文艺现象的认识与总结。所以在他的评论文章中,极少引用马克思主义及其他经典中的言论,却较为注意著名作家与诗人的创作体会与创作经验,注意文艺与生活的关系,以及文艺创作的特殊规律的再认识。一九三六年他为青年们撰写的《文学与生活》就是突出的一例。它虽然是一本较为通俗的文学知识读物,但却深入浅出地总结了古今中外许多作家的创作经验,概括了苏联作家高尔基、绥拉菲摩维支、左琴科、A. 托尔斯泰、法捷耶夫等在新的时代所提供的丰富的创作经验与创作

---

① 本文所引胡风的言论,除特别注明者外,均出自人民文学出版社出版的《胡风评论集》,上集、中集出版于1984年,下集出版于1985年。

思想。特别是高尔基的文学道路,对胡风的文学思想的形成,具有十分重要的作用。高尔基去世不久他就指出:"如果说,俄罗斯革命和苏联底建设成功把人类史提高到了一个新的时代,那么,反映了这个过程的高尔基的文学斗争的一生,无疑地在世界文学史上展开了一个新的世界"(《高尔基在世界文学史上加上了什么?》),而在中国新文学运动中,所以有现实主义文学的胜利,有社会主义现实主义文学的萌芽,"我们就不能不在极少数的伟大的教师里面特别地记起敬爱的高尔基来"(《高尔基断片》)。在"拉普"派文学统治苏联文坛的时候,高尔基是不被重视的,甚至还遭到批判;清算"拉普"之后,才树起了高尔基的旗帜。胡风的高度评价高尔基显然是和这一文艺运动与文艺思潮中的重大变化相联系的。而且他的文学思想的形成也以此作为起点。

胡风文学思想的形成,又是和五四新文学运动的传统以及他对这一传统的总结与认识紧密联系在一起的。

五四新文学运动是中国文学史和文化思想史上的一次伟大的、具有划时代意义的革命运动,正是这个运动开始了中国文学的现代化的新时代。但是在左翼革命文学运动的初期,由于"左"倾错误的影响和小资产阶级的偏激情绪,而对它持完全否定的态度,直到一九三三年以后才逐步纠正这一偏颇。胡风就是较早肯定五四文学传统,并且竭力捍卫五四文学传统的一个(见一九三四年写的《林语堂论》)。他认为五四文学运动为中国现代文学开创了以客观再现为主的现实主义传统与以主观表现为主的浪漫主义传统,"前者是,觉醒了的'人'把他的眼睛投向了社会,想从现实底认识里面寻求改革底道路;后者是,觉醒了的'人'用他的热情膨胀了自己,想从自我底扩展里面叫出改革底愿望",而这两种精神又在鲁迅身上"终于得到了统一"(《文学上的五四》)。从二十年代末开始,严酷的现实生活与斗争使许多人都倾向于现实主义,而浪漫主义差不多成了人人喊打的过街老鼠。即使像郭沫若、郁达夫那样的浪漫主义者,也在理论与创作实践中开始了自我反叛。在一段时间内,浪漫主义几乎同"反革命"画了等号。在三十年代初的左翼革命文学运动中,"革命的浪漫谛克"也常常是被批判的对象。社会主义现实主义的口号提出之后,虽然从理论上说应该包括革命的浪漫主义,但在实际上以主观表现为主要特征的浪漫主义仍然不被重视,甚至说没有合法地位。其他的文学流派与创作方法,如象征主义、表现主义等等,更被视为逆流而驱除出革命文坛。由于现实主义愈来愈成为新文学的正宗,所以进步的作家都在向现实主义靠近,包括原来属于浪漫主义、象征主义、新感觉主义派的作家与诗人。不过在实践中,各人的现实主义并不相同,有的还有相当大的差异。在胡风看来,只有鲁迅和他的作品才能代表五四新文学的现实主义传统,才能体现五四文学的战斗精神。他甚至说,"五四运动以来,只有鲁迅一个人摇动了数千年的黑暗传统,那原因就在他的从对于旧社会的深刻认识而来的现实主义的战斗精神里面"(《关于鲁迅精神的二三基点》),"鲁迅,以及他所领导的革命的作家们,破天荒地打破了中国文艺底封建意识的传统,用革命的人文主义唤醒了沉睡的现实的灵魂。由于他,文艺形象里面最初出现了人民底觉醒了的自由的意志,同时也鲜明地被画出了这觉醒了的自由的意志不得不和半封建半殖民地的黑暗现实苦斗的命运"(《民族战争与新文艺传统》)。从这些不无夸张的语言中,清楚地看出了五四新文学的传统、特别是鲁迅所体现的五四精神对胡风的重大影响。对于集思想家、诗人和战士于一身的鲁迅,胡风是有深刻理解的。当时有人认为鲁迅并没有自己的"完整的思想体系",因此不具备思想家的条件。胡风引用鲁迅自己的"吃的是草,挤出的是牛奶、血"的话,来说明他所吸收的各种思想、理论,都经过自己的消化而变成了自己的血肉,自己用以进行战斗的精神力量,完全舍弃了思想与理论的各种概念与词句。鲁迅和那些从理论到理论、从概念到概念的理论家完全不同,更不同于新思想新理论的一般介绍者与解说者。而且胡风还指出,作为思想家、战士与艺术家的鲁迅,他的战斗有一个大的特点,那就是把"心""力"完全结合在一起。"别人当战斗的时候,是只能运用脑子、即所谓理智,或者只能凭一股热血,但他则不然,就是在冷酷的分析里面,也燃烧着爱憎的火焰。——不,应该说,惟其能爱能憎,所以他的分析才能够冷酷,才能够深刻。……翻开他的全部作品来,不是充满着爱心就是喷射着怒火,就是在一行讽刺里面,也闪耀着他的嫉恶爱善的真心"(《关于鲁迅精神的二三基点》)。胡风所认识与理解的鲁迅的思想和精神,也都在他的文学思想上打上了深深的烙印。

一九三四到一九四九年,除一本作为青年自学丛书之一的《文学与生活》外,胡风共写了八本文学评论集。其中《文艺笔谈》与《密云期风习小记》写于抗战爆发之前,《为了明天》和《论现实主义的路》写于抗战胜利之后,中间的四本,即《民族战争与文艺性格》《论民族形式问题》《在混乱里》以及《逆流的日子》,都写于抗日战争时期,而且那引起争论的文章也主要集中在这四本评论集。由此可知,全民族抗战八年是形成胡风文学思想的最主要的历史背景。

一九三七年全民族抗战开始之后,文坛上也出现了人心大振奋、文风大转变的新形势。在短短的一年多时间内,为全民抗战服务的报告文学突飞猛进,鼓舞民心士气的朗诵诗、街头剧蓬勃发展,救亡歌曲响遍了穷乡僻野,人造的"艺术之宫""象牙之塔",自动拆除,文学上的低级趣味、靡靡之音一扫而光。但是,由于种种原因,各种形式的文学创作中又普遍存在着公式化、概念化,甚至是"抗战八股"的倾向。抗战进入相持阶段之后,人们对这一倾向普遍感到不满,因而也提出了愈来愈多的批评。

怎么看待抗战文学的上述成绩与问题呢?在当时的文坛上产生了严重的意见分歧。一种意见是根本否定抗战文学的成绩,认为一切抗战文学都是一文不值的"抗战八股",没有什么文学价值可言。而克服与纠正这"抗战八股"的唯一途径就是要使"文学归文学"。他们说,"文学家及其作品,应以文学本身的尺度去估量,不许夹杂别的主观成见。否则,必然把文学置于适应政治工具的囚笼中。这个大罪恶会绞杀了文学家的天才"。他们认为所谓现实主义文学,就是要求作家用文学的技巧将其观察所得描写出来,评论家只看其描写"是否适合文学的条件",不管作家本人"是保皇党还是共和主义者,是纳粹还是布尔什维克"。和这种意见相近的是主张文学创作应该远离现实生活,应该"冷静超脱",做生活的"旁观者",正如希腊神话中的亚波罗那样"凭临奥林庇斯高峰,雍容肃穆,转运他的奕奕生辉的巨眼,普照世间一切,妍丑悲欢,同供玩赏"。他们说,"冷静并不如庄子所说的'形如槁木,心如死灰',但是像他所说的游鱼从容自乐","冷静的人才能静观,才能发现'万物皆自得'……美学家所说的'观照',它的唯一条件是冷静超脱"。甚至主张文学家应该像禅家那样成为一个出世者(引自胡风《关于抽骨留皮的文学论》)。这种理论,实际上是要用西方"为艺术而艺术"的唯心主义文学观引诱新文学脱离中国人民的民族解放斗争,完全地、彻底地进入"象牙之塔"。另外一种意见是在基本肯定抗战文学的前提下批评"抗战八股",主张用"个别观察,综合描写"的方法努力创造文学典型。这种方法要求作家首先要和被描写的人物"生活在一起",并且要个别地、不厌其详地"观察",然后是将其观察所得加以"整理归纳",即"综合",从中"求出最大的共同特点来",最后是"愈具体愈好"地描写(郑伯奇《典型的贫乏》,引自胡风《今天,我们的中心问题是什么?》)。胡风认为上述两类意见,不仅不是解决"抗战八股"的灵丹妙药,而且恰恰是不利于抗战文学健康发展的谬论。前者将会把五四以后的新文学引入歧途,所以胡风称之为"抽骨留皮的文学论";后者则把文学创作完全解释为一种"冷静的、'精密'的、单纯的、逻辑思维的过程",正好是产生公式化、概念化作品的理论基础。那么究竟如何纠正抗战文学创作中的公式化、概念化与"抗战八股"的不良倾向呢?胡风提出了反对客观主义与主观公式主义的口号,而且正是在这个框架中建造了他的现实主义文学创作论的基本体系。

一九三九年,在关于如何克服"抗战八股"的争论中,又出现了对于所谓"与抗战无关论"的批判。作为革命文学批评与理论家的胡风,他没有积极参加这一斗争,这并不是他对"与抗战无关论"有什么同情,因为被批评者梁实秋本来就有"与抗战有关的材料,我们最为欢迎"的话。胡风认为这种批判不仅无助于克服"抗战八股",不能说服被批判者,而且在实际上存在着借批判梁实秋为"抗战八股"辩护的倾向。正是由于许多人忽视了对于"抗战八股"也即主观公式主义与客观主义的批评与克服,甚至设法为之辩护,致使进入抗战后期的整个文坛,从文学创作到文学批评,出现了严重的"混乱"与"危机",甚至是"逆流"。五四文学的传统不能充分发扬,"战斗的东西被市侩的东西所淹没","人民的要求被敌方的影响所淹没"。胡风这时的文学批评,正是针对着他分析的这些"混乱"与"危机"而发的。他给自己提出的任务是:和火热的人生要求相呼应,也和痛苦的历史战斗相呼应,"首先整肃自己的队伍,使文艺成为能够有武器性能的武器"。于是他将这时期写的文艺评论集命名为《在混乱里》和《逆流的日子》。

中

胡风文学思想的内容是多方面的,其核心问题是以人本主义为主要特点的现实主义文学创作论。他早就指出过:

> 在历史的发展中,人的力量有积极的作用。人的力量是历史发展的一因素,客观的必然是通过人的努力而实现的……所以,只看到所谓客观的必然,轻视或忽视了人的努力这一重要因素,那还是机械的看法,不能正确地把握到活生生的有血有肉的现实的。①

这可以说是胡风文学思想的理论基础。他关于现实主义文艺的创作论虽然前后略有变化,但始终没有离开这一基础。直到五十年代,他仍然坚持对于机械论的批评,坚持这种以人本主义为主要特点的现实主义。

事实告诉我们,胡风的文学思想并非以强调"主观精神"开始,也不是立足于主观表现,而是以文学与生活的密切联系、文学对社会生活的真实而能动的反映为出发点的。早在一九三五年,他就呼吁作家走"现实主义的路",努力使自己的作品"更深地更广地浸入现实生活",描写与反映现实生活,而且要写出这个时代的典型来(《张天翼论》)。一九三六年,胡风又在其《文学与生活》中通俗地解释了现实主义和社会主义的基本原则:文学来源于社会生活,反映社会生活,但又非照抄生活,经过作者的艺术加工而创造出来的文学作品应该"比实际生活更高,具有推动实际生活的力量"。而且他并不只是把文学艺术作为一般的社会现象去解释它的来源与产生,并没有停留在用一般的认识论去说明文学创作,他在努力探讨现实主义文学创作的内部的、特殊的规律。这种探讨不是抽象的从理论到理论、从概念到概念的论证,而是为了解决实际运动中文学创作与文学批评的"混乱"与"危机"问题。

---

① 胡风:《粉饰,歪曲,铁一般的事实》,《文学月报》1932 年第 5、6 号合刊。

　　首先是关于现实主义文学的反映与描写对象的认识分析。现实主义文学的反映与描写对象当然是客观现实,主要是现实的社会生活。而构成社会生活的中心是"人",是人与人之间的关系,马克思讲"人是社会关系的总和",离开了"人"的社会现实是抽象的、空洞的。描写人,描写人与人的社会关系,就成为现实主义文学的重要任务与重要内容。这也是高尔基讲的"文学是人学"的重要含义。高尔基充分肯定了人的价值,提出了"人是世界的花"的精辟论点。而且他还通过自己作品中的人物指出,"一个人——别的都是小事,顶主要的是精神"。鲁迅也非常注意对人的研究,主张文学作品要写人,写人的灵魂与精神。对于高尔基、鲁迅的文学上的人本主义,胡风是赞扬的,尤其在一九四〇年以后的文学评论中,他经常发挥这一思想。

　　长期以来,新文学的创作中都存在着某种公式化、概念化倾向。主要原因在哪里? 胡风认为从理论认识上说,就在于许多作家不懂得写人的重要,写人的精神世界的重要。所以他明确指出,"文艺作品并不是社会问题底图解或通俗演义,它的对象是活的人,活人的心理状态,活人底精神斗争"。人的精神世界,尤其是现代社会中人的精神世界是丰富多彩、千变万化的"小宇宙",人们要认识它,反映它,并不容易。它当然都是一定的现实生活与社会关系的反映,但它"有时比现实更高,使千头万绪的大宇宙结晶在这个小宇宙里面","有时使现实变形,使艺术的精神世界和人生的现象世界看起来并不相同"(《人生,文艺,文艺批评》)。文学家面对现实社会,见物不见人,或者只能看到人的外在的社会活动,看不见人的内在精神活动,那是不可能深刻地反映社会现实的。同时胡风还强调,作为文学所要描写的社会现实,不仅应该突出人的精神世界,还应该是"血肉的现实人生"和丰富的"感性对象""感性活动",而不能是抽象的哲学的现实人生与理性的对象、理性的活动。这并不是非理性主义,不是排斥文学的思想性,恰恰是为了作品的"思想内容的最尖锐的最活泼的表现"。针对与此相反的概念化的文学作品及其创作理论,胡风质问道:"不理解具体的被压迫者或被牺牲者底精神状态,又怎样能够揭发封建主义底残酷的本性和五花八门的战法? 不能理解具体的战斗者的心理过程,又怎样能够表现人民的丰沛的潜在力量和坚强的英雄主义?"(《置身在为民主

的斗争里面》)

关于对中国被压迫人民的认识与描写，胡风也提出了自己的看法。从三十年代初的革命文学运动到抗战文学运动的前期，从文学理论到创作实践，都是强调表现被压迫者的反抗与斗争，强调哪里有压迫哪里就有斗争，压力越大斗争性越强。但胡风却看到经过长时期封建统治的中国劳动人民，其思想与心理状况是比较复杂的。特别是系统的封建旧思想旧礼教的奴役，使中国人民比之西方人民具有更多的精神负担。这一点当然是首先由鲁迅深刻认识到的，胡风从鲁迅的文学作品中受到很大启示，他认为对于仍然生活在半封建半殖民地社会的中国广大人民来说，"他们的生活欲求或生活斗争，虽然体现着历史的要求，但却是取着千变万化的形态和复杂曲折的路径；他们的精神要求虽然向着解放，但随时随地都潜伏着或扩展着几千年的精神奴役的创伤"（《置身在为民主的斗争里面》），因此我们的文学作品对人民的描写也不应简单化。

当胡风的上述观点受到批评的时候，他在其反批评《论现实主义的路》中，首先列举了马克思和恩格斯关于人是社会关系的总和，是历史的、具体的、感性活动的人的论点，以及他们对于费尔巴哈把人抽象化的批判，然后又将主观公式主义、客观主义和现实主义对"创作对象的人"的描写加以比较。他指出：主观公式主义是从某一"思想"出发，"制造"出"指手画脚的外在形象"；客观主义通过对客观对象的浮影的描写"抄录"了"死样活气的外在形象"（前者的人物是纸扎的，后者的人物只是一个影子），只有现实主义着重描写人物"内在的形象"，即"活人的心理状态，活人的精神斗争"，才能创造出具体生动的艺术形象，从而"反映强大的历史内容的丰富性和火热的生活要求的生动性"。同时他还指出了社会现实主义和所谓"心理的现实主义"对于人物描写的本质不同：后者完全把人当作生物学的（自然的）人看待，孤立地描写人的各种心理活动，而割弃了人的历史的、社会的、阶级的内容，实际上也是将"人"抽象化。

胡风还认为，作为革命现实主义的文学，其基本任务就是要写"人的精神斗争"，要反映"一代的心理动向"，表现一代人在重压下的苦斗中成长起来的性格，以此从精神上"唤醒人，影响人，甚至改造人"。所以即使是抒情诗、政治诗和报告文学等不出现人物的作品，也要通过作家自己的感受、激情等去表现人民的心理与精神活动，即"一代的心理动向"，如高尔基在《暴风雨中的海燕》中所表现的俄罗斯人民当时的"负担、痛苦、愤怒、反抗"和"潜在的热情、追求解放的渴望"那样(《论现实主义的路》)。

其次是关于文学创作的主体——作家的主观能动作用的认识。胡风一开始写文学批评就强调指出：一切文学作品的创作，都是通过作家的艺术思维对社会生活的反映。这种反映不是被动的而是能动的，不是机械地再现，简单地复述，而是饱含着作家的思想与感情、体验与心绪、欲求与理想等主观作用。这种主观作用并非作家头脑中所固有的，它产生于作家"所属的社会层的生活"，即作家的社会实践。而革命的作家则更需要有"主观战斗精神"，正如五四之后的鲁迅为代表的作家那种战斗精神一样。胡风有时也称这种主观战斗精神为"战斗要求""人格力量"等等。他说，"文艺作品是要反映一代的心理动态，创作活动是一个艰苦的精神过程，要达到这个境地，文艺家就非有不但能够发现、分析，而且还能够拥护、保卫这一代的精神要求的人格力量或战斗要求不可"(《文艺工作的发展及其努力方向》)。在当时胡风就深刻地意识到，就作家自己来说，只有保持和提高这种人格力量与战斗要求，才能在现实生活中去追求和发现新的动向和积极的性格，即使是面对污秽与黑暗，也能够在读者心里诱发起走向光明的追求，点燃起奋发向前的火焰。就社会一方面来说，只有认识与尊重这种人格力量或战斗要求，既不去出题作文，干涉作家的题材选择，也不去广悬禁律，堵塞作家的心灵，才能支持与帮助文艺自由地发展。他这里所反复强调的"人格力量""战斗要求"，实质上就是指革命作家的积极的战斗创作态度，特别是指革命作家对现实生活和描写对象的鲜明的是非和强烈的爱憎，以及由此而产生的献身精神与创作欲望。它要求作家把整个心灵贯注到创作过程中去，和人物一道悲哀、痛苦与奋斗。

这种"主观战斗精神"，并非纯粹主观世界的产物，而是在客观的现实生活中形成的，是人民的要求与愿望的反映。只有深入到现实生活中去，深入到人民的斗争中去，才能够培养它，加强它，"只有体现了客观的道者才能够获得主观之力"(《由现在到将来》)。"客观主义"的产生，就是由于作家们远离了人民的复杂的斗争生活,因而主观精神"不能从战斗的生活和觉醒的人民得到滋养,得到感受",作家的"生活范围的狭小和停滞助成了主观精神的低落,主观精神的低落又反转来更窒息了对于现实生活的开拓愿望和感应能力"(同上)。因此,不能说明胡风的"主观战斗精神"是纯粹的"主观唯心论",不,就总体上看,它是建筑在历史唯物主义基础上的主观能动论。或者说它是用诗人的语言对于文学创作中这种主观能动论的表述,对于文学创作中的主体意识的表述。这个表述同时也是以鲁迅为代表的"五四"以来中国新文学所表现出的那种彻底革命精神的继承与发挥。所以胡风经常以鲁迅的斗争精神去解释他的"主观战斗精神"。

三十年代,在关于社会主义现实主义的讨论中,曾涉及世界观与文学创作的关系问题。"拉普"派的理论把作家的世界观与文学创作方法等同起来,在批判"拉普"的时候,就有人否定世界观对创作的指导作用。许多革命作家则强调世界观不能与文学的创作方法等同起来,但世界观在文学创作中仍然起着重要的、主导性的作用。胡风则认为:其一,这种主导作用并不是简单的;其二,对于作家来说,所谓世界观,不能只是停留在一般的思想、理论的层面,必须具体化为作家的"感性的机能""饱满的情绪""燃烧的火焰""血肉的要求""人格的力量""战斗的意志",即"主观战斗精神"。所以他说,"作家如果真正懂得了理论,那他在创作过程中就会完全忘记了理论,或者说,在创作过程中,理论已经失去了作为理论的形态,它已经变成了作家的思想要求,思想愿望,他用着这要求这愿望底力量向赤裸裸的现实人生搏斗"(《答文艺问题上的若干质疑》)。他所理解的鲁迅和鲁迅精神就是这样。当时苏联文艺界出现了一场重大的文艺论争,其主要内容是对以卢卡契为首的"潮流派"理论家们"抹杀"世界观在文艺创作中的主导作用的批判。但胡风认为:与其说他们是"抹杀"了世界观的主导作用,毋宁说是更加强调了这一作用,是更具体地解释了这一作用。也就是说他们是突破了世界观指导创作的教条主义的、简单化的理解,主观公式主义的理解。

有了感性的客观对象——活的人,活人的心理状态,活人的精神斗争,又有了感性的创作主体——作家的主观战斗精神,这只是具备了文学创造的主客观条件,并不等于就有了文学作品,正如仅仅有了蜜蜂,有了花粉,并不等于就有了蜂蜜一样。胡风强调的是,只有主客观条件的真正结合,才能够创造出优秀的文学作品,而这主客观的结合,就是现实主义文学的最基本的精神。他说:"所谓情绪的饱满,是作为对于现实生活的反应的情绪的饱满,所谓主观精神作用的燃烧……要不然,现实主义也就不能够成为现实主义了。"(《一个要点备忘录》)如果把胡风的"主观战斗精神"与他的现实主义理论之间画上等号,认为他所说的现实主义就是指"主观战斗精神",那是不符合实际的。在他的评论中,讲到现实主义的地方极多,其中多数都是讲的主观战斗精神与客观现实生活的融合、化合、交融等。最突出的一例就是他对鲁迅创作经验与创作道路的解释与阐发:"'为人生',一方面须得有'为'人生的真诚的心愿,另一方面须得有对于被'为'的人生的深入的认识。所'采'者,所'揭发'者,须得是人生的真实,那'采'者、'揭发'者本人就要有痛痒相关地感受到'病态社会'底'病态'和'不幸的人们'的'不幸'的胸怀。这种主观精神和客观真理的结合或融合,就产生了新文艺的战斗的生命,我们把那叫做现实主义。"(《现实主义在今天》)他之所以极力批判"客观主义"与"主观公式主义",就是深感在现实的文艺实践中,特别是抗战文艺的实践中,严重地存在着主观精神与客观生活的分离。他向来反对什么具体的写作技巧与方法,甚至讨厌"技巧"这个用语,他所说的现实主义方法,首先和最重要的是指现实主义的创作态度,即上述以主观战斗精神与客观现实生活相融合的创作态度。由于他感到多年来的指导思想与创作实践中,"客观主义"已成为主要的倾向——缺乏对待生活与创作的高度热情与战斗精神(而所谓"主观公式主义"也是因为缺乏热情与战斗精神而只好按照某种思想与理念去制造文学作品,所以说也是"客观主义化装成的主观主义"),这就使胡风较多地强调现实主义文学中的"主观战斗精神"的作用。他在给一位诗人的信中比较清楚地阐明了这一点:

尽管题材怎样好,怎样真有其事,像你有时来信所说的,但如果它没有和作者的情绪融合,没有在作者的情绪世界里面溶解,凝晶,那你就既不能够把撮它,也不能够表现它的。因为在现实生活上,对于客观事物的

理解和发现需要主观精神的突击:在诗的创造过程上,客观事物只有通过
主观精神的燃烧才能够使杂质成灰,使精英更亮,而凝成浑然的艺术生
命……你的那些叙事诗,就是由于主观情绪的贫乏而成了非诗的东西。
当然,你是诚恳地肯定那些故事的,所以能够提起笔来,但你的肯定只止
于理念上的肯定,并没有达到和对象本身的情绪的交融,故而你的诗还是
止于义务地叙述出来的故事。你太相信题材本身了,以为既然题材本身
那么好,作者只要尽了叙述的任务就足够。但你忽略了,题材本身的真实
生命不通过诗人的精神化合就无从把撮也无从表现,更何况诗的生命还
需要从对象(题材)和诗人主观的结合而来的更高的升华呢。(《关于题
材,关于"技巧",关于接受遗产》)

在论证文学作品的创作时,胡风总是注意到作为创作的主体——作家在
创作过程中的主动性、积极性。这不仅有着强烈的现实针对性,而且也是对于
文学艺术创造过程中的基本特征的把握。许多事实都证明,那种把艺术与一
般的科学认识混同起来,把艺术家仅仅看成是手拿笔杆子的机器人的观点是
违反文学艺术创作规律的。艺术不是机械地反射社会生活的"镜子",它需要
有艺术家的极大的主动性与创造性,而且是一种极为复杂的精神与情感的创
造性活动。

但是这决不是说在文学艺术的创作过程中只有创作主体的活动是主动
的、积极的,而创作的客体即表现对象完全是消极的、被动的,更不是说作家在
文学艺术的创作中可以随心所欲地去摆布客体,主观地、任意地去处置自己所
描写的生活与人物。胡风指出:在一切文艺创作过程中都存在着"创造主体
(作家)和创造对象(材料)的相生相克的斗争,主体克服(深入、提高)对象,对
象也克服(扩大、纠正)主体"(《人道主义和现实主义的道路》)。这种主客体
之间的相互克服的相生相克的斗争过程,也就是作家的主观战斗精神与客观
的现实生活相融合的具体内容。从前一方面说,是作为创作主体的作家对于
对象的摄取与批判,因而"一定要主动地表现出或迎合或选择或抵抗的作用",
这当然要求有坚强的主观力量,才可能创造出"比个别的对象更高的真实性的

艺术世界";从后一方面说,是作为描写对象的客观现实生活也将要"主动地用
它的真实性来促成、修改,甚至推翻"作家的主观,克服作家的偏见。这时就要
求作家尊重现实,"向感性的对象深入,深入到和对象的感性表现结为一体",
从而有可能创作出符合历史真实的"艺术世界"(《置身在为民主的斗争里
面》)。正是从这个意义上,胡风反对文学创作中的主观主义,把"写真实"作
为现实主义的重要原则,而且提出真实的现实主义的创作方法,能够补足作家
经验的不足和世界观上的缺陷(《略论文学无门》)。虽然受到过尖锐的批评,
他仍然坚持这一点。

胡风还提倡过"忠于艺术"(表面看来这是和他的文学思想不相容的)。
他所指的"艺术",不是"纯艺术"之类,也不是指艺术技巧,而是一种以主客观
相融合为内容的艺术表现,是一种由感受力、思想力而升华出来的艺术表现
力,由充满现实人生的内容而决定的艺术表现形式。他认为思想与艺术,内容
与形式是不可分的,一个艺术家,"呕心镂骨地努力寻求最无伪的、最有生命
的、最能够说出他所要把撮的生活内容的表现形式……他的作品也能够达到
高度的艺术的真实。因为,作者苦心孤诣地追求着和自己底身心底感应融然
无间的表现的时候,同时也就是追求人生"(《略论文学无门》)。可见他所说
的"忠于艺术"与"为艺术而艺术"没有共同之处,实质上就是忠于作家对生活
的感受,忠于主观与客观的融合,是作家通过主客观的融合创造出艺术世界的
必由之路。

一切好的文学艺术作品,一切真正的艺术世界,既然都是主客观结合或融
合的产物,它自然也包括现实的一面与非现实的一面,是现实的一面与非现实
的一面的有机统一。完全按照现实的生活去要求"艺术的世界",是违反艺术
规律的。这也是胡风十分自信的。

从"五四"时期开始,中国文坛上对于文学创作的理论就存在着主观表现
与客观再现的分歧。后来,一些理论家又往往把这种意见分歧和哲学上的唯
心主义与唯物主义的对立等同起来。于是以主观表现为主要特征的浪漫主义
被简单化地否定,以客观再现为主要特征的现实主义被简单化地给以肯定。
一提到现实主义,就意味着哲学上的唯物主义在文艺学上的直接表现,意味着

文学作品对现实生活的客观描写、如实反照。车尔尼雪夫斯基的"美是生活"，一切文学艺术的美都是现实生活的美的"再现"的命题，就成了上述现实主义的主要理论根据。其实车尔尼雪夫斯基在批判唯心主义美学的过程中，不自觉地犯了机械唯物主义的错误。列宁关于列夫·托尔斯泰是"俄国革命的镜子"的著名论点，也常为三四十年代的现实主义理论所引用。其实列宁所说的"镜子"，并非单指托尔斯泰的作品客观地、如实地反映了俄国革命中的现实生活，也指托尔斯泰的思想、学说等属于主观意识中所表现的现实社会的种种矛盾，特别是"农民资产阶级革命的种种特点"。胡风的现实主义文学创作论的深刻性与独创性，不仅表现为强调要通过人的描写，人的精神世界的描写，去反映人类社会的现实生活，也不仅表现为充分重视作为文学创作的主体——作家在创作过程中的主观能动性，尤其表现为它具体分析了主体与客体通过相生相克的矛盾斗争而达到互相融合的创作过程，即通过感性活动与形象思维创造艺术形象的创作过程。这无疑是胡风文学思想的最突出的贡献。

下

马克思说："从前的一切唯物主义——包括费尔巴哈唯物主义——的主要缺点是对事物、现实、感性，只是从客体的或者直观的形式去理解，而不是把它们当成是人的感性活动，当作实践去理解，不是从主观方面去理解。所以，结果竟是这样，和唯物主义相反，唯心主义却发展了能动的方面，但只是抽象地发展了。因为唯心主义当然是不知道真正现实的、感性活动本身的。"[①]过去的现实主义文学创作论，包括五四以后的现实主义理论，往往也具有同样的缺点。所谓"实地观察，客观描写"，就突出地表现出理论家们尚没有把文学创作看成是作家的一种感性活动、艺术实践活动，即只是从客体的或直观的形式去理解，而不能同时也从主观方面去理解文学创作。二十年代末和三十年代初的无产阶级文学运动中，由于对浪漫主义及其他创作方法的彻底否定，由于过

---

① 《马克思恩格斯文集》第 3 卷，人民出版社 1960 年版，第 3 页。

分强调创作题材的重要,强调文学"再现"伟大的革命斗争,因而出现了"左"的教条主义与机械论。胡风文学思想的主要贡献,就在于它在反对主观公式主义与客观主义的斗争中,纠正了旧唯物主义与旧现实主义的缺点,克服了"左"的教条主义与机械论的影响,注意从主观与客观的结合上去理解文学创作中的现实主义,重视作家艺术家反映现实生活中的主观能动作用与感性活动,强调文学创作的描写重点是对社会的人的精神、心理与感情活动。自然,要彻底地纠正旧唯物主义与旧的现实主义的缺点而又彻底与唯心主义划清界限,并非容易的事,如果抽象地强调主观作用,夸大主观能动性到了不适当的程度,也有滑向唯心主义的危险。

和同时代的许多文艺工作者一样,胡风的文艺思想也并非完美无缺和一贯正确的。正如他晚年回顾自己从事文学批评所走过的道路时所说的,"也难免有不慎,有错误"(《〈胡风评论集〉后记》)。就三十至四十年代胡风的文学活动来看,不慎与错误是存在的,比如曾经过分强调过文学典型的"群体性",过低地估价文学的民族传统与民间形式,把五四新文学简单地说成是世界资产阶级文学的"一个新拓的支流"等。不过这一切均非胡风个人的"独创",而是当时文坛上少数人的看法。和他的基本文学思想联系在一起的一个"不慎与错误",是他有时过高地估计了作家的主观精神力量。这一点到四十年代中期表现尤为明显。

在《〈胡风评论集〉后记》中作者十分坦率地说:他"所犯的一个大错误是发表了舒芜的论文",这指的就是发表于一九四五年初他主编的《希望》第一期上的《论主观》。作为一个杂志的编辑者,有时为了引起讨论而发表某些具有不同观点的文章,那也是可以的。问题在于胡风在发表该文的时候,对它还"无能作出肯定或否定的判断",而且在精神上还产生了一定的共鸣。据说这篇文章在胡风处整整"放了半年之久",经过认真考虑,终于还是放在刊物的创刊号里发表了。因为该文不仅是从哲学的高度论证了"主观"这个胡风比较注意而又感兴趣的问题,而且还以"哲学上的斯大林阶段"吸引和"迷惑"了他。

实事求是地说,舒芜的《论主观》在写作意图上倒是为了进一步论证与发挥马克思主义的认识论——能动的反映论。但是由于作者理论上的幼稚而将许多非马克思主义的思想理论引进了马克思主义,因而不知不觉地陷入了主观唯心论。他强调马克思主义哲学是"随从着反映着并指导着现实历史的发展而因以取得它本身的不断发展"的学说,这毫无疑问是正确的。可是由这里出发,他却以错误的观点理解了马克思主义本身的发展,认为从马克思发展到斯大林阶段,其主要特征就是主观作用的强调,"换言之,今天的哲学,除了其全部基本原则当然仍归不变而外,'主观'这一范畴已被空前的提高到最主要的决定性的地位了",按照这样的"发展"与"提高",实际上已否定了马克思主义的"基本原则"。作为文学批评家的胡风,在四十年代中期似乎还缺乏理论的深度与哲学的素养,连他自己也感到"一涉及这理论问题,我就吃苦"。所以在《希望》的编后记中他只是提到"《论主观》是再提出了一个问题,一个使中华民族求新生的斗争会受到影响的问题",并呼吁读者"不要轻易放过",要"无情地参加讨论"。但是当《论主观》受到批评的时候,胡风却是坚定地站在被批评者一边,不仅为之辩护,并且极力支持舒芜出击迎战。①

　　这时胡风公开发表的两篇重要文章——《文艺工作底发展及其努力方向》和《置身在为民主斗争里面》,都有抽象地谈论"主观精神"的毛病。而且像"生活意志""自我扩张"之类的提法和《论主观》中讲的"自然生命力"颇为相近。在第二篇文章中作者还特别强调两点:一、在对于血肉的现实人生的搏斗里面,作家的思维活动是绝对排斥理性的,"不能够超脱感性的机能";二、在体现与克服对象的创作过程中,作为主体的作家,"同时也就是不断的自我扩张过程",而且还将这种"自我扩张"说成是"艺术"创作的"源泉"。类似的说法,既有作者后来所说的"含义不明确的用语",或不得已而使用的具有时代特点的"奴隶的语言"问题,也有因为在理论上缺乏足够的判断力而不能与主观唯心主义划清界限的问题。这也是胡风的部分文章所以写得佶屈聱牙、艰涩费解的重要原因之一。

　　此外,胡风的文学思想与文学批评还表现出一种明显的排他性,鲁迅及"七月"文学流派之外,五四以来的中国现代文学流派及作家中,值得他肯定的

---

　　①　胡风后来对此事的说明与史实不同。

极少,或明或暗受到他攻击的很多。

一九四四年,从延安到重庆《新华日报》工作的何其芳、刘白羽等就曾以座谈会的形式批评过胡风的文学思想,但并未说服他。一九四五年到一九四六年,对于《希望》创刊号上有关论主观的言论,黄药眠等公开撰文进行批评。随后又在《新华日报》上展开了关于现实主义的讨论,何其芳的《关于现实主义》等也是针对胡风的“主观精神”论而发的。一九四八年,邵荃麟、胡绳、林默涵等在香港创办了以文艺批评为主的《大众文艺丛刊》,胡风的文学思想也是其重点批评的对象之一。总观四十年代一些革命文艺工作者对胡风文学思想的批评,基本上还是同志式的,是作为革命文艺工作者内部的思想与理论分歧与论争看待的。

但是,在四十年代对胡风文学思想的批评中,存在着教条主义、宗派主义、片面性与简单化倾向。

首先,有些批评文章或把胡风的文学思想与舒芜的《论主观》混为一谈,或把舒芜在理论上的主观唯心主义错误完全归罪于在《希望》上发表《论主观》的胡风。于是就或明或暗地借批评《论主观》把主要矛头指向胡风。有的文章则是“项庄舞剑,意在沛公”。这是不公正的。胡风的文学思想与舒芜的《论主观》在理论上有某些联系,如以上指出的那样,但二者并不是一回事。胡风在思想感情上是同情与支持《论主观》的,但在理论上他尚不能对它的是非与正误作出准确的判断。他的文学思想早在《论主观》出现之前就形成了自己的系统,和《论主观》并不相同的系统。

其次,胡风从三十年代到四十年代一直在国民党统治区从事文学批评活动,他的有关文学创作的意见与主张,多数是针对那个具体的社会环境而发的,诸如强调作家的“主观战斗精神”,强调劳动人民身上的“精神奴役的创伤”,批评文坛上的各种不良现象与理论上的“混乱”与“危机”,等等。但是有些批评文章却不考虑国统区的特殊环境与特殊情况,把适用于解放区的理论与方法生硬地搬过来去要求胡风、批判胡风。

在五四以后的中国新文学运动中,二十年代末和三十年代初就曾经出现过“左”的教条主义与宗派主义倾向。四十年代后期,它们又以新的形式出现了。在批判胡风文学思想的部分文章中就表现了这一点。到了五十年代,在民主革命取得全国胜利的一片欢呼声中,这种新形式的教条主义与宗派主义就有了恶性发展,而胡风及其文学思想又是首先被讨伐的对象。终于酿成了所谓"胡风反革命集团"的历史错误,直到二十五年以后得以平反昭雪。这个教训是值得我们认真总结与吸取的。

（原文载于《中国现代文学研究丛刊》1988 年第 4 期）

我国现当代文学思潮中的
普列特涅夫网结

　　1917 年,在俄国出现了以波格丹诺夫和普列特涅夫为代表的"无产阶级文化协会",十月革命以后,该协会便成为领导俄国无产阶级文化革命运动的最高文化团体。它的理论家与领导人摘引马克思主义关于经济基础与上层建筑的学说,主张像彻底打碎旧的国家机器一样,彻底否定过去与现有的一切文化艺术,同时依靠少数无产阶级的文化专家重新创造特殊的、纯粹属于"自己阶级的文化",即"无产阶级文化",作为"组织集体力量——阶级力量的强有力的工具"。[1] 1920 年,俄国革命的领袖列宁发现了这个协会的活动及其指导性理论,尖锐地批评说,"无产阶级文化并不是从天上掉下来的,也不是那些自命为无产阶级文化专家的人杜撰出来的",应当明确地认识到,"只有确切地了解人类全部发展过程所创造的文化,只有对这种文化加以改造,才能建设无产阶级的文化",一切企图凭空"臆造自己的特殊的文化"的理论与实践活动,都是十分错误的和极其有害的。[2] 可是,列宁的批评并没有改变"无产阶级文化协会"领导人与理论家的观点,而且在那个视"左倾幼稚病"为时髦的年代里,他们的观点作为一种社会思潮也还有自己的市场。1922 年 9 月 27 日,该协会的主席、主要理论家普列特涅夫在《真理报》上发表了长篇论文《在思想战线上》,将他们的基本理论作了系统的阐述。他强调,"建设无产阶级文化的任务

---

　　[1]　白嗣宏编选:《无产阶级文化派资料选编》,中国社会科学出版社 1983 年版,第 1 页。

　　[2]　《列宁论文学与艺术》,人民文学出版社 1983 年版,第 106、120 页。

只有靠无产阶级自己的力量,靠无产阶级出身的科学家、艺术家、工程师等等,才能加以解决"。他还断定,无产阶级文化专家们在"创造无产阶级的阶级文化"的时候,必然会遇到资产阶级的不满与反抗,因而也必然"是资产阶级和无产阶级不可调和的敌对思想体系的一个斗争过程",无产阶级为完成自己的历史使命,就必须主动出击,在思想路线上和意识形态领域中展开你死我活的阶级斗争,"在这条战线上我们面临着一场长期的和严重的斗争"。① 以无产阶级文化思想与意识形态方面的理论权威自居的普列特涅夫自认为这是一篇抓住了大题目的得意之作,可是列宁却在《真理报》刊登的该文章的旁边加了"十足的杜撰""一派胡言"一类的批语,并在给布哈林的便笺中称之为"用各种炫耀博学的时髦字眼来虚张声势的小品文",是"伪造历史唯物主义"。② 然而,列宁批评的这种理论却对以后的俄国乃至世界无产阶级革命文学运动产生了深远的影响。

虽然 1924 年、1925 年,俄共中央先后公布了《关于对文艺的党的政策》和《关于文艺领域中党的政策》,批评了《那巴斯图》否定一切,企图"独占"文坛的错误态度,但作为一种文化现象与社会思潮的普列特涅夫理论是不会轻易退出历史舞台的。即使在批判"拉普"的苏联第一次作家代表大会上,日丹诺夫仍然提出了一些与"无产阶级文化派"有着血肉联系的理论,诸如世界上只有无产阶级文学与资产阶级文学,只有苏联文学才是最先进的、有思想的、革命的文学,而衰颓、腐朽与堕落,是现代资产阶级文化与资产阶级文学状况的特色与特点等。而且二者的矛盾斗争是"不可调和的"③。正是在这一思想指导下,苏联文学中特别强调思想性与革命的政治倾向性,仍旧视文学为阶级斗争中的"思想战线"。在苏联之外,则竭力推进无产阶级革命文学运动,并作为世界无产阶级政治革命的工具与手段。直到五十年代,苏联共产党的领导人马林科夫在苏共十九次代表大会的报告中还把文学中的典型问题说成是一个"政治问题"。

---

① 白嗣宏编选:《无产阶级文化派资料选编》,中国社会科学出版社 1983 年版,第 67—69 页。
② 白嗣宏编选:《无产阶级文化派资料选编》,中国社会科学出版社 1983 年版,第 130 页。
③ 《日丹诺夫论文学与艺术》,人民文学出版社 1959 年版,第 6—7 页。

从二十年代末的关于无产阶级革命文学的倡导到三十年代初期的无产阶级革命文学运动,在思想理论与实际活动中,都未能排除俄国"无产阶级文化派"——"拉普派"的直接或间接(经过日本的无产阶级革命文学运动)的影响。

首先是在理论上抛开文学艺术的审美特征与独立价值,片面地强调其阶级性与政治功能,把文学艺术看成仅仅是一般的,而且是可以"组织生活"的意识形态和上层建筑,并从而得出结论说,一切文学艺术都是一定阶级的"意欲",一定阶级的"政治留声机"和阶级斗争的"工具",不是革命的"留声机"与"工具"就是反革命的"留声机"与"工具"。把一切文艺作品都简单地解析为政治内容与艺术形式,思想观念与表现方法,实际上又是只重视政治内容与思想观念,而不重视艺术形式与表现方法,是艺术的取消主义。"辩证唯物主义的创作方法"论,革命题材决定论,越突出革命的倾向性越有文学的真实性,等等,就是其代表性论点。

从上述的理论出发,便推演出了对中国文学遗产与传统文化的彻底否定。有些研究者总是说五四新文化运动开始了文化思想上的"全盘反传统主义",其实在五四新文学与新文化运动中,许多反封建的文化战士并没有对传统文化作出全盘否定的结论。文学革命运动的发起者胡适、陈独秀对于从《诗经》《楚辞》到宋元戏曲、明清小说等中国古代文学都给予了很高的评价;他们批判的只是清末以来的"文学堕落",即所谓"雕琢阿谀的贵族文学""陈腐铺张的古典文学"和"迂晦艰涩的山林文学",即使对于孔子也承认是中国的"伟人",主要是批判"现代中国的孔夫子"。

和俄国"拉普派"一样,二三十年代中国的无产阶级革命文学运动中也表现出一种明显的排他性,对于一切"非革命"的、"非无产阶级"的文学家,进行"全部的批评"与无情的打击。对于整个文坛是这样,在无产阶级革命文学内部也是这样,也要"执行"所谓"自我批判"。对鲁迅的批判先后具有这两种性质。当时的一种理论是:不革命就是反革命,不是无产阶级文学就是资产阶级文学,"第三种人"和"第三种文学"都是不存在的,甚至说小资产阶级文学家中"大多数是反革命派"①。长期的"左"倾政治路线,是文化界认同俄国"拉普派"的思想理论与实践活动的内在原因之一。

三十年代中期,随着俄国"无产阶级文化派"——"拉普派"受到批判,随着我国群众性的抗日救亡运动高涨和"左"倾政治路线在实际生活中不断碰壁,文学界与整个文化战线也开始从极左的思想桎梏中醒悟过来。郭沫若的一段诚恳的自我批评是很有代表性的:"我们站在社会主义立场的人,每每有极端的洁癖,凡是非同一立场的人,爱施以毫不留情的打击,在目前我们确应该改换这种态度了。"②周扬的文学论文《论〈雷雨〉与〈日出〉——并对黄芝冈先生的批评》,更可以看作是这一态度转换的代表作。在此同时,简单化的"阶级文化"论内缩了,否定五四及古代文化遗产的态度也有了很大的改变,尤其对于传统文化中的爱国主义、民主主义,更能给以较充分的肯定。不过所有这些在很大程度上是出于抗日救亡的需要,客观形势的逼迫,尚缺乏更为深刻的历史反思与理性审视。

四十年代初期解放区的新文化建设与文艺整风运动中,尖锐地提出了正确对待民族文化传统与批判地继承古代文学遗产的问题。在实践中更将批判地继承与发展民间文艺传统的问题推向一个新的阶段,并在诗歌、戏剧、小说和木刻艺术的创作中取得了显著的成绩。可是,由于对二三十年代的"左"倾文艺思潮及其所受俄国"拉普派"的影响缺乏应有的认识与批判,再加上解放区生活与文化环境的特殊性与封闭性,所以在整个建设与文艺运动中,仍然保持着一定程度的狭隘政治功利主义,"左"的教条主义与宗派主义。对王实味的残酷斗争与无情打击,对戏剧活动中的"大、洋、古"的批判,都是其突出的表现。共产党的文艺政策的制定,一方面推动许多作家、艺术家深入生活、深入群众,创造出一批具有民族化、大众化风格的文艺作品;另一方面也为某些"左"的教条主义和宗派主义文艺批评提供了必须创造特殊的"阶级文化",排斥与打击"异己文化"的"理论依据"。这一点也和二十年代后期的俄国文艺界颇为相似。

---

① 郭沫若:《沫若文集》第 10 卷,人民文学出版社 1959 年版,第 337 页。
② 郭沫若:《沫若文集》第 11 卷,人民文学出版社 1959 年版,第 154 页。

　　五十年代初期,我国文艺界在发扬解放区文艺传统,贯彻毛泽东文艺思想的旗帜下,强调坚持为政治服务,表现工农兵,批判"小资产阶级";坚持历史唯物主义,改造世界观,批判历史唯心主义。但是就总体说还比较警惕"无产阶级文化派"——"拉普派"错误的重演,重视对古代文学遗产的研究与批判继承。当时并没有使用"无产阶级文学""无产阶级文化"之类的概念。在"学习苏联"的热潮中,只是突出了文学艺术领域的"社会主义现实主义"。1954年世界社会主义体系的第一次改革开放大潮中提出的"百花齐放、百家争鸣"的正确方针,更是对"无产阶级文化派"理论的一次有力冲击。可是随着"反右斗争"的发动,"二百方针"被作了面目全非的修改。"无产阶级和资产阶级之间的阶级斗争","无产阶级和资产阶级之间在意识形态方面的阶级斗争",又被视为"文化思想路线"上的主要矛盾,中国的、外国的文学与文化遗产全被否定,"彻底批判封、资、修"成为最响亮的革命口号。依靠少数无产阶级的文化专家——"又红又专"的知识分子,去创造特殊的"阶级文化"的任务,再一次被提出,并成为社会主义文化革命的中心任务。

　　二十年代俄国"无产阶级文化派"的理论,重在创造无产阶级的"阶级文化",同时指出这个创造过程中必然伴随着资产阶级的反抗,伴随着无产阶级和资产阶级之间"在思想路线上"的"长期的和严重的斗争";半个世纪以后的中国"无产阶级文化派"的理论,进一步发展了上述的观点,重在"思想路线上"的批判斗争,强调只有通过这种长期的、彻底的批判斗争,才能创造无产阶级的新文化。所以批判修正主义(当时被视为"资产阶级思潮")就成为压倒一切的任务。发人深思的是"修正主义"越批越多,"无产阶级新文化"越创越少!

　　当时被口诛笔伐的所谓"修正主义",在文学领域的主要表现是人情、人性与人道主义,实际上凡是优秀的文学作品,文学史上有一定影响的文学作品,无不包含着感人至深的人情、人性、人道主义。于是如何对待文学艺术遗产又成为无产阶级同资产阶级文人、修正主义者"发生了尖锐分歧的问题",绕了一个"怪圈"又回到二十年代俄国"无产阶级文化派"的理论模式,再次重复了他们的文化虚无主义。

从普列特涅夫到日丹诺夫,对于马克思主义诞生以来的世界资产阶级文化,特别是西方现代主义的哲学与文艺,都持以完全否定的态度,而这一态度在以后数十年的中国文坛上一直被视为马克思主义的经典,永远不能动摇的真理。当然这和斯大林也持同样的观点有直接关系。以至于当时的许多学文学的中国大学生根本不知道诺贝尔文学奖的获得者福克纳、海明威、加缪、奥尼尔、萨特等人的名字,或者仅仅把他们看作"资产阶级反动的、腐朽的意识形态"的代表者。实践证明,依靠无知、愚昧、头脑简单,是不可能创造什么"无产阶级新文化"的,而只能带来所谓"无产阶级文化大革命"那样史无前例的历史文化的大破坏、大灾难,破字当头,灾也就在其中了。

如果我们把我国六七十年代的"反修斗争"与"文化大革命"同二十年代俄国的"无产阶级文化派""为创造自己的阶级文化而斗争"的情况联系起来看,就可以清楚地发现一个非常值得思考的问题,即所谓"知识分子问题"。普列特涅夫的《在思想战线上》很明确地告诉了人们:创造无产阶级的"阶级文化",只能依靠自己的力量,即无产阶级出身的科学家、艺术家、工程师等等,而对于非无产阶级的科学家、艺术家、工程师及其他知识分子,则必须进行严肃的批判斗争,因为他们是"资产阶级思想意识"的体现者、代表者。而且这种批判斗争具有重大的历史意义:"两种思想意识的具有决定性的、史无先例的战斗,就是从此开始的。"六七十年代我国的"批判修正主义"与"文化大革命",可以说是将半个世纪前的那场斗争推向了顶峰。绝大多数的文学家、艺术家与文艺工作者,都成了"黑线人物""修正主义者",成了批判斗争的对象。从二十年代开始,由于"无产阶级文化派"——"拉普派"的"左"倾错误,一些俄罗斯与苏联的作家、艺术家先后受到政治批判及其他极不公正的待遇,如诗人阿赫玛托娃,作家爱伦堡、左琴科,作曲家萧塔斯科维奇、普罗柯菲耶夫、塞巴林、米亚斯柯夫斯基和穆拉杰里等,直到三十年以后才相继得到纠正。按说中国文坛应当从中吸取有益的教训,不要重蹈覆辙。可是事实上从五十年代开始我们犯下了更多的同类型错误,从"胡风反革命集团""丁陈反党集团",到涉及数百万知识分子的"反党反社会主义的右派分子""反革命修正主义分子"。直到改革开放,这一系列错案方得以平反。

　　文学艺术与一切文化创造,都无法排除,而且必须具有创造者的独立思考和文化个性,如列宁说的需要"绝对保证有个人创造性和个人爱好的广阔天地,有思想和幻想,形式和内容的广阔天地"。而"无产阶级文化派"的理论是根本抹杀这一些的,甚至把它们批判为资产阶级的"个人主义""唯心主义"。就是在这种理论的指导下,长期以来许多文艺理论的教科书与专著只讲文学的"党性原则",不讲或很少讲文学的个性化,特别是作家、艺术家的个人感受、个人体验、个人的幻想与灵感,以及个人观察与反映生活的独特角度与方式,甚至把这些都看作思想改造的内容。1957 年的反右斗争中,一位知名度很高的文学理论家写道:"如果我们还不能说自己的头脑里已经没有一点资产阶级思想,而且也没有受到旧社会留下来的坏东西的浸润,那么我以为还是虚心更虚心,不要把自己的所谓'独立思考'看得那么了不起;要提防这所谓'独立思考'其实并不'独立',而是有个非工人阶级思想的魔鬼在牵着线呢!这样'独立思考'的人们,必然会只要民主,不要集中,只要自由,不要纪律。"①说得更直接一点,就是如果"独立思考"就必然走向"资产阶级自由化"!实践已经证明这是一种非常有害于社会主义文学艺术发展与繁荣的理论。

　　早在十九世纪中期,马克思、恩格斯就指出:随着商品经济的发展和世界市场的开拓,"过去那种地方的和民族的自给自足和闭关自守状态,被各民族的各方面的互相往来和各方面的互相依赖所代替了。物质的生产如此,精神的生产也是如此。各民族的精神产品成了公共的财产。民族的片面性和局限性日益成为不可能,于是由许多民族的和地方的文学形成了一种世界的文学"②。同样的道理,要维护阶级的片面性与局限性也日益成为不可能的事。马克思主义学说的本身就吸收了德国的古典哲学、法国的空想社会主义与英国资产阶级的经济学,马克思主义不仅是无产阶级的世界观,也是全人类的宝贵精神财富。近半个世纪以来,各个发达的资本主义国家正是因为正视和努力解决马克思主义所揭示的资本主义的内部矛盾,才获得新的发展。历史也已证明,如果只注意保持马克思主义的"纯洁性",而不去吸收二十世纪以来其

---

① 茅盾:《鼓吹集》,作家出版社 1959 年版,第 188 页。
② 《马克思恩格斯全集》第 4 卷,人民出版社 1958 年版,第 470 页。

他自然科学与社会科学的新成果,实际上就是作茧自缚,无法有任何新的发展。文学艺术现象更为复杂,任何伟大的作家作品,不论从其形成看,还是从其与社会的影响看,都不会局限于某一阶级狭小的范围之内。在本世纪的二三十年代出现具有国际性的无产阶级革命文学运动,自有其历史的合理性,也作出了其历史的贡献。然而即使那时候,鲁迅也坚持说:文学艺术与人的思想感情一样,"都带"阶级性,但并非"只有"阶级性,更不能只要"阶级的文学"。随着科学技术的突飞猛进,人类社会的日新月异的发展,世界的相对缩小,人与人的交往日益增加,各类文学艺术所表现的阶级性不是愈来愈强,而是愈来愈弱;愈来愈强、愈多的必将是人类共同或共通性。到了六七十年代还在发动文化思想和意识形态领域的阶级斗争,发动"文化大革命",那无疑是一种历史的倒退。

二十年代"俄国无产阶级文化派"——"拉普派"的思想与理论,人们可以说是无产阶级革命初期的那种"左倾幼稚病"的产物,然而半个世纪过去了,而且历史又为我们提供了丰富的、正反两个方面的经验,特别是七十年代末改革开放以来的正面经验,如果再重复俄国无产阶级文化派的历史错误,那就不是什么"幼稚病"而是不可原谅的"左倾顽症"了。不必讳言,九十年代伊始,有些人错误地估计了形势,以为改革开放已画了句号,因而顽症复发,高喊什么"斗争并没有终结",再举"大批判"的板斧……不久前,解放思想的东风又吹,改革开放的步伐加快,"左"倾是主要的危害为更多人所认识。社会主义要赢得与资本主义相比较的优势,就必须大胆吸收和借鉴人类社会创造的一切文明成果。俄国"无产阶级文化派"理论的长期影响在我国现当代文学思潮中所形成的"普列特涅夫网结",是进入历史博物馆的时候了!

(原文载于《山东社会科学》1993 年第 3 期)

《当代中国文学思潮四十年》后记

　　《当代中国文学思潮四十年》完稿于八九十年代之交,但却一直没有出版问世的机会,只是在校内的教学中使用。

　　1988年拙著《中国现代文学思潮史》出版后,就不断收到读者的来信,希望尽早读到它的续篇(该书《后记》中已提到)。其中一位在某高等学校任教的少数民族教师曾三次函询续篇的出版信息。我无法给他们以具体的回答,可是这些相识或不相识者的鼓励与催促却无形中推动着《当代中国文学思潮四十年》的完稿,在此我要向他们表示真诚的谢意!

　　时日匆匆,转眼间两个年头过去了。现在回想起来,催促书稿成型的因素还有一个:照直说就是我对当时"文坛"上的某些剑拔弩张、气势逼人、"阶级斗争"的火药味十足的"文学批评"颇不以为然,认为这些批评家很有照一照镜子的必要。《当代中国文学思潮四十年》就是为他们提供的一面镜子。我不是要他们在反思中忏悔,只希望面对历史的镜子认真总结一下经验教训。这样不论对国家、对人民、对我们的文学艺术的发展,还是对个人,都是大有好处的。为此,我不得不把一年多的所有节假日全部交给了这部书稿。我决不敢以"古之圣贤"自比:意有所郁结,不得通其道,故而述往事,思来者,发愤著书。然而联系八九十年代之交的历史背景,聪明的读者是会看出笔者那点微弱的"创作冲动"的。

　　从九十年代的今天看五十至八十年代的文学思潮,当然它已经属于历史的范畴。对于历史的研究决不同于取材于历史的文学创作,不能有太多的"主体意识"。鲁迅说过：历史小说的创作既可以"博考文献，言必有据"，也可以"只取一点因由，随意点染"，甚至也允许某种"信口开河"的虚构。他的《故事新编》多属于后者。可是对于历史与历史文学的研究却必须"博考文献，言必有据"，正如他的《中国小说史略》那样。研究者应当有自己的感受、自己的理解、自己的"史识"，但却不可以只取一点因由，"随意点染"，不可以一味地借历史的材料"表现自我"。因为提倡"人的文学"，便说世界上只有人的文学与非人的文学，而"中国文学中人的文学极少"；由于提倡现实主义，就将一部世界文学史解释为"现实主义与反现实主义文学的斗争史"；为了推崇法家，批评儒家，就以所谓"儒法斗争"的虚构模式概括数千年的中国文学史……诸如此类的"研究"已为我们提供了极为深刻的历史教训。我希望能够通过真正马克思主义指导下的全面扫描、客观研究和忠实叙述，准确地反映四十年来中国文学思潮发展与演变的历史面貌，通过全面的历史反思，总结有益的经验教训。过去有所谓"以论带史"和"论从史出"的争论，我愿意把二者结合起来，以当代的理论、观念为指导去反思和描述四十年中国文学思潮的发展和演变，从大量的史实出发，实事求是地得出具体的历史结论来。而且有些结论已在历史的叙述之中，作者要相信今天广大读者的理解与认识水平，不必耳提面命地作过多的说教。事实胜于雄辩，正如文学作品的形象大于思想一样。

两篇短文都与本书的内容有关①，一并录于末尾，也希望能为更多的读者所认同。

在研究与写作的过程中，曾得到山东省教委的资助，对此我也深表敬意！

完稿之后的自我感觉是："言必有据"基本上做到了，"博考文献"恐怕还有很大差距。尤其是四十年的浩如烟海的文学创作我读得太少。这样就很可能有许多地方述而不周、言而不准、论而不当，对此如能得到专家及广大读者的批评指正，笔者当报以衷心的感谢！

1993.1.23

① 指《我国现当代文学思潮中的普列特涅夫网结》和《改革开放的时代潮流和"二百方针"的历史命运》。

学术浅尝记

一

1956年到1957年上半年，我的大学生活的最后阶段，是在新中国成立之后，全国学风最好的时期之一中度过的。当时国家提出了"向科学进军"的响亮口号，学校也在倡导树雄心、立壮志，为祖国的社会主义建设而奋发学习。校内的政治运动大为减少，学生们无不在老师的教导与帮助下，自强不息努力学习专业知识。除了正式上课，我们的活动大多泡在学校的图书馆内，如饥似渴地阅读古今中外的重要图书。1957年初，我在当时的开封师范学院（即今天的河南大学）四年级读书，任访秋教授担任我们的中国近现代文学史的教学工作。在他的教导与启发下，我完成了《鲁迅与五四新文学运动》的课外作业，交给他审阅之后，他认为基础还不错，就给我提出一些问题让我进行修改；并且告诉我学校在五四青年节准备举办全校学生的科学报告会，修改好了可以提交报告会。于是我在任老师的指导下，真是拿出了吃奶的力气进行修改与补充，然后上交报告会的审查小组，终于被批准为报告会的论文之一。在如期举行的报告会上，还邀请有兄弟院校的贵宾参加。从未在这样的大会上讲过话的我，自然十分紧张。会前任先生鼓励我要认真准备，大胆地讲，不要惧怕。报告会在学校大礼堂举行，任先生和校内外的有关领导坐在主席台上，表示对报告人的支持与鼓励。我只看到会场上黑压压的全是听众，心里实在有点慌张。因此基本上是照稿念下来的，至于听众的反应，我哪里还顾得到。会后我到任老师家里小声问他讲得如何,出了什么错误没有,任老师笑着说,讲得不错,比预想的还要好。我听了自然十分高兴。过了几天,我又到任老师家里去,很幼稚地问他,文章是否可以送出去发表? 他当时就十分严肃地说,五四时期的问题很复杂,也很敏感,不仅涉及鲁迅,还有陈独秀与胡适的问题,要认真考虑,认真修改,不要忙于发表。照任老师的意见,我就将文章暂时放下了。谁知不久就发生了意想不到的反右派运动……当时我从内心里非常感谢任访秋老师,若不是听了他的忠告,匆忙地将文章送出去,编辑们看在任先生的面子上,也许会给发表出来。那就知道会有什么样的命运等待着我呢!

　　1957 年夏,我拿着学校的毕业分配证书茫然无知地来到山东济南,然后又被山东省教育厅分配到刚刚建校的曲阜师范学院(即现在的曲阜师范大学)工作。不久又被学校派往南京大学中文系学习。一到南大,顿时觉得这真是一个教授如林、学术似海的高等学府。而且这里中文系的领导与教授对我们的学习抓得很紧,要求很严。1959 年恰逢迎接“中国左翼作家联盟”成立三十周年,中文系主任俞铭璜为首成立了《左联时期无产阶级革命文学》的写作班子,我也是这个班子的成员,并参加第一篇文章的撰写。1960 年该书由江苏文艺出版社出版,“文化大革命”初被判为宣扬“30 年代修正主义”的“黑书”受到公开批判,我自然也成为受批判的对象之一。1960 年我曾从南京回河南老家省亲,目睹了豫南一带“大跃进”的可怕惨状,而且自己的家庭又深受其害。回到南京后我情不自禁地向一位“好友”简要讲述了回河南的见闻。“文革”初期被他揭发,我又成了反对“三面红旗”的干将,和 1959 年的“宣扬修正主义”联系起来受到批判。在接受这些批判时,还要“斗私批修”,进行“自我革命”,又转过来参加“革命的大批判”的队伍。按照毛主席的指示,评论《水浒》,批判“投降派”,研究《红楼梦》,分析其中的“阶级斗争”,讲述“鲁迅批孔”,都成了我参加教学与社会活动的主要内容,还常常外出向社会作以此为内容的“学术报告”。同时还必须接受任务:写“大批判”的文章。不过这时已接受过去受批判的教训,学得“聪明”起来了! 写文章不署真实姓名,读者根本不知道文章是谁写的。这些文章写成了,也发表了,却从来未被批判过。但是后来才发现尽是胡说八道,一文不值。

从大学毕业直到"文革"结束,二十年的时间,人生中最宝贵的青春年华,就这样在一个接着一个的政治运动——直到"文化大革命"——中荒废过去了。想来真如大头苍蝇在玻璃窗上乱碰一样!真正的教学、研究,又从何谈起!

二

十年"文革"结束以后,特别是 70 年代末和 80 年代初,随着全国各项事业拨乱反正,批判极左思潮形势的发展,我也于教学之余在《鲁迅研究》《安徽劳动大学学报》《山东师院学报》和《齐鲁学刊》等刊物上先后发表了论文《鲁迅研究也应该发扬实事求是的学风》《鲁迅研究中的"摘句法"质疑》《关于五四文学的几点理解》《新月社的新格律诗运动》《正确对待五四文学传统》《真实性——传记文学的生命》和《五四个性解放思潮的再认识》等。这些文章发表前并没有统一的写作计划,但是发表之后,可以清楚地看出它们的共同的时代特征,那就是强调鲁迅及五四文学研究应该努力纠正"文革"前后那种强迫历史为当时的"左"倾政治路线服务的不良学风,还鲁迅及五四文学以本来的面目。其中自然也包括"文革"前与"文革"当中的自我批评在内。这组文章可以说是我的真正学术研究的开始。

1983 年 5 月,我在《文学评论》上发表了《"整理国故"的再评价》,针对 1958 年以来《鲁迅全集》等权威性著作的注释中都把"整理国故"作为胡适提出的一种"反动运动",新文化运动中的"逆流"加以无情批判的事实,指出"整理国故"最早并不是胡适提出来的,胡适只不过是当时新潮社青年学者提出的这一口号的积极支持者与实践者。而且从五四时期新文化运动的全局看,"整理国故"的口号与运动是积极的、进步的,对历史作出了杰出的贡献。当然,此文又不仅局限于"整理国故",还涉及整个五四新文化运动及胡适个人的历史评价问题。文章发表之前,《文学评论》的编辑曾让我认真修改,并告诉我论证一定要严密,经得住批评。文章发表以后,全国有影响的《文艺报》在一份内刊上果然出现了一篇指责我"为胡适翻案"的文章。

几年之后,冯光廉与谭桂林在他们的《中国现代文学史研究概论》里谈到这一问题时肯定地说:"八十年代,学术界对于'整理国故'问题及传统的文学史结论曾经提出质疑与反思",《"整理国故"的再评价》"是最早发难的"。该文"对传统结论提出质疑,即是从澄清那些被过去的文学史著曲解了的历史材料,引证那些被过去的文学史著忽视了的基本事实入手的。在这一基础上,作者进一步从新文学建设应该如何对待传统文化遗产这一理论角度对'整理国故'作出了重新评价"。在以后出版的《鲁迅全集》及有关著作,关于"整理国故"的注释中,才正式删去了"反动""逆流"等字眼,恢复了原来的面目。

从 20 世纪 50 年代开始,西方现代主义文学就被中国正统派学者批判为个人主义、颓废主义和形式主义的"反动思潮",更是"西方资本主义腐朽生活方式与资本主义垂死阶段"的精神反映,当然也是资本主义反动思潮在文学艺术中的突出表现。根本不承认它对中国现代文学有什么正面的影响。然而十年"文革"的噩梦醒来之后,当人们逐渐从"左"的思想中解放出来的时候,就清楚地看到,西方现代主义文学并没有全部陷入腐朽与堕落的泥潭。和同时代的现实主义文学相比,同样创造出反映时代生活的好作品,而且在艺术构思与表现方法上还有许多新的创造。五四以后的中国现代文学在反映现实生活中也借鉴了世界现代主义文学的许多新的艺术方法,因而受到读者的欢迎。正是基于这样的认识,我在八九十年代之交先后发表了论文《鲁迅与西方现代主义思潮》《人本主义的现实主义文学创作论——胡风文学思想评析》《阿 Q "革命"论》《〈阿 Q 正传〉创作思想探索》《在"新世纪曙光"照耀下对"人"的呼唤》以及《论赵惠明》《雾幕沉沉开子夜 精魂缕缕吐春蚕——茅盾对卅年代"左"倾文学思潮的超越》等。这些文章指出:中国现代文学作家们并不是完全按照西方现代主义思想去从事写作的,但也的确有不少借鉴了西方现代主义的某些思想与方法,去观察与反映五四前后迅速变化中的中国社会生活。如果完全脱离开具有世界意义的现代主义思想与方法,完全按照传统的思想与方法去思考,也就无法理解这些文学作品,无法认识它的出现及其社会影响。这些文章先后发表于《中国现代文学研究丛刊》《鲁迅研究月刊》等,有的还收入陕西人民教育出版社出版的《空前的民族英雄》、华龄出版社出版的

《鲁迅与中外文化》、山东大学出版社出版的《〈阿 Q 正传〉新探》和山东人民出版社出版的为纪念鲁迅诞辰一百周年而编辑的《鲁迅研究论文集》等。

《"整理国故"的再评价》一文发表之后因对胡适的评价而受到《文艺报》内刊的批评,对当时的作者并未形成很大的压力,但也的确引起了我的注意,使我意识到对胡适的研究一定要小心。20 世纪 80 年代以后,我写的有关胡适的研究论文有:《胡适与五四戏剧改革》《关于"问题与主义"之争及其评价的历史反思》《历史的重估——胡适与五四新文学运动》《"为公众的福利自由发展个人"——对五四"个性解放"思潮的再认识》等,先后在《中州学刊》《东岳论丛》等刊物上发表。现在想来,明明知道议论胡适是要冒一定风险的,但是却还是要写这些文章,主要是觉得要研究"五四",胡适是越不过的一个人。同时在给学生讲课与共同讨论问题时,也注意到学生对胡适的评价很感兴趣,而且学生们对胡适的了解并不少。甚至他们认为大陆对胡适的态度与评价有失公允,尤其胡适去世时全世界许多国家与地区都有反映,而我们大陆上却无声无息! 觉得这有点不近情理。甚至有的学生还认为,从历史上看胡适的人品与文品均属上等。所有这些对我的研究都不无影响。

历史进入 20 世纪的八九十年代,学者们对于五四新文化运动展开了热烈的讨论。80 年代的文学"寻根"热中,有人就批评"五四"造成了中国文化发展史的"断裂"层。90 年代以来,随着对传统文化的再认识,五四白话文运动及整个五四新文化运动受到来自各方面的非议与责难。有的甚至对五四提出了根本的否定,把它描写成由胡适、陈独秀等少数人仅凭一时心血来潮而鼓动起来的"一场灾难性的语言破坏",也是一场"整个精神、文化、思维的破坏"。也有的学者把形成五四新文化运动的主要原因归结为陈独秀、胡适、鲁迅等一代知识分子在根深蒂固的中国传统的思维模式——借思想文化以解决社会问题——的影响下的"全盘性反传统主义"。我在《五四新文化运动探源》《五四个性解放思想的再认识》和《五四"反传统"文化思想的历史评价》(均发表于《东方论坛》与《齐鲁学刊》)等文中,一一作了分析。尤其在《五四新文化运动探源》这篇长文中明确指出:五四新文化运动是中国文化发展到 20 世纪初期出现的伟大转折的必然产物。没有五四新文化运动,就没有和世界各民族互相往来、互相交流的中国现代社会。走在五四新文化运动前列的弄潮儿,是前无先人后启来者、推动了历史前进的创造者、革新家。他们那种生气勃勃、勇往直前的精神,他们的光辉灿烂的历史业绩,"将永远铭刻于中国和世界文化发展的史册"!

三

20 世纪 80 年代初期,中文系为高年级开设选修课,我就给学生讲《鲁迅研究》,将自己平时对鲁迅研究所得加上学界研究鲁迅的新成果讲给学生听,而且逐渐形成了一个讲授提纲。1985 年,又作为中文系和函授部的函授教材印发给学生。第一册名叫《鲁迅早期思想研究》(以后还准备相继写出鲁迅的中期与后期思想研究)。此书虽然只是内部印刷,却是我几年来认真研究的结晶。所谓"早期思想",是指五四以前,即鲁迅青年时代的所思所想。这些思想大都表现于鲁迅五四之前所写的长篇文言论文如《摩罗诗力说》《文化偏至论》《破恶声论》以及辛亥革命前后他的一部分通信和日记之中,特别是他的几篇文言论文,写得相当晦涩难懂(所以我都作了详细的注释与翻译)。最后我还附有一篇很长的《五十年来鲁迅早期思想研究评述》(最初发表于 1986 年 9 月天津人民出版社出版的《鲁迅研究资料》第 17 期上)。该文叙述了从 20 世纪 30 年代到 80 年代鲁迅早期思想研究概况。最后的结论是:"无可讳言,到目前为止,鲁迅早期思想研究仍然是较为薄弱的一环。十年'文化大革命'及其以前极左思潮泛滥时期的一些非科学的研究方法和研究结论并未很好纠正,实事求是的马克思主义科学态度还有待进一步发扬。"

《鲁迅早期思想研究》虽未公开出版,但是它与尚未印出的鲁迅中、后期思想研究一起,却成为八九十年代我为高年级本科生讲授"鲁迅研究"这门选修课的重要依据。而且我还认为,已印出的《鲁迅早期思想研究》至今仍有重要的参考价值。现仅将目录抄录如下:一、"学洋务"过程中的思想矛盾;二、新知识的寻求;三、爱国与科学思想的萌发;四、研究进化论,探索国民性;五、"非物质,重个人";六、以文艺转移性情,改造社会;七、寂寞与悲哀之感的产生;八、

"靡可骋力,庀足教育";九、置身于辛亥革命的风雨之中;十、在"人生的歧路上";十一、"新世纪的曙光"照亮了前进的道路。仅从这个简要的目录中,已不难看出从清末到五四,鲁迅就经历了一个复杂曲折的思想感情的变化。可知到五四以后的鲁迅,所以成长为一位伟大的文学家与思想家,决不是一件容易而简单的事。而且上述这些思想感情的狂涛巨浪,又直接影响着五四以后鲁迅的许多文学创作。

历史进入 80 年代以后,学校的现当代文学专业开始招收硕士研究生,新的任务给我提出了新的要求:为研究生开设中国现当代文学思潮课。于是我只好把正在进行中的鲁迅思想研究放下来,全力投入中国现当代文学思潮的研究。为了完成新的教学任务,我只好集中精力,日夜奋战,边学边教,边教边学,几乎没有星期日。经过数年的努力奋斗,终于在 1988 年完成了计划中的前半部分,即三十多万字的《中国现代文学思潮史》,交浙江大学出版社出版。这部书和已出版的几部《中国现代文学史》不同,它不是在写文学创作的历史发展,而是在写影响文学创作的文学思潮的发展与变化及其历史轨迹。一般文学史都从五四文学革命与新文学的产生开始,《中国现代文学思潮史》则从清末民初的思想启蒙与文学革新运动写起,让读者知道五四新文学的出现,决非无本之木、无源之水。

19 世纪末和 20 世纪初的中国思想启蒙和文学革新运动(后者是前者的一部分),是从介绍和传播西方民主主义新思想新文化开始的。铁的事实和血的教训告诉人们:地大物博的旧中国已远远落后于世界形势的发展,唯一的补救办法就是面向世界、急起直追,真心诚意地向西方学习。维新派诗人黄遵宪,早在 1877 年就出任驻日文化参赞,1882 年又改任驻美旧金山领事,1885 年回国。对日本向西方学习中的政治、经济和文化思想,有许多了解。他回国之后所著的《日本杂事诗》与《日本国志》,极力向国内读者介绍他在日本看到的"泰西之学"以及日本人学习西学实行"明治维新"的实况。在介绍"西学之书",传播西方文化方面,严复是贡献最大的一位先进知识分子。他于 1876 年被派往英国学习,1879 年回国,不仅对西方的文化思想有较深入的研究,而且在学习中还增强了他的爱国主义思想和救亡图存的雄心壮志。中日甲午战争和《马关条约》签订之后，他以悲愤交加的心情在天津《直报》上连续发表了震惊中外的文章《论世变之亟》《原强》《救亡抉论》等。同时开始有计划地翻译与介绍西方的学术名著。在 1898 年至 1909 年这十年当中，他先后翻译和出版了赫胥黎的《天演论》、斯密亚丹的《原富》、穆勒的《群己权界论》与《名学》、斯宾塞的《群学肆言》，以及甄克思的《社会通诠》与孟德斯鸠的《法意》等。通过这些翻译与介绍，他创造性地给予了当时的中国人以一种新鲜的理论、学说与世界观，从思想根基上突破了封建主义的意识形态。作为一位杰出的宣传鼓动家的梁启超，在介绍西学与整个思想启蒙和力主改革中的贡献，是不可忽视的。尤其在变法运动失败以后，他亡命日本全力投入创办《清议报》与《新民丛报》，从事介绍和宣传西方各种新学说新思想的活动。特别是以其平易流畅、生动活泼而又热情洋溢的语言，向国人宣传爱国主义、民主主义的新思想，奋斗不息的进取精神，因而产生了广泛的社会影响。从政治立场上看，上述几人基本上都属于资产阶级改良派，但是他们的以上论著却远远超出了改良派的政治主张，可以说是以崭新的思想启发与教育了 20 世纪的一代中国青年，包括后来成为杰出的文学家与文化伟人的鲁迅和郭沫若等。

在《中国现代文学思潮史》的第一编中，注重叙述了清末的思想启蒙及其影响下的"文界革命""诗界革命"与"小说界革命"，以及王国维的文学思想，作为中国现代文学思潮史的开端。第二编才写到文学革命与五四新文学的主潮，其中首先讲到五四新文化运动与新思想的传播中形成的五四文学革命及五四新文学的诞生，即以白话为"正宗"的"人的文学"与"平民文学"。随后又形成了创造社为代表的浪漫主义与以文学研究会为代表的现实主义文学主潮，以及他们分别强调的文学艺术的美学特征和追求"为人生"的文学观。第三编则着重论述了 20 世纪二三十年代风靡一时的革命文学的理论与马克思主义文艺思想的传播以及"左"倾文学思想的产生，鲁迅、茅盾等人革命的与开放的现实主义文学创作与文学批评的思想与理论。第四编分别论述了同一时代却与上述革命文学理论与创作倾向截然有别的新月派的新古典主义、语丝派到论语派的个性表现主义、从象征派到现代派的现代主义，以及巴金、老舍的独具个性的文学思想与文学道路。第五编所讲是 20 世纪三四十年代五四文学思潮的深入发展,其中包括胡风文学思想和"七月"文学流派的形成、京派文学的发展及其"生命重造"说与"文艺心理学"的出现,以及革命文学运动中"左"倾文艺思想的肆虐。最后是毛泽东文艺思想的形成与文学思潮一元化趋势的出现,为全国解放之后"左"倾文学思潮的发展做了充分的准备。

由于篇幅所限,更确切地说是由于时间与精力所限,部分章节只是一个较详细的提纲而缺乏较充分的论述。

也许是"物以稀为贵"吧,《中国现代文学思潮史》出版后专家同行们的反映还不错。由现代文学研究会与中国现代文学馆联合编辑、由中国作家出版社出版的《中国现代文学研究丛刊》在1989年第4期刊登了一篇评论《一部锐意探索的力作》,认为拙著"在缺少同类著作作为借鉴的情况下,客观全面地评述了自十九世纪末戊戌文学改良运动起,至一九四九年新中国成立止约半个世纪纷纭复杂的文学思潮现象,而且无论在宏观把握上,还是在具体评价上,都显示出作者勇于开拓的精神和独到新颖的见解,是这方面一部锐意探索的力作"。又说,"《思潮史》不仅在断代、体例、背景介绍等宏观把握方面独出心裁,在对具体的文学思潮现象的评述方面也处处显示出自己的独到见解"。最后,作者王卫东认为,《思潮史》所以在各方面"都能醒人耳目,富有新意","一是作者勇于摆脱旧的思维惯性,对一些似乎不容动摇的模式和成见重新审视,提出新的看法;二是能够不以正统自居,在实事求是的原则指导下,对学术界的新的研究成果,大胆吸收采纳"。

《阜阳师范学院学报》(社会科学版)1990年第2期发表了题为《辩证处理历史主义与当代意识关系的成功尝试》的书评,该书评指出:《中国现代文学思潮史》"行文言简意赅,表达洗练精当","首先向我们提供了同学科著作罕有其匹的史料信息","其对史料建设的重视,不仅表现在它广泛考察了从前文学史因'禁区关系'未有论及或语焉不详的一些作家或流派及其在中国新文学建设中的贡献与失误,而且,在论及不管以往被回避的还是人所熟悉的作家、流派及诸多历史事情时,都向我们提供了大量的甚至前所未有的第一手资料"。在谈到《中国现代文学思潮史》的当代意识时,作者说:"事实上,《思潮史》能够以其令人钦佩的气魄,对历史进行重新审视与反思,并做出了大量迥异于前人的结论,正是它贯彻着一定的原则,即坚持了新的审美价值标准的结果。而这种新的审美价值标准,就是著者当代意识的具体表现。"正是在这一思想指导下,作者对拙著以一定的篇幅对周作人及新月派、论语派、象征派、现代派、七月派及京派文学及其理论所作的"公允剖析",对沈从文"生命重造"说及朱光潜"文艺心理学"的赞许,尤其对胡风文学思想不同于鲁迅的"开放现实主义"与茅盾的"革命现实主义"而以"人本主义的现实主义"出现,都做了中肯的分析。

《中国现代文学思潮史》出版后,也受到中国现代文学专家们的注意。在1992年河南大学召开的19—20世纪中国文学思潮讨论会上,中山大学教授、现代文学史专家黄修己先生在题为《现代文学思潮编纂实践的启示》的发言中,就认为拙著与以前的有关著述相比,内容"比较集中,其视线紧盯着文学思潮这条线。文字也比较简约……这可说是一部名副其实的文学思潮史了"。作者还认为拙著在写作中紧紧"抓住了文学观念变化这个纲",也就是抓住了文学思潮的演变,使之成为全书的"中心线索"。在具体论述中,作者还认为《中国现代文学思潮史》"一反常态",把对创造社的介绍,摆在文学研究会的前面,突出其与时代精神相一致的"人的觉醒""自我表现""个性解放"等创作思想,在介绍鲁迅时也强调其"主体意识"在创作活动中的地位与作用。其他还有周作人的"个性文学"观,林语堂的"性灵说",巴金的"以人类之悲为悲",胡风的"人本主义的现实主义",沈从文的"生命再造"说,等等,都可以看出全书为突出一条"中心线索"的努力。(参见《回顾与前瞻》,河南人民出版社1994年版,第206页)

在此同时(1992年)辽宁大学出版社还出版了一部《中国文学史著版本概览》,全面收集了新中国成立后到90年代初全国出版的中国文学史各种版本,并作了简要评介,其中对拙著的评论是:"这是一部全面系统的中国现代文学思潮史专著,本书以全新的理论视角,系统深刻地论述了现代文学思潮的演变,填补了这方面的研究空白。首先作者创立了自己的体例,它以文学流派和代表作家为基本单位,以时间先后为经,以不同类型的文学思潮为纬,系统地论述了中国现代文学思潮的变迁。"当然此书的发行量较小,社会影响也不会很大。

直到 2007 年,张俊才教授还在他的学术专著《中国现代文学主潮论》的《后记》中提到,激发他对中国现代文学思潮研究兴趣的有三位作者,第一位是李何林先生,第二位就是本人,并且说拙著《中国现代文学思潮史》"对文学思潮与文学思想家并重的研究思路",在他的《中国现代文学主潮论》中,留有"明显的印记"。(见该书人民文学出版社 2007 年版第 263—264 页)这当然首先是反映了作者那种严肃认真、一丝不苟的学者风度,同时也可以看到拙著《中国现代文学思潮史》直到本世纪初在学术界仍有一定的影响。读者与专家们的经久不忘是对作者的最大鼓励。

四

《中国现代文学思潮史》出版之后,我即投身于其续编《当代中国文学思潮四十年》的写作,1993 年定稿,由北京的华龄出版社出版。该书与《中国现代文学思潮史》相比,更富有写作的激情,或者说是更具有"创作的冲动",但是却远不如《中国现代文学思潮史》下的功夫大,花费的劳动多,因而其写作时间也比较短。也就是它带有某种"创作型"的因子,而研究型的因子相对要少一些。这无疑是两书截然不同之处。当然二者的思路还是一脉相承的,因而如果把它们合在一起亦未尝不可。《中国现代文学思潮史》的最后一编是讲新中国成立之前文学思潮由多元向一元化萎缩,而《当代中国文学思潮四十年》一开始就论述中华人民共和国成立之后这种萎缩的进一步发展,表面看来是轰轰烈烈的大发展,实际上是种种限制中的大倒退。凡不符合毛泽东文艺思想,不符合解放区"为工农兵"的文艺传统的思想与文艺都要受到最严厉的批判:从批判"小资产阶级的创作倾向"、"非政治化"倾向,直到批判胡适、胡风的文艺思想,从批判"资产阶级右派",到批判"修正主义"……先由文艺批判,紧接着是政治的声讨。原来在民主革命时期是革命者或同盟者,到社会主义革命时代都成了革命的敌人,打倒的对象。以致整个中国文坛,几乎变成了一片沙漠!为了批判"修正主义"文艺,进而又批判文学艺术中的人道主义,批判与否定一切文学遗产,特别是 19 世纪资产阶级遗产。这中间虽然也有"百花齐放,百家争鸣"方针的提出而呈现"早春天气",以及极端困难形势下的文艺方针的局部调整,但却并未改变日益"左"倾的政治路线给新中国的文学艺术所造成的严重灾难。

《当代中国文学思潮四十年》一书在三十万字的篇幅中,却概括了两个不同的文学时代。前七章写新中国成立后十七年"左"倾文艺思想在全国范围内由缓慢发展到恶性膨胀;后四章是写新时期以来现实主义的复苏与发展、改革开放形势下现代主义文学思潮的兴起与演进、人道主义精神的澎湃和文艺主体意识的觉醒,以及人类共同美的"发现"与文学审美特征的强化。在新形势下,逐步纠正了十七年当中日益严重的"左"倾文艺思潮与文学理论,打破了长期以来自我封闭的文学格局。从文学创作到文学理论研究,都在大胆地吸收世界科学发展中的新的理论成果,借鉴各国文学艺术中的新经验、新形式、新手法,以便在和世界各民族的文化交流中创造社会主义的中国新文学。

长期以来,我们一直在"文艺从属于政治"的理论束缚下从事文艺活动。1956 年,为适应新的经济建设和文化建设的需要,我们提出了"百花齐放,百家争鸣"的繁荣文学艺术与科学文化的正确方针。可惜不到一年时间,就被"反右斗争"和"反修防修"的"左"倾政治路线所扼杀。所谓"双百方针"竟被曲解为"引蛇出洞、聚而歼之"的政治斗争手段。直到十年"文革"结束,我们才否定了"文艺从属于政治"的口号,在理论上重新提倡"百花齐放,百家争鸣"方针,但是要克服"左"的思想、在实践中真正得到贯彻,还需要长时期的努力奋斗!

文化创作中的现实主义问题,一直是五四以来中国新文学的一项重要传统。但是由于 20 世纪 40 年代以来从政治实用主义出发,强调"文艺从属于政治"和世界观对文学创作的决定作用,以及强行贯彻从苏联引进的"社会主义现实主义"原则,要求"用社会主义精神去改造和教育人民",使解放初期的新文学创作一直存在着严重的公式化、概念化倾向。直到 20 世纪七八十年代之交,在改革开放的大潮和思想解放的洪流中,才出现了文学理论与文学创作中的现实主义的复苏、深化与发展。正是在这个时代的大潮中,过去几十年被视为异端的现代主义文学理论与创作也得到了承认与飞速发展。

以"人的自觉"为基本出发点的人道主义思想是当代中国文学思潮继承和发展了以鲁迅为代表的五四新文学传统的一个重要内容。胡风及其他许多文学家虽然遭到了种种非人道的待遇,却始终坚持这种人道主义精神。十年"文革"当中,人道主义、人性、人情等虽然全在被扫荡之列,但是"文革"结束后,连那些过去曾经批判过人道主义的作家、理论家(如周扬),也在大声疾呼:人道主义作为封建专制主义的对立面,决不是资本主义与资产阶级的专利品,恰恰是马克思主义的重要组成部分,是建设社会主义新秩序、新的人际关系的重要内容,同样也是新文学建设中的重要指导思想。当时在新文学创作中出现的所谓"伤痕文学""反思文学""大墙文学"等,都反映了以人道主义思想为指导的文学新潮流。

新中国成立初期,正当全国上下都在大张旗鼓地贯彻毛泽东文艺思想,强调文学的政治倾向的时期,文学界却有人大胆地提出文艺政治倾向性应该通过其本身的艺术美体现出来,并且借用俄国文学批评家别林斯基的话,大讲文艺的形象思维。还借"双百方针"的贯彻,对形象思维的基本特征,及其在文学活动中的重要地位和作用,进行了广泛的讨论。经过"反右派""反右倾"和"大跃进",祖国文坛变成了一片沙漠。周谷城先生的《史学与美学》《礼乐新解》和《艺术创作的历史地位》等文又引起了关于文艺创作的过程、特征及其社会作用的论争。这中间,虽然经过"文革"十年的破坏,可是"文革"结束后,各种关于文学、艺术形式的审美特征日益引起人们的高度注意,各种探索文学创作的现代技巧、手法和总结现代文艺美学的专著纷纷问世,人们对于文学艺术的观念,已经从政治工具向审美特征转换。20世纪七八十年代之交,关于形象思维的进一步探讨和对于思维科学的研究遥相呼应。著名科学家钱学森等关于逻辑思维、形象思维和灵感思维之间彼此独立而又互相联系的论述,对于文学创作与文学理论的研究都具有重要意义,为人们深入探讨文学艺术的创作规律开拓了广阔的前景。20世纪80年代中期,关于文学的主体性的提出与讨论,更是文艺界对于艺术思维的领悟与认识的进一步深化。它不仅强化了文学创作的艺术个性与审美特征,也推动了文艺心理学的深入研究与文学观念的进一步更新。

　　但是冰冻三尺，非一日之寒，真正春暖花开的时候来到之前，还要有新的反复。我在《当代中国文学思潮四十年》的后记中说："现在回想起来，催促书稿成型的因素还有一个：照直说就是我当时对'文坛'上的某些剑拔弩张、气势逼人、'阶级斗争'的火药味十足的'文学批评'颇不以为然，认为这些批评家很有照一照镜子的必要。《当代中国文学思潮四十年》就是为他们提供的一面镜子。"很显然，《当代中国文学思潮四十年》在很大程度上是作者面对 20 世纪"八九十年代之交"的文坛现状，"意有所郁结，不得通其道"的"发愤"之作。因而对书中所论述的问题，远没有《中国现代文学思潮史》那样较为深入的学术思考与学理论述，所以出版之后学术界的反映也比较一般。在当时的情况下，也因为涉及"文坛现状"，一些态度谨慎的学者不敢轻易介入。年轻一代的学者如南京大学的朱寿桐、浙江大学的黄健等似乎无所顾忌，在《阜阳师范学院学报》(社会科学版)和《山东社会科学》等学术刊物上先后发表了《有胆有识的史论》和《面对当代文学思潮演变的沉思》等赞扬性的书评，其中多含有对作者的热情鼓励。

　　　　　　　　　　　　　　　　(原文载于《东方论坛》2008 年第 5 期)

下编 评论与回忆

扎扎实实的开拓与探索

——评介我国第一部《中国现代文学思潮史》

詹昌娥

　　文学思潮是一种重要的文学现象。文学思潮的发展流变,在相当大的程度上影响着文学团体、文学流派和文学创作。这在中国现代文学的历史上表现得尤为充分。因而想要了解和把握中国现代文学的发展脉络,正确理解其作家作品,就必须对中国现代文学思潮的来龙去脉有个比较清晰的认识。然而,近70年的中国新文学史,除了李何林先生的《近二十年中国文艺思潮论》之外,竟没有一部全面系统的中国现代文学思潮史专著。这不能不说是中国现代文学研究领域的一大缺憾。魏绍馨先生的《中国现代文学思潮史》(浙江大学出版社1988年7月第1版,以下简称《思潮史》),以其全新的理论角度,系统深刻地论述了现代文学思潮的演变,填补了这方面的研究空白。特别值得提出的是,过去由于"左"的思想的影响,人们论述现实主义文学思潮的文章较多,而对二三十年代文学思潮的多元发展则重视不够。对于诸如新月派、论语派、象征派、现代派及七月派、京派的文学思想,过去不是盲目批判,就是避而不谈。魏先生的《思潮史》则本着尊重历史、尊重事实的精神,一一列专章详加论述。首创性、系统性是魏先生的著作给予我的第一印象。

　　然而,更为深深地打动了我的心的,还是魏先生著作中新颖而深刻的思想以及在他的著作中体现出来的严谨的治学作风。通读《思潮史》,从它对各个历史问题缜密周到的论述中,我体会到它有两个基本倾向:一是突出了文学在思想文化战线上的反封建作用;二是强调了文学自身的特殊规律,特别是强调了文学是人学的观点。这一切实际上是针对以前现代文学史研究的主要不足的。我们知道,中国现代文学思潮受西方资产阶级民主主义思想的影响而繁荣起来。在文学革命势如破竹的发展时期,文学运动的直接矛头是指向顽固的吃人的封建伦理道德和封建旧文学。但是,由于中国封建势力在政治、经济、文化思想上具有雄厚的社会基础,又加上日益严重的民族矛盾分解了国内反封建的力量,在中国的思想文化界,反封建的任务远远没有完成。从"二十至三十年代文学思潮的开放性发展"到"三十至四十年代文学思潮的一元化趋向",从五四文学主潮中先驱者与封建复古派进行的激烈斗争到抗战时期"战国策"派沉渣的泛起,从文学革命的呐喊声中反封建的作品大受赞扬到四十年代丁玲批判封建旧意识、旧习惯的作品横遭指责,其历史发展的轨迹均表明了反封建任务的艰巨。《新民主主义论》指出:"民族的科学的大众的文化,就是人民大众反帝反封建的文化。"从现代文学的实际发展来看,反帝的色彩是有所加重,而反封建的成分在总体上则是愈益减少。这除了帝国主义的侵略这个客观因素,更多的原因还来自人们认识上的偏颇。《思潮史》不止一次地引用马克思的话:"从前的一切唯物主义——包括费尔巴哈的唯物主义——的主要缺点是:对事物、现实、感性,只是从客体的或者直观的形式去理解,而不是把它们当作人的感性活动,当作实践去理解,不是从主观方面去理解。所以,结果竟是这样,和唯物主义相反,唯心主义却发展了能动的方面,但只是抽象地发展了,因为唯心主义当然是不知道真正现实的、感性的活动本身的。"正由于革命的作家和理论家中的一些人犯有机械唯物论的错误,他们不尊重人,看不到文学作为意识形态的相对独立性,看不到文学在人的精神领域的巨大影响力,而只是把文学看作像枪、炮一样的物质手段,因而"忽略了文学艺术的多样性及其美学价值","特别是忽视了中国文学及文化思想本身所担负的艰巨而繁重的反封建斗争和启蒙主义的历史任务。这个任务是其他任何斗争所不能代替的"。《思潮史》在论述鲁迅的文学思想时,正确地指出了鲁迅的现实主义是开放的现实主义,鲁迅的文学观强调以"立人"为目的,"始终注意到文学的力量是精神的而不是物质的,文学在社会中发挥作用的直接对象是人而不是物"。鲁迅的《呐喊》"并不是要从政治上配合新的革命斗争,而主要是从精神上,文化思想上,担负起启蒙主义的任务"。在论述解放区的文学时,《思潮史》进而指出:"解放区与国民党统治区相比,当然是一种崭新的社会,但它也同样有一个继续的反对封建主义的历史任务。"正是立足于反封建的角度,《思潮史》对丁玲的批判封建旧思想、旧意识的作品给予了充分的肯定。

与此相系,《思潮史》尖锐地批评了存在于一些革命作家、理论家头脑中的机械反映论。这种机械反映论要求作家以纯客观的态度再现社会生活的本质,突出强调文学的社会性、政治性,而极力排斥作家的主体感受,排斥文学的审美特征,不注重人的精神世界的无限丰富性。在很长的一段历史时期内,我们总是埋怨不能克服创作中的公式化、概念化的弊病,殊不知它的重要病根之一就是这种机械反映论。所以,与众不同,《思潮史》对一直遭受批判的胡风的文学思想进行了全面细致的分析,表达出了自己的独特看法。作者认为,"胡风文艺思想的主要贡献,就在于它在反对主观公式主义与客观主义的斗争中,纠正了旧唯物主义与旧现实主义的缺点,克服了'左'的教条主义与机械论的影响,注意从主观与客观的结合上去理解文学创作中的现实主义,重视作家在以艺术的手段反映现实生活中的主观能动性与感性活动,强调文学创作的描写重点是社会的人的精神、心理与感情活动"。

前面讲到,魏先生是本着尊重历史、尊重事实的精神来写作他的《思潮史》的。他分析问题时,首先占有翔实的材料,坚持从历史发展的实际出发,如实地分析历史问题。过去,人们总是把胡适的"整理国故"与复古派的"保存国粹"混为一谈,《思潮史》则详尽地列举出"整理国故"的口号出现的特定背景,指出所谓"整理国故",就是倡导以科学的精神和方法去整理中国的旧文化。它实际上是针对封建复古派不加分析地"保存国粹"而言的。因而"胡适的倡导'整理国故'和几年前的提倡白话文一样,都是整个新文化运动的重要组成部分,是具有革命意义的"。当然,《思潮史》也并未讳言"整理国故"在当时客观上确实有着消极的影响。但这种主观意图与客观效果之间的差异,是应该通过扎实的研究来辨别的,盲目地批判则只能说明我们对历史缺乏一种分析的态度。

当然,仅仅停留在尊重历史事实的层次还是远远不够的。科学的史学著作要求作者用历史的态度去分析历史问题。《思潮史》在评论京派作家的"自由主义文艺理论"时,一方面承认,就文学本身来说,他们的理论有许多值得重视的地方,另一方面又指出,从整个中国人民的解放事业看,他们的自由主义观点确实有许多错误的,甚至是有害的地方。对于"文艺从属于政治"的提法,《思潮史》认为,虽然它并不是一个严格的科学性的命题,但却是近代以来中国人民政治斗争和文学运动的经验与教训的理论总结,是民族矛盾和阶级矛盾都异常尖锐复杂的特定历史时代的产物。在民族独立和人民解放的斗争中是有过它的特殊的历史功绩的。不过,由于它忽视了文学自身的规律,其历史局限性也相当明显。

在写法上,《思潮史》也很有特色。它以文学流派和代表作家为基本单位,以时间先后为经,以不同类型的文学思潮为纬,系统地论述了中国现代文学思潮的变迁。其间,处处运用比较的方法,让读者既能对纵的线索有个清晰的了解,又可对横的特点有个明了的认识。全书共分五大部分,从清末的思想启蒙讲到五四文学主潮,从文学革命讲到革命文学,从二三十年代文学思潮的开放性发展讲到三四十年代文学思潮的一元化趋向,其发展脉络一目了然。具体论述问题时又穿插着比较分析,如中西思想启蒙运动的比较,鲁迅的"为人生"与文学研究会的"为人生"的不同特点,鲁迅与现代派的联系与区别,瞿秋白与冯雪峰在文艺理论上的共同点与不同点,穆木天、王独清与李金发在诗论及诗创作上的承接关系等等。纵横交错的论述,能给读者留下立体的印象。此外,作者用朴实生动、通俗易懂的文字叙事说理,深入浅出,也有雅俗共赏的良好效果。

美中不足的是,《思潮史》太专注于论述各文学流派及代表作家的文学思想,而对现代文学思潮如此发展的原因则讲得不够。用历史的观点去分析历史问题是正确的,但在个别地方因为没从哲学的高度去论述,却不免又落入客观叙述的流弊之中。

但是,作为第一部全面系统的中国现代文学思潮史专著,它的扎扎实实的开拓精神、它的新颖深刻的思想含义和它在新时期文学研究领域的理论成就，毫无疑问地将会影响一代学人，并以此载入新文学的史册。

[原文载于《山东师大学报》(社会科学版)1989 年第 2 期]

一部锐意探索的力作

——读魏绍馨《中国现代文学思潮史》

王卫东

《中国现代文学思潮史》(以下简称《思潮史》)一书,已于一九八八年七月由浙江大学出版社出版。此书在缺少同类著作作为借鉴的情况下,客观全面地评述了自十九世纪末戊戌文学改良运动起,至一九四九年新中国成立止约半个世纪纷纭复杂的文学思潮现象,而且无论在宏观把握上,还是在具体评价上,都显示出作者勇于开拓的精神和独到新颖的见解,是这方面一部锐意探索的力作。

治中国新文学史的人都知道,如何确定现代文学史的起讫,是一个长期争论而始终未能获得定论的棘手问题。过去我们习惯于用三代论给鸦片战争以来的中国文学史断代:即鸦片战争至五四前为近代,称旧民主主义革命时期的文学;五四至新中国成立为现代,称新民主主义革命时期的文学;新中国成立后为当代,称社会主义革命时期的文学。这种断代论的缺陷是明显的。第一,戊戌文学改良运动是鸦片战争以来中国第一次具有现代意义和重大影响的文学革新运动,只要我们尊重文学思潮的实际情状和社会发展与文学发展不平衡规律,就不能以鸦片战争而只能以戊戌文学改良运动作为新文学思潮开端的标志。第二,五四文学革命是当时首先觉悟的知识分子在反思了辛亥政治革命失败的原因之后对戊戌文学改良的复兴和深化。俄国十月革命的影响是五四文学革命发动之后的事,至于社会主义的左翼文学运动的爆发则更晚。

因而那种割裂戊戌文学改良与五四文学革命之间的密切联系,把五四文学革命作为中国现代文学思潮开端的标志,并将其定义为无产阶级领导的新民主主义文学运动的观点,是十分牵强的。第三,新中国成立后,文学虽然开始反映社会主义革命和建设,但反对几千年的封建主义文化流毒,进行民主思想启蒙,至今仍是文学的根本任务之一,因此无视新中国成立后文学、特别是新时期文学与以往的新文学在追求民主化、现代化方面的一致性,也是不妥当的。或许正是出于上述种种考虑,近几年已有不少人提出或赞成"二十世纪中国文学史"的断代构想。不过这种构想过去一直还只是构想,并未被文学史编著者所正式采纳。而魏绍馨的《思潮史》则明确将"十九世纪末和二十世纪初的思想启蒙与文学革新运动"作为全书的第一编,并且在后记中说明这部著作是他讲授"廿世纪中国文学思潮史"专题课积累起来的讲稿的前半部分。很明显,这一断代构想的实现,为清晰地反映中国新文学与古典文学的断裂和完整地描绘中国现代文学思潮的发生、发展提供了一个重要前提。这是《思潮史》一书具有开拓精神的最突出的表现。

一部历史著作采用怎样的体例,既受着描述对象的制约,又显示着作者对描述对象整体认识的深度。选择体例恰当与否,往往关系一部著作的成败。过去一般文学史著作的体例,虽然有以文体为线索和以社团流派为线索的区别,但大都按一定的文学史时期来分段进行评述。这固然自有其根据,无可厚非。然而文学思潮的演化往往犬牙交错,如果文学思潮史著作也沿用类似体例,则必然会使错综的文学思潮现象为划一的分期弄得支离破碎,面目全非。正是出于这一考虑,魏绍馨便根据文学思潮史的特点,创立了自己的体例。《思潮史》的第一编评述的是晚清文学革新运动;第二编是五四文学革命和五四浪漫主义、现实主义两大文学主潮;第三编是二十至三十年代革命文学主潮的发生和发展;第四编是二十至三十年代其他文学思潮的演变,诸如前后期新月派的新古典主义,语丝派到论语派的个性表现主义,象征派到现代派的现代主义,等等;第五编是三十至四十年代国统区与解放区的各种文学思潮。在主要以文学思潮为线索进行评述的同时,对于一些著名文学理论批评家和著名作家的文学思想也分别列专章或合章进行了介绍。可见,《思潮史》的体例没有受文学史分期的刻板限制,而更重视完整清晰地勾勒各种文学思潮发生发展的全过程。这同样是一种创新之举。

重视文学思潮的文化背景介绍也是《思潮史》的一个特点。中国近代以来盛行的包括民主主义的和社会主义的各种文化思潮,并非中国这个社会自身发展的结果,而是在西学东渐的大势之下从海外传入的。而这些传入的思想文化潮流又正是不少现代文学思潮产生的主要背景。因此,为了向读者说明文学思潮产生和盛行的原因,介绍这些外来的思想文化潮流就与介绍中国的社会经济状况同样重要,甚至更为重要。然而过去的不少文学史著作却往往拘泥于历史唯物主义的一般原理,对社会经济背景谈得较多,而对当时的思想文化背景则重视不够。在这方面,《思潮史》显然有了明显的进步。例如在第一编和第二编中,作者各用了一章专门对晚清思想启蒙运动和五四新文化运动予以评述。在评述晚清思想启蒙运动时,将其与欧洲十八世纪思想启蒙运动作了比较;在谈到五四新文化运动时,又将其与晚清思想启蒙运动的区别和联系作了论述。在其他章节中,类似的论述也经常可以见到。这些,对于读者了解现代文学思潮的产生和演进的文化根源是十分有益的。

《思潮史》不仅在断代、体例、背景介绍等宏观把握方面独出心裁,在对具体的文化思潮现象的评述方面也处处显示出自己的独到见解。例如胡适对白话文的倡导和周作人对人的文学的倡导可以说是五四文学革命的最主要内容,而以往的文学史却或者贬抑其意义或者干脆予以抹杀,致使五四文学革命的本来面目受到严重歪曲。针对这种现象,《思潮史》在第六章里专门列了两节突出了这两个主要内容的阐述,显示了自己的特色。同样,对于胡适在二十年代初所提倡的"整理国故"论,《思潮史》的作者也一反过去那种一概否定的做法,认为胡适当时提倡"整理国故",是要用西洋的新学理来重新研究评价中国的古文化,为重建民族的新文明做准备,是有积极意义的。他还具体列举了胡适在"整理国故"的实践方面作出的显著贡献,如《〈水浒传〉考证》和《〈红楼梦〉考证》等等。同时作者也指出,胡适也有过分夸大"整理国故"作用的偏颇,因而引起了当时不少人理所当然的批评。这一分析无疑也是公允而独到的。

对于在三十年代的革命文学运动中发挥过重要作用的冯雪峰,过去的理论界也没有给予足够的重视。《思潮史》吸收了近几年关于冯雪峰研究的新成果,对他的文学思想给予了高度评价。在为他和瞿秋白所设的合章里,历述了他在向苏俄文学学习、为新文学的大众化而呼唤、提倡革命现实主义、肯定鲁迅文学道路等方面所作出的重要贡献。并且还特别指出:"在三十年代初期的无产阶级革命文学运动中,普遍存在着'左'的教条主义与宗派主义倾向。相比之下,冯雪峰的活动与思想还比较超脱一点,'左'得还不那么厉害,有时还对这种'左'的倾向发挥了一些抑制作用。比如团结非党作家,对待鲁迅的正确态度,对待'第三种人'的态度,对待文艺的真实性、艺术性与创作自由的尊重,等等。"这是对冯雪峰在当时所起作用的中肯评价。再如,由于五十年代对胡风在政治上的错误处理,直接影响了学术界对他四十年代文艺思想的正确评价。长期以来,他的文艺思想一直被视为异端邪说。《思潮史》的作者在吸收了近几年胡风文艺思想研究的新成果的基础上,也提出了新的看法。他认为,胡风的文艺思想是属于现实主义范畴的,只是他的现实主义论是在反对主观公式主义和客观主义过程中建立起来的,因而特别强调了文学的主体意识,即强调对人的精神世界的描写和作家主观人格力量在创作中的扩展。他称胡风的现实主义理论为"人本主义的现实主义"。这同样不失为一种新颖的见解。

总的说来,《思潮史》一书在断代、体例、背景介绍和具体文学思潮评述等诸方面都能醒人耳目,富有新意。之所以如此,不外乎两个原因:一是作者勇于摆脱旧的思维惯性,对一些似乎不容动摇的模式和成见重新审视,提出新的看法;二是能够不以正统自居,在实事求是的原则指导下,对学术界的新的研究成果,大胆吸收采纳。而这两方面都体现了作者锐意探索的可贵学术品质。

当然,《思潮史》也有令人感到缺憾之处。最明显的是缺少一个总领全书的"绪论"来对现代文学思潮的基本特征、主要线索作一宏观勾勒,从而给读者在阅读全书时一个鸟瞰式的提示。希望作者在本书重版或在"二十世纪中国文学思潮史"的下半部分出版时予以弥补。

(原文载于《中国现代文学研究丛刊》1989 年第 4 期)

辩证处理历史主义与当代意识关系的成功尝试

——评《中国现代文学思潮史》

王晓昀

不管作者自觉或不自觉,任何一部史学著作都实际存在着如何处理历史主义与当代意识关系的问题;而这一关系处理得恰当与否,是衡量一部书是否具备科学史观的前提。以笔者陋见,魏绍馨先生近著《中国现代文学思潮史》(浙江大学出版社出版)是迄今所见到的在现代文学(思潮)史研究领域,将历史主义与当代意识的关系处理得较为恰当而成功的一部书。

历史主义态度的基本前提是尊重历史,把既成事实的历史现象的整体和全貌尽可能发掘出来,以作为客观存在的对象进行研究,而不是任意地宰割和舍弃历史。然而"由于种种原因,长期以来,我们在文学史研究中缺乏科学的文学史观,而常常将革命史与文学史混为一谈,因此造成了文学史研究中的许多空白和遗漏,因此一种偏狭的文学史观致使我们以往的文学史研究有两个明显缺陷,即在整个文学活动中以政治立场划线,非左翼不要;而在左翼文艺内部,又以宗派划线,排斥和贬低不同意见。这样一来,现当代文学史就出现了不少缺门和失误"①。然而现在,当我们翻开魏著《思潮史》时,扑面而来的是迥异其趣的浓郁的历史气息。这部厚达三十五万字的著作,行文言简意赅,

---

① 贾植芳:《从清理重灾区入手》,《文艺报》1989 年 5 月 27 日。

表达洗练精当,没有离开史实依据的高谈阔论,而是首先向我们提供了同学科著作罕有其匹的史料信息。其对史料建设的重视,不仅表现在它广泛考察了从前文学史因"禁区关系"未有论及或语焉不详的一些作家或流派及其在中国新文学建树中的贡献与失误,而且,在论及不管以往被回避的还是人们所熟悉的作家、流派及诸多历史事情时,都向我们提供了大量的甚至前所未有的第一手资料。本来对一部史学著作来说,不回避历史,不回避问题,还历史以本来面目,还是最起码的要求;但从新中国成立后长期的学术状况看来,《思潮史》能够做到这一点,又显得那么难能可贵。这除了得感谢我们这个开放的时代,著者的气魄、胆识、科学的治学精神和严谨的治学态度也起着至关重要的作用。

大量占有了第一手资料,然后在丰赡翔实的史料基础之上开展论述,而不是先验地演绎式地为观点找材料,便使得本书的论析显得客观、公允、全面,使批评达到了较为充分的历史化、社会化。胡适的"整理国故"论,历来被与封建复古派的"保存国粹"混为一谈。《思潮史》在详加考察了这一口号提出的特定背景后,发现所谓"整理国故",其实质乃是倡导以科学的精神和方法去整理中国的旧文化,像尼采那样"重新估定一切价值"。它实际上是针对复古派不加分析地"保存国粹"而言的。因而胡适的倡导"整理国故"和几年前的提倡白话文一样,都是整个新文化运动的重要组成部分,具有革命意义。而对这一口号所产生的负效应的一面,本书作者也没有忽视,并通过扎扎实实地研究辨别了这种主观动机与客观效果间的差异。《思潮史》就是这样,对任何问题的研究,都力求取得对当时历史全貌及其本质的清晰的认识、准确的把握,并给予充分的理解,体现出科学的历史唯物主义的精神。这是本书历史主义态度的成就。

然而,理解不是对古人的无原则的宽容,尊重历史不等于迁就历史。事实上,《思潮史》能够以其令人钦佩的气魄,对历史进行重新审视与反思,并做出了大量迥异于前人的结论,正是它贯彻着一定的原则,即坚持了新的审美价值标准的结果。而这种新的审美价值标准,就是著者当代意识的具体体现。当代意识是一部史学著作的灵魂,有了它,一堆史料才具有了生命。不过人们似乎会感到，一个时代有一个时代的意识，而体现这种意识的价值评判标准当然也就会随着时代的变化而变化，从而陷入相对主义的泥潭。但我们认为，虽然世界在结束牛顿时代而进入爱因斯坦时代以来，绝对价值观正随着现代文明的发达被逐步摧毁，但既然文学有它自身相对独立与稳定的属性和价值，文学的审美价值标准自然也应有其相对的客观性、科学性与真理性。因此，一部文学（思潮）史的当代意识及所体现出来的审美标准本身所包含的科学性与真理性成分的多少，便是这部书能否成功的关键性因素。通观《思潮史》，我以为其当代意识的核心内涵在于本体观的确立，包括人本体和文学本体两个方面。即把人放在人的位置上予以应有的尊重和重视，它表现为对作品或文学思想的人道主义精神的高度重视和对作家本人的应有的尊重和理解；另一方面，强调文学自身的特殊规律，重视文学的美学价值。这两个方面都表现出明显的反传统精神。首先它是对那种剥夺人的独立人格、剥夺文学的独立品格使之沦为政治的附庸、道德化的审美情趣等封建传统的背叛，同时又是对长期以来把政治（内容）与艺术（形式）割裂开来并以前者代替后者的批评模式的反拨。这种当代意识及其新价值观的树立，必然使对中国现代文学（思潮史）的价值评判大为改观。一些长久被埋没而蒙上历史尘埃的史料，则有可能被发掘出来，显出其弥足珍贵的价值与意义。于是乎便有对周作人的"人的文学""平民的文学""个性的文学"的积极意义的肯定，对诸如新月派、论语派、象征派、现代派、七月派及京派文学及其理论的公允剖析，对沈从文"生命重造"说的客观考察，对朱光潜"文艺心理学"突破克罗齐美学框架的赞许，尤其有对胡风文艺思想的中肯分析，认为"它确是在革命文学运动中形成的革命的文学思想"，不过它与鲁迅的"开放的现实主义"或茅盾的"革命的现实主义"不同，而是"人本主义的现实主义"，等等。

为方便起见，上文对《思潮史》的历史主义态度和当代意识分别作了考察，其实这二者在本书中并不可能是彼此分开的。一方面，作者并未摆学究架子，一味炫耀或展览史料，把《思潮史》写成一部史料的大杂烩，使自己掉进史料的海洋中方向莫辨，失去自我；另一方面，作者也没有先验地设定理论框架，然后削材料之足以适观点之履，以致使历史沦为雕塑家手中的软泥，使当代意识成为悬在古人头上的"达摩克利斯之剑"。作者避免了这两种极端,他入乎历史之内,又出乎历史之外,辩证地处理了两方面的关系,从而使历史主义与当代意识互相关联、相得益彰。结果在本书中,我们再也看不到那种笼统的、简单的、机械的、片面的肯定或否定式的论述,有的只是平心静气的条分缕析。这种分析自始至终以史实为依据,同时在历史唯物主义的基本原则之下,贯彻着体现当代意识的审美价值标准。这使得本书在大量更新前人对历史所作出的结论的同时,形成了自己特有的批评风格:在讨论任何作家、流派及文学思想时,总是尽可能把与此一问题有关的历史整体面貌发掘出来,并从各个侧面进行不惮其细的剖析;因此它对任何一个问题的讨论,不仅顾及当时的历史背景、社会原因和时代因素,顾及对其创作与思想可能发生影响的作家本人的生活遭际、文学素养、文化修养、性格特征、心理素质等等,而且对每一个被讨论到的作家、流派及文学思想的优点与缺点、成功与失误、积极与消极的各个侧面也都有广泛而周详的考察与评析;在把体现内在千丝万缕联系的历史事实的面貌呈现出来的前提下,进行实事求是的审美价值判断。从而给人以历史的整体感、立体感和透明感,这体现出了作者真正的用普遍联系和发展的观点看问题的辩证唯物主义与历史唯物主义的世界观和方法论。

总之,整部《思潮史》是在当代意识的烛照下进行了史料的处理,而其当代意识的科学性与合理性导致了它对史料的新的发掘和对这些史料所包含意义层面的新的发现;另一方面,它在翔实丰厚的史料基础之上,以体现当代意识的审美价值标准为准绳,展开精辟的阐述,在理解古人的前提下批评古人,从而做到了在史料实证的基础上达到了思维的超越。这种对历史主义与当代意识关系的辩证处理,奠定了本书科学史观的基础,并使其论断趋于科学性。

《思潮史》作为一部过渡性著作,它的某些地方仍带有从旧式批评模式中脱胎出来的痕迹,它对新价值观的贯彻有时并不彻底,旗帜并不鲜明,某些观点仍有可商榷之处,此乃情理中事,自不待言。倘要苛求的话,我以为它缺乏哲学的深刻与历史的透视力,即没有从思辨哲学的高度和民族传统文化的历史积淀的因素中去把握现代文学思潮发生与流变的内在机制,而满足于客观的史实的叙述和分析(包括兼及外来影响)。然而不管怎么样,《思潮史》在中国新文学研究上是开拓了一条新路的。

[原文载于《阜阳师范学院学报》(社会科学版)1990 年第 2 期]

拭去历史尘迹的可贵探索

——读魏绍馨《中国现代文学思潮史》

范钦林

　　魏绍馨先生近著《中国现代文学思潮史》(以下简称《思潮史》),是中国现代文学研究领域第一部完整的研究文学思潮的著作。作者以其崭新的理论视角和实事求是的科学精神,运用辩证唯物主义与历史唯物主义的世界观和方法论,真实而全面地反映出中国现代文学思潮发生与流变的清晰图像,作者深入历史之中又站在历史之上,在一些重要的历史与理论问题上提出了精辟而独到的见解。如果我们把《思潮史》对于有关问题的论述与新中国成立以后出版的一些"中国现代文学史"对于同样问题的论述相比较,就可以发现,《思潮史》更为尊重历史事实,更为接近历史的本来面目。

　　本来,作为一部科学的史学著作,尊重历史、实事求是,这是最起码的要求。可是,在某一时期由于受到"左"的思潮的影响和历史条件与认识水平的限制,在中国现代文学研究领域,虽然出版了多种版本的文学史著作,但对于某些历史与理论问题的论述却几乎是诸本一腔,其共同点都是从某种先验的观念出发去解释和评价历史,而不是从对历史的具体观察与分析入手,运用辩证唯物主义与历史唯物主义的观点与方法做出正确的解释与公允的评价。《思潮史》的可贵之处,不独在于其内容的完整与体例的首创,更在于它在一些重要的问题上,拭去了历史留下的尘迹,作出了十分可贵的探索。

　　我们判断一部史学著作的价值,不仅要看它给我们提供了什么,而且更要看它比别的同类的著作多向我们提供了什么。在这一点上《思潮史》没有让我们失望。二十到三十年代,是中国现代文学思潮的开放性发展时期,各种流派与主义纷纷登上文学史的舞台。除先期发生的现实主义与浪漫主义之外,还有新月派的新古典主义,语丝派与论语派的个性表现主义以及象征主义与现代主义,等等。他们各自以自己的文学观念与创作主张与当时崇尚现实主义与浪漫主义的左翼革命文学运动发生过论争,并且遭到了左翼革命文学运动的无情抨击,这就使得这一时期的文学成了现代文学史的极为敏感的部分。过去的一般文学史对于这个时期所出现的文学思潮,要么采取回避态度存而不论,要么就是一概批倒,仅仅是作为革命文学运动的对立面提上几笔。这是非历史唯物主义的态度。因为事实上,这一时期的一些文学社团与文学思潮,与革命文学社团和文学运动发生了这样那样的关系,并且他们的活动还产生了不可抹杀的影响。《思潮史》在这方面就采取了实事求是的态度,以相当的篇幅在丰富而翔实的史料基础上作出了较为公允的评价。例如,对于从语丝派到论语派所提倡的那种表现个性小品的散文,作者一方面肯定了他们在艺术上的追求,同时也指出由于他们,特别是三十年代论语派的作家们过分强调了小品散文的“个人性质”,而使它从内容到形式逐渐发展成为远离社会专供文人雅士赏玩的“小摆设”,出现了“小品文的危机”。并且指出这种脱离时代的小品文到了抗战爆发前夕差不多成为文坛的众矢之的,其原因除了特定的历史背景,倡导者是有其不可推卸的历史责任的。对于李金发象征主义的形成,《思潮史》溯源探流:从李金发的少年生活、个人性格、文学素养以及去法国留学时期法国艺坛的状况及其在异国他乡所遭到的种族歧视在诗人心里留下的创伤等方面论述了李金发接受叔本华悲剧人生观的影响、走向象征主义的必然过程。这是令人信服的。对于戴望舒及其现代主义创作,作者在肯定了他们在艺术上的追求和事实上所产生的影响之外,也指出了他们作品所反映的生活内容的狭窄和远离时代的倾向,因而在当时的历史条件下不可能获得更多的读者。《思潮史》虽然并不赞成他们的政治主张,但仍坚持冷静的历史主义的分析,并不像过去有些著作只注重政治上的批判,而忽视科学的评价,一股脑儿贴上反动、颓废的标签。

更值得注意的是《思潮史》对于"整理国故"的重新评价。我们所能见到的新中国成立后出版的一些文学史著作,对于胡适所倡导的"整理国故"运动差不多总是一概骂倒的。而《思潮史》的作者则依据占有的翔实的史料,经过周密的分析,对之做出了完全不同的结论。作者指出胡适的"整理国故"是作为整个新文化运动的基本内容之一而提出来的。胡适认为"评判的态度"是当时新文化与新思潮运动的"共同精神",而尼采提出的"重新估定一切价值"便是评判态度的最好解释。过去的一切旧观念、社会上的一切现存问题,一切事物的价值都要重新来一次审查,来一次评判。而要做到这种"重新估定一切价值",就需要"介绍西洋的新思想、新学术、新文学、新信仰"。这就是"研究问题"与"输入学理"的关系。作者意识到胡适提出的一切革新家都要"把全副精力贯注到研究问题上去",不把从西洋输入的新思想、新学理看作天经地义而食洋不化,而只是把它们看作研究问题的参考材料。这一思想有它的闪光之点。作者认为,"整理国故"是胡适倡导的"新思潮对于旧文化的态度",也是应用新学理研究旧文化的基本方法。《思潮史》告诉我们,"整理国故"的口号并不是胡适首创,而是新潮社的毛子水等人针对国粹派的"保存国粹"论首先在《新潮》杂志上提出的一个革命性口号。其基本观点是反对对于中国的一切旧文化不加分析地保存与膜拜,而提倡以科学的精神与方法加以整理。这个口号正是在《新青年》高举的科学与民主的旗帜下提出来的。胡适积极支持这一口号,并将之作为其新文化运动基本纲领的一个组成部分。他指出,新思潮与新文化对待旧文化的态度,可分为消极与积极两个方面,"在消极的一方面,是反对盲从,反对调和;在积极的一方面,是用科学的方法做整理的工夫"。可以看到,在反对封建复古派的斗争中,针对复古派的所谓"保存国粹"论而倡导以科学的精神和方法"整理国故"上,胡适与毛子水等是一致的。胡适在《新思潮的意义》中说:"现在有许多人自己不懂得国粹是什么东西,却偏要高谈'保存国粹'。林琴南先生做文章论古文之不当废,他说,'吾知其理而不能言其所以然!'现在许多国粹党,有几个不这样糊涂懵懂的?这种人如何配谈国粹?若要知道什么是国粹什么是国渣,必须要用评判的态度、科学的精神去做一番整理的工夫。"1923 年,胡适在《国学季刊》的《发刊词》中针对守旧的国粹派的抗拒西学、梦想复辟孔教和压制白话文章,指出:"如果这些举动也可以代表国学,国学还是沦亡了更好!"后又重申,所谓"国故"实在包含着"国粹"与"国渣"两部分内容,不通过一番科学的整理就无法加以鉴别,"不了解'国渣'如何懂得'国粹'?"《思潮史》的作者在对胡适的观点作了这番引述之后,指出胡适倡导的"整理国故"和几年前提倡的白话文一样,都是整个新文化运动的重要组成部分,是具有革命意义的。《思潮史》也并不讳言在当时的历史条件下,胡适夸大了"整理国故"在新文学运动中的作用与意义,并且指出,由于胡适在文化界的地位与影响,自然造成了一种复古的空气,加之后来这一口号又为真正的复古派所利用,变成了他们的一条理论的根据,这就必然要遭到进步文学运动的批判与抨击。我们觉得这种摆事实、讲道理,历史地、辩证地评价历史人物与历史事件的科学态度是值得称道的。

《思潮史》对于胡风文艺思想的论述亦颇耐人寻味。胡风问题是文学史上又一个重要而且敏感的问题。《思潮史》指出,从四十年代中期到七十年代中期,在长达三十年的历史中,胡风文艺思想一直被视为"反现实主义""反马克思主义"和"反社会主义"的异端邪说。这是不公正的;胡风文艺思想确确实实是在革命文学运动中形成的革命的文艺思想,社会主义现实主义是其最高的目标。作者在考察和分析这一问题时,同样是从具体的实际情况出发,而不是从历史的教条和既定的观念出发。正是本着这种实事求是的精神,作者对四十年代胡风文艺思想所受到的不公正的对待分析了三个方面原因。其一是有些批评文章把胡风的文学思想与舒芜的《论主观》混为一谈,或把舒芜在理论上的主观唯心主义错误也算到胡风的头上。其二是胡风从三十年代到四十年代一直在国统区从事文学批评活动,他的有关文学创作的意见与主张,多数是针对那个具体的社会环境而发的,诸如强调作家的"主观战斗精神",强调劳动人民身上的"精神奴役的创伤",批评文坛上的各种不良现象与理论上的"混乱"与"危机",等等。但是有些批评文章却不考虑国统区的特殊情况,把适用于解放区的理论与方法生硬地搬过来,去要求于胡风,批判胡风。其三是更有甚者,有些文章有意无意地把胡风的文学思想与《在延安文艺座谈会上的讲话》对立起来,自觉或不自觉地用《讲话》去批判胡风的文艺思想,而忘记了

《讲话》所指出和要解决的主要是解放区"文艺工作和一般革命工作的关系"问题，是革命文艺运动中的"根本方向问题"，并不是，也不可能解决文学领域的许多具体问题。而《讲话》也明确地指出，在革命文艺运动的根本方向问题之外，文艺领域中还有许多具体问题需要今后继续研究，胡风的文学思想与理论，主要就是对于文学创作中具体问题即属于学术方面问题的探讨。这不仅不应该禁止，而且应当受到鼓励。既是探讨，当然会有正确的也会有错误的，都需要通过正常的批评与讨论去解决，而不应当简单化地加以否定。同时，《思潮史》的作者也并不讳言胡风文艺思想的消极方面。和同时代的许多文艺工作者一样，胡风的文艺思想也并非完美无缺、一贯正确。比如胡风在他公开发表的文章中确有抽象地谈论"主观精神"的毛病。"生活意志""自我扩张"之类的提法和舒芜《论主观》中的"自然生命力"颇为相近。《思潮史》认为，舒芜的《论主观》实事求是地说，在写作意图上倒是为了进一步论证与发挥马克思主义的认识论——能动的反映论，但是由于作者理论上的幼稚而将许多非马克思主义的思想理论引进了马克思主义，因而不知不觉地陷入了主观唯心论。而《希望》第一期上出现的这篇错误论文，则是由于胡风对之尚不能"作出肯定或否定的判断"，且精神上还产生了一定的共鸣的基础上发表的。这也是不能辞其咎的。此外，胡风的文学思想与文学批评实践还表现出某种程度上的排他性，在鲁迅及"七月"文学流派之外，五四以来的中国现代文学流派及其作家中，他肯定得较少而否定得较多。

对于一些重大的理论问题的认识与论述也反映出《思潮史》作者的真知灼见，表现了一个理论家的睿智与胆识。对于鲁迅思想的发展与构成问题的论述就是如此。一般文学史对于这个问题的论述，大多是根据瞿秋白《〈鲁迅杂感选集〉序言》的评价，而阐述鲁迅"从进化论最终走到了阶级论，从进取的争取解放的个性主义进到了战斗的改造世界的集体主义"，"从绅士阶级的逆子贰臣进到无产阶级和劳动群众的真正的友人，以至于战士"。当然这并没有错。但《思潮史》在论述这个问题时，不是到此为止，而是进一步指出，鲁迅先生从个性主义进化论和人道主义走向马克思主义，并不意味着鲁迅先生对于个性主义、进化论和人道主义的简单抛弃。作为伟大思想家的鲁迅，即使在成为马克思主义者之后,也有自己独立的思想体系,而不单单是一个马克思主义理论的拥护者与解释者。鲁迅先生后期接受了辩证唯物主义与历史唯物主义,但这决不是鲁迅思想中仅有的哲学内容,鲁迅只是用这种新的世界观清理和改造了自己原有的思想。作者认为看不到鲁迅思想发展前后两个时期的不同是错误的,但不承认鲁迅先生前后思想的联系与统一性也无法认识作为思想家的鲁迅。正如马克思主义有三个来源与组成部分,鲁迅思想的来源与组成也有三个,即尼采、托尔斯泰的人本主义,达尔文、赫胥黎的进化论,马克思、恩格斯的辩证唯物主义和历史唯物主义。正是以这些为哲学基础,又先后借鉴和吸收了梁启超的新民说,拜伦、雪莱的浪漫主义,果戈理、契诃夫、陀思妥耶夫斯基的现实主义,安特列夫、厨川白村的象征主义,普列汉诺夫、卢那察尔斯基的唯物主义艺术论等,形成了自己独特的从"立人"到"兴国"、从"为人生"到"为工农大众"的思想体系与文学观念。这种鞭辟入里、切中肯綮的论述对于我们正确而完整地认识鲁迅,具有深刻的启发意义。

《思潮史》对于毛泽东同志《在延安文艺座谈会上的讲话》也作出了中肯的分析评价。尽管在《思潮史》成书过程中,学术界有些人对于《讲话》的历史与现实意义持根本否定的态度,但《思潮史》没有赶风头,而是立足于《讲话》所产生时代历史背景的考察与分析,力戒简单的肯定与否定。我们以为实事求是地评价《讲话》不仅无损于毛泽东文艺思想的光辉,而且会更有利于在新的历史条件下去坚持与发展毛泽东的文艺思想。

当然,魏绍馨先生的《思潮史》的可贵之处绝不仅仅这些。而作为一部具有开创性的现代文学思潮史著作也不免还有些欠缺之处。如果从更高的要求上看,我们倒是希望《思潮史》具有更强烈的理论色彩与更严密的内在逻辑关系。但不管怎么说,这部著作必定会在现代文学研究史上产生深远影响。

[原文载于《扬州师院学报》(社会科学版)1990 年第 2 期]

洪流里飞出朴实的歌

——读魏绍馨著《中国现代文学思潮史》

魏　建

　　魏绍馨教授的《中国现代文学思潮史》（浙江大学出版社出版），我是读了多遍。我以为，驾驭文学思潮的历史恐怕比把握作家、作品的历史更为艰难，不然为什么像《中国现代散文史》《中国现代小说史》等多种专门史早已问世而且被一写再写，而《中国现代文学思潮史》却偏偏是千呼万唤才出来呢？

　　中国现代文学思潮的奔涌，波翻浪叠、泱泱大观。《中国现代文学思潮史》首先让我们感到了这股澎湃洪流的壮阔。该书以不到三十五万字的规模容纳了二十世纪前半叶中国文学思潮的整个进程，作者独有见地地把这一进程划分为他所分别论述的五大部分，十九世纪末和二十世纪初的思想启蒙与文学革新运动，"五四"时期的文字革命与文学主潮，从文学革命到革命文学，二十至三十年代文学思潮的开放性发展，三十至四十年代文学思潮的一元化倾向。书中以史带论，既从纵览历史的高度找寻出半个世纪文学主潮的演进轨迹，又以思想理论的利器开掘出不同时期和不同文学思想大家所独有的、对文学思潮流变产生了极大作用的文学精神特质。

　　任何学术研究都是研究者对自我的一种选择。在这部《中国现代文学思潮史》的字里行间，分明可以观测到一个前辈学者既要超越"旧派"研究又不想为"新派"研究裹挟的两期心态。作者正是在"两期"中寻找自己。运用时见的时髦理论和流行语汇显然是这位已届老年的学者之短，而扎实的功底和严谨的论证才是他之所长。他把自己理论的更新和思想的深化都融汇于自己固有的探求思路和表述方式，又仰仗自己丰富的史料积累和缜密的严肃学风，完成了这部忠实于自己学术品格的著作。也正是因此，该书既能还原五十年中国现代各种文学思潮的斑驳陆离、激荡砥砺，又能在许多重要问题上言他人所未言、见他人所未见。例如，以往研究晚清的文学思潮时只注意与五四文学革命有着"显功能"作用的以梁启超等人为代表的文学"维新"运动，几乎都忽视了具有"隐功能"作用的王国维的文学思想。对此，该书以专章做了强调性的弥补。再如，对林语堂的"性灵"说、沈从文的"生命重造"说等曾经颇有影响的文艺思想，以往的研究大都未能给予应有的重视。即使偶有提及，也很少把它们与三四十年代特有的社会思潮和文学流派联系起来。而在这本书里，它们才取得了自己在中国现代文学思潮史的应有位置，并使读者理解了它们出现的合规律性。

《中国现代文学思潮史》不仅揭示了中国现代文学思潮所固有的多元性和复杂性，而且在揭示中以一系列独到而深刻的创见，显现了一个知识分子对历史和科学的忠实。书中没有多少作者的主观感情色彩，处处体现了一个社会科学家的冷静。作者不为时风所动，在左翼文学思潮处于学术界相对冷落的时候，依然充分地肯定了研究者们有所忽视的冯雪峰、瞿秋白在三十年代革命文学运动中所发挥的重要作用。但也没有因此而拔高他们。既肯定了他们介绍俄苏文学和马克思主义文艺理论的功绩，又指出他们对普列哈诺夫等人的马克思主义文艺理论缺乏足够的辨别与分析；既肯定他们对革命现实主义的倡导，又指出他们的一元化倾向。对于现代文学史上一些复杂人物的文学思想，该书既纠正了以往扣帽子、贴标签式的机械论研究的偏颇，又避免了近年来一种为翻案而走向另一个极端的简单化倾向。作者本着实事求是的科学精神，在复杂的历史嬗变中把握其复杂性，从而获得了一些新的发现。如书中在文学思潮的演变中还原梁实秋，二十年代末和三十年代初，梁实秋以"人性论"反对革命文学运动，否定文学的阶级性。抗战前后，梁实秋的文学思想有了明显的变化。他与革命的文学家们不是越来越远，而是越来越近了。

《中国现代文学思潮史》把读者领进了这段恢宏而真实的文学思潮整体

中。在这里面,有主潮,亦有支流;有对立思想之激战,也有对激战的折中选择;有传统思想的规引,亦有外来观念的撞击;有文学思潮的宏观时代背景,也有其在创作现象中的具体表现……所有这一切,在书中是靠外在的时间序列组合在一起的。而作为一门学科的逻辑体系,除了这种外在纽带,是否还应有内在的有机纽带呢? 我想,应该有。这也许是下一位《中国现代文学思潮史》的作者所要解决的第一个难题。

(原文载于《山东社会科学》1991 年第 5 期)

面对当代文学思潮演变的沉思

——读魏绍馨教授的《当代中国文学思潮四十年》

黄　健

　　面对当代文学思潮演变四十年的历史,魏绍馨教授不是一般地罗列现象、列举事件,用实证主义的方法去就事论事,而是首先将当代文学思潮看作是现代文学思潮的一个延续,看作是整个 20 世纪中国文学思潮的一个有机组成部分。这样,在对纷繁的当代文学思潮各条线索、各种事件进行学术梳理当中,所获得的是一种整体感。因此,在这部研究当代文学思潮的学术著作里,我们所看到的第一个显著的特点是对于当代文学思潮进行学术研究的整体性建构。

　　在这部学术著作里,作者对单纯地从政治上来划分现代文学和当代文学的界线的做法,表示了怀疑。他明确指出:"从文学思潮的发展上看,要在两个时期之间划出一条明显的分界线来,是比较困难的。"[①]这种怀疑,应该说是表现出了一种独特的学术见识。事实上,现代文学和当代文学虽然时间上有先后之分,各种思潮的表现形态也有所差异。但深究二者之间的内在关系和本质内涵,却又是有许多一致的。在整个 20 世纪中国社会发展、历史变迁和文化转型的大背景之中,现代文学和当代文学在思潮的演变过程中,实际上都是贯穿着一条思想文化的红线的。就 20 世纪中国文学思潮演变的整体而言,其

---

① 魏绍馨:《当代中国文学思潮四十年》,华龄出版社 1993 年版,第 1—2 页。

间,尽管所受的影响来自不同的方面,例如有政治因素的影响,有传统文化思潮的影响,有西方文化和文艺思潮的影响,等等,然而,作为整体的 20 世纪中国文学思潮,不论其自身演变的形态如何,它的最终指向,或者说是最高目标则是完全一致的,这就是在中西文化大冲突、大融合的广阔历史背景中,真正地完成文学观念的现代性质的转换,确立与整个中国现代化历史进程相一致的文学审美理想和新的美学原则,建构有异于传统文学的新文学形态和新的文学理论,进而促进文学的整体繁荣。因此,对于当代文学思潮进行学术研究的整体性建构,也就不仅仅只是通过对某些具体文学思潮的史实进行归纳、整理和概括,而是在这个基础上,以确定文学思潮演变的一般法则,并结合整个20 世纪中国文学思潮演变的特殊境况,提出用"当代的理论、观念为指导去反思和描述四十年中国文学思潮的发展与演变"的理论研究视角为目的,力求"准确地反映四十年来中国文学思潮发展与演变的历史面貌",从中探寻当代文学思潮演变的规律特征,把握住当代文学思潮的本质、结构、过程、必然趋势及由此生发的一系列问题,进而"从大量的史实出发,实事求是地得出具体的历史结论来"①。

整体性的建构,导致了在"通过全面的历史反思,总结有益的经验教训"当中对当代文学思潮演变四十年历史的规律性探寻。换言之,也就是说致力于将当代文学思潮置于整个 20 世纪中国文学思潮的宏观格局中,探寻它的演变规律和特征,是这部著作的又一个显著的特点。

在涉及当代文学思潮演变的几个相关的本质和核心问题当中,作者也有其精辟论述。譬如,当代文学思潮中的文学与政治关系问题,这一直是围绕着当代中国文学发展的一个敏感问题。回顾当代文学思潮演变的历史,人们对于政治干扰文学的那个年代,是难以忘怀的。作者首先是将这个问题放在整个 20 世纪中国文学思潮演变的广阔背景上来考察。作为一部"以清醒的头脑去反思这四十年的文学思潮"的学术著作,面对当代文学思潮的演变,并对此作出深邃的学术思考和学术探索,还不仅仅只限于"全面扫描、客观研究和忠

---

① 魏绍馨:《当代中国文学思潮四十年》,华龄出版社 1993 年版,第 382 页。

实叙述"（尽管作者一再申明他是这样来做的），其中在这个基点上，还应当表现出论述者卓越的、个性化的史识。因为尽管一部纯客观地记录当代文学思潮演变历史的著作，其中论述者的史识，也还是会或隐或现地贯穿在里面的，况且绝对的纯客观的现象还并不存在。对于治史，特别是文学史，我曾表示过我的一些想法。在我看来，治史应该体现研究者个性和他对此所作的价值判断。所谓"史识"，并非纯粹地按照客观历史的自然形态来进行描述，而是在体现历史发展脉络的基础上，着重表现出研究者对历史发展的内在规律的把握。[1] 顺着这个思路来读这部著作，我认为，其中也是表现出了研究当代文学思潮的演变，以及整个 20 世纪中国文学思潮演变的卓越史识的。著者说他愿意把"以论带史"和"论从史出"的治史方法结合起来，"以当代的理论、观念为指导去反思和描述四十年中国文学思潮的发展与演变"[2]，在这个意义上，卓越的、个性化的史识，应该说是这部著作的第三大特点。

　　如果说整体性建构、规律性探寻及对当代文学思潮演变中几个关键问题的精辟论述，就已经表现了这种史识的话，那么，从治史的角度来说，将自己对当代文学思潮研究的认识、感受、理解、体会等"识"的内容，建立在"博考文献，言必有据"的科学方法上，而不是一味地为突出个性化的史识，借历史材料来"随意点染"，来"表现自我"。这样的一种治史方法，表现了治学严谨、认真、求是的精神。正因为这样，在这部著作里所表现出来的那种卓越的、个性化的史识，其表现形态就不是那种主观想象、主观推测式的描述，而是在特有科学理性认识精神的基础上来表现个性化的史识的。例如，著者在面对当代文学思潮演变的历史，进行学术沉思时，着重点不仅仅在于对史实的归纳整理，同时还在于反思当代文学思潮演变的历史过程。在这里，反思就是深入所观照的对象深层结构之中，展开自己的认识、自己的思想的自我运动，表现出自己所认识的当代文学思潮演变的历史，其中还把对于当代文学思潮的认识论、价值论完整地统一起来了，给予了当代文学思潮演变四十年的历史以较客

---

[1]　黄健、徐剑艺整理：《寻找新的突破口——"文学史观念和方法"研讨会述要》，《探索》1989 年第 3 期。

[2]　魏绍馨：《当代中国文学思潮四十年》，华龄出版社 1993 年版，第 382 页。

观公正、科学性的回答。所以,在这个意义上来认定这部著作卓越的、个性化的史识,应该说,这也为后人考察当代文学思潮的演变,提供了一个可以参照的科学理论体系及新的研究视角。

总之,魏绍馨教授的这部著作是近年来专门论述当代文学思潮演变的不可多得的一本优秀学术著作。虽然该书在整体性建构当中,对于文学思潮演变的内部规律、内部因素和内部结构的探寻,还缺少充分的论述和梳理,对于当代文学思潮如何与现代文学思潮对接部分,描述还不够,以及对新时期文学思潮的探寻,还显得有些薄弱,但是,这些白璧微瑕并不对这部著作的理论建构产生什么不良影响。随着当代文学思潮在 90 年代,以及下一个世纪的纵深发展,我相信,这部学术著作对于当代文学思潮演变四十年历史的学术思考的探寻,将会不断影响后人的,也会给今后的文学思潮演变以更多的、深刻的理论启示。

(原文载于《山东社会科学》1994 年第 4 期)

有胆有识的史论

——关于《当代中国文学思潮四十年》的通信

朱寿桐

魏绍馨老师:

收到大著《当代中国文学思潮四十年》的当晚,我就一口气读完了它。目下对于我们这一辈人来说,早已过了对学术和学术书籍如此痴迷的时代,可见是您这本书的内容吸引住了我,更具体地说,是您在书中所显露出来的胆识深深吸引住了我。

当代文学思潮的研究,即从新时期而言,起步就比较早,以论文和论著形式发表的成果之多,使得您的这选题乍一看来并不能唤起某种新鲜的感应,虽然像您这样把从五十年代初到八十年代末的四十年文学思潮的风风雨雨通贯起来加以论述的事实上还并不多见。与同类成果相比较,我觉得您这本书透溢出来的真灼史识是首先值得推崇的。您没有标示为"当代中国文学思潮史",这是您过人的谨慎与清醒的表现,我后面还有机会提及这一点,但从书中资料的翔实、体例的严整看,您是把它当作思潮史来写的,又从书中分析的深透、论述的严密看,您至少想写成一部思潮史论。而不管是思潮史还是思潮史论,研究者的史识总是至关重要的,某种意义上说,它能决定著作的成败。

《当代中国文学思潮四十年》的成功,先就与您对四十年文学思潮发展历史的整体框架的准确而独到的把握有密切关系,这种整体把握无疑是最需要史识也是最能显示史识之真灼的。在书中,您把四十年划分成四个时期,即

1949—1957 年的"建国初期",1957—1966 年的"'前文革'时期",1966—1976
年的"'文革'时期"和 1976—1989 年的"改革开放时期"。这种划分十分别
致,您将习惯上视为一个整体的"文革"前"十七年"一分为二了,而且您对这
种"一分为二"的划分论述得又是那样充分,那样有说服力:新中国成立初期的
文学思潮以社会主义现实主义和"二百方针"的贯彻为"主体内容",文学批判
中的封建作风尚处于次要地位;而 1957 年以后,由于"反右斗争"和"反修防
修"占据了政治生活和文化生活的中心,各种文学批判以及占统治地位的文学
思潮都显得极不正常,中间虽然有过指导思想上的调整,在文学创作和文学批
评方面也分别出现过短暂的生机,但总的来说确实与新中国成立初期的"早春
天气"分处于不同季节了。由此您顺理成章地得出了一个可谓较精彩,也较别
致的结论,即认为从"反右斗争"到"反修防修"这一段属于"前文革"时期:"从
文学思潮本身看,('前文革'时期和'文革'时期)这前后两个十年更是一线相
连、一脉相承的。"①基于这样的史识,您别出心裁地把"前文革"时期和"文革"
时期的文学思潮放在同一个"中篇"里解决了,在简单明快的布局上完成了
"从'左'倾年代的'反修防修'到十年'文革'时期政治文学形态的形成"的历
史描述。

　　书中显露出来的真灼史识,还较突出地体现在对许多重要文学思潮现象
的充满历史感的理解和准确的史学判断上。毫无疑问,把始自新中国成立初
期甚至更远的不正常的文艺批判,概括为"'只此一家别无分店'的封建意识"
的沉渣②,是您作为史家富有胆识的判断,从李何林的一篇《十年来文艺理论批
评上的一个小问题》所遭遇的命运,看到了文艺批判由将一般对象当作"小资
产阶级知识分子"到当成"现代修正主义分子"的转型与升级,是您作为史家
具有犀利敏锐史识的体现,在"文革文学"思潮的涌动中窥见了"政治文学形
态的形成",是您作为史家较大概括腕力的一显身手。在书中常常能够感受到
您有一股逼人的学术意气,它有时的强烈程度简直与您的年龄不十分相称,但
您从不滥用这种意气,更多的时候您保持了一种史家必具的客观态度和冷峻

①　魏绍馨:《当代中国文学思潮四十年》,华龄出版社 1993 年版,第 3 页。
②　魏绍馨:《当代中国文学思潮四十年》,华龄出版社 1993 年版,第 2 页。

风格,力图在稳健中建构起自己的史学判断,这样,您的许多分析都充满着丰富的历史感。例如您在不停顿地鞭笞极左思潮和封建意识的精神桎梏的同时,对新时期文坛所常见的那种"逆反心理"与过激情绪也并不袒护,认为这是"在'历史的伟大转折'中从一个极端走向另一个极端"的结果,这是符合历史实际的;再如您析示了对《武训传》的讨论其出发点是对文艺界进行历史唯物主义基本原理的教育(只可惜因无限上纲而走入歧途),毛泽东与胡风的文艺分歧乃是"以一个政治家、革命的领导人的身份看待文艺、要求文艺"同"以一个诗人和文艺理论家的身份看待文艺、研究文艺"的差别①,等等,诸如此类"理解万岁"的分析有力地增加了著作的学术稳健性和厚重度。

应该说,获得上述史识对于一个历史的"过来人"兼文学史专家而言并不怎么困难,您在书中显示出的过人之处更在于您有将这些史识明白晓畅地表述出来的勇气和胆魄,这足以证明您的学术青春仍然常驻。对于现今大部分文学研究者和研究专著的读者来说,这四十年当代文学思潮发展演变的种种现象及其所反映的本质真相并不难理解,尽管诸如我这样对十七年没什么直接的记忆、对"文革"初期的记忆也相当模糊的读者,对整个四十年文学思潮衍化的感性认识远不如你们那辈人,但通过简单的推今知昨、"温新知故",也能明白过去了的那个时代都是些怎么回事,更何况我们不仅学文件,读各种决议,也还会思考些问题,分析些东西。因而我们很容易发现,许多当代文学研究论著不能十分令人满意,并不是由于作者的水平不够或功力缺乏,而多半是由于他们不能像您在这部书中一样尽可能多地讲真话,从而写出来的东西让人们读起来一点也不亲切,一点也不痛快,觉得很"隔"。您在绪论中坦诚地指出,"文革"文学的怪胎固然与林彪、江青一伙的"兴妖作怪"大有关系,但并非因为有了这帮人才有这样的怪胎,"他们个人决没有那么大的社会能量",根子更在于在那样的意识形态中,那样的文学怪胎所产生的历史必然性。这话谁都能明白,并且可以说一般学者早已明白,但就是不想说出或不想贸然说出。

联系到"前文革"时期的畸形文学思潮,通过上述一两句真话揭示出了

---

① 魏绍馨:《当代中国文学思潮四十年》,华龄出版社 1993 年版,第 41 页。

"文革"文学怪胎产生的历史必然性，使专著中的有关论述平添了一种历史穿透力，可见由学术勇气和胆魄引出来的将远远不单是勇气和胆魄的问题，而更主要的是如何深化学术研究并提高研究品位的问题。有了这样的勇气和胆魄，研究者就能够真正放开自己的思路，将一些文学现象以其原本面目联系起来，比照起来，似乎更无须费力推衍出什么结论，就能让读者在会意的一笑中了然历史的真相，从而深化了对有关历史的认识和理解，专著的学术品位自然也就在读者的这番"接受"过程中提高了许多。例如您揭示了他们在"反修防修"的年月里大肆叫喊"写十三年"，过了四年之后又转而猛批"十七年"，某些人一度无论政治风向如何变化，总是在头前冲锋陷阵（不是被动地跟着风向变的问题），绝端强调文学的政治倾向和政治实用属性的是他们，有时煞有介事地大谈"艺术创作的规律与特征"的又是他们，这些都不是一般的"随风倒"现象所能概括的，也不是一般意义上的"出尔反尔"、毫无操持的问题，而是他们没有真理也没有任何真理感的明证。由此不难说明，那番热闹无比，搭上了整整一辈人青春和才华的文艺斗争到底是怎样的一场悲剧——在拒不接受教训的人们那里，实际上是一场闹剧。是的，闹剧。只要把一些历史现象联系起来，如联系到 1957 年前后没有现成"靶子"就将过去的东西翻出来"再批判"，再联系到说服李何林自愿当"靶子"挨批判，等等，这样的感受就非常强烈。

　　不知您在这种颇为痛快的历史揭示中是否意识到了，这还远不是文学思潮史的写法？您没有将本书明确标示为"当代中国文学思潮史"，我猜测可能包含着我下面的这一番理解，当研究一种文学现象（仅仅是文学现象而已）还需要某种说真话的勇气和胆魄的时候，是不具备写这种文学史的客观条件的。我既然这样为您敢说真话的治史胆识而感动，说明我们还处在需要这类胆识的条件之下，我们还须为争得写文学史的某种"前提"而努力。实际上您自己也无法超越这样的条件限制，于是您的下篇在我看来就显得有些薄弱，包括您有意无意地绕开了新时期一些影响巨大的文艺批判运动或者"类运动"。这些批判运动的回避或曰缺乏无疑对本书的质量造成了不利影响，这不仅是因为它确确实实属于文学思潮的范畴，理应在面上概括进您的"四十年"中，而且还因为这类批判与"十七年"或多或少都具有某种深层的历史联系，回避或忽略了这些影响深远的文艺批判,就无法从这种深层的历史联系中总结出更深刻、更富有启发意义的结论。

正是在上述意义上,我不打算确认您的这本很有价值的专著会有较长久的魅力,而是衷心地希望它只是您的有关研究的一种中介成果,并祝愿它及早地完成它的"中介"作用。说句既有大言不惭之嫌同时又很僭越的话,这时我理解了鲁迅何以那么热切地企盼其著作"速朽"。

谨颂著安!

寿桐上

1994 年 1 月 5 日于南京

[原文载于《阜阳师范学院学报》(社会科学版)1995 年第 1 期]

思想独立的学者，风骨傲岸的人师

——陈信泰眼中的魏绍馨

陈信泰讲述　李钧整理①

　　真正的大学必须有大树、有老屋、有个性、有故事、有大境界，或者说"有大德、有大道、有大爱、有大师、有大精神"②。对于那些标榜"全国占地面积最大的校园""全球最大校门"之类的学校，人们只能化用一个典故来加以点评："房新树小画不古，不是暴发户就是内务府。"

　　为使大学精神层累厚积、传承有序，北京大学百年校庆时推出了《北大旧事》③，中国高校一时出现了"争说北大"的景象。此后，清华、南开、复旦、浙大、南大、北京师大、武汉大学等高校在重大校庆之际也都有类似图书出版。这些高校故事，对于今天如何弘扬"依法治校、教授治学、职员治事、学生自治"

---

① 陈信泰(1927—2018)，当代著名教育学家，1949 年毕业于之江大学教育系，1951 年考入中国人民大学教育学研究生班，1952 年院系调整后转入北京师范大学教育系研究生班续读并于1953 年毕业留校，1955 年晋升讲师，1958 年调入曲阜师范学院，1987 年晋升教授，1989 年任曲阜师范大学教育科学研究所所长，1991 年被评为山东省优秀教师，1993 年被国务院批准享受政府特殊津贴；曾在新时期兼职全国教育学研究会常务理事、山东省教育学会副会长、山东省教育学研究会理事长等职。陈信泰是"1980—1991 年在《教育研究》上刊文最多的三十七位作者"之一，其《马克思的人的全面发展学说的动态考察》被《教育研究》评为"创刊 30 周年优秀论文"。
　　李钧，曲阜师范大学文学院教授。李钧 1997—2000 年攻读硕士学位期间修读魏绍馨先生开设的"中国现代文学思潮史"，在学术思想与方法、知识分子职志等方面深受魏师影响，其间完成的关于王国维、严复的课程论文先后发表于《学术界》《山东社会科学》等期刊。
② 徐显明：《文化传承创新是大学的第四大功能》，《光明日报》2011 年 5 月 6 日。
③ 陈平原、夏晓虹编：《北大旧事》，生活·读书·新知三联书店 1998 年版。

的现代大学精神具有重要启示意义,对于高校教师如何完成"人才培养、科学研究、社会服务、文化传承与创新"四大职能也具有极好的提醒作用。

高校中的"人"主要由学生、教师、职员和校长组成。一所高校的发展壮大,当然与学校领导和行政管理人员有关,但由于他们往往被时政左右,行事中规中矩,真正能像朱九思、曲钦岳、朱清时、刘道玉等那样有故事、有个性者可以说屈指可数、寥若晨星。因此,学校的知名度在很大程度上有赖于学生和教师。就曲阜师范大学的育人成果而言,建校以来共为社会培养了数十万合格毕业生,涌现出一大批杰出人才,比如中共黑龙江省委书记宋法棠(中文系1960级本科)等政要,又如"国家教学名师"朱德发(中文系1960级本科)①、鲁迅研究专家李新宇(中文系1978级本科)、"长江学者"葛力明②(数学系1989级硕士)等大师学者,还有各行各业的骨干精英和默默奉献的普通建设者。他们很好地践行了"勤奋朴实团结进取"的校训,展现了"犁牛之子"的精神风貌。而曲园教师的故事,则在代代相传中演化成了传奇。

陈信泰经常谈起曲园"民国书生"与"怪教授"的故事,认为他们最能代表曲园精神和学人风骨。"有人说,曲阜师范大学建校、立校主要依靠一批'民国书生',新时期的兴校、强校则主要仰仗一批平反'右派'。这话或可商榷,不过那些'民国书生'和'怪教授'们的确给我们留下了传奇故事。"魏绍馨(1934—)就是陈信泰时常讲起的一位有风骨的曲园学者。

魏绍馨曾任中国现代文学研究会理事、全国鲁迅研究会理事,1993年获评全国优秀教师,是享受国务院政府特殊津贴的专家。其《中国现代文学思潮史》是"文革"后第一部研究中国现代文学思潮史的专著,为这一研究方向奠

---

① 《中国现代文学研究丛刊》2015年第3期推出一组五篇文章,对朱德发的治学精神、师者风范、卓越业绩等给予高度评价。

② 葛力明(1965—),1980年考入北京大学数学系;1984年考入曲阜师范大学数学系攻读硕士学位,师从龚为邦教授;1987年入中国科技大学攻读博士学位;1989年6月应Richard Kadison教授邀请赴美国宾西法尼亚大学留学;1995年取得博士学位;1995—1998年入麻省理工学院做博士后研究,解决了冯·诺依曼代数的三大难题,其中两个已悬置近50年;1997年被新罕布什尔大学聘为终身教授;1999年获美国科学基金会"成就奖";2000年入选中国科学院"留学人员回国创业百人工程",现为教育部"长江学者"。李钧:《"他为数学而生……"——数学家葛力明印象》,《齐鲁晚报》2000年8月25日。

定了坚实基础,先后获得山东省教委社会科学优秀成果一等奖、山东省社会科学优秀成果二等奖、教育部首届全国高校科研优秀成果二等奖;他的另一部专著《当代中国文学思潮四十年》也曾获山东省社会科学优秀成果二等奖。另外他还在《文学评论》《中国现代文学研究丛刊》等期刊发表学术论文百余篇。

"学界有个颇有意思的现象:一个学者专门研究哪位先哲,其性格也会与之俱化,像极了那位哲人。魏绍馨从研究鲁迅和'五四'文学起步,然后由鲁迅、胡适而胡风,由'现代中国文学发展史'进入'中国现代文学思潮史'和'中国当代文学思潮史',终其一生都在与极左思想做斗争,可以说魏绍馨是一个鲁迅式的拼命硬干的人。"人们敬佩魏绍馨,一方面是因其学术成就,另一方面则是因为其硬骨头精神。他 1957 年在开封师范学院(河南大学前身)中文系读大四时,就在全校"五四"青年节科学大会上做主题报告《鲁迅与新文学运动》,受到著名学者任访秋的青睐。他大学毕业后分配至曲阜师范学院工作,不久即被派往南京大学中文系进修并参与相关课题的研究。正当他学术起步之际,"大跃进""三年灾害"和"文化大革命"接踵而至,还在"文革"中被打为"保皇派",受到了很大冲击,对手翻出了他的"黑历史":他参与南大中文系俞铭璜主编的《左联时期无产阶级革命文学》第一章的写作,被诬为宣扬"30 年代修正主义";他 1960 年回河南老家时目睹百姓饥饿惨状,在给"好友"信中叙述了这一情况,被"好友"告发,他就成了"反对三面红旗"的干将……①"但是,魏绍馨拒不认罪,就被造反派关押监禁,塞入麻袋里殴打,直到昏死过去。造反派怕出人命,到学校医疗所告诉了黄锦凤大夫。黄大夫赶到一看,魏绍馨已是全身瘀青,整个人都软了……他抵死不认罪,真是硬骨头。新时期以后,魏绍馨进入学术爆发期。他吃过极左的苦头,对极左派深恶痛绝。"

魏绍馨先生直到 1999 年出现轻度脑中风以后才减缓了工作进度和强度,但仍时有"反左"文章发表,比如《个人崇拜:不应忘记的历史教训》一文,由 2003 年 7 月的一次"文革"像章展以及《山东画报》的相关报道谈起,梳理了中国大陆意识形态在 20 世纪 50 年代末到 60 年代初由批判"个人崇拜"到批判

---

① 魏绍馨先生学术小传,可参看魏绍馨《学术浅尝记》,《东方论坛》2018 年第 5 期。

"反对个人崇拜"、由批判"左"倾教条主义到批判右倾机会主义的转变过程，揭示了"左"倾教条主义泛滥的原因，指出了狂热的"个人崇拜"与"文化大革命"之间的深层关联，并发出呼吁：沉痛的历史教训应当吸取，任何形式的"个人崇拜"论的死灰复燃都需要警惕！① 再如其《从国际"反修"到国内文革的历史反思》一文指出：20 世纪 50 年代后期的中国在政治上坚持所谓马克思列宁主义的"纯洁性"，进行了大规模的"反修"斗争并总结出一套"无产阶级专政下继续革命"的理论；"反修"斗争强化了新中国成立后一个时期内的教条主义和个人崇拜，终于导致了历时十年之久的"无产阶级文化大革命"……②

魏绍馨先生在 2016 年检出直肠癌并在济南做手术，随后与爱人张志静老师返回曲阜休养。两个银发老者偶尔缓缓行走在校园里，真是一道风景。天气晴好的时候，魏先生会坐在文学院西侧小广场的排椅上晒太阳，看着熙来攘往的学生，不知他是否在怀想上课时的情境，是否想起他教过的那些学生……

人们越来越喜欢听老一代人的故事，不仅是为了缅怀逝者、追怀那一代知识分子的风骨和尊严，更是为了警惕沦为"知识工人"或蜕变为"绝对的，精致的利己主义者"！③ 人们钦敬那些优秀学人的精神风骨，是因为每所大学不仅有光荣历史还有"负面传统"，即使清华大学这样的名校同样"各个时期都有一些目光如豆、心胸狭窄、醉心声色名利的'清华人'，他们写下了清华的负面传统，即蒋南翔校长所指出的卑微的洋奴思想与浅薄的市侩气息。在现今，在

---

① 魏绍馨：《个人崇拜：不应忘记的历史教训》，《东方论坛》2003 年第 6 期。
② 魏绍馨：《从国际"反修"到国内文革的历史反思》，《齐鲁学刊》2005 年第 5 期。
③ 钱理群在《我们缺失了什么，我们如何面对——马小平编〈人文素养读本〉序》中写道："正是鲁迅说的，中国是一个文字的游戏国，有的人嘴上说的和心里想的，是完全不一样的。我多次谈到的'绝对的，精致的利己主义者'就是如此。所谓'绝对'，是指一己的利益成为他们一切言行的唯一驱动力，为他人、社会所做的一切，都是一种'投资'；所谓'精致'，是指他们有很高的智商、教养，所做的一切在表面上都合理、合法，无可挑剔；同时，他们又惊人的世故老成，经常做出'忠诚'的姿态，很懂得配合、表演，最善于利用体制的力量，最大限度地获取自己的利益，成为既得利益集团的成员……这些高能人精的灵魂，已经被权欲和利欲所浸透，知识（包括人文知识）都成为他们获取权力和利益的工具和手段。而我们现行的人才培养、评价、选拔机制，是极容易，并且已经源源不断地将这样的懂得配合和表演的'尖子'选作接班人了。这是真正要危害社会，影响国家、民族的未来的。"杨东平主编：《中国教育发展报告（2013）》，社会科学文献出版社 2013 年版，第 314—315 页。

商业化大潮的冲击下,这种负面传统有扩展趋势"①。清华大学尚且如此,曲阜师范大学自然也有"负面传统",只不过对于后来者而言,应当更加注重发扬优良传统而警惕那些"负面传统"和腐恶沉渣的泛起。对于曲阜师范大学来说,曲园"民国书生"和"怪教授"的照片和雕像或许难以进入博物馆和纪念堂,但在学生们的口中、心中、文中,他们才真正代表着这所学校的风骨! 我们只有记住了他们,不是仅仅当作传说和谈资,而是切实践行他们的精神,才算继承了优良校风、弘扬了"现代学统"! 至少对于"一个学人应当如何安身立命"这一问题,后世学人能从这几位"民国书生"和"怪教授"那里得到如下启示:"穷则独善其身,达则兼济天下",如果一时不能施展抱负,那么就著书立说,成一家之言,期以利在后世;知识分子应打磨自己的学术立场,勇于不激不随,做到"学与思"的结合;知识分子要收束功名利禄思想甚至反其道而行之——慢下来,沉潜往复,从容含玩;高校教师除了完成规定的课堂教学任务,还应该用"心"育人,成为"人师",让思想之光薪尽火传……

(原文为山东大学出版社 2021 年版《为有岁月可回首:陈信泰与黄锦凤》之一部分,出版时有删改)

---

① 徐葆耕:《大学精神与清华精神》,见刘琅、桂苓主编《大学的精神》,中国友谊出版公司 2004 年版,第 194 页。

我的老师魏绍馨先生

李新宇

老师已经写过几位,现在才写魏老师。不过,我对大学老师产生崇敬之情,却是从魏老师开始的——因为听了他做的题为《论阿 Q 革命》的学术报告。

那是 1979 年的金秋,我们刚刚进入二年级。据日记,时间是 1979 年 11月 2 日。似乎从那时开始,曲阜师范学院中文系就有这样一个传统:每年秋季举行"金秋学术报告会"。那时候也许还没有形成制度,所以报告或多或少,时间也不确定。后来的十几年里也是断断续续,比如八十年代的最后一年和九十年代的最初一年就没有举行。而从 1992 年开始,直到 1999 年我离开那里,却是每年如期举行。时间主要是 10 月,偶尔加上 11 月的一周或两周,每个周六都有一场学术报告。现在似乎人们更习惯于说"讲座",但那时候我们不叫"讲座",就叫"学术报告"。做报告的专家有从外面请来的,也有本校的老师。1979 年的秋季有几个不错的报告,包括批判"新红学"的两个"小人物"之一,后来的著名杂文家蓝翎,也来讲过。他大概是徐文斗先生请的,因为他们是山东大学中文系 1953 届的同班同学。

因为读过《鲁迅全集》,我自认为已经熟知鲁迅。但是,魏老师的报告还是使我脑洞大开,知道了怎样阅读和理解作品,知道了怎样探寻人物性格内涵,知道了作者原意与后人看法之间为什么有那么大的分野,也知道了什么是学术勇气。一场报告,使我意识到自己对鲁迅认识的肤浅,并且开始重新思考与阿 Q 革命相关的一些问题。

是魏老师让我知道了原来可以对未庄的所有人进行分析,弄清未庄的阶级关系和阶级结构,原来阿 Q 与赵太爷、赵秀才、赵司晨都姓赵,本是一家,只是因为阿 Q 混得太不体面,所以失掉了姓赵的资格。不过,他毕竟还是姓赵。他又让我知道,小 D、王胡与阿 Q 处于同一阶级,但阿 Q 的几次大打出手,对准的都是他的阶级弟兄。因为他能欺负的,也只有与他一样处在未庄社会最底层的人物。是魏先生使我意识到阿 Q“土谷祠革命畅想”的重要性,认识到那就是阿 Q 们的革命理想。对照中国几千年改朝换代的历史,分析“土谷祠革命畅想”的三项内容,真的很有意思。一是杀——赵太爷、钱太爷固然是要杀掉的,就连小 D、王胡也不留。二是抢——元宝、银钱、洋纱衫、秀才娘子的宁式床,全都搬来据为己有。三是随意占有女人——广泛挑选,挑肥拣瘦,“喜欢谁就是谁”。魏先生使我知道,阿 Q 未能实现他的革命理想,真是未庄人的福气。不过考诸历史,阿 Q 的理想却是一次次反复实现过。通过小人物而反映中国历史生活的根本,正是鲁迅的深刻之处。

因为魏老师的一场报告,我知道了自己的肤浅,同时对先生充满了敬仰。但在很长的时间里,我没有走近魏老师。我首先走近了许老师,走近了朱老师,走近了徐老师,经常出入他们的客厅,魏老师住对门,我却很少去敲他的门。直到进入四年级,写毕业论文时,才在朱老师的建议下把我的文稿和整理的资料送给魏老师看。魏老师提过几条意见,但我们之间仍然很少来往。

直到大学毕业前夕,系主任聂健军老师突然找我,让我把已经发表的论文拿给魏老师看看。我奉命敲开魏老师的门,他接过我手里的杂志说:你先回去吧!我抽空看看,过几天你再来把杂志拿回去。

后来我才知道,那是留校考核的最后一关。当时魏先生是现代文学教研室的主任,虽然有若干教授推荐,但系主任还是把最后的考核交给了魏老师。

在我的记忆里,大学毕业之前,魏先生对我似乎很冷淡,见面除了谈学术,几乎没有别的话。但在留校之后,成了他身边的助教,他却变得非常热情。从如何上课,到如何写文章,一直到日常生活琐事,他都非常关心,给予许多帮助。记得那年的端午,午饭前我从外面回来,一上楼就看到我的宿舍门前站着两个人。那是魏老师和他的夫人张老师。魏老师手里端着一个大搪瓷缸子，里面是煮好的粽子，还是热的。依然是魏老师的风格，没别的事，就不进屋，不坐下，把粽子交给我，两人回家吃午饭。此后的日子里，类似的情节每年总有几次。

在曲阜师范大学，我得到了先生们太多的爱。

说到魏绍馨老师，人们往往都要说到他的骨气，而且有种种故事在学界流传。我是那些故事的目睹者、亲历者，有的还是当事人。所以有必要说一说，顺便订正一些细节。

在我的印象中，当时曲阜师范大学教中国现当代文学的老师们各具特色：许先生很超脱，似乎一切都已看透，然后微笑着看世界；徐先生太温和，不多说话，更不与人争论什么；谷辅林先生很灵活，总能与主流保持一致，所以不会犯错误；朱先生容易冲动，为了报纸上报道的一点点不正之风，他也会慷慨激昂，但事实上胆子并不大；要论骨头，还是要说魏老师。

1959年到1960年，他在南京大学学习。他的老家在河南，大饥荒使他的亲人连续去世，家里人几乎死完了。回家埋葬亲人后回到学校，心中的悲伤可想而知。他禁不住在宿舍里对同学诉说，大概也发表了几句评论。但他们宿舍却恰恰有一位班干部，负有监督同学思想和议论的职责。他的言论被汇报上去，他开始没完没了地写检查、被批判。直到最后结业，仍然顶着一顶"右倾"的帽子，灰溜溜地离开了南京大学。在后来的几十年中，他自己也把自己看作是"右倾分子"。直到二十多年后，他的一个学生做了学校的主要领导，查阅他的档案，才发现魏老师的档案里没有"右倾分子"的材料，并且立即告诉了魏老师。

说起这一节，魏老师对南京大学心存感激。他说，看来当时的领导还是与人为善的，一次次作为"右倾分子"批斗他，最后却没有把这样的结论装进他的档案袋。

当下的大学教授们，许多人都把名利看得很重。为一点点所谓荣誉而沾沾自喜。比如，我见过不少人把"享受国务院政府特殊津贴"写在自己的简介中，甚至印在名片上。魏老师也是享受这份津贴的，但在申报的时候，他却是坚决不要。我当时在系里负责这项工作,既然学校分给一个名额,而魏老师条件最充分,所以就去请他填表。没想到他坚决不填,而且把话说得很不好听。我只好把表拿回办公室,但想来想去,涉及一份津贴,所以不再征求他的意见,直接为他填表上报。我一直担心他怪我自作主张,他却从来没有对我提过这件事。他是想明白了不再怪我呢,还是他根本就不知道他享受着国务院政府特殊津贴?因为他们家的经济,一直是由张志静老师管的,魏老师未必去看自己的工资单。

(本文收入本书时做了大量删节)

论魏绍馨先生的文学史研究与著述

周海波

　　在同时代学者中,魏绍馨以治学态度严谨、学术功夫扎实、学术成果引人关注而著称。就目前能够查阅到的资料来看,发表于 1974 年第 4 期《破与立》的《评秦始皇的历史作用——读鲁迅的〈华德焚书异同论〉》,是魏老师最早发表的一篇论文,2008 年发表于《东方论坛》第 5 期的《学术浅尝记》,应该是他的搁笔之作,前后达 35 年。在这期间,魏老师出版了《中国现代文学思潮史》《当代中国文学思潮四十年》等著作,主编了《现代中国文学史》等文学史,在《文学评论》《东岳论丛》《齐鲁学刊》等刊物发表了几十篇学术论文。从数量上来说,这些成果谈不上丰硕,但是,这些并不算多的成果却创下中国现代文学学术史的几个第一:新时期以来第一部正式出版的《中国现代文学思潮史》,新时期以来第一个对"五四"新文化运动若干理论和历史问题进行反思讨论并撰写《五四新文学运动》专著的学者,他也是第一个贯通中国现、当代文学思潮研究并修史的学者。

　　纵观魏老师几十年的著述,以内容而论大体可分为文学思潮社团研究、鲁迅研究以及其他重要作家作品及文学史现象研究;以研究方法而论,主要有文学史研究与著述、文学历史问题的翻案文章、文本细读与研究等。魏老师的这些论著都已经有几十年的历史了,但今天来看,仍有诸多值得我们反思借鉴的价值意义。本文主要以魏绍馨的文学史研究与著述为主要论述对象,浅淡其对中国现代文学研究和文学史著述的贡献。

一、魏绍馨先生的文学史研究与著述

1984 年 1 月"孔府会议",是山东省中国现代文学史研究中值得纪念的一个会议。这次会议规模不大,却十分重要,应该在中国现代文学研究史上留下浓浓的一笔,不仅山东省中国现代文学研究的重量级人物几乎都参加了这次会议,如老一代学者中的田仲济、孙昌熙,中青一代的冯光廉、朱德发、韩立群、王长水、蒋心焕、魏绍馨等,而且这是中国现代文学史研究与撰述的"齐鲁学派"核心力量的一次聚会,通过一部带有教材特征的文学史撰述,向学术界释放了齐鲁学人的信号,通过讨论修订《中国现代文学史》,进一步形成并奠定了"田、孙本"文学史在文学史撰述中的地位。由于教学工作的需要,田仲济、孙昌熙于 1965 年主持编写《中国现代文学史》,1978 年再次修订时,"由山大、山师、曲师和山师聊城分院的韩长经、王长水、蒋心焕、朱德发、魏绍馨、孙慎之诸同志参考上述教材的部分章节,执笔编写成二十万字的铅印本教本"①。这是魏绍馨老师第一次参与"田、孙本"《中国现代文学史》的编写工作,开始成为中国现代文学研究与文学撰述的"齐鲁学派"的一员,承担了《中国现代文学史》中第十二章"《在延安文艺座谈会上的讲话》开辟了中国现代文学新阶段(下)"的写作任务。应当说,这章内容并不是魏老师的研究专长,我们甚至没有看到他发表过与此相关的论文,但魏老师还是承担并出色地完成了这一任务,并通过这次集体行动,奠定了他的比较确定的具有个人风格的研究方向,这就是以中国现代文学思潮为主的研究方向。

"孔府会议"是中国现代文学史研究与撰述的"齐鲁学派"的正式亮相。这次会议形成了统一的《中国现代文学史》修订撰写意见,确定在此前版本的基础上,重写、修订、补充而成一部新的文学史,这就是 1985 年 5 月由山东文艺出版社出版的《中国现代文学史》。这部文学史充分尊重文学史的历史事实,贯穿实事求是的科学精神,正如有学者所指出的那样,这部文学史著作,

---

① 田仲济、孙昌熙主编:《中国现代文学史》,"写在后面",山东人民出版社 1979 年版,第 543 页。

"是十一届三中全会以后我国出版最早的现代文学史著作之一。田仲济带领编写人员提出思想解放,实事求是,恢复历史本来面目的要求"①。这部著作呈现出了两个比较突出的特点:一是从文学思潮运动出发,突现文学发展的历史形态。从这个思路出发,文学史特别强调了五四新文学运动、左翼无产阶级革命文学运动、抗战文学运动、文艺整风及其解放区文学运动。二是突出经典作家作品的文学史意义,诸如鲁迅、郭沫若、茅盾三大家占据了非常重要的地位,巴金、老舍、曹禺这三大家也居于重要的文学史地位,其他如叶圣陶、郁达夫、朱自清、冰心、丁玲、闻一多、徐志摩、田汉、洪深、臧克家、张天翼、沙汀、艾芜、艾青、赵树理、孙犁等作家,构成了这部文学史的主要内容。"文学思潮+作家作品"虽然是当时文学史撰述的主要模式,但"田、孙本"文学史在对一些文学史现象和作家的具体分析、叙述方面,特别显示了实事求是的学术作风。

魏老师是1984年"孔府会议"的重要人物,他不仅承担会务工作,而且承担了相当重要的撰写内容。正如田仲济在《〈中国现代文学史〉修订再版后记》中所说:"1984年1月4日至7日,在曲阜又举行了会议,重新讨论了修订原则、修订的重大问题和各章节的具体安排。原则上进行小改,可以不动的即不动,但不排斥需要大改或压缩、合并以至重写的章节进行彻底的改动。我们拟定了《修订会议纪要》,就是根据这纪要,我们一般都作了认真的修改,并于同年7月中旬在蓬莱开了十天会议,大体上结束了这一工作。"②在1979年版"田、孙本"文学史中,魏绍馨承担了第十二章"《在延安文艺座谈会上的讲话》开辟了中国现代文学新阶段(下)"的撰稿工作,而在1985年版的"田、孙本"文学史中,魏绍馨承担的主要内容并无太大变化,即第十一章"解放区文学创作(1942—1949)"。本章内容除宏观叙述这一时期的创作概况,还涉及赵树理、孙犁、丁玲、周立波、刘白羽、欧阳山、草明、李季、阮章竞以及《白毛女》等作家作品,范畴广泛、线索多头、文体芜杂,但魏老师避繁就简、举重若轻,客观而清晰地梳理了这些作家的创作成就及其文学史的线索,为后来研究和写作这段文学史提供了一个成功的文本。

---

① 魏建:《田仲济:中国现代文学学科的奠基人之一》,《中国现代文学论丛》2021年第1期。
② 田仲济:《田仲济序跋集》,山东教育出版社1991年版,第58页。

1990 年,由魏绍馨主编、延边大学出版社出版的《现代中国文学发展史》问世。1990 年代,是中国现代文学史撰述的高峰时期,各种不同写作团队、各种不同版本的《中国现代文学史》竞相出现,形成了一个高潮。在众史林立的文学史著述中,魏老师主编的这部文学史著作并不算显眼,但却是一个重要的存在,一是它集结了国内众多学有专长的学者,二是它呈现了独特的文学史观念和文学史框架。当然,魏老师在其中的协调组织以及对文学史观念的阐发,是本书能够成功的重要因素。用魏老师的话说,这部文学史,是"在前人尤其是近期学术界研究成果的基础上,通过自己的理解与劳动,形成一部能够体现现代中国文学发展线索、科学性与实用性相结合的"①文学史。这部同样是集体编著的著作,呈现的却是魏老师的文学史构想。

此后,魏老师还参与过浙江大学出版社等组织的文学史、作品选的编著工作,为中国现代文学史的研究与撰述贡献了重要的力量。不能不提及的是魏绍馨对五四新文学的情有独钟,他花费了较大的功夫研究五四文学与五四新文化,并撰写了一部规模相当可观的《五四新文学运动》的学术专著。这部著作中的一些章节已经在一些报刊上公开发表,不仅在魏绍馨的学术生命中留下精彩的一笔,而且在新时期以来的中国现代文学学术史的研究中也留下浓墨重彩的一笔。但出于种种原因,它并没有公开出版,令人扼腕叹息。

二、从做"翻案"文章出发

在魏绍馨先生的学术研究中,对已有定论的学术问题质疑,对一些历史人物和历史问题进行"翻案",对一些有争议的问题进行再讨论,占有非常重要的位置,诸如他早期的论文《鲁迅研究也应该发扬实事求是的优良学风》(《山东师院学报》1978 年第 1 期)、《鲁迅诗歌研究中的几点异议》(《破与立》1978 年第 3 期)、《用实践的观点来看一九二八年的"中国文艺论战"》(《破与立》1979 年第 2 期)等,这些论文虽然带着时代留下的鲜明特征,但其学术研究的思路

①　魏绍馨主编:《现代中国文学发展史》,延边大学出版社 1990 年版,第 620 页。

已经初步显示出来,每一篇论文几乎都带着明确的商榷性质,或者说每一个学术命题都是从反驳他人的学术观点、探寻问题的本初意义出发,形成他学术研究的明确而独特的风格。1980 年代以来,魏老师又发表了大量"翻案"文章,如《"鲁迅与五四新文化运动"新议》(《齐鲁学刊》1985 年第 5 期)、《正确认识五四文学的历史传统——和谢冕、童庆炳二同志商榷》(《齐鲁学刊》1985 年第 6 期)、《鲁迅小说研究视角的转换》(《东岳论丛》1987 年第 6 期)、《关于"问题与主义"之争及其评价的历史反思》(《齐鲁学刊》1994 年第 1 期)、《"为公众的福利自由发展个人"——对五四"个性解放"思潮的再认识》(《齐鲁学刊》1999 年第 3 期)、《五四"反传统"文化思想的历史评价》(《东方论坛》2000 年第 1 期)。这些学术论著在当时都产生了重要的学术影响,为学术界所关注。

以做"翻案"文章为主,是魏老师学术研究的一个基本特点,也是他的学术个性的具体表现。所谓"翻案"文章是指对已有定论或被普遍公认的文学史问题,从实事求是的基本学术原则出发,根据已有材料和文献或者新发现的材料,进行重新认识和讨论,从而提出新的观点,得到新的结论。这些"翻案"文章涉及一些重大的文学理论问题、文学史问题、历史人物的重新评价问题。如五四新文化运动产生的原因、指导思想、历史地位等,五四新文化运动与东西方文化的关系,鲁迅与五四新文化运动的关系,与五四新文化运动相关的一些重大问题如"整理国故"、问题与主义之争,对 20 世纪五六十年代的"反修斗争"的认识与评价,等等。同时也涉及一些具体作品的重新解读、文学史现象重新认识等。如对鲁迅的《自题小像》《伤逝》的重新解读,对鲁迅诗歌的研究,对茅盾的《腐蚀》中的赵惠明形象的重新认识,对五四时期的戏剧改革与创作的重新理解,等等。

1983 年,《文学评论》发表的《"整理国故"的再评价》,是魏绍馨具有代表性的一篇重要论文,这篇文章的意义在于,在当时学术条件下,有关"整理国故"的问题几乎已有定论,相关文学史对"整理国故"同样采取批判否定的态度的情况下,魏老师以一位学者应具有的学术胆识和富有远见的学术眼光,对"整理国故"及其相关命题进行重新讨论,指出把"整理国故"的口号"记在胡适一个人的账上给以完全的否定和批判","这种做法是不公正的,也是不符合

历史事实的"。他发现,所谓封建复古派提出"整理国故"的口号是没有历史
依据的,也是不科学的。他通过对有关史料和文献的重新解读,发现这个口号
是"在五四新文化运动的高潮中,革新派为了反对封建旧文化而首先提出来的
一个革命的、战斗的口号"。在上述的阐释过程中,他敏锐地发现五四新文化
运动时期,陈独秀、李大钊、胡适、鲁迅等人支持的"新潮社"及其《新潮》杂志
与刘师培、黄侃支持的"国故社"及其《国故》杂志形成了"新""旧"对立的文化
态势。也就是说,过去一直被作为"封建旧文化"看待的"整理国故"运动,实
际上是五四新文化运动的重要阶段性工程,1917 年胡适、陈独秀提出"文学革
命",是新文化运动的发端,着力于对"旧文化""死文学"的批判与否定,而
1919 年,当新文化运动已经解决了以语言为代表的首要问题之后,随之而来的
就是如何对待文化传统和传统文化的问题,毫无疑问,"整理国故"作为与文化
传统最具体、最密切的文化工程,具有深入理解和解决五四新文化运动与传统
文化关系问题的理论与实践意义。所以,胡适等人提出"整理国故"的口号。
魏老师指出,"以科学的精神'整理国故'"与"以封建的思想'保存国粹'",
"形成了一场激烈的新旧斗争",简单粗暴地将"整理国故"与"保存国粹"混为
一谈,视为封建保守文化,不是科学的态度,也没有以科学的历史的实事求是
的方法去面对历史,研究历史。在此基础上,魏老师进一步回答了"'国故'是
否应该'整理'"的问题,他认为:"'整理国故'与新文学、新文化运动是一致的
而决不是对立的,是有利于新文学、新文化运动而决不是对它的破坏。"因此,
魏老师敏锐地指出,所谓以事实、史实、史料为基础的文学史原则,就是要回到
历史的现场,以具体的材料说话,才能得出科学的结论。

　　关于五四新文化运动与传统的关系,也是魏老师一直关注并下功夫解决
的重要问题。他于 1985 年在《齐鲁学刊》第 6 期发表的《正确认识五四文学的
历史传统》、2000 年在《东方论坛》第 1 期发表的《五四"反传统"文化思想的历
史评价》等论文,着力于讨论五四文学的形成及其"反传统"的问题。有关"五
四"新文化与反传统的关系问题,是一个引起广泛争议且矛盾重重的话题。有
人认为五四新文化运动反传统,并以此为根据否定五四新文化;有人认为五四
新文化运动并未反传统,而是保持与传统文化密切的关系。这些不同观点相

互冲突、矛盾着,构成了五四新文化研究的多重关系,复杂而混乱。魏绍馨先生在这几篇论文中提出了与众不同的观点,他认为,五四新文化运动的"反传统"并不是五四新文化运动的指导思想,而是来自苏俄的极左思想,这种思想虽然具有一定的危害,但在特定的历史条件下具有积极的意义,因为它开辟了中国新文化的历史航程。我们不能因为它的"反传统"而否定五四新文化运动,也不能认为五四新文化的"反传统"而认为它割断中国文化的传统血脉。同样,我们也不能因此而极力去发掘五四新文化与传统的关系,认定他没有"反传统"。他认为,学术研究中的绝对主义及其二元对立的非此即彼的做法,并不能真正解决问题,对五四新文化运动的研究同样如此。

总的来看,魏绍馨的"翻案"文章尽可能地还原了历史本来面貌,努力接近历史的真相,为中国现代文学史的研究"翻案"。在此,简要概括以下三点意思:

魏绍馨的"翻案"文章为1980年代的思想解放、文化繁荣进行了恰当的注解。

魏绍馨的"翻案"文章为后来学者解决文学史上一些重大问题提供了坚实的铺垫和有力的论证。

魏绍馨的"翻案"文章为学术的守正与创新提供了新的思路和学术方法。

这些"翻案"文章不仅具有积极的文学史意义,而且对我们从事学术研究具有非常重要的方法论意义。这些"翻案"文章对一些历史问题进行翻案,不仅仅是辩驳讨论,而是以新论的方式作为路径与方法,探究问题的本原,努力还原历史的真相。去芜求精,去伪显真,追求真相,追求真理,还历史一些清清白白的本来的面貌,是魏老师这一代学者最大的心愿。

三、以史为鉴的文学史价值取向

坚持以史为镜、以史为鉴的文学史价值取向,主要在于实事求是的科学的学术研究态度与方法。多年来,魏绍馨的文学史研究与撰述坚持从材料出发,从已经掌握的文献资料出发,梳理发掘蕴含于丰富驳杂的材料中的学术观点,坚持以科学的学术精神发掘文学史中的应有和已有的真实。这在他的《中国现代文学思潮史》和《当代中国文学思潮四十年》中体现得尤其突出。

魏老师是一位具有强烈修史意识的学者。这不仅表现在他参与或个人撰述了多部文学史著作，也不仅在于他撰写的学术论文，大多是从文学史的角度对历史问题的深入反思，而且更在于他的以史为鉴的学术理念。魏老师在他的《当代中国文学思潮四十年》一书的后记中曾说："我希望能够通过真正马克思主义指导下的全面扫描、客观研究和忠实叙述，准确地反映四十年来中国文学思潮发展与演变的历史面貌，通过全面的历史反思，总结有益的经验教训。过去有所谓'以论带史'和'论从史出'的争论，我愿意把二者结合起来，以当代的理论、观念为指导去反思和描述四十年中国文学思潮的发展与演变，从大量的史实出发，实事求是地得出具体的历史结论来。"①魏老师一些学术的题目，就常常带着"教训""反思""总结历史""历史重估"等具有强烈现实感的词汇，具有鲜明现实参与意识。

对于魏老师这代人来说，文学与政治的关系是他们一直关注的话题。在相当长一个时期之所以在这个问题上持续不断地进行学术探讨，既带有他们从火热的时代走来的政治热情，又带着特定时代的深刻印记。我们注意到，魏老师出版的两部著作都是文学思潮史，一部是《中国现代文学思潮史》(浙江大学出版社 1988 年版)，一部为作为"齐鲁文学评论家丛书"之一的《当代中国文学思潮四十年》(华龄出版社 1993 年版)，这两部著作都带着时代的鲜明特征，又具有魏老师个人研究的学术个性。这两部著作的研究对象都是"文学思潮"，其学术出发点也基本是社会现实与文化政治。《中国现代文学思潮史》的主要章节，曾以单篇论文的形式在《文学评论》《齐鲁学刊》等刊物发表过。整理成书时根据相关内容及著作要求进行了相应的调整与重写。这部著作是以西方新思想的输入与中国的思想启蒙作为中国现代文学思潮研究的切入点的，紧紧把握了中国现代思想启蒙与中国现代社会发展的内在关系，在阐述文学思潮的过程中，深刻反思了中国现代思想文化社会的发展变迁中存在

① 魏绍馨：《当代中国文学思潮四十年》，华龄出版社 1993 年版，第 382 页。

的问题,将研究内容置于时代的新高度进行审视,尤其对中国近代启蒙思想文化和五四新文化运动的启蒙思想文化的研究,构成魏老师学术思想的核心内容,这一与 1980 年代思想解放的时代文化环境以及那个时代的知识分子对中国社会的深刻思考联系在一起的时代命题,曾经让三代学人呈持久的兴奋状态,成为影响深远的学术讨论的热点。在这个过程中,魏绍馨是直接参与其中的学者之一,他对晚清及五四新文化运动的研究,从中国现代文学思潮形成、发展、演变的历史进程中,从五四新文化与传统文化的相互关系中,从新与旧的对立与融合的态势中,梳理出了新文化在启蒙运动中不可或缺的重要性。正是这样,他认为五四文化革命和新文化运动"无疑是十九世纪末和二十世纪初的思想启蒙运动在新的历史条件下的继续和发展"①。魏绍馨的这种文学史整体观,较早意识到五四新文化与晚清文化运动的内在关系,以思想启蒙的文化观念贯穿了两个不同时代的文化潮流。

与 1980 年代以批判国民性的思想启蒙思潮不完全相同,魏绍馨在中国现代文学思潮史的研究中,主要以民主、科学及其社会主义新思想的传播为主导,二者"互为因果,互相促进"②。这个也许与五四新文化运动略有出入的观点,却恰好说明五四新思潮与五四新文化运动的积极意义,说明民主、科学与社会的相互因果关系中的社会发展的真正动力,证实一个社会的改革开放与社会发展的重要关系。某种意义上说,这个观点形成了对国民性改造观点的补充和互证。由此出发,魏绍馨发现中国现代文化中的一个重要命题,中国现代文化与民族传统文化存在着本质上的一致性,五四新文化并没有出现人们想象的激烈"反传统"的现象。他认为,五四时期,新文化与传统文化形成了激烈的撞击,这是时代的必然,也是文化发展过程中的必然,五四新文化运动反对的是封建的文化思想和文化传统,"死抱住传统文化即所谓的'国粹'不放,使我们的民族与国家继续在封建落后的闭关自守之中成为帝国主义掠夺瓜分的对象"③。今天来看,四十年前魏绍馨的学术思想仍然具有积极的值得思考

---

① 魏绍馨:《中国现代文学思潮史》,浙江大学出版社 1988 年版,第 71 页。
② 魏绍馨:《中国现代文学思潮史》,浙江大学出版社 1988 年版,第 81 页。
③ 魏绍馨:《中国现代文学思潮史》,浙江大学出版社 1988 年版,第 63 页。

借鉴的意义。多年来,我们对待传统文化、外来文化忽左忽右的现象,极大地制约了正常的文化发展与建设,缺乏一贯性、连续性的文化建设思路,而四十年前的魏绍馨"勇于摆脱旧的思维惯性,对一些似乎不容动摇的模式和成见重新审视,提出新的看法"①,已经从现代文化、文学的发展中意识到并提出了五四以来中国文化正常、健康发展的核心问题。

魏绍馨写作《当代中国文学思潮四十年》的时期,正是当代文学发展处于非常关键的时刻,也是科学的方法论深入文学研究的时期,主体论、系统论、信息论以及大量的新的科学方法不断被文学批评家和研究家关注并运用的时期。恰如魏绍馨在《学术浅尝记》中所说:"20世纪七八十年代之交,关于形象思维的进一步探讨和对于思维科学的研究遥相呼应。著名科学家钱学森等关于逻辑思维、形象思维和灵感思维之间彼此独立而又互相联系的论述,对于文学创作与文学理论的研究都具有重要意义,为人们深入探讨文学艺术的创作规律开拓了广阔的前景。20世纪80年代中期,关于文学的主体性的提出与讨论,更是文艺界对于艺术思维的领悟与认识的进一步深化。"正是这种正常的学术氛围和浓郁的科学思想与方法,使他在写作这部近30万字的文学思潮史时,"更富有写作的激情"②。也就是说,当魏老师以科学的方法、大量的材料和实事求是的态度为当代文学思潮写史时,他能够以对现实的密切关注来回应时代的命题,是从现实出发,从问题出发,从探索研究出发,一一回答中国当代文学发展提出的一些重大理论问题,诸如文艺与政治的关系问题、现实主义与现代主义的创作方法问题、文学中的人道主义问题、文学中的"共同美"的问题,等等,这些问题都联结着中国当代文学发展的根系,关系着当代文学的发展前景与命运,直到今天也仍有进一步思考的价值意义。

总的看来,魏绍馨及其同时代人是不幸的一代,又是幸运的一代。他们的学术起步较晚,荒废的时间较多,但他们又是勇于追赶潮头的学者,是能够并且建立自己学术思想,有自己的学术观念和体系的学者,是直面现实并且回答

---

① 王卫东:《一部锐意探索的力作——读魏绍馨〈中国现代文学思潮史〉》,《中国现代文学研究丛刊》1989年第4期。
② 魏绍馨:《学术浅尝记》,《东方论坛》2008年第5期。

了一系列重要现实社会问题的学者。他们经受过的苦难,可能我们已经无法理解和接受,甚至都无法想象;他们是中国现代文学史学科建设的最重要的一代人,他们为之做出的努力和牺牲令人感叹。今天,他们的腰背越来越弯曲,但他们在世人的面前,人格、精神越来越突显,越来越挺拔。

2023 年 6 月 10 日写毕

2023 年 7 月 6 日修改

导　师

刘　密

　　我自小就对鲁迅感兴趣,读他的文字至入迷,"林中的响箭""直面惨淡的人生""城头变幻大王旗",耳熟能详。到处找他的书看,甚至为此受过人家白眼,也无所谓。

　　1986年读研后才知道,中国学界有两支队伍最为庞大。一支叫"红军",专门研究《红楼梦》,一支叫"鲁军",专门研究鲁迅,皆有数万人的规模,阵容骄人。我自然毫不犹豫便加入了"鲁军",我的领路人便是曲阜师范大学中文系的魏绍馨教授,我是他当时的两个研究生之一,敬称他为导师。

　　魏老师是河南遂平人,河南大学毕业,辗转来到曲阜师大,专治现代文艺思潮,与中国百年风云贴得很紧,令我颇为中意。

　　第一次到魏老师家拜访,便与一位后到的中文系青年教师发生激烈辩论。那是一个星光朦胧的秋夜,敛容以对的两个年轻人,情绪激昂,言辞锋利且各自滔滔不绝。我很担心,逐渐高涨的辞色,会滑向失控,充分暴露自己的浅薄与愚蠢,不免有意放缓速度。不料魏老师见状反出言鼓励:"说下去啊,接着说下去!"饶有兴趣地坐在一旁倾听,好像他是局外人一个。我遂感到,魏老师是一个包容万象、深邃博大的人,他和蔼亲切的外表下,有一颗追逐自由和仰望星空的心灵。我获得了一种前所未有的精神轻松,心理空间顿时放大。

　　师母张志静亦是中文系教师,总是笑吟吟的,声音爽甜脆亮很好听。听说她年轻时漂亮出了名,身后有不少追求者。但她最终看中的是魏老师,可见她眼光的睿敏。不过艰难困苦，亦与他们一路同行。20世纪60年代的"文革"风暴，将年轻的魏老师卷入其中。两派恶斗的凶焰，差点毁掉一位才华卓异的学者。说的是一个严酷的冬天，魏老师被打得失去知觉，独自躺在冰冷的地上被寒夜包裹，无人理会。焦急万分的张老师闻讯前往救援，才捡回魏老师一条性命。一个知识型的弱女子，在狂风暴雨卷地扑来之时，用坚强的肩膀，扛住了差点坍塌的小家。

我当年见识过"文革"的极端与暴烈，但没想到像魏老师这样仁善端正的学者，也会受到如此非人的虐待。后来又得知，魏老师在南京大学研习时，家乡发生饥荒，老家河南的父母兄嫂不幸亡故。他的悲痛和愤言被人举报，以后遂成为引发批斗的祸端，每每受到不公正的对待，甚至陷入灭顶之灾。这里又包含了多少阴谋诡计、无端构陷，那是现在的人们所无法想象的。而暴力摧残，兽性疯狂，更是年轻一代未曾见识。魏老师潜心学问，显然对那些鬼魅伎俩完全陌生，以致差点失去性命。

但很快我熟悉了他的另一面：认真、谨密、严肃，当他敛起笑容，便令我肃然且心生畏惧了。

作为导师，正式的上课是很少的，更多的是当面指导释疑解惑，故以交谈为主，通常在老师家狭小但洁净的书房。学术交谈当然与闲时聊天不同，须言之有物，对接有序。聊天则跟着感觉走，兴之所至，聊到哪儿算哪儿。而我性喜侃聊，一旦对路便海阔天空，无限延伸，每与同学鏖谈至深夜才作罢。一时每天来者熙熙，去者攘攘，时间大块沦陷。我亦惴惴，便向魏老师流露，他淡淡一笑道："我是陪不起的！"一声棒喝，令我如梦方醒，顿时悚然：三年学习，谁允许你可以大把时间拱手送人？自此便大为收敛。他对我的问题，经常是思考成熟后才答复。有一次他甚至手持一张写满字的纸条，在我晚餐时送到研究生楼，说："都写在上面了！"他的严谨态度令我至感。但他并不赞成读死书，鼓励我等学子走出去，并写信向一些学界耆宿推荐，方便拜访请教。于是我在学业间隙，曾独自上北京、济南，下绍兴、上海，认识了一批文坛骁将，还应邀参加了文化顶端人物会聚的全国学术会议，大大开阔了眼界与胸襟。记得那次在北京开会回来，我正在研究生会介绍情况，又接魏老师通知，立即到中文系给诸位老师作传达。虽然已是口干舌燥,可我丝毫不敢怠慢,遂重整精神,束装敛容前往。

刚入学时,我雄心勃勃,想尽快推出一篇宏深论文,亮相学界。于是埋头攻读,苦心构思,写了一篇题目叫"寻找合点:文学哲学的一个原则"的万字长文,企图中西互融,创出一个新的理论。不想此文贪大求洋,生拼硬凑,且文风艰涩,令人不忍卒读。送给魏老师审看,他只有一句话作评:"我看不懂!"便退给了我。这不啻是最严厉的批评,令我发蒙之后深自反省,由骄狂坠入静思。从此我便洗心革面,文风亦为之一变,以后遂有新论逐次出现在国内相关期刊上。没有这次的当头一棒,还不知要走多少弯路。

但更苦恼的,却是毕业前做那篇硕士论文。

我的选题是鲁迅与佛教思想,虽然有点生僻,却获得了魏老师的同意,只是要我做足功课,别开生面写鲁迅。为此我早有成算,不辞辛苦走南闯北,沿着鲁迅的足迹千百里不计。不想第一稿交上去,仍然兜头被泼一瓢凉水:"太玄了,思想逻辑不清晰!"我自然不会气馁,依旧四下搜求,苦心孤诣出了第二稿。满心欢喜交上去,久久不见动静,遂去询问。魏老师并无客气,正色告我:"这只能是打了一个基础,还需要充实、扩展! 拿回去吧!"那段时间真是苦煞我也,几乎是日夜坐卧不宁,心急若焚,因为时间不等人啊! 为了充实佛经典籍内容,我找到学校图书馆馆长,开后门打开馆藏善本书库,找出当年唐僧从西天取回的真经全套《大藏经》,笔不离手,手不离卷,每天都是蓬头垢面地出来,那沉积已久的灰尘,足以损害我健康的心肺。更糟的是隔壁订书库,时时砰砰啪啪作响,惊得心烦意乱,不免焦躁。也就这样磨难着,那篇论著的成色渐渐足了,犹如火中锻剑,出炉的时辰快到了。

一个意外事故竟然中断了我的写作。

那天在灯光昏暗的图书馆一个角落翻书,字小灯弱,我努力睁大着高度近视的眼睛久久阅看,突然感到左眼深处"咯嘣"一下微颤,眼前整页书上的文字便全然变形了,模糊至不可辨认,一贯弱视的右眼又不济事,双眼完全不能阅读了! 这一下令我惊慌万分,关键时刻怎么得了?! 事发突然,不敢草率,我即请同学曾激波借了一辆自行车,载我到30里外的兖州九一军医院眼科。经军医张大夫仔细查看，才诊断是眼底出血了。过度疲倦？缺乏营养？睡眠不足？少不了都是这些原因。只有赶紧疗治，吃药，打针。还得反复跑兖州，学校和曲阜都看不了这个病。魏老师极为关切，对我说："放下休息，治好眼睛再说！"他的话使我安静下来，一周后情况便开始好转，也多亏了那位膀大腰圆的湖南瑶族弟兄曾激波，帮我度过了危险期。第三稿交上去，离最后期限也就那么寥寥几天了。眼底的淤血也渐渐消逝，我终于熬过了那个困苦时刻，当然也深深见识了魏老师的严格与严谨。舍此，则无今我矣！

魏老师的家我是常去的，扰攘不计，那年入学后的第一个中秋，我和师弟聂国心还被盛情邀到他家做客。我那时不晓事，空手而去，饱腹而归。妻子来校探亲，亦热情邀到家中款待。为此我心中一直惴惴然，回到江西工作后有个机会到山东出差，千里迢迢我是驾车去的，带了几箱江西特产四特酒。我知道，魏老师能喝点酒，故有此举。却不料进到亲切无比的曲园，导师一家人却是人走楼空，令我怅望良久。好在后来又得着一个机会，母校邀我回去作一个讲座，于是趁便赶到济南，在浓浓的夜色中又见到了阔别已久的导师，他拄着拐杖，声音苍老，颤巍巍的，已然不复当年的矍铄。凝视着老师历尽劫波的脸容，犹记得毕业离校的那个晚上，在老师的楼下，我劝住依依惜别的导师，向他深深一个鞠躬，转过身，眼睛已经噙满泪水。

我至今远在南方，不敢想象距离曲师的学习生活，已经几近四十年！岁月遥遥，魏老师的音容笑貌，依旧新颖亲切，不能忘怀，且励我不怯前行。这便是魏绍馨先生，我的学术和人生导师，他有着如此独特的人格力量！

魏绍馨先生八十大寿诗一首

聂国心

同门兄妹庆贺恩师魏绍馨先生八十大寿,忆及曲阜三年求学时光,百感交集,口占一首

圣人故里忆韶光,
恩师温情涌心房。
渴望新知走异地,
春风不语似家乡。
千年古都千年梦,
万载星辉万载长。
同门兄妹同牵手,
一轮明月一个窗。

2013 年 7 月 27 日于北京

恩师魏绍馨先生二三事

聂国心

1986 年 4 月，我来到曲阜师范大学参加硕士研究生面试。走进中文系办公室所在的一所古朴的只有两层的楼房，在长长的走廊上第一眼看到的是一个很大的"静"字。

进入面试的房间，先生们都已准备就绪了。我是第一次见到他们，并不能将名字与人联系起来。与我感受到的严肃紧张气氛截然不同的是，每位先生都非常和蔼可亲。我主动将自己厚厚的几本学习笔记交出来。先生们微笑着，一边轮流翻看我的笔记，一边提出一些专业问题。有些问题我回答得不是很好，心里不免有些紧张。但先生们依然微笑着，时不时插问一些我个人的生活经历，明显在努力减轻我的紧张感。

后来我才知道，当时主持专业面试的，正是恩师魏绍馨先生。

9 月入学后，我与师兄刘密一起来到魏老师家里。记得是魏老师亲自给我们开的门。他依然是微笑着，连声说"进来，进来"，并热情地给我们让座。虽然这是私人空间，没有面试的紧张，但我毕竟是第一次来到导师的家里，开始时话不多。魏老师显然看出了我心里的拘谨，谈话间总是主动问起我一些生活方面的问题，"迫"使我不得不多说话。其实魏老师自己原本是不多说话的。

以后每逢节假日，魏老师都会叫我和刘密去他家吃饭。烟台苹果莱阳梨，我都是在魏老师家里首先品尝到的。魏老师还细心地为我们两个来自江西的学生准备大米饭，这在当时的学校食堂很难吃到，让我倍感家的温馨。

　　这种温馨感使我在与导师的交往中变得更亲切更随意。同学们组织外出游玩，我向魏老师借自行车；我爱人到学校来看我，我们夫妻俩当晚立即去魏老师家拜访。没有想到的是，第二天魏老师竟然与师母张老师一起来到我们临时借住的地方看望我们，并邀请我们去他家吃饭。当魏老师与师母一同出现在我们面前时，我激动得一时手足无措。在我之前的生命历程中，没有得到过长辈这样高的礼遇。

　　魏老师治学的严谨，为人的正直，我入学不久就有耳闻，在曲师三年的求学生涯中，我更是深切地感受到了。不过，我的感受与别人有点不同，我感受最深的，不是魏老师的严厉，而是魏老师慈父般的善解人意、和蔼可亲。在我的印象中，魏老师永远是微笑着的样子。只有一次是例外。有一天我们几个学生在课间与魏老师闲聊，说到图书馆正在处理旧书，我们都买到了心仪的书。魏老师闻后非常生气，严肃地说，图书馆这样做是不对的，旧书有旧书的价值，不能这样随意处理掉。他说要去跟图书馆领导交涉此事。这是我第一次也是唯一的一次看到魏老师生气的样子。

　　平时，魏老师总是微笑着的，哪怕是严厉的批评，也都轻言细语。

　　魏老师可能是看透了我骨子里的自卑，在对我的学业指导上总是采用一种激励的方式，唯恐伤了我的自尊心。进入曲师后不久，我曾恳请魏老师指出我的不足之处。魏老师沉吟片刻，微笑着说我的基础知识比较扎实，但对学术前沿了解不够，建议我多看看重要的学术期刊。所谓基础知识比较扎实，显然是对我的鼓励。指出我对学术前沿了解不够，却是扎到了我的痛处。我确实很少看学术期刊，即使看也没有认真看过。魏老师把这两者放在一起来讲，既指出了我的短板，又保护了我的自尊。

　　魏老师指导我写毕业论文也是这样，总是先把优点讲足，再把缺点讲透。让我在如沐春风的氛围中接受教导。尤其是，为了让学生更好地成长，他不仅言传身教，而且主动帮助学生接触学界有成就的人。1988年，我选定硕士学位论文研究丁玲的创作后，曾向魏老师提出想到丁玲的故乡去看看，魏老师微笑着点点头。几天后就把我叫去，交给我几封信，嘱咐我去湖南时绕点道去拜访在武汉工作的几位知名学者。我当时感到非常温暖，但毕竟年轻不懂事，不知道这些信件的珍贵,竟没有留下复印件! 现在想来真是后悔莫及。

1989 年 7 月,我顺利完成学业。

曲师三年,是我人生道路上最重要的转折点。我不仅在这个远离家乡的古城极大地增进了学识,而且在此抚平了自己心灵的创伤,度过了一段美好的时光。我是在痛失父亲的特殊时期来到曲师的。就在我参加研究生复试回家不久,父亲意外地突发心脏病去世,作为长子的我顿时倍感人世间的孤独,特别是在我切身感受到因为父亲的离去而直接落在我身上的炎凉世态之后。在我茫然无助的日子里,只有魏老师,才让我再次感受到父爱的温暖。

古人说,一日为师,终身为父。我的曲师求学经历,印证了这一古训。

愿魏老师和师母健康长寿!

2023 年 5 月 18 日于广州

魏绍馨老师

黄发有

　　今年年初，看师友们在微信群里聊天，说起魏绍馨老师九十岁了，顿感时间过得实在太快了。整整三十年前的春天，我从福建老家赶赴曲阜小城，参加曲阜师大的研究生面试，住在学校招待所的三人间里，房客中有一位是刚来历史系报到的年轻教师谭树林，他现在是南京大学历史学院的教授。此前我给魏老师写过一封信，具体内容记得不太清楚了，主要意图是向他请教。让我很意外的是，魏老师知道我已经报到的消息后，专门到我住的房间看我，他没提考试的事情，只是提醒我要注意饮食，注意保暖，说南方人刚到北方可能不太习惯。

　　我本科读的是经济系，毕业后在企业工作，一开始在车间三班倒，后来领导觉得我专业对口，能写各种文章，就让我做调度、秘书、助理等工作，还准备要进一步重用，想不到我拍拍屁股去读研究生了，私下认为我这人不识抬举。当时我弃商从文，并没有想得太明白，只是凭着一腔热血，觉得生活不能再这样继续下去，至少要改变一下。记得在研究生面试时，有老师问我为什么"明珠暗投"，我的回答是因为热爱文学创作；他接着问毕业后有什么打算，是否想过从事文学研究，我的回答是对文学研究没有兴趣。记得我还拿沈从文从湘西去北平说事，现在想想当时的我真是有点莽撞，估计大部分老师都不愿意录取这种不知天高地厚的学生。在场的魏老师很少说话，多数时间都在那儿看着，记得是李新宇老师和周海波老师轮番提问。

入学以后,我自己都有点蒙。原以为读中国现当代文学专业的硕士,就可以专注于文学创作,想不到上的课程都跟文学理论、文学史研究、文学评论有关。硕士一年级时,我有点找不到方向的感觉,曾经想过退学回南方去,在不少不眠之夜为此而纠结,后来觉得这样有点草率,好像也没法给自己一个交代,就寻思先找点事情做做。一开始在文学报刊发了一些散文和小小说,后来陆陆续续发表了十几篇影视评论和文学论文,对文学研究也不再那么抵触。那段时间,隔三岔五去魏老师家聊天,通常是带着一份作业去请教,说的内容大都跟学习与研究相关。魏老师的主要研究领域是中国现当代文学思潮史,尤为擅长鲁迅早期思想研究和现代文学思潮史研究。他送我的《中国现代文学思潮史》(浙江大学出版社 1988 年版)和《当代中国文学思潮四十年》(华龄出版社 1993 年版),我从头到尾读了不止一遍。受他的影响,我写过研究林纾文化人格、冯雪峰文艺思想的文章,这些手稿现在还放在我在南京的家里,遗憾的是一直没有整理发表。

魏老师的可贵之处在于其严谨、谦逊的学术态度,记得我写过一篇评论顾城诗歌的文章,抄好后请他指教,想不到他亲自把文稿送给了李新宇老师,他的意思是他对当代文学尤其是当代诗歌不熟悉,担心自己提的意见不到位。按理说,他让我自己请新宇老师指教就行了,他却专门去学生辈的新宇老师家里,将此事托付给他,说明他真的把学生的一件小事当成了严肃的事情,这一点真的让我非常感动。后来安排导师时,我跟了新宇老师,魏老师也是大力支持,他觉得我的学术兴趣主要集中于当代文学,这样对我的学术发展更为有利。

应当承认,我在读硕士期间说的一些话和做的一些事,其实很幼稚。记得硕士二年级下学期,其他同学在魏老师家里聊起考博的话题,魏老师问我有什么想法,我斩钉截铁地说不考博士。当时觉得魏老师的表情似乎停顿了一下,但他并没多说什么,过了一会才说:"不考也好。"颇有戏剧性的是,过了两三个月,我的想法就改变了,铆足劲儿准备考博。我觉得当时的自己缺乏定性,有点逆反,如果遇上喜欢说教的师长劝我一定要考博,说不定我就真的不考了。魏老师的人格魅力就像一粒无形的种子,潜滋暗长,默默地影响我后来的教师生涯,让我在面对年轻气盛的学生时,能够有足够的包容。

魏老师的学术研究就像他的为人一样,扎扎实实,经得起时间的考验。他给我们上课时,反复强调史料的重要性,要做到有一分史料说一分话。正是受他的影响,那时我就开始搜集并阅读各种原始报刊和图书的初版本,开始翻阅《新青年》《小说月报》《东方杂志》等现代期刊。记得写研究冯雪峰文艺思想的文章时,我查阅了《萌芽月刊》《新地月刊》和"十七年"的《文艺报》《人民文学》等文学期刊,也开始注意到上世纪80年代内部印行的一些学术著作和文献史料,譬如魏老师撰写的《鲁迅早期思想研究》,就作为曲阜师院函授部中文系选修课丛书之一种,1985年以内部教材的形式印行。"让史料说话","不说多余的话",这是魏老师最为重要的学术方法,也是他表里如一的学术性格。我这些年在当代文学史料研究领域深耕不辍,魏老师的启蒙功不可没。

魏老师为人低调,经常听到一些有关他的坎坷经历的传闻,但他从来不置一词。硕士毕业以后,我当面听到范伯群老师和其他几位学术前辈对他的现代文学思潮史研究的极高的评价,但魏老师自己从来不愿多说什么,更不会为了推介自己去迎来送往。在数十年的学术生涯中,他偏居小城,默默耕耘,埋头做自己的事情,安心坐自己的冷板凳。他不会为了自己的事情去求人,但对学生的事情却非常上心。他深深知道长期待在曲阜,学术视野很容易受到限制,因此总是想方设法为学生创造机会,希望带学生出去看看。我在孔夫子网上买到一封魏老师写给湖南师范大学颜雄、周国良教授的信札,写信时间为1995年8月9日,内容是商谈参加湖南师大主办的学术会议事宜,其中最后一段为:"另外,我还想带一至二名研究生参会,不知是否可以?如会议不好安排就作罢。"我想,魏老师说出这句话,按照他的性格逻辑,应该是做了几番思想斗争的。正因如此,做他的学生真是一件幸福的事情!

2023年5月27日于山东大学知新楼

寿望人瑞，教泽绵长

——贺魏绍馨师九秩大寿

范 伟

　　我是曲阜师大中文系 1996 级硕士，导师是谷辅林先生，同时给我们上课的，还有魏绍馨老师、刘光宇老师、李新宇老师、聂建军老师等，各位老师不弃鲁钝，一视同仁，对我的求学、治学乃至人生道路选择，都产生了重大影响，师恩如山，没齿难忘！今天，欣逢魏老师九十大寿，在此，首先祝福老人家健康快乐、春秋不老！祝福师母张老师吉祥如意、春晖永驻！同时，也感谢张全之兄的热心操持，使我们有机会再次回到母校，回到魏老师、张老师身边再亲教泽、重聆謦欬！

　　岁月不居，时光飞逝！在北京给魏老师祝八十大寿的场景还清晰如昨，在天津陪魏老师、张老师逛五大道、吃狗不理包子的情景也还历历在目，甚至，在曲师跟魏老师上课的情景，翻阅一下日记、课堂笔记，也还能回忆起来个大概，但，一转眼，魏老师已经九十岁高龄了，当年的学生，也已年过半百，已经老了！不过，再老的学生，在老师面前，也还是小学生！而老学生陪更老的老师过寿，其欣喜为何如?! 由此又想，再过十年，给老师过百岁大寿，回忆起今天的场景，幸福感当更添十倍！

　　我 1996 年进入曲师，得益于师兄们的口耳相传，魏老师已经是如雷贯耳的名师。去图书馆借老师的《中国现代文学思潮史》，打开来如读天书，在想象中，老师已是神一般的存在，对老师的"思潮"课既期待又惶恐。但真的开始上课了,一次次和老师接触下来,却发现,老师首先是一个和蔼可亲、葆有童心童趣的慈祥老人。当时的魏老师头发已经全白,背也有些佝偻,缺了一颗下门牙,碰到唇齿音舌齿音会有些漏风,讲起课来慢声细语,课堂氛围比较宽松,有同学不听课不记笔记甚至埋头看其他的书,他明明看在眼里也装作没有看见,有时我甚至以为,他在给学生讲课,同时也在给自己讲课,浑身散发出一种自我陶醉的幸福感。所以他的课堂可听到一种自问自答的语气,如:"他怎么能这样说呢?""这是为什么呢?"然后会出现一个自我质疑、自我辩难的过程,这时他就会抛开讲义,用探寻的眼光看着我们,梳理问题的理路、延伸自己的思考,甚至袒露自己的困惑。这时可以清楚感受到他对交流的期待,但估计是顾虑到我们可能产生的尴尬,他一般不点名找我们回答问题,但如果有同学能够和他交流起来,他是很高兴的,两眼定定地看着你,有点讨好似的看着你,但如果没跟上他的节奏、讨论起问题来言不及义,他也不怪罪,只是僵住笑容,面露惋惜甚至歉然的神色,喃喃自语着收回话题,回到讲义,接上以前的思路继续开讲。一开始,对魏老师这种照本宣科式的授课方式并不喜欢,但一个学期下来,积累了厚厚一本课堂笔记,这才领会到这门课的收获之丰。凭借这门课打下的基础,再看后来出版的各种现代文学思潮史,再看 80 年代关于思潮问题的讨论,就轻松多了,而走出校门,眼界渐开,见识到国内外学术大师们不同的授课方式之后,对魏老师这种讲课方式更加认可,并影响到我后来的讲课方式。

不过,魏老师的课堂在满桌的大菜、硬菜之外,也会有甜点、有开胃菜。这些甜点、开胃菜,大都是他开学术会议回来带来的新的学术气息。我第一次知道王晓明这个名字,就拜魏老师所赐。那次他从上海开会回来,他说,这次开会见到了王晓明,王晓明非常低调,开会总坐在会场的最后一排,不请不讲,但是,他的学术水平非常高,他写的《无法直面的人生——鲁迅传》,是鲁迅传记最好的一部。听老师这样介绍之后,我一下课就去了校园里的"青春书店",买到了这本书,如饥似渴,一气儿读完。这本书,经历大江南北 10 多次搬家精减行囊,却一直没有进入精减之列,怀旧时每每翻阅,当初阅读时的激动心情总会潮水般涌来,而魏老师在课堂上推荐这本书时的音容笑貌,也会过电影一般重现眼前。这本书影响了我对鲁迅的认识,也影响了我的治学态度。我硕士毕业论文写巴金,题目定为《执着于圣界的世纪苦魂——论巴金人格精神的矛盾困境》,就是想写一本王晓明那本《鲁迅传》式的东西,只可惜不才能力不逮,没有得遂所愿,至今引以为憾!

在茅盾研究中,秦德君和茅盾那段情感纠葛现在已经成为常识,但当初却石破天惊,震撼了许多人。这件事,最早也是魏老师告诉我们的。魏老师在叙述这件事的时候语气中暗含臧否,无意中端正了我对婚姻的态度。通过这件事,我也初步了解、懂得了发掘材料对文学研究的重要性。怀着强烈的八卦名人的心情,我找到了《许昌师专学报》,找到了沈卫威对秦德君的系列采访录《一位曾给茅盾的生活与创作以很大影响的女性》,不久,又从《百年潮》上读到了秦德君的《我与茅盾的一段情缘》,在此基础上再重读茅盾的《虹》以及《从牯岭到东京》等,一下通透了许多。这件事,报刊上有争论,但私下议论更多,种种带有演义色彩的说法,更涉及各种私人关系,但在魏老师那里,他始终是以学术态度来对待这件事情,他的解读、讨论,始终限定在学术的范围之内,这客观上祛除了我带有市井气的八卦心。因为此事,我对沈卫威产生了兴趣,读到了他更多的文章和著述,了解到他曾在南京大学跟叶子铭先生读博士,我就给叶先生写了封信,表达了想报考他博士的想法,大约一周后收到他的回信,他说他是秋季招生,这样要耽误我半年,所以,他推荐我考许志英老师的。我随之给许老师写信,许老师欣然答应。跟许老师之后,许老师和我商量博士毕业论文选题,让我在"现代乡土小说"和"革命加恋爱题材"这两个题目上选一个,当时,我忽然想起魏老师讲茅盾和秦德君的场景,一下就选了"革命加恋爱"这个题目。当时在场的王彬彬老师也非常支持,还出了许多好主意。当然,还是限于个人才力,论文没有做好,也至今引以为憾!但魏老师最初的启发之功,一直铭记于心!

曲师毕业后给魏老师道别,他送了我一本《中国现代文学思潮史》,我受宠若惊,但魏老师却感到抱歉,说这是最后一本了,有残缺,一直没好意思送人,让我不要见怪,边说边指着书的目录页最后一章,告诉我书第402页后面所缺的部分。我双手接过书,给老师鞠了躬,感激得说不出话来,只是在心里默念——

书有残缺,但老师对学生的爱,是完整的。

最后,谨撰联一副祝老师寿:

仰祝遐龄,难忘招魂五四救苍生;

共祈人瑞,尚期不老宝刀开新途。

我 的 父 亲

魏晓耘

我的父亲快要90岁了。因为眼睛不好，非常怕光，酷爱读的书也只好放在一边了；因为行走不太方便，一般也出不了门了。但父亲依然坚韧而又乐观地生活着，像一棵顽强的老树。

回想几十年和父亲相处的日子，点点滴滴，历历在目。在他老人家即将九十大寿之际，我也写写我的父亲。

一、慈父柔情

打我记事起，父亲给我的印象就是有些不苟言笑的。这大概和他天生的性格和坎坷的经历有关，但这并不影响他对我们表达爱意。

记忆中最早的春节，包饺子的时候，不会擀饺子皮儿的爸爸是这样操作的：先擀一张薄薄的很大的面皮，然后用小茶碗儿扣出一个个圆圆的饺子皮，这样我们一家人也顺利地吃上了饺子。

正月十五晚上，小孩子们会打着各式的灯笼，结伴在家属院里游荡，还做各种游戏。我的爸爸也开动脑筋，把细铁丝编的字纸篓糊成了一个红灯笼，里面还点上了蜡烛，这让我也能不逊色地加入小伙伴的队伍，好不开心！

那一回，爸爸牵着我和弟弟的手路过校门口，大概是感受到我们对炒花生的渴望，于是买了带皮的炒花生。没有手袋，情急之下，摘下帽子，兜着带回家。

再后来,小学二至四年级,我迷上了养蚕。那一年,我头年留的蚕籽儿,黑压压、密密麻麻地都出来了,我不舍得扔掉,就全都养起来。后来蚕儿越长越大,每天需要越来越多的桑叶,桑叶也越来越难弄到了!

我同学双双、林林家的蚕,有一天被她们的妈妈都拿去喂了鸡,说是整天光想着去弄桑叶养蚕,耽误学习。我爸爸知道了,也吓唬我说:这样下去,你的蚕,也要拿去喂鸡!我诚惶诚恐,害怕哪天中午放学回来,看到我的蚕儿们也不见了,也被喂了鸡。但连续几天急急地回到家里,我的蚕儿们静静地都还在——谢天谢地地松了一口气,我的爸爸还没有这么狠心!

但随着蚕儿们食量越来越大,有时候连续几天急急地吃完午饭,我就得马不停蹄地背上两个书包,约上小伙伴,出去找桑叶。我们沿着大公路走出去很远很远(牛圈旁、水塘边,周末还去过孔府、孔庙),然后再马不停蹄地赶回去上课。每天上午三、四节课,想的都是今天中午去哪儿能弄到桑叶。现在想来当时真是焦虑啊!

没想到,后来看着越来越大、越来越白胖的蚕儿们,爸爸竟两次主动伸出了援手,骑车带着我们去更远的地方弄桑叶。一次是把我和弟弟送到了县交通局大院儿门口儿,因为院儿里有一棵大桑树。还有一次是骑车带我到了高高的大沙河河沿儿上,和我一起沿途去找桑叶。

那年,我家的蚕宝宝长到最大最白胖的时候,它们不但占据了我家洗衣服的大木盆、大铁盆,我还把我自己睡觉的床也腾出来给了它们。每天半夜里要给蚕儿喂桑叶,新桑叶一铺上去,"刷、刷、刷、刷……"不到几分钟,桑叶就都被吃光了,只剩下了梗儿。当然,最后蚕儿们也回报给了我们很多的蚕丝和蚕蛹……想起年少时弄桑叶的一次次"冒险经历",真是紧张害怕又有趣,这里面还有爸爸对孩子们的理解和帮助,现在想来,仍然对爸爸当年的"义举"充满感激!

曲师大早期,教职工主要吃食堂,后来食堂不给各家代蒸米饭了,大家渐渐都改为自己做饭。因为父母读书入迷,所以头一年冬天,等我们姐弟三个中午快要放学回到家里的时候,父母才想起打开蜂窝煤炉子。因为怕我们不能及时吃上午饭,爸爸经常是拿着把芭蕉扇坐在炉前小凳上,焦急地扇呀扇。

还有一年,父亲去广州学习,回来说,他还学到了南方人做菜不要炒得太熟,这样能保持蔬菜更多的营养。所以后来很长一段时间天天给我们炒半生的菜吃。哈哈!

父母要求我们也有比较严格的地方。比如:要养成良好的作息习惯,爸爸每天早上负责叫我们按时起床。还要做到"今日事今日毕,自己的事情自己做",不管是谁,每次换下来的脏衣服必须当天洗出来,不能过夜。爸爸则是以身作则,率先垂范。日常除了睡觉时间,其他时间不能上床,也不能靠在床上,以免养成懒散的习惯。家务劳动人人有责,比如刷碗、扫地等要共同分担。但是,爸爸妈妈很少具体关心过我们的学习。到了期末,我们如果不拿出期末成绩单给父母看,他们常常也想不起来问。爸爸还说,要学习鲁迅的《我们现在怎样做父亲》一文中的说法,不要过多干涉孩子的成长。"长大了他们愿意去哪儿,就去哪儿。走得越远越好!"

二、命途多舛

父亲是 1934 年生人,师范学校毕业后被保送到开封师范学院(后来的河南大学)中文系读书。大学期间,努力学习,品学兼优,展现出一定的学术潜质,得到老师、学校的认可。这一时期还入了党。1957 年被分配到刚刚建校的曲阜师范学院工作。

20 世纪 60—70 年代,有很长一段时间,可以说命运对父亲是不太公平的。1958—1960 年,父亲去南京大学进修。

"大跃进"时期的河南老家,乡亲们家里的粮食都交到生产队,各家在队里的食堂集体吃饭。从 1959 年 10 月到 1960 年 4 月,河南省信阳专区发生大面积饥荒,出现大面积非正常死亡的事件。驻马店地区的遂平县也是重灾区之一,父亲家则是重灾区之中的重灾家庭!1960 年,父亲买了饼干等物品寄回家中,但是家里并没有收到。这时候爷爷去世了。父亲回家奔丧,看到家乡的真实情况……在二哥的帮助下,父亲登上火车,回到南大。有一天,父亲忍不住把自己的见闻对一个"好友"简要说了几句。

没想到,这个"好友"过后就向系里打了小报告。系里很快就开了父亲的批斗会。接着,在家乡父亲又接连失去了多位至亲,年幼的侄儿们也流落他乡。这对于一个20多岁的、还没有成家立业的年轻人,该是多么大的打击呀!这时候父亲心中的郁闷、悲伤、压抑,也是到了极点了吧?父亲后来好多年严重神经衰弱,失眠,就是从那个时候开始的吧?母亲说,那时候父亲常常连续好几天睡不着觉。到我上小学的时候,他还是差不多三天能睡一晚上觉的失眠频率。那时候爸爸黑瘦,脸色不好,也不爱说话。

1966年"文革"开始。当时还是青年教师的父亲,由于耿直,为挨批斗的系主任鸣不平,被说成是"保皇派"。父亲主张不要武斗,不要对另一派太厉害。恰好这时候,两派学生武斗,一个"保守派"学生失手用长矛捅死了一个"造反派"学生,父亲立马被说成是"保皇派"的后台。很快"河南老家饿死人的事"又被翻出来,罪上加罪!父亲因此多次被批斗、陪斗,挂牌子、戴高帽、殴打、游街示众……

再后来有人说校内在革委会的后面,其实还有个"地下革委会",想夺权。有人被打得实在招架不住了,交代出了所谓的地下革委会成员名单,其中有父亲。

应该是1967年12月,一个寒冬,父亲被勒令交代,因为莫须有,父亲不说,被毒打至昏迷休克,躺在外语系教学楼阶梯教室冰冷的水泥地上。那晚,妈妈去找,有关人员说:"魏绍馨今晚不能回家。"有人找来了黄大夫,黄大夫说:"人都要死了,你们还想怎样?"弄走了打人者,开了药。数学系的于智明阿姨掰开爸爸的嘴,用小勺喂下去药。第二天,爸爸被送进了校诊所。就在病房内,妈妈一手抱着弟弟,亲眼看见一个妈妈亲自教过的"造反派"王姓学生好像一下子就不认识妈妈了,问明爸爸的身份后,带头对爸爸又是一顿毒打!之后,中文系的郭明玺伯伯看到爸爸在校诊所也不能久留,偷偷地把爸爸背回家,然后,藏到东排平房过道的小房里。小房是之前建的厕所,早就废弃了,成了杂物间,窗子、门都关不严,窗上寒风凛冽,地上滴水成冰。那一回的毒打,带血的秋裤粘在身上都脱不下来了,只好用剪刀剪开;衬衣上有三角刮刀刮碎衣服的痕迹。

后来,爸爸进了学校劳改队。之后,又被弄到校外劳改队,白天在孔林劳动改造,夜晚被孔林黑毒蚊子、虫子叮咬,一个多月不让回家。

从孔林回来以后,爸爸的身体就很糟糕。妈妈去校诊所,要求开了个转诊单,一个人用地排儿车把爸爸拉去县医院看病。

从那以后,爸爸得了很严重的风湿病,常年腰腿疼,阴天、下雨天更甚,常年吃中药。有一年,爸爸一下子就不太会走路了。拿着小板凳儿走几步,就得在小板凳儿上坐一会儿,然后再走。吃药打针不见效,拔火罐儿,背上都拔出了好多大紫泡,也不见效。再后来,打听到济南我姥爷家附近有一个盲人按摩师,爸爸就拿着小板凳,走几步歇一歇,再走几步,再歇一歇,终于一个人走到了汽车站,坐上了汽车。在盲人医生处按摩了三个月,病情好转。

还记得那两年酷暑天,大家都睡午觉或者找树荫乘凉的时候,爸爸天天一个人坐在大太阳下晒后背。后背上天天出一层密密麻麻的比黄豆粒儿还大好多的大汗珠子,晶莹剔透!晶莹剔透!

"文革"之后,一次,父亲写了长长的发言稿,在全校教职工参加的"平反大会"(说不准确大会名称)上发言。我从叔叔、伯伯们的神情和只言片语中,知道反响很大,但是我没有看过原稿。听父母小声商量说:原谅那些人吧,因为那是时代造成的。更不要把这些恩怨告诉孩子们,要让他们永远积极、快乐地生活在阳光下。(本文中有些细节是我最近向母亲求证的。)

改革开放以后,爸爸的身体依然瘦弱,但脸上有了笑意,工作也更忙碌了。

1995 年,父亲突发脑梗塞,晕倒在讲台上,经历艰难的康复期,父亲终于恢复健康,继续工作到 65 岁退休。后来又有两次脑梗塞,一次手术,父亲都挺了过来。父亲的生命力是顽强的。

三、事业的春天

1977 年,大学恢复高考,国家开始平反昭雪各种冤假错案,还有落实知识分子政策,给右派分子摘帽,等等。1978 年 3 月在全国科学大会上,郭沫若做了题为《科学的春天》的报告,呼唤人们努力求索,振兴祖国的科学文化事业。

随着思想解放、改革开放的深入,广大知识分子的工作热情和干劲儿被极大地调动起来。那个时候,知识界流行着这样一句话:"要把被'四人帮'耽误的 20 年夺回来。"这主要指他们那一代知识分子,经历历次政治运动,特别是"文革",没有时间、精力、心绪搞科研,动辄得咎。现在,他们终于可以静下心来埋头工作了,一定要抓住时间,珍惜时间。

父母这辈子最大的爱好就是工作,这个时期更甚了。冬天,两个人各自在自己房间里忙自己的事,到了中午才常常发现,家里的炉子是不冒烟的。要不就是早上起来忘了生炉子,要不就是早上生了炉子,一上午忘了加煤,早就灭了。既然已是中午,这一天已过去一半,就将就将就,冻着点儿吧。晚上坐在窗前的书桌前,腿脚冻得冰凉了,就起来活动一下,再坐下。每天都要熬夜到很晚。孩子们回来,总是看到他们各自在书桌前的背影,寒暑假、节假日从不例外。做饭好像也成了家里的一大负担。那时候,我妈妈的口头禅是:"没时间,没时间了!"似乎除了学习、工作,干什么都是奢侈地浪费时间。

父亲一辈子"不会玩儿,只会工作",这是他留给孩子们的印象!虽然他年轻的时候也有过拉二胡、打篮球的小爱好,但这时候早都丢到一边去了。工作就是他的生活方式,他乐在其中。多年来除了上课,就是天天埋头书桌前。

父亲上的课,据说因为总是能讲出自己对作品的理解、领悟,而不是人云亦云,所以也颇受欢迎。

父亲较早在学校给函授生和研究生上课的时候,有一本校内印刷的《鲁迅早期思想研究》,但一直没能公开出版。

1988 年年初,父亲的《中国现代文学思潮史》终于写成了。浙大出版社一读原稿,觉得有开创性,马上说可以给出版,但需要自费。当时的科研人员好像还没有所谓的科研经费,出书费用,对一个普通的教师家庭来说,是一笔巨大的开支。但父母商量过后,还是初步决定自费出书。之后又去学校寻求帮助,那个时候个人自费出书的还比较少,学校也没有先例。但学校同意借资然后再分期扣款。

1988 年暑假,《中国现代文学思潮史》摆在了父亲的书桌上。浓郁的墨蓝色的封面,银色的加粗黑体字,让我感觉到了它的深沉、厚重。

作为第一部全面系统的中国现代文学思潮史专著,这部著作很快得到了学术界同行的广泛赞誉。有评述者认为,该书"不仅在断代、体例、背景介绍等宏观把握方面独出心裁,在对具体的文学思潮现象的评述方面,也处处显示出自己的独到见解"(王卫东),并且"向我们提供了大量的甚至前所未有的第一手材料""在中国新文学研究上是开拓了一条新路的"(王晓昀)……

1989年12月,该书获山东省哲学社会科学优秀著作一等奖。1995年12月获首届全国高等学校人文社会科学研究优秀成果二等奖。

1993年,《当代中国文学思潮四十年》出版,这部著作与《中国现代文学思潮史》写作思路一脉相承,但更具有"创作型"的因子。1995年12月获省社会科学优秀成果二等奖。

此外,这个时期,父亲还撰写了几十篇论文,主编和参编了多部高校教材。

1989年1月,父亲被选拔为曲阜师大学科带头人。1993年被国家教委授予全国优秀教师称号。1993年10月,父亲获国务院政府特殊津贴。1997年获曾宪梓教育基金奖。90年代以来,还先后任中国鲁迅研究会、中国现代文学研究会理事。与此同时,父亲也获得了学生们的敬爱。可以说我们家书卷气比较多,烟火气比较少。每个家庭成员都很少过生日,包括父母。因为,大家都想不起来。可爸爸的60岁、70岁、80岁生日,还有即将到来的90岁生日,学生们都记得。60岁、70岁生日是在我家过的,80岁生日,学生们千里迢迢跑到北京去给他过,让爸爸收获了满满的感动!

2016年,父亲在济南住院治疗。手术那天,几位师弟放下手头的工作,陪着我们一直守在手术室外,一直帮助联系医生、护士,陪护病人,直到接父亲出院。外地的学生及同事、亲友不少也来济探望。这一切让我感到做老师,特别是做曲阜师大的老师真好!父亲是幸福的!父母回到曲阜师大以后,至今仍常有学生前来看望。

父亲的这一生,苦过,累过,也收获过,收获了学术上的成绩,也收获了学生的厚爱,这一生值了。

父亲一辈子耿直、善良,不说假话,只说真话,坚持做真实的自己!对学术研究,求真务实,一丝不苟。父亲不善言辞,不懂人情世故。对单位,对孩子,也只有默默付出,不求回报,从没有什么要求……

愿我的父亲永远健康快乐地生活下去……

2023 年 7 月 10 日

《中国文学史著版本概览》摘录

《中国现代文学思潮史》

魏绍馨著,浙江大学出版社 1988 年 7 月出版,大 32 开,429 页,344.9 千字,定价 5.00 元。沈阳师范学院图书馆藏。

本书原为作者在曲阜师大为该系高年级学生与研究生讲授"二十世纪中国文学思潮论"的讲稿的前半部分。这是第一部全面系统的中国现代文学思潮史专著。本书以其全新的理论角度,系统深刻地论述了现代文学思潮的演变,填补了这方面的研究空白。首先作者创立了自己的体例。它以文学流派和代表作家为基本单位,以时间先后为经,以不同类型的文学思潮为纬,系统地论述了中国现代文学思潮的变迁。全书共分五编,二十章,从清末的思想启蒙讲到五四文学主潮,从文学革命讲到革命文学,从二三十年代文学思潮的开放性发展讲到三四十年代文学思潮的一元化趋向,其发展脉络一目了然。其次,本书在内容上,能够不以正统自居,在实事求是的原则下,对学术界的新的研究成果大胆吸收采纳,对过去不被重视的作家或被歪曲的作家作品,给予了高度公允的评价。王卫东同志在评价该书时说:本书是"一部锐意探索的力作","在断代、体例、背景介绍和具体文学思潮评述等诸方面都能醒人耳目,富有新意"。此外,作者用朴实生动、通俗易懂的文字,叙事说理,深入浅出,达到雅俗共赏的效果。

《现代中国文学发展史》

魏绍馨主编,延边大学出版社 1990 年 6 月出版,32 开,621 页,419 千字,定价 7.50 元,辽宁大学图书馆藏 I209.7/38。

本书上起 1917 年,下迄 1949 年,共分三编十八章,每章之下又分若干节。是一本通过作者的理解与劳动而形成的一部能够体现现代中国文学发展线索的,科学性与实用性相结合的教材。

(原文见该书第 18—19 页、第 329 页,吉平平、黄晓静编著,辽宁大学出版社 1992 年版)

《山东省有重要贡献专家名录》摘录

魏绍馨,男,1934 年 2 月生,籍贯河南遂平,中共党员。1957 年毕业于河南大学,被分配至曲阜师范学院任教。现任曲阜师范大学教授,兼中国鲁迅研究会理事、山东鲁迅研究会副会长。

魏绍馨同志长期从事中国现代文学的教学、研究工作,取得了突出成绩。发表论文 60 余篇,主编出版教材 3 种,出版学术专著 2 部。其中《中国现代文学思潮史》获省教委一等奖、省社会科学优秀成果二等奖,被北京师范大学等多所高校指定为中国现代文学专业研究生的必读书,并被翻译或介绍到日本、新加坡。目前正主持国家教委"中外文化交往与廿世纪中国文学"的研究工作。1993 年被评为全国优秀教师,被国家批准享受政府特殊津贴。

(原文见该书第 771 页,中共山东省委组织部、山东省人事厅编,山东科学技术出版社 1999 年版)

《河南大学百年人物志》摘录

魏绍馨(1934—),河南遂平人。1957 年毕业于开封师范学院中文系,曾任曲阜师范大学教授,中国现当代文学硕士生导师。1993 年获全国优秀教师称号,并享受国务院颁发的政府特殊津贴。兼任中国作家协会会员,山东省作家协会理事。

(原文见该书第 496 页,刘卫东主编,河南大学出版社 2012 年版)

《河南作家词典》摘录

魏绍馨,1934 年,河南遂平人。中共党员。1957 年毕业于河南大学中文系。历任山东省曲阜师范大学中文系教师,教授,中国现当代文学硕士研究生导师。1993 年曾获全国优秀教师奖,享受政府特殊津贴。中国现代文学研究会、鲁迅学会理事。1995 年加入中国作家协会。著有专著《中国现代文学思潮史》(译有日本、新加坡外文版本)、《当代中国文学思潮四十年》,主编高校教材《现代中国文学史》。在《文学评论》《中国现代文学研究丛刊》及高校学报上发表学术论文 80 余篇。《中国现代文学思潮史》获山东省教委社会科学一等奖、山东省社会科学二等奖、国家教委社会科学二等奖,《当代中国文学思潮四十年》获山东省社会科学二等奖。

(原文见该书第 649 页,刘学林主编,河南大学出版社 2005 年版)

《中华兴国人物辞典》摘录

魏绍馨 教授。男,1934 年 2 月出生,河南遂平人。中共党员。1957 年毕业于河南大学中文系。现任曲阜师范大学中文系教授,中国作家协会会员,中国鲁迅研究会理事,山东现代文学学会副会长,山东鲁迅研究学会副会长。

主要贡献:著有《贺敬之诗歌漫评》《诗人袁水拍》《历史的重估——胡适与五四文学运动》《胡风文艺思想评析》《回顾廿年代郭沫若与茅盾的文学论争》《为公众的福利自由发展个人——对五四"个性解放"思想的再认识》《鲁迅与西方现代主义思想》《阿 Q "革命"论》《〈阿 Q 正传〉创作思想探源》等。出版的文学评论与研究专著有《当代中国文学思潮四十年》《中国现代文学思潮史》,1988 年出版的《中国现代文学思潮史》曾相继获得山东省哲学及社会科学研究优秀成果二等奖、省教委一等奖,国家教委二等奖,并先后被介绍到日本与新加坡。1993 年被授予国家教委及人事部优秀教师奖章及荣誉证书。

(原文见该书第 1157 页,中华爱国工程联合会主编,中国文联出版社 1999 年版)

魏绍馨教授小传

向吉发

魏绍馨教授是河南遂平人,生于 1934 年 2 月,1953 年至 1957 年在河南大学求学。其时,他写作的《五四与新文学运动》一文得到任访秋先生的认同和指导,并入选学校科学报告会。

1957 年大学毕业后,魏绍馨教授被分配至曲阜师范学院工作,不久后被学校派往南京大学中文系学习,师从陈瘦竹、方光焘先生。1959 年,魏绍馨教授入选《左联时期无产阶级革命文学》写作班子,与杨崇礼先生合作《发扬"左联"革命精神 学习毛泽东文艺思想》一文。该文收于《左联时期无产阶级革命文学》篇首,1994 年被收入姚辛编著的《左联词典》。

"文革"初期,《左联时期无产阶级革命文学》被判定为宣扬"30 年代修正主义"的"黑书",魏绍馨教授遭受牵连,加上被"好友"举报曾抹黑"大跃进",魏绍馨教授"罪上加罪",被当作反对"三面红旗"的干将批判。

"文革"结束之前,魏绍馨教授被一个个政治运动裹挟着。他后来回忆这段历程时,不无悲怆地说,从大学毕业到"文革"结束之前的二十年,"想来真如大头苍蝇在玻璃窗上乱撞一样! 真正的教学、研究,又从何谈起"。

魏绍馨教授学术研究的真正开端在 70 年代末。稍早一点,70 年代中期,魏绍馨教授在刊物《破与立》上先后发表《论李斯》《评秦始皇的历史作用——读鲁迅的〈华德焚书异同论〉》《从革命民主主义者到无产阶级革命家——读鲁迅著作有感》《学习〈关于红楼梦研究问题的信〉》文章四篇,其中,《论李斯》

《学习〈关于红楼梦研究问题的信〉》又被刊发在《齐鲁学刊》上。这四篇文章带有时代语调,显出魏绍馨教授的独立人格。

十一届三中全会召开前夕,魏绍馨教授在《山东师院学报》《安徽劳动大学学报》上发表《鲁迅研究也应该发扬实事求是的优良学风》《再谈鲁迅研究必须实事求是》两篇文章,呼吁文艺研究应该实事求是,之后在《破与立》上发表《鲁迅诗歌研究中的几点异议》和《用实践的观点来看一九二八年的"中国文艺论战"》两篇文章,反思过去"左"倾思想之于学术研究的伤害,倡导学术研究应该运用"实践的观点"。文章合为时而著,这几篇文章是时代之音,与思想解放的历史潮流相呼应。

1980 年,魏绍馨教授在《四川文学》第 6 期上发表《"整理国故"的再评价》一文,显示出实事求是的学者立场和论从史出的研究路径。该文运用历史的眼光,先考察"整理国故"提出的历史语境,再指出胡适不是"整理国故"的提出者,而是支持者和实践者,"整理国故"并非历史的倒退,它的初衷是反对封建复古派,在新文化运动中发挥过积极作用;另一方面,该文也指出,在 20 年代中期,反帝反封建斗争如火如荼,"整理国故"的历史作用由积极转向消极。该文又见于 1983 年《文学评论》第 3 期,同年被人大复印报刊资料《中国现代、当代文学研究》、《新华文摘》复印转载,显示出一定的学术影响力。

80 年代,魏绍馨教授在《中国现代文学研究丛刊》《鲁迅研究》《东岳论丛》《齐鲁学刊》等刊物上围绕鲁迅、五四新文学、胡适、新月派等论题,先后发表论文 30 余篇。其中,《鲁迅的"自题小像"浅议》(1981)、《〈伤逝〉——悲壮动人的诗篇》(1984)、《"学洋务"过程中的思想矛盾:关于鲁迅早期思想的对话之一》(1985)、《"鲁迅与五四新文化运动"新议》(1985)、《鲁迅小说研究视角的转换——评王富仁〈《呐喊》《彷徨》综论〉及其批评者的批评》(1987)被人大复印报刊资料《鲁迅研究》复印转载,《对五四新文学的几点理解——〈五四新文学运动〉绪论》(1982)、《正确认识五四文学的历史传统——和谢冕、童庆炳二同志的商榷》(1985)被人大复印报刊资料《中国现代、当代文学研究》复印转载,《人本主义的现实主义文学创作论——胡风文学思想评析》(1988)被人大复印报刊资料《文艺理论》复印转载,《鲁迅与西方现代主义思潮——

从一个侧面对鲁迅及其文学创作的再认识》(1989)被《高等学校文科学报文摘》转载。其他如《一九二八年革命文学倡导中的郭沫若》《贺敬之诗作漫评》《诗人袁水拍》等文章,则被相应的研究资料复印转载。"破旧而立新","破旧"需要与旧观点对话,"立新"需要站在时代前沿,所以魏绍馨教授的学术个性,除了实事求是外,还具有强烈的对话性和鲜明的时代性。

　　1986 年,浙江文艺出版社出版魏绍馨教授参撰的《中国现代文学专题史》,全书采用专题形式,系统深入又有所开拓创新。1988 年,浙江大学出版社出版魏绍馨教授的学术专著《中国现代文学思潮史》。该著作是新时期第一部全面系统的中国现代文学思潮史,在断代体例、观点论述方面独具新意,填补了现代文学思潮史研究的空白。出版之后,该著作荣获国家教委优秀成果二等奖、山东省教委优秀成果一等奖、山东省社会科学优秀成果二等奖,被北京师范大学等多所高校指定为中国现代文学专业研究生的必读书,并被翻译、介绍到日本、新加坡等国。学界同仁,如王晓昀、魏建、范钦林、王卫东、詹昌娥等人也从开创性、历史性、主体性、启示性多个角度肯定了这部著作的学术价值,《中国文学史著版本概览》评价:"这是第一部全面系统的中国现代文学思潮史专著。本书以其全新的理论角度,系统深刻地论述了现代文学思潮的演变,填补了这方面的研究空白。首先作者创立了自己的体例。它以文学流派和代表作家为基本单位,以时间先后为经,以不同类型的文学思潮为纬,系统地论述了中国现代文学思潮的变迁。……其次,本书在内容上,能够不以正统自居,在实事求是的原则下,对学术界的新的研究成果大胆吸收采纳,对过去不被重视的作家或被歪曲的作家作品,给予了高度公允的评价。……此外,作者用朴实生动、通俗易懂的文字,叙事说理,深入浅出,达到雅俗共赏的效果。"

　　1989 年,浙江文艺出版社出版魏绍馨教授参与主编的《中国现代文学作品选评》(上、下)。该书除了选入教学所需要的传统名篇,还选入了过去因为某些原因被冷落的作品,力图反映文学史的各个侧面。

　　90 年代,魏绍馨教授的学术活力仍旧健旺,写作发表了一批影响大、分量重的文章。其中,《我国现当代文学思潮中的普列涅夫网结》《雾幕沉沉开子夜　精魂缕缕吐春蚕——茅盾对卅年代左倾文学思潮的超越》《历史的重估——胡适与五四新文学运动》被人大复印报刊资料《中国现代、当代文学研究》复印转载，《关于"问题与主义"之争及其评价的历史反思》被人大复印报刊资料《中国现代史》复印转载。其时写作的《庚午深秋怀念瘦竹师》一文收录于《陈瘦竹纪念集》。这类纪念性文章是魏绍馨教授90年代写作比80年代多出来的一类，代表着他对上一代学人的辞别、怀念和感恩。

1990年，延边大学出版社出版了魏绍馨教授主编的《现代中国文学发展史》。作为教材，该著作兼具科学性和实用性，清晰地勾画出中国现代文学的发展线索。1991年，王景山主编、魏绍馨教授参与执笔的《鲁迅名作鉴赏辞典》由中国和平出版社出版。1992年，华龄出版社出版了魏绍馨教授的学术专著《当代中国文学思潮四十年》。该著作的思想脉络接续了《中国现代文学思潮史》，属于20世纪中国文学思潮"当代"部分。出版之后，该著作荣获山东省社会科学二等奖，被朱寿桐教授誉为"有胆有识的史论"，黄健教授也作《面对当代文学思潮演变的沉思——读魏绍馨教授的〈当代中国文艺思潮四十年〉》一文，赞誉该著作具有整体性学术建构、规律性探寻、个性化史识的特点。

新世纪之后，魏绍馨教授一是继续"破旧立新"，反思、再评学术界存疑的论题，《从国际"反修"到国内"文革"的历史反思》一文被人大复印报刊资料《中国现代史》复印转载。二是写作数篇纪念、感恩上一代学者的文章，其中怀念田仲济先生的文章《深切的怀念与无尽的哀思》收于《田仲济纪念文集》，怀念任访秋先生的文章《人去风范在，不忘恩师情——缅怀任访秋先生》收于《任访秋先生纪念集》。三是总结自我学术生涯，2004年《东方论坛》设置"学者自述"栏目，刊发了魏绍馨教授的学者自述文章《学术浅尝记》。该文又被收入冯济平主编的《第二代中国现代文学学者自述》一书。学者的代际划分有多种版本，这一收录动作意味着学术界将魏绍馨教授与邵伯周、孙中田、彭定安、许志英等教授一同视作"第二代中国现代文学学者"的代表人物。

"第二代中国现代文学学者"大多出生于20世纪二三十年代，五六十年代进入中国现代文学研究领域，青春时代经历了频繁的政治运动，生活艰辛而动荡，身上少有"学院气"和"贵族气"，使命感很强，是贴近现实、关注社会的一代，又是富于理想的一代。比于李何林先生、王瑶先生、唐弢先生等第一代学者,以及之后的第三、四代学者,第二代学者有属于他们的相通又独特的品质。冯济平将这种品质归纳为:对学术事业的责任感和使命感;超脱金钱、名誉、权力、享受的诱惑,脚踏实地,沉稳执着,心无旁骛、全身心投入学术事业;学术观点和治学方法深受马克思主义的影响。这些属于"第二代中国现代文学学者"的集体品质,在魏绍馨教授的学术研究和精神人格上都有鲜明体现,或者说,魏绍馨教授的学术个性和学人品格,诠释了这一代学者的集体品质。

除了学人身份,魏绍馨教授还是 20 世纪八九十年代曲阜师范大学中文系的学科带头人和曲阜师范大学中文系的教师,为曲阜师范大学中文系的学科建设发挥过承上启下的重大作用,为国家培养了一大批优秀人才。

魏绍馨教授作为"第二代中国现代文学学者"代表人物之一,不仅将五四新文学当作一个学术课题加以研究,也将"五四"高扬的科学与民主精神当作一种精神品质加以继承和弘扬,其不阿世,不媚俗,不迷信权威教条,锐意求新求实的学人品格为学术界共知。作为曲阜师范大学中文系学科带头人和人民教师,魏绍馨教授倾尽心力,传道授业,为曲阜师范大学和中国现当代文学学术界作出了重大贡献。

魏绍馨教授学术成果选录

	题名	初版、初刊情况	再刊、复印、收录等情况
1	《中国现代文学专题史》	浙江文艺出版社1986年版	王锦泉主编，王自立、孙光萱、蒋成瑀、魏绍馨副主编。
2	《中国现代文学思潮史》	浙江大学出版社1988年版	专著，获山东省教委优秀成果一等奖、山东省社会科学优秀成果二等奖、国家教委优秀成果二等奖，被北京师范大学等多所高校指定为中国现代文学专业研究生的必读书，并被翻译或介绍到日本、新加坡等国。
3	《中国现代文学作品选评》（上、下）	浙江文艺出版社1989年版	郑观年、谷兴云、魏绍馨主编。
4	《现代中国文学发展史》	延边大学出版社1990年版	主编。
5	《鲁迅名作鉴赏辞典》	中国和平出版社1991年版	王景山主编，魏绍馨参与撰写。

续表

	题名	初版、初刊情况	再刊、复印、收录等情况
6	《当代中国文学思潮四十年》	华龄出版社1993年版	专著,获山东省社会科学优秀成果二等奖。
7	《高举毛泽东文艺思想的旗帜继续前进——纪念中国左翼作家联盟成立三十周年》	《江海学刊》1960年第3期	此文为魏绍馨、杨崇礼合作。又名《发扬"左联"革命精神学习毛泽东文艺思想》,收录于南京大学中文系编《左联时期无产阶级革命文学》,江苏文艺出版社1960年版,第1—18页;又被姚辛编著的《左联词典》收录,光明日报出版社1994年版,第410页。
8	《论李斯》	《破与立》1974年第3期	
9	《评秦始皇的历史作用——读鲁迅的〈华德焚书异同论〉》	《破与立》1974年第4期	
10	《从革命民主主义者到无产阶级革命家——读鲁迅著作有感》	《破与立》1976年第4期	
11	《学习〈关于红楼梦研究问题的信〉》	《破与立》1978年第3期	

续表

	题名	初版、初刊情况	再刊、复印、收录等情况
12	《鲁迅研究也应该发扬实事求是的优良学风》	《山东师院学报》(社会科学版)1978 年第 1 期	
13	《再谈鲁迅研究必须实事求是》	《安徽劳动大学学报》1978 年第 4 期	
14	《鲁迅诗歌研究中的几点异议》	《破与立》1978 年第 3 期	
15	《用实践的观点来看一九二八年的"中国文艺论战"》	《破与立》1979 年第 2 期	
16	《"整理国故"的再评价》	《四川文学》1980 年第 6 期	又见《文学评论》1983 年第 3 期;被中国人民大学复印报刊资料《中国现代、当代文学研究》1983 年第 5 期复印;被《新华文摘》19883 年第 7 期转载。
17	《〈《呐喊》自序〉——了解五四前后的鲁迅及其作品的钥匙》	《语文函授》1981 年第 1 期	
18	《鲁迅的"自题小像"浅议》	《齐鲁学刊》1981 年第 2 期	被中国人民大学复印报刊资料《鲁迅研究》1981 年第 4 期复印。

续表

	题名	初版、初刊情况	再刊、复印、收录等情况
19	《纪念鲁迅 学习鲁迅 研究鲁迅》	《齐鲁学刊》1981 年第 5 期	
20	《鲁迅作品教学中的一种倾向》	《语文教学》1981 年 10 月	
21	《阿 Q"革命"论》		收于《鲁迅研究论文集——纪念鲁迅诞辰一百周年》,人民出版社 1981 年版,第 182—200 页。
22	《对五四新文学的几点理解——〈五四新文学运动〉绪论》	《齐鲁学刊》1982 年第 4 期	被中国人民大学复印报刊资料《中国现代、当代文学研究》1982 年第 13 期复印。
23	《新月社及其格律诗主张——〈五四新文学运动〉之一节》	《齐鲁学刊》1983 年第 1 期	
24	《鲁迅著作研究中的"摘句"法质疑》	《鲁迅研究》1983 年第 6 期	
25	《五四新文学的诞生(上)〈五四新文化运动〉第一章第三节》	《语文函授》1983 年第 1 期	
26	《〈伤逝〉——悲壮动人的诗篇》	《齐鲁学刊》1984 年第 5 期	被中国人民大学复印报刊资料《鲁迅研究》1984 年第 9 期复印。

续表

	题名	初版、初刊情况	再刊、复印、收录等情况
27	《一九二八年革命文学倡导中的郭沫若》		收录于四川省社会科学院文学研究所编《四川现代作家研究集》,四川省社会科学院出版社1984年版,第1—15页。
28	《贺敬之诗作漫评》		收录于山东省现代文学研究会编《中国现代文学散论》,山东文艺出版社1984年版,第147—161页。
29	《"学洋务"过程中的思想矛盾:关于鲁迅早期思想的对话之一》	《临沂师专学报》(社会科学版)1985年第4期	又见《鲁迅研究》1986年第2期;被中国人民大学复印报刊资料《鲁迅研究》1986年第2期复印。
30	《诗人袁水拍》	《济宁师专学报》(社会科学版)1985年第4期	又被韩丽梅编著《袁水拍研究资料》收录,中国国际广播出版社2003年版,第364—378页。
31	《更新知识、改革教材的起步——关于〈中国现代文学史教程〉的对话》	《山东师范大学学报》(人文社会科学版)1985年第4期	

续表

	题名	初版、初刊情况	再刊、复印、收录等情况
32	《"鲁迅与五四新文化运动"新议》	《齐鲁学刊》1985年第5期	被中国人民大学复印报刊资料《鲁迅研究》1985年第10期和《高等学校文科学报文摘》1986年第1期复印、转载。
33	《正确认识五四文学的历史传统——和谢冕、童庆炳二同志的商榷》	《齐鲁学刊》1985年第6期	被中国人民大学复印报刊资料《中国现代、当代文学研究》1985年第21期复印。
34	《回顾二十年代初郭沫若和沈雁冰的文学论争》		收录于沫若研究社编《沫若研究》第3辑,1985年版,第4—20页。
35	《解放区文学创作》		收录于《中国现代文学史》,山东文艺出版社1985年版。
36	《为什么要研究鲁迅的早期思想?》	《语文函授》1985年第5期	
37	《〈《呐喊》自序〉的启示》	《青岛师专学报》(社会科学版)1986年第2期	
38	《"弃医从文"的奥秘》	《济宁师专学报》(社会科学版)1986年第3期	

续表

	题名	初版、初刊情况	再刊、复印、收录等情况
39	《我观鲁迅与辛亥革命》	《齐鲁学刊》1986 年第 5 期	
40	《〈阿 Q 正传〉创作思想探源》		收录于山东省鲁迅研究会编《〈阿 Q 正传〉新探》，山东大学出版社 1986 年版，第 24—38 页。
41	《五十年来鲁迅早期思想研究综述（上）》		收录入北京鲁迅博物馆鲁迅研究室编《鲁迅研究资料》(17)，天津人民出版社 1986 年版，第 371—387 页。
42	《鲁迅小说研究视角的转换——评王富仁〈呐喊〉〈彷徨〉综论〉及其批评者的批评》	《东岳论丛》1987 年第 6 期	被中国人民大学复印报刊资料《鲁迅研究》1988 年第 1 期复印；又被李怡、商昌宝主编《赤地立新——王富仁先生学术追思集》收录，北岳文艺出版社 2019 年版，第 138—152 页。
43	《人本主义的现实主义文学创作论——胡风文学思想评析》	《中国现代文学研究丛刊》1988 年第 4 期	被中国人民大学复印报刊资料《文艺理论》1989 年第 6 期复印。
44	《鲁迅与西方现代主义思潮——从一个侧面对鲁迅及其文学创作的再认识》	《齐鲁学刊》1989 年第 3 期	被《高等学校文科学报文摘》1990 年第 1 期转载。

续表

	题名	初版、初刊情况	再刊、复印、收录等情况
45	《靡可骋力，庀足教育——关于鲁迅早期思想的对话之十》		收录于上海鲁迅纪念馆编《上海鲁迅研究》(3)，百家出版社1990年版，第1—9页。
46	《论赵惠明》	《齐鲁学刊》1991年第4期	
47	《在"新世纪曙光"照耀下对"人"的呼唤——鲁迅早期思想研究之一》	《鲁迅研究月刊》1991年第9期	
48	《庚午深秋怀念瘦竹师》		收录于《陈瘦竹纪念集》编委会编《陈瘦竹纪念集》，南京大学出版社1991年版，第125页。
49	《"方向转换"之后的人生的文学思潮——"鲁迅与现代主义思潮"探索》	《鲁迅研究月刊》1992年第1期	
50	《臧克家与中国新诗运动》		收录于山东省中国现代文学学会编《山东作家与现代文学》，山东大学出版社1992年版，第62—71页。

	题名	初版、初刊情况	再刊、复印、收录等情况
51	《我国现当代文学思潮中的普列特涅夫网结》	《山东社会科学》1993 年第 3 期	被中国人民大学复印报刊资料《中国现代、当代文学研究》1993 年第 8 期复印；又被中国现代文学研究会、河南大学中文系合编《回顾与前瞻——19—20 世纪中国文学思潮讨论集》收录，河南人民出版社 1994 年版，第 106—120 页。
52	《真实性：传记文学的生命——评八十年代国内几部鲁迅传对鲁迅早期生活与思想的描述》	《鲁迅研究月刊》1993 年第 7 期	
53	《关于"问题与主义"之争及其评价的历史反思》	《齐鲁学刊》1994 年第 1 期	被中国人民大学复印报刊资料《中国现代史》1994 年第 3 期复印。
54	《雾幕沉沉开子夜 精魂缕缕吐春蚕——茅盾对卅年代左倾文学思潮的超越》	《聊城师范学院学报》（哲学社会科学版）1994 年第 4 期	被中国人民大学复印报刊资料《中国现代、当代文学研究》1995 年第 5 期复印。
55	《五四新文化运动探源》	《齐鲁学刊》1995 年第 3 期	

	题名	初版、初刊情况	再刊、复印、收录等情况
56	《"鲁迅与现代主义思潮"探索》		收录于《空前的民族英雄——纪念鲁迅110周年诞辰学术讨论会论文选》,陕西人民教育出版社 1996 年版,第 323—337 页。
57	《〈野草〉:无家之家与无路之路——关于〈野草〉的意象意向》		该文为魏绍馨、戚真赫合著,收录于上海鲁迅纪念馆等编《浩气千秋民族魂——纪念鲁迅逝世六十周年论文集》,百家出版社1998年版,第332—341页。
58	《历史的重估——胡适与五四新文学运动》	《中州学刊》1999 年第 1 期	被中国人民大学复印报刊资料《中国现代、当代文学研究》复印。
59	《"为公众的福利自由发展个人"——对五四"个性解放"思潮的再认识》	《齐鲁学刊》1999 年第 3 期	
60	《五四"反传统"文化思想的历史评价》	《东方论坛》2000 年第 1 期	
61	《胡适与五四戏剧改革》	《东岳论丛》2001 年第 2 期	该文为魏绍馨、魏晓耘合著。

续表

	题名	初版、初刊情况	再刊、复印、收录等情况
62	《总结历史,与时俱进——20世纪五六十年代中国"反修斗争"的回顾与反思》	《齐鲁学刊》2003年第4期	
63	《个人崇拜:不应忘记的历史教训》	《东方论坛》2003年第6期	
64	《深切的怀念与无尽的哀思》		收录于田桦、洪承编《田仲济纪念文集》,山东画报出版社2003年版,第273—275页。
65	《人去风范在,不忘恩师情——缅怀任访秋先生》		收录于沈卫威编《任访秋先生纪念集》,河南大学出版社2004年版,第62—65页。
66	《从国际"反修"到国内"文革"的历史反思》	《历史教学》2006年第6期	被中国人民大学复印报刊资料《中国现代史》2006年第1期复印。
67	《新月社作家与民国前期的人权与法治运动》	《齐鲁学刊》2006年第5期	该文为魏晓耘、魏绍馨合著。
68	《学术浅尝记》	《东方论坛》2008年第5期	收录于冯济平、陈建功、吴义勤编《第二代中国现代文学学者自述》,文化艺术出版社2011年版,第239—253页。

后　记

张全之

　　我的硕士生导师魏绍馨教授今年 89 周岁了,按照山东民间习俗,祝寿按照虚岁来算,那今年就是九十大寿了,为此我们同门好友和部分曲阜师大的老师们商量着给魏老师做一个九秩寿庆,并围绕他的学术研究,召开一个座谈会。我知道我们这样做是违背魏老师心愿的。因为魏老师一向为人低调,从不张扬,最重要的是他最怕麻烦别人。记得我还在曲阜师大工作时,跟魏老师住在一个家属区,距离不远。那时候家里还用煤气罐,魏老师腰不好,住三楼,没有电梯。有一次自己往家里扛煤气罐把腰扭伤了,好长时间活动不便。我多次跟他说,以后有这种活交给我,他虽然答应着,但无论什么重物,还是自己往楼上扛,那么多年从未支使过我。

　　对不愿意给别人添麻烦的魏老师来说,兴师动众给他祝寿,显然非他所愿,但好在这不是第一次忤逆他了。记得魏老师 70 岁的时候,我们教研室的几个老师不由分说,把他请到学校的一个饭馆里,给他买了鲜花、蛋糕,为他祝寿。他显得很无奈,却也表现得很开心。因为那一次仅仅局限于教研室的几个老师,所以动静不大,魏老师还是能够接受的。

　　到他 80 岁的时候,他跟师母张志静老师(我本科时的"现代汉语"课程老师)住在北京,我们就商量着到北京为他祝寿,那一次他开始坚决不同意。我跟他说,就是借给您祝寿的名义,大家聚聚,否则这些同学朋友很难凑在一起。他知道这是托词,还是不同意,但最终反对无效,祝寿活动照常举办。那一次人数很多,魏老师身体还很好,本书中有当时祝寿的照片。当时我跟魏老师说:"您好好活,等您 90 岁的时候,再给您祝寿。"他没有提出"抗议",而是笑着说:"我可能活不到 90 岁。"大家都说:"老师身体这么好,活到 90 岁没问题!"看来"群众的眼睛是雪亮的"这句话还是有道理的,魏老师这十年虽然多次病重,还是摇摇晃晃地走到了鲐背之年,实属不易。现在虽然行动能力基本丧失,但神志尚且清楚,还能跟别人进行简单交流。我上次回曲阜看他,说暑假给他祝寿,他表情木然——事实上他现在连反对的能力也没有了,只能任人摆布了。

有时我也在想,如此违背老师的意愿,是否合适?尊重老师最好的办法,就是听老师的话。难道为了表达自己的敬意就可以强迫老师接受你认为合适的形式吗?尊重、关怀、友好和爱,这些美好的东西,是不是可以强加于人?如果老师只是客套地拒绝,自然"强迫"一下是可以的,但我知道,他不是客套。为此我也常常心生愧疚,生怕因为我们的胆大妄为,影响了老师正常的生活节奏,增加了他的精神负担。但除此之外,又如何能够向老师表达感激、感恩之情呢?

魏老师生于 1934 年,人生最好的时光被政治运动耽误了,改革开放以后才开始做学问,但这时已经快 50 岁了。他到 90 年代中期就退休了。在这短短的时间内,魏老师发表学术论文近百篇,出版著作 2 部,有一部《鲁迅早期思想研究》一直未能公开出版。《中国现代文学思潮史》是这一领域的开创性著作,引起很大反响。他的《"整理国故"的再评价》等论文,都带有拨乱反正的时代意义。在学术上,魏老师的贡献是突出的,也是厚重的。而作为一名学者,魏老师有一身傲骨,虽历经政治磨难,仍然保留了一身正气,从不向权威低头,为此在后来也吃过一些苦头,但他从不以为意。李新宇老师大学毕业留校后就跟魏老师共事,他对其中的一些掌故最为了解,本书收录了他的文章。

我是 1989 年本科毕业后考取的魏老师的研究生。那时候曲阜师大的中国现当代文学学科兵强马壮,在职的三代学者构成了一个豪华阵容:第一代学者有"六大教授"之称,除做鲁迅研究和文学思潮研究的魏老师外,还有研究当代小说的徐文斗教授、研究当代文学的孟蒙教授、研究新诗的朱光灿教授、研究曹禺的胡授昌教授、研究郭沫若的谷辅林教授,这在 80 年代是少有的学术阵容,而牟书芳老师那时虽是副教授,但在巴金研究方面也很有影响;第二代学者有刘光宇老师和卜召林老师,他们分别在现代文学史料学和鲁迅文学批评研究方面别具特色,深有影响;第三代学者有蔡世连老师、李新宇老师、周海波老师、刘新生老师、赵歌东老师等,也是英姿勃发,卓然有成。我能进入这个学科做学生,实属三生有幸。当然这是我后来才意识到的,当时并不了解。那时候研究生招生有一个规定,一个导师招一届学生,一直带到毕业,中间不再招。我报考的那年,正是魏老师招生,一共招了两个,我和一个名叫郭荣华的女生。郭荣华毕业后不久就去了美国,之后再无消息。三年中,魏老师名下就我们两个学生,所以跟现在的学生相比,我们还是很幸运的,没有那么多同门争抢老师的时间和智慧。在读研期间,老师们给我们上课也各有风格。徐文斗老师总是让我们到他家里上课。我们坐在沙发上,听他随意而谈,我们随时可以发问,看似漫不经心,但两节课下来总觉得意犹未尽。谷辅林老师上课,喜欢讲他写的文章,从构思到成文,再到发表,把他的思路讲得十分清晰。讲到发表的时候,他总是露出满足的笑容,让我们心生羡慕。魏老师讲课则是在教室里端坐着,没有任何多余的话,坐下就开讲。他把《摩罗诗力说》《文化偏至论》《破恶声论》一句一句地解释,不管我们是否听懂,就这样一直讲下去,直到下课。虽然枯燥乏味,但那些佶屈聱牙的句子,都被拆解得清晰通透。我后来能写一点鲁迅研究的文章,完全得益于魏老师的这种强行灌输。人们常说"文无定法",其实讲课也没有"定法"。几位老师讲课各有特点,但我们都从中受益匪浅,而魏老师这种"笨"方法,为我后来的鲁迅研究打下了很好的基础。这是过了很多年后我才明白的。

魏老师是一个不苟言笑的人,我刚入师门的时候很不适应,觉得魏老师虽然学问好,但不是一个好老师。其他老师,无论在路上遇到,还是课前课后,都跟我们聊很多事情,关心我们的学业和生活,让我们觉得特别温暖,但魏老师从不过问我们学习以外的任何事情。有问题约到办公室见面,坐下来,我们不说话,魏老师基本不开口。我们提出问题来,他一般几句话就说清楚了,然后就是沉默。我们坐在他对面,如芒刺在背。当时我就想,如果将来我做了导师,绝不会像他这样,给人一种凛然不可亲近的感觉。但你要说他很严厉,却也不是。我们读书期间,他从未批评过我们,也从未给我们很多压力。交给他论文,几天后拿回来,稿纸上改得密密麻麻,从观点到句子,甚至标点符号都有改动。作业拿回来,看着老师改动的地方,心里直发毛,为自己的浅陋、粗疏感到脸红。但奇怪的是,老师居然没有骂我们,心里很是庆幸。在这一点上,我比魏老师差远了。我在改学生论文的时候,经常上火,忍不住在批注上写一些很严厉的句子。我不知道魏老师当年是怎么忍住不发火的。我后来做了导师,跟学生见面总是无话找话地跟学生聊,生怕冷场,给学生心理上造成阴影。尽管如此,我的学生背地里还是说我严肃,见了我就紧张。看来能不能让学生紧张,跟说话多少是没有关系的。

我硕士毕业留校工作后,跟魏老师一起共事,相处时间久了,才慢慢感受到,魏老师的严肃、不苟言笑,是他一贯的风格,我猜可能与他年轻时遭遇的各种磨难有关。在南京大学访学的时候,他回了一趟老家河南,发现老家的亲人几乎全部饿死了,他也是在一个同学的接济下勉强回到南京。那一段时间他彻夜失眠,忍受着痛失亲人的悲伤,但又无处诉说,只能将锥心之痛憋在心里。后来的政治运动,他遭受过被出卖、被诬陷、被围攻、被批斗、被殴打等种种惨烈的事情,差点丢了性命。一个有这种痛彻经历的人,你要求他满面春风、和颜悦色,是不厚道的。我后来又有了更进一步的发现:魏老师其实内心是柔软的,是关心学生的,他只是不挂在嘴上。有一次我太太生病了,在医院住了几天,出院后在岳母家休养。身体恢复后我们又一起去魏老师家串门。师母张老师说,他们听说我太太生病后,特地买了一只老母鸡送到我家里去,但家里没人。等了半天依然不见回来,他们只好提着那只杀好的鸡回家了。我听说后很感动,魏老师其实是把学生放在心里的,只是不愿意说出来。老母鸡虽然没有吃上,但老师的关怀比一只老母鸡贵重多了,至今想起来,心里还是暖暖的。有一年暑假,教研室组织到日照分校避暑,下午到海里游泳。我一到海边就下去往远处游,当时只有四五岁的女儿在海边的沙滩上玩耍,一同去的很多人包括我太太,也在孩子身边。这时一个浪头打过来,将女儿卷到了水里,别人还没有反应过来的时候,魏老师就冲下去一把将女儿抱在了怀里。后来我才知道,不是他反应快,而是当别人悠闲地看风景、聊天的时候,只有他的眼睛一直盯在孩子身上。所以女儿常说魏爷爷是她的救命恩人。那时候在曲阜师大,我们一段时间不到魏老师家去,女儿就会说,你们怎么很久不去看我魏爷爷了,于是我们就带上她赶紧去。进了门,师母总是把能找到的好吃的,都摆在茶几上,让女儿尽情吃。我想这大概也是她愿意去看她魏爷爷的缘故吧。

为人处世有各种不同的风格,平易近人、随和亲热,能够让人如沐春风;魏老师这种看似不苟言笑,其实把对别人的关心放在心里,也是一种风格,但这需要很长时间才能体会到。我离开曲阜以后,暑假去看魏老师,有一次他问我:"你们到那边生活还习惯吗?饭菜吃得惯吗?"师母在旁边就开始调侃他:"你看,老魏,也学会关心别人了。以前从来没有过。"魏老师只是笑笑,我说这回看来是真关心了,于是大家一起大笑。有一次出差路过曲阜,我到学校去看他。刚走到文学院西头的小广场,远远地看到他坐在草地边的椅子上,旁边放着一根拐棍。他就一个人那样静静地坐着,周围不断有人匆匆走过,但认识他的人已经很少了。我不知道他是在体味一种悠闲自在,还是感到一种孤单落寞。在这个校园里,他工作生活了60多年,送走了无数届学生,如今老了,就这样静静地坐着,任凭深秋的风,从身边籁籁吹过。我没有喊他,而是蹑手蹑脚地走到他的正前方,低头喊了一声"老师"。他突然发现了我,非常惊讶,只看到他的嘴在动,但没有发出声音,随后问了一句:"你怎么来了?"我说:"我是专门来看您的。"我忍住眼泪,扶着他回家。

古人说,师徒如父子,跟魏老师读书三年,共事十几年,确实情同父子。我回到山东最重要的两件事,就是探望两边父母,探望魏老师。如今,魏老师已是风烛残年,身体又不好,恐怕来日无多——尽管我们多么希望他能长寿,但自然规律是很难抗拒的。所以趁其九十大寿之际,招呼他的学生们,在他身边聚一聚,希望老师知道,还有很多他的学生关心着他;对于我们来说,也算是尽一下作为弟子的本分,以安慰我们日常对老师的挂念之心。

为了这次九十大寿,我和我的学生向吉发编辑了这本文集,收录了魏老师公开发表的部分论文,收录了关于魏老师的评论和学生们写的各类回忆性文字,还有刘守安老师、刘新生老师、钟海波学弟等创作的书法、绘画作品。作为学生,只能以这种方式报答老师的培育之恩。惟愿九十大寿是一个新的开端,老师借此恢复健康,再活十年,到那时我们再给他隆重庆祝期颐之寿。

这次活动得到了很多同门师友的支持,李新宇老师、聂国心师兄等已过花甲,但作为魏老师的学生,他们还是在暑假酷热之际赶到曲阜看望魏老师,着实让人感动。曲阜师大的刘光宇老师、蔡世连老师等,对这次活动也十分关注。其他师友虽然还年轻,但也各自忙碌,能拨冗参加这次活动,让我充分感受到,师道还在一代一代地传播,这对我们这些做老师的来说,也是莫大的安慰。这次纯粹是民间活动,不想给学院和学校增添麻烦,但曲阜师大文学院和学校校友会得知本次活动后,也给予了大力支持,在此深表感谢!

老师老了,但师道不会老;学问过时了,但治学的精神不会过时。也许在中国的教育中我们都很微末,但我们会用我们的生命,将师道和问学的精神传承下去,即使成就微不足道,也可告慰平生。

书稿编订时间仓促,粗疏之处定有不少,惟愿各位前辈同仁批评指正!

2023 年 7 月 22 日于沪上